कसौटी पर मीडिया

'हंस' के स्तंभ कसौटी में प्रकाशित
लेखों का संकलन-1

कसौटी पर मीडिया

'हंस' के स्तंभ कसौटी में प्रकाशित लेखों का संकलन–1

मुकेश कुमार

राजकमल प्रकाशन
नयी दिल्ली पटना इलाहाबाद कोलकाता

ISBN : 978-81-267-2609-7

मूल्य : ₹ 450

पहला संस्करण : 2014

प्रकाशक : राजकमल प्रकाशन प्रा. लि.
1-बी, नेताजी सुभाष मार्ग, दरियागंज
नई दिल्ली-110 002

शाखाएँ : अशोक राजपथ, सांइस कॉलेज के सामने, पटना-800 006
पहली मंजिल, दरबारी बिल्डिंग, महात्मा गांधी मार्ग, इलाहाबाद-211 001

वेबसाइट : www.rajkamalprakashan.com
ई-मेल : info@rajkamalprakashan.com

आवरण : राजकमल स्टूडियो

मुद्रक : बी.के. ऑफसेट
नवीन शाहदरा, दिल्ली-110 032

KASAUTI PAR MEDIA
by Mukesh Kumar

स्व. राजेंद्र यादव की
पुण्यस्मृति को–

भूमिका

मुकेश कुमार का स्तंभ कसौटी 'हंस' में जनवरी, 2006 से प्रकाशित होना शुरू हुआ। एक विशेषांक को छोड़कर यह स्तंभ आज भी अपनी निरंतरता बनाए हुए है। मुकेश हमारे समय का ध्यान रखते हुए मुस्तैदी से कॉलम की सामग्री पहुँचा देते हैं। मुख्यत: कसौटी का आधार टीवी चैनल हैं, मगर सिनेमा, इंटरनेट और प्रिंट माध्यम भी उसकी चिंता का विषय बनते रहे हैं। स्तंभ लेखक के लिए जरूरी है कि उसे लगभग सभी प्रमुख चैनलों की जानकारी हो, उसके अपने विचार हों और उन्हें वह ईमानदारी और साहस से व्यक्त कर सके। मुकेश इस मामले में निर्भीक भी हैं और साहसी भी। चैनलों पर बढ़ते हुए दबाव, पक्षधरता और प्रस्तुतीकरण पर उनकी गहरी निगाह हमेशा बनी रहती है। उन्होंने पेड न्यूज़ से लेकर स्टिंग ऑपरेशन, निर्मल बाबा जैसे पाखंडियों और धूर्त ज्योतिषियों तक सबकी खुलकर ख़बर ली है। बल्कि अपने चैनल न्यूज़ एक्सप्रेस में तो उन्होंने निर्मल बाबा के ख़िलाफ़ बाकायदा एक जिहाद छेड़ दिया था। शायद उन्हें इसकी क़ीमत भी चुकानी पड़ी। हिंदी-अंग्रेज़ी के चैनलों का तुलनात्मक अध्ययन भी उनकी कसौटी से छूटा नहीं। मैं समझता हूँ कि मनोरंजन जगत के चैनलों की आज जो भरमार है और विज्ञापनों का जो धुआँधार है उस पर मुकेश जी की सतर्क निगाह हमेशा दर्शक के पक्ष में होती है।

कसौटी स्तंभ के इन लेखों का संग्रह आज के पूरे संचार जगत की अंदरूनी उठापटक और सौदेबाजियों का निर्मम खुलासा करता है। इस बेहद पठनीय पुस्तक के लिए मैं मुकेश कुमार को बधाई देता हूँ।

'हंस' में हमारी हमेशा यही कोशिश रही है कि संस्कृति, कला और साहित्य जगत के उन असुविधाजनक सवालों की शल्यक्रिया की जाए, जिन्हें अज्ञानता या रणनीति के तहत छोड़ दिया जाता है। अपने समय में गूँजते हुए उन सवालों से भी हमने मुठभेड़ की है जो राजनीतिक जोड़-तोड़ के द्वारा जनमानस को प्रभावित और प्रदूषित करने की मुहिम में लगे हुए हैं। विशेष रूप से नक्सलवादी कहे जाने वाले क्षेत्रों पर लिखे जाने वाली रचनाओं को हमने विशेष रूप से रेखांकित किया है, क्योंकि सरकारी विश्लेषक और वहाँ के अपने लोग जो तस्वीर देते हैं, उन दोनों में

बहुत बड़ा विरोध है। अरुंधति राय, गौतम नवलखा, डॉ. बी.डी. शर्मा और डॉ. बिनायक सेन के आँखों, देखे वर्णन एक दूसरी ही तस्वीर सामने लाते हैं। वे स्थानीय लोगों के संघर्ष, संगठन और सामूहिक प्रतिरोध की जो रूपरेखा देते हैं, वह आज के बुद्धिजीवी के लिए बहुत बड़ी चुनौती भी है और आकर्षण का केन्द्र भी। भारतीय राजनीति का ये एक उभरता हुआ सच है जिसे लॉ एंड ऑर्डर के नाम पर कुचलकर समाप्त नहीं किया जा सकता। 'हंस' की पक्षधरता इस मामले में बहुत स्पष्ट है। इसी तरह साहित्य के दूसरे सवाल जहाँ कलावादी और आध्यात्मिक शोध के नाम पर समाज-विमुख करने की एक बाकायदा मुहिम छेड़ी हुई है, वहाँ भी हंस ने उन्हीं गहराइयों में जाकर असुविधाजनक सवालों का सामना किया है। चाहे वह भारतीय दर्शन का मुक्ति प्रपंच हो या मार्क्सवाद की प्रासंगिकता को लेकर उत्तर-आधुनिकतावादी कुतर्क।

दर्जनों ऐसे लेखक हैं जिनकी कहीं भी छपने वाली पहली रचना 'हंस' में प्रकाशित हुई है और उनका बेहद खुले दिल से स्वागत हुआ है। अतीत और इतिहास में जाने से मुझे हमेशा डर लगता है क्योंकि वहाँ इतना कुछ पेचीदा और भटकाने वाला मसाला भरा पड़ा है कि एक बार इसमें घुस जाने पर बाहर निकलना मुश्किल है। हमने या हंस ने हर उस क्रांतिकारी लेखक और चित्रकार की रचनाओं पर ज़ोर दिया है जिन्हें या तो देश-निकाला दिया गया या जिनके सिर पर लाखों के इनाम घोषित किए गए। तस्लीमा नसरीन तो हमारे यहाँ निरंतर लिख ही रही हैं, इस्लामिक कट्टरवादिता को लेकर शीबा असलम फ़हमी ने भी कम धमाकेदार चीज़ें नहीं दी हैं। हुसैन हों या सलामान रुश्दी, काँचा इलैया हों या लक्ष्मण गायकवाड़ हंस ने हर उस रचना को प्रमुखता से छापा है जो हाशिए पर पड़े हुए लोगों को सामने आने का अवसर देती हे। महिलाओं की स्वतंत्रता को लेकर तो हंस को काफी बदनाम किया गया।

इसी सन्दर्भ में मैं कहना चाहूँगा कि मुकेश कुमार का ये स्तंभ व्यवस्था की जड़ता और जोड़-तोड़ का बेबाक खुलासा करता है। चाहे तो कहें कि यह हंस की क्रांतिकारी चेतना का एक विशिष्ट हिस्सा बनकर हमारे सुर में सुर मिला रहा है।

दिल्ली

–राजेंद्र यादव

27 मार्च, 2013

लेखक की ओर से...

नमाज़ पढ़ने गए थे, रोज़े और गले पड़ गए। सन् 2006...जनवरी के पहले सप्ताह में राजेंद्र यादव जी से मिलने गया था। लेकिन वे अपने एजेंडे के साथ तैयार बैठे थे और बिना किसी भूमिका के मीडिया पर नियमित स्तंभ उन्होंने मेरे मत्थे मढ़ दिया। मेरे ना-नुकुर करने के बावजूद उन्होंने बचकर निकलने का कोई रास्ता नहीं छोड़ा। पहली किस्त तो तीन दिन के अंदर ही लिखकर देने को कहा, बाद में एक हफ़्ता देने को राज़ी हो गए। इस तरह शुरुआत हुई **कसौटी** की। **न्यूज़ चैनलों के कुंजीलाल** से शुरू हुआ स्तंभ लेखन का ये सिलसिला जारी है। मुझे नहीं पता था कि ज़बरन दी गई ये ज़िम्मेदारी धीरे-धीरे मेरे लिए जीवन की सर्वाधिक महत्त्वपूर्ण गतिविधियों में से एक बन जाएगी। तमाम व्यस्तताओं के बावजूद हर महीने समय पर स्तंभ लिखकर देना मेरे लिए एक ऐसी चुनौती थी जो मुझे हर हाल में पूरी करनी ही थी और मैं उसे करने लगा। स्तंभ पर मिलने वाली प्रतिक्रियाओं ने मेरा उत्साह बढ़ाया। खासतौर पर पाठकों के फोन और हंस में प्रकाशित होने वाली चिट्ठियों ने।

हंस के इस स्तंभ के बहाने मैं नियमित लेखन से जुड़ सका, जो कि टेलीविज़न की अति व्यस्ततम दुनिया में छूटता चला जा रहा था। यही नहीं, इसने मुझे एक नई पहचान भी दी और धीरे-धीरे हंस जैसी प्रतिष्ठित साहित्यिक पत्रिका में नियमित स्तंभ लिखना मेरे लिए गौरव की बात बन गया। इसीलिए कुल दो या तीन बार ही इसमें व्यवधान हुआ। एक बार हंस के विशेषांक की वजह से और एक-दो बार किसी ग़फ़लत की वजह से। मेरी तरफ से कभी चूक नहीं हुई, लेकिन जब भी ये नहीं गया, मैं बेचैन रहा। मुझे ऐसा एहसास हुआ मानो कुछ महत्त्वपूर्ण काम रह गया है। ये मेरे लिए अभिव्यक्ति का ऐसा मंच बन गया था जहाँ अपने पेशे यानी पत्रकारिता में पैदा हुई और फल-फूल रही विसंगतियों के बारे में खुलकर लिख सकता था। कोई रोक-टोक नहीं थी। मुझे याद है कि केवल एक बार राजेंद्र यादव जी ने थोड़ी-सी झिझक तब दिखाई थी जब पश्चिम बंगाल में नंदीग्राम आदि के बाद मैंने वाम मोर्चा सरकार की खिंचाई करते हुए लिखा था-**तुम भी उन जैसे ही निकले**। लेकिन उन्होंने उसे छापा और बिना किसी काट-छाँट के छापा। मैंने भी

अपनी तरफ से पूरी ईमानदारी के साथ इस स्तंभ को लिखा और लिख रहा हूँ। मेरे लेखन से बहुत से हमपेशा लोग नाराज़ हैं और वे मुझसे निजी तौर पर इसकी शिकायत करते रहते हैं या फिर सार्वजनिक मंचों पर इसे ज़ाहिर भी करते रहे हैं। मगर मैंने उनकी परवाह नहीं की, क्योंकि मैंने जो कुछ लिखा, उसमें कहीं कोई राग-द्वेष नहीं था। वह वही था जो मैं देख रहा था और महसूस कर रहा था। बल्कि कसौटी ने मुझे अपने पेशे को आलोचनात्मक तरीके से देखने के लिए प्रेरित किया और इस क्रम में मैंने बहुत सारी प्रवृत्तियों को करीब से जाँचा-परखा। ये एक तरह से नियमित शोध-कार्य बन गया जो बाद में पी-एच.डी. करते वक़्त बेहद काम भी आया।

'हंस' ने कई नई परंपराओं को जन्म दिया है जिनमें से एक साहित्यिक पत्रिकाओं में मीडिया पर नियमित सामग्री प्रकाशित करने का है। दूसरी पत्रिकाएँ तो आमतौर पर इससे बचती हैं या फिर वे सकारात्मक टिप्पणियों को छापने में ही रुचि दिखाती हैं। लेकिन मीडिया पर गंभीर एवं आलोचनात्मक लेखन की परंपरा हंस से शुरू हुई। मीडिया विशेषांक की परंपरा भी उसी ने डाली। आज तमाम साहित्यिक पत्रिकाएँ मीडिया पर नियमित सामग्री देना ज़रूरी समझती हैं। ये एक बड़ी बात है, क्योंकि मीडिया के विराट और बदले हुए रूप को देखते हुए यह एक आवश्यक कारवाई है। दर्शकों को पता चलना चाहिए कि मीडिया की दुनिया में क्या चल रहा है और उसके पीछे क्या निहितार्थ या छल-छद्म हैं। मीडिया एक औज़ार की तरह इस्तेमाल हो रहा है, बाज़ार और सरकार दोनों के द्वारा और इस क्रम में उसके उद्देश्य भी बदल गए हैं। इन उद्देश्यों को समझे बिना मीडिया का इस्तेमाल करना वास्तव में इस्तेमाल हो जाने के लिए प्रस्तुत हो जाना है।

मेरे लिए निश्चय ही ये खुशी की बात है कि 'हंस' में कसौटी स्तंभ के तहत छपे लेखों का संकलन अब आपके हाथ में है। बहुत बार कई लोगों ने मुझसे कहा कि 'हंस' में छप रहे लेख मीडिया के इतिहास की तरह हैं और पत्रकारिता के छात्रों एवं अध्येताओं दोनों के लिए समान रूप से उपयोगी होंगे। मुझे नहीं पता कि उपरोक्त कथन में कितनी सच्चाई है, मगर यदि अंश मात्र भी ऐसा हो पाता है तो ये मेरे लिए सौभाग्य की बात होगी। इसके लिए 'हंस' परिवार और राजेंद्र यादव जी दोनों का आभार। आभार अशोक महेश्वरी जी का भी जिन्होंने इतनी जल्दी और इतने सुंदर तरीके से इसका प्रकाशन संभव बनाया।

31 मार्च, 2013

–मुकेश कुमार

अनुक्रम

कसौटी पर मीडिया

न्यूज़ चैनलों के कुंजीलाल

आपसी होड़ के मारे न्यूज़ चैनल उन तमाम चीज़ों को गले लगा रहे हैं जो स्वस्थ पत्रकारिता के लिहाज़ से अभी तक वर्जित मानी जाती थीं। सैक्स और क्राइम के मामले में उन्होंने पहले ही मर्यादाएँ तोड़ डाली थीं, मगर अब वे अवैज्ञानिक और अंध-विश्वास से भरी घटनाओं-अघटनाओं को प्रमुखता के साथ दिखाने के लिए लालायित हो रहे हैं। किसी चैनल पर आपको काल कपाल महाकाल मिल जाएगा जिसमें अघोरी तांत्रिक शव साधना के दौरान जुगुप्सा पैदा करने वाले कृत्य करते दिखेंगे, तो कहीं भुतहा घरों, श्मशानों, पुनर्जन्मों और चमत्कारों की ख़बरें ज़ोर-शोर से प्रस्तुत की जाती दिखेंगी। और ये सब कुछ हो रहा है चैनल की रेटिंग बढ़ाने के लिए। ये एक संकेत है कि टीवी की ख़बरों का संसार किस तरह बदला जा रहा है, मार्केट ड्रिवेन (बाज़ार-प्रेरित) न्यूज़ चैनलों में ख़बरों का चरित्र कौन सी शक्ल अख़्तियार कर रहा है।

बानगी के तौर पर कुंजीलाल को लिया जा सकता है। बैतूल (मध्य प्रदेश) के इस शख़्स ने पिछले दिनों इलेक्ट्रॉनिक मीडिया को जमकर छकाया। छकाया ही नहीं उसके मानसिक दीवालिएपन का भी परदाफ़ाश कर डाला। हुआ ये कि कुंजीलाल ये घोषणा करके मंदिर में आसन जमाकर बैठ गया कि आज शाम चार बजे वह अपने प्राण त्याग देगा। बस क्या था देखते ही देखते वहाँ तमाम न्यूज़ चैनल अपनी-अपनी ओबी वैन के साथ इकट्ठे हो गए और प्राण त्यागने की इस रोमांचक घटना का लाइव प्रसारण करने में जुट गए। गाँव वाले तो वहाँ ढोल-मजीरे के साथ जुटे ही थे। यानी एक पूरे तमाशे का इंतज़ाम हो गया था। कुंजीलाल के इस करतब को चैनलों ने बड़े उत्साह और लगन के साथ दिखाया। उस वक्त उनके लिए इससे बड़ी कोई ख़बर दुनिया में नहीं थी। वे गाँव वालों से बात कर रहे थे, कुंजीलाल के परिजनों से बात कर रहे थे, ज्योतिषियों से बतिया रहे थे और पंडितों से इसके बारे में ज्ञान बँटवाने में लगे हुए थे। कुल मिलाकर न्यूज़ चैनलों ने कुंजीलाल को देश भर की चिंता बना डाला। फिर आया क्लाईमैक्स जो कि दरअसल एंटी क्लाईमैक्स निकला। कुंजीलाल चार बजे मंदिर से ये कहते उठ गया कि संकट टल गया है। दिन भर मौत का तमाशा दिखाने वाले और एक रोमांचक अंत की उम्मीद

करने वाले चैनलों के चेहरे उतर गए। दर्शकों को लगा कि उन्हें जो खेल दिखाने की उम्मीद बंधाई गई थी वह दरअसल झूठी थी और कुंजीलाल तथा चैनलों ने मिलकर उन्हें बेवकूफ़ बनाया है, उन्हें छला है।

सवाल उठना लाज़िमी है कि कुंजीलाल के प्राण त्यागने की भविष्यवाणी को इतनी गंभीरता से क्यों लिया गया और उसे इतना हाइप क्यों दिया गया? इस घटना में न्यूज़ चैनलों को ऐसा क्या दिखा कि वे इस पर तन मन धन से टूट पड़े और विस्तार से उसके प्रसारण में जुट गए? न केवल ख़बर दिखाने की होड़ में वे शामिल हो गए बल्कि स्टूडियो में ज्योतिषियों और पुरोहितों को बुलाकर नया विमर्श भी रचने लगे। और फिर अंत में जब अपनी ग़लती का अहसास हुआ तो झेंप मिटाने और लीपा-पोती करने के लिए अंध विश्वास से लड़ने वाले जंगजुओं की मुद्रा में आ गए।

रहस्य-रोमांच से भरी घटनाओं में दिलचस्पी हमारी आदिम प्रवृत्ति का हिस्सा है। जीवन की अज्ञात गुफाओं में घुसकर उनको जानने की जिज्ञासा एक स्वाभाविक चीज़ है, मगर इसके एक वैज्ञानिक समाधान की बजाय उसे अज्ञानता और अंध-विश्वास के आवरणों से ढंके रखना किसी सामाजिक अपराध से कम नहीं है। न्यूज़ चैनल इस अपराध को करने की दिशा में लगातार प्रवृत्त हो रहे हैं। बाज़ार उन्हें लगातार प्रेरित कर रहा है कि दर्शकों की इस आदिम प्रवृत्ति को हवा दो, उसे उभारो ताकि वे तुम्हारे चैनलों से चिपक जाएँ और हम उनके दिमाग़ों में अपने उत्पादों को भली-भाँति अंकित कर सकें। मुश्किल ये है कि ज़्यादातर चैनलों में कुंजीलाल सरीखे लोग ही ख़बरों को चुन और गढ़ रहे हैं और वहाँ के मुख्य कर्ता-धर्ता उन्हें प्रोत्साहित भी कर रहे हैं। करें भी क्यों न, उनका भविष्य और कैरियर बनाने-बिगाड़ने वाली टीवी रेटिंग जो इससे हासिल होती है। इन कुंजीलालों ने इसे सफलता की कुंजी मान लिया है। हम ये नहीं कहते कि चैनलों में काम करने वाले सभी लोग कुंजीलाल ही हैं। मगर बाज़ार के दबाव के सामने उनकी एक नहीं चल पाती जो इसे ठीक नहीं समझते या इससे अलग राय रखते हैं।

मुश्किल ये है कि इन अवैज्ञानिक घटनाओं को इतना नमक-मिर्च लगाकर और बढ़ा-चढ़ाकर दिखाया जा रहा है कि लोगों को इसका चस्का लग जाए। बहुत सारे मीडिया विशेषज्ञों की स्थापना है कि टीवी नाटक मांगता है। खासतौर पर भारतीय समाज में जहाँ हर चीज़ में एक तरह की नाटकीयता होती है, वहाँ दर्शक उन कार्यक्रमों और ख़बरों की तरफ़ भागते हैं जिनमें नाटक के तत्त्व होते हैं। ये एक हद तक सही है मगर इससे भी बड़ा सच ये है कि बाज़ार नाटक मांगता है। ख़बरों की गंभीरता उसे नहीं सुहाती क्योंकि वह लोगों की चेतना को जाग्रत करती है। बाज़ार को ऐसी ख़बर और न्यूज़ चैनल चाहिए जो जगाएँ नहीं, सुलाएँ। वे मध्यवर्ग के सुखी और सम्पन्न जीवन में खलल न डालें, वे एक मनोरंजन की तरह आएँ,

उन्हें बहलाएँ और फिर अपने ही संसार में लौट जाने दें। यथार्थ से पलायन या उसे उसके सबसे कमज़ोर रूप में दिखाना आम बात है इसीलिए न्यूज़ चैनलों के फीलगुड और खुश-ख़बर जैसे मुहावरे चैनलों के संचालकों और विज्ञापन जगत ने अपने दिमाग़ों में बैठा लिये हैं। अंध-विश्वासों से भरी ख़बरें और उनके इर्द-गिर्द नाटकों की रचना इसी मानसिकता की उपज है।

क़रीब डेढ़ दशक पहले अंतरराष्ट्रीय राजनीति में उथल-पुथल और पूँजी के भूमंडलीकरण ने प्रतिक्रियावाद को हवा दी थी। नतीजतन, प्रगतिशील विचारों का प्रभाव समाज पर कमज़ोर पड़ना शुरू हो गया था। इसका असर हमें भारतीय राजनीति में तो देखने को मिला ही था, साहित्य और मीडिया के क्षेत्र भी इससे अछूते नहीं रह गए थे। बल्कि ये कहना ज़्यादा ठीक होगा कि मीडिया तो उस सांप्रदायिक और पुनरुत्थानवादी सोच का वाहक ही बनकर उभरा था। अयोध्या विवाद का कवरेज इसका उदाहरण था। इसके बाद से ही लगातार ऐसे कार्यक्रमों की बाढ़ आ गई जो वैज्ञानिक सोच को कुंद कर दर्शकों को अंध विश्वास और अंध श्रद्धा के अंधेरे कुएँ में ले जाते हैं। मनोरंजन चैनलों पर भूत-प्रेत और जादू-टोना से जुड़े कार्यक्रमों का एक दौर आ गया था और लगभग सभी चैनलों पर एक समय आहट, कोई है, खंडहर और अंधकार जैसे सीरियल प्राइम टाइम पर काबिज़ हो गए थे।

निश्चय ही इस तरह का मनोरंजन भी समाज के लिए घातक होता है मगर जब ये ख़बरें बनकर आने लगती हैं तो और भी ख़तरनाक हो जाता है, क्योंकि ख़बरों के साथ एक तरह की विश्वसनीयता जुड़ी होती हैं। सीरियल को दर्शक एक काल्पनिक कथा-कहानी के रूप में लेता है जबकि, ख़बरों को एक सच्ची घटना के तौर पर देखा जाता है। यही वज़ह है कि सत्यकथा और मनोहर कहानियाँ जैसी पत्रिकाएँ लाखों में बिकती हैं। ऐसी ख़बरों को ड्रामाई अंदाज़ में पेश करके उसे और भी आकर्षक और विश्वसनीय बना दिया जाता है। आप कह सकते हैं कि न्यूज़ चैनल ख़बरों को मनोहर कहानियों में तब्दील कर रहे हैं। अब ये कहना यहाँ ज़रूरी नहीं है कि मनोहर कहानियाँ आमतौर पर वयस्कों द्वारा अकेले में पढ़ी जाने वाली पत्रिका है, इसलिए कम ख़तरनाक है। न्यूज़ ड्राइंग रूम में सपरिवार बैठकर देखी जाती है, और ऐसे में उसका प्रभाव कम उम्र के सदस्यों पर क्या पड़ता होगा सोचा-समझा जा सकता है।

न्यूज़ चैनलों में ये अंध विश्वास दूसरे रूपों में भी प्रकट हो रहा है। राशिफल, ज्योतिष और वास्तु से जुड़ी ख़बरों और कार्यक्रमों की उनमें भरमार हो चली है। बड़ी घटनाओं के दौरान हमारे चैनल उन्हें ज्योतिष से जोड़ने से ज़रा भी नहीं चूकते। कोई तिलकधारी नौटंकी का पात्र सा ज्योतिषी या कोई माता जी फौरन स्टूडियो में विराजमान कर दिए जाते हैं और फिर घटनाओं की यथार्थपरक पड़ताल के बजाय

उनका परालौकिक विवेचन शुरू हो जाता है। ख़बरों के साथ इस तरह का ट्रीटमेंट घटनाओं की किस तरह की समझ बनाता होगा, समझना मुश्किल नहीं है।

अब आस्था या संस्कार जैसे घोषित धार्मिक चैनलों में रोज़ सुबह बाबाओं का जमावड़ा लगे तो बात फिर भी समझ में आती है, मगर न्यूज़ चैनलों में उनका क्या काम? मगर न्यूज़ चैनलों ने उनके लिए भी समय का जुगाड़ कर रखा है क्योंकि इन बाबाओं का भी अपना बाज़ार है। साफ्टवेयर मुफ्त मिल रहा है और स्लाट के लिए बाबा के चेले पैसे दे रहे हैं तो हमारा क्या जाता है। लेकिन बात यहाँ तक सीमित नहीं है। चैनलों में बैठे कुंजीलाल इनकी महिमा को इस तरह से स्थापित करने में जुटे रहते हैं जिससे उनका बाबा सबसे ज़्यादा चमत्कारिक लगे और उस पर अंधश्रद्धा करने वालों की संख्या में इज़ाफ़ा हो। बाबा रामदेव के योग-पाठ हो सकता है लाभकारी हों मगर वे 'रामबाण' नहीं हो सकते। हर रोग के निदान के लिए उन्हें ठीक बताना दर्शकों को गुमराह करना ही कहा जाएगा। इसी तरह, कौन से पत्थर आपके लिए शुभ-अशुभ होंगे और ये कहाँ उपलब्ध हो सकते हैं इसकी जानकारी भी चैनल धंधे को ध्यान में रखकर देते रहते हैं। सैक्स, क्राइम और अब अंध विश्वासों का ये मिश्रण न्यूज़ चैनलों को कितना घातक बना रहा है कहने की ज़रूरत नहीं रह जाती। क्या हक़ीक़त और सच के मुखौटे में चैनलों का ये चेहरा छिपा रहेगा और अगर छिपा भी रहा, तो कब तक?

(जनवरी, 2006)

गंदा है पर धंधा है!

अब आप स्टिंग ऑपरेशन की अच्छाइयों और बुराइयों पर बहस करना चाहते हों तो करते रहिए, मगर न्यूज़ चैनलों ने अपना फ़ैसला ले लिया है। उन्होंने तय कर लिया है कि स्टिंग ऑपरेशन अब उनका नया हथियार होगा। पिछले साल स्टिंग ऑपरेशनों ने जिस तरह की हलचल मचाई और उसका चैनलों की रेटिंग पर जिस तरह से असर पड़ा, उसने उन्हें नित नए स्टिंग ऑपरेशन करने के लिए प्रेरित किया है। सारे चैनल अब तरह-तरह के और पहले से ज़्यादा विस्फोटक स्टिंग ऑपरेशन करने की तैयारियों में जुटे हुए हैं। जो चैनल थोड़ा दूरदर्शी थे उन्होंने पहले ही इसके लिए विशेष टीमें गठित कर ली थीं और अब वे उन्हें और मज़बूत बनाने में लगे हुए हैं। जहाँ ऐसा नहीं है वहाँ दुस्साहसी और खुफियागीरी में माहिर पत्रकारों की ढुँढ़ाई शुरू हो गई है। तरह-तरह के गुप्त कैमरों और दूसरे साजो-सामान जुटाए जा रहे हैं। कुछ फ्रीलांस एजेंसियाँ भी अस्तित्व में आ गई हैं, जो उचित क़ीमत में चैनलों के लिए स्टिंग ऑपरेशन कर रही हैं।

यानी अब कहा जा सकता है कि स्टिंग ऑपरेशनों का युग भारत में आ गया है। हालाँकि पहले तहलका और फिर बीजेपी नेता दिलीप सिंह जू देव के बहुचर्चित स्टिंग ऑपरेशनों ने ऐलान कर दिया था कि अब टीवी कैमरों ने गुप्त होकर छिपी बातें सार्वजनिक करने का बीड़ा उठा लिया है। मगर उस समय चैनलों ने इसे पूरे मन से अपनाया नहीं था। शायद कहीं न कहीं कोई गाँठ थी, हिचक थी कि करें या न करें। मगर पिछले साल ये हिचक ख़त्म हो गई, सारी वर्जनाएँ टूट गईं। चैनल खुलकर सामने आ गए और शुरू हो गए एक के बाद एक स्टिंग ऑपरेशन।

दरअसल, न्यूज़ चैनलों के लिए पिछला साल कड़ी स्पर्धा का रहा। एक साथ कई चैनल आए और उनमें दर्शकों को खींचने की गला-काट प्रतिस्पर्धा तेज़ हो गई। ज़ाहिर है इस महायुद्ध के लिए ज़्यादा संहारक हथियारों की ज़रूरत थी। लिहाज़ा नए हथियारों की तलाश करते हुए वे पहले सेक्स और सनसनी की शरण में गए। फिर उन्होंने रियलिटी टीवी का भी सहारा लिया। आम कथाओं को नाटकीय बनाकर दर्शकों को रिझाने की कोशिश की गई। मगर जब सारे ही चैनल ऐसा करने लगे तो एक नए हथियार की तलाश शुरू हुई और उसमें स्टिंग ऑपरेशन सबको रास आ गया।

वैसे तो सभी चैनलों ने स्टिंग ऑपरेशन की कला को साधने की कवायद शुरू कर दी थी मगर वो धीमी थी। इंडिया टीवी ने इस मामले में ज़्यादा साहस दिखाया। रेटिंग में लगातार पिछड़ रहे इस चैनल ने एक के बाद एक दो स्टिंग ऑपरेशन किए और बॉलीवुड की गंदगी दिखाने के नाम पर जमकर दर्शक बटोरे। खुद रजत शर्मा उन हफ्तों की रेटिंग का हवाला देते हुए बताते हैं कि किस तरह इन दो ऑपरेशनों की बदौलत उनका चैनल कहाँ से कहाँ पहुँच गया। आज इस चैनल की अच्छी या बुरी, मार्केट में एक पहचान बन गई है और बताया जाता है कि उसके विज्ञापनों में भी बढ़ोतरी हुई है। लेकिन इंडिया टीवी ने खुद जो लाभ कमाया वो अपनी जगह है। इससे भी ज़्यादा महत्त्व की बात ये है कि उसने एक तो स्टिंग ऑपरेशन के लाभों का एहसास नए सिरे से करवा दिया और दूसरे इस मानसिक अवरोध को भी तोड़ दिया कि पत्रकारिता की किसी लक्ष्मण रेखा का पालन होना चाहिए या नहीं। वो सीधे बेडरूम तक चला गया। उसने उन दृश्यों को दिखाने से भी परहेज़ नहीं किया जिन्हें सामान्यत: अश्लील माना जाता है। अपनी इन रिपोर्टों को सही ठहराने के लिए वो नैतिकता पर ही प्रश्न चिन्ह लगाने लगा और इस कोशिश में खुद प्रश्नों से घिर गया। लेकिन बदनाम हुए तो क्या, नाम तो हुआ।

स्टिंग ऑपरेशनों के बही-खातों पर अगर नज़र डालें तो बात और भी साफ़ हो जाती है। दरअसल ये एक समझदारी भरे निवेश का मामला है। जितनी लागत इस पर आती है उसके मुक़ाबले कई गुना फायदा चैनल को हो जाता है। इस तरह के ऑपरेशनों पर आने वाले खर्चों का सही-सही अनुमान लगाना मुश्किल होता है। किसी ऑपरेशन में बीस-पचीस हज़ार खर्च हो सकते हैं तो किसी पर लाखों। मगर यदि मान लें कि ऑपरेशन दुर्योधन जैसे किसी भंडाफोड़ पर पचास से अस्सी लाख खर्च होते हैं तो ये खर्च इसके एवज में मिले लाभों की तुलना में कुछ भी नहीं है। पहला फ़ायदा तो ये हुआ कि समूचा टीवी समाज आपके चैनल के सामने बैठ जाता है। यानी आपकी रेटिंग किसी भी चैनल के मुक़ाबले कहीं से कहीं पहुँच जाती है। लेकिन ये तो फौरी फायदा हुआ जो कुल फायदे की तुलना में कुछ भी नहीं है। असली फायदा तो साख के रूप में मिलता है (आज के बाज़ार में इस साख का, छवि का सबसे ज़्यादा महत्त्व है। मार्केटिंग का पूरा खेल ही परसेप्शन पर आधारित है)। पूरी दुनिया में धारणा बनती है कि ये चैनल ताक़तवर है और निर्भीक भी। वो सबकी चर्चा के केंद्र में आ जाता है। फिर इस परदाफ़ाश से बनने वाली ख़बर पर पूरा मीडिया जगत चर्चा करने के लिए विवश हो जाता है, जो अन्यथा वो कतई नहीं करता। इस तरह जो प्रसिद्धि चैनल करोड़ों खर्च करके भी हासिल नहीं कर सकता था वो उसे एक स्टिंग ऑपरेशन से हासिल हो जाती है। अब यदि स्टिंग ऑपरेशनों का अर्थशास्त्र इतने सारे फायदे दिलाता हो तो बाज़ार में बैठा कोई चैनल क्यों इनसे परहेज़ करेगा। वो तो और भी तत्परता के साथ ऐसा करना चाहेगा। सच और साहस

के मुखौटे में ये कारोबार तेज़तर होता जाएगा। सच के ये सिपाही उन शक्तिशाली प्रतिष्ठानों में नहीं जाएँगे जो लोकतंत्र के चारों खंभों को थामे रखने का दम भरते हैं। न उन्हें मीडिया के अंदर की गंदगी दिखेगी, न उद्योगपति-व्यापारियों के काले कारनामों को उजागर करने की हिम्मत वे दिखाएँगे। अगर ऐसा होते हुए भी दिखे तो वो प्रतिस्पर्धी घरानों और व्यक्तियों के हितों की लड़ाई का नतीजा होगा।

अब ये समझना कोई ज़्यादा मुश्किल नहीं है कि स्टिंग ऑपरेशन का ये दौर पत्रकारिता को कहाँ ले जाएगा। बाज़ार में खड़ी पत्रकारिता बाज़ार के हिसाब से ही चलेगी। पत्रकारिता और खुफ़ियागीरी के बीच जो पतली रेखा है वो ख़त्म होती दिखाई देगी। पत्रकारों और चैनलों की रुचि नाम और धन कमाने के इस शार्ट कट में बढ़ेगी। चैनलों को ऐसे पत्रकार रास आएँगे जो गंभीर काम करने के बजाय इस तरह के भंडाफोड़ों में माहिर हों। उसमें भी उन जाँबाज़ो की माँग और भी बढ़ जाएगी जो जाने-माने लोगों के अंतःपुर की तस्वीरें लाने में माहिर होंगे। अपराध की ख़बरों को प्रमुखता मिलने के बाद से अपराध संवाददाताओं की बाढ़ आ गई है। मीडिया में इन्हें नई प्रतिष्ठा मिली है। अपराध से जुड़े कार्यक्रमों के एंकर हीरो बन गए हैं। अब ये ट्रेंड स्टिंग ऑपरेशन के मामले में चल पड़ेगा। इसका एक असर ये भी पड़ेगा कि जिस तरह पश्चिमी देशों में पत्रकार और फोटोग्राफर चर्चित लोगों की चटखारेदार स्टोरी और तस्वीरें जुटाने में लगे रहते हैं उसी तर्ज़ पर भारत में भी काम शुरू हो जाएगा। यानी टीवी पत्रकारिता टेब्लाँयड पत्रकारिता में तब्दील होती जाएगी।

जब इतने सारे परिवर्तन होंगे तो आपकी ख़बरों की दुनिया बिना बदले कैसे रह सकती है? हम पिछले पाँच-सात वर्षों से लगातार देख रहे हैं कि मीडिया में और ख़ास तौर पर इलेक्ट्रानिक मीडिया में जनहित से जुड़ी ख़बरें या तो हाशिए पर सिमटती जा रही हैं या फिर उन्हें मनोरंजक बनाकर पेश किए जाने का सिलसिला चल पड़ा है। यानी ख़बरें मनोरंजन प्रधान हो गई हैं। गंभीर ख़बरें भी मनोरंजन के रूप में आती हैं। ये मनोरंजन रहस्य-रोमांच का भी हो सकता है और गाने-बजाने का भी। अपराध की ख़बरें समाज के स्वास्थ्य को नहीं दिखातीं, बल्कि मनोहर कहानियाँ बनकर दिल बहलाती हैं। इस प्रक्रिया में न्यूज़ चैनलों में ख़बरों का जो मिक्स बन रहा है उसमें सेक्स, सनसनी, क्राइम और सिनेमाई मनोरंजन पूरी तरह से हावी है। अब इसमें स्टिंग ऑपरेशन की उत्तेजना और जुड़ जाएगी तो मसाला ख़ासा चटपटा बन जाएगा। ये मिक्चर 'मार्केट फ्रेंडली' तो है मगर दर्शकों का दुश्मन है, क्योंकि इसमें सार्थक ख़बरों के लिए स्पेस ही नहीं बचेगा। एक अनपढ़ से मुल्क में ये घटना एक त्रासदी की तरह घट रही है।

सवाल अब ये उठता है कि उस बहस का क्या होगा जो बढ़ते स्टिंग ऑपरेशनों की वज़ह से अधर में लटकी नज़र आ रही है। क्या वो बेमानी हो गई हैं? क्या

बाज़ार के बुल्डोज़र उसे कुचलकर आगे बढ़ जाएँगे? अभी तो यही लगता है, मगर ऐसा होता नहीं। अक्सर देखा गया है कि इस तरह की प्रवृत्तियाँ परिदृश्य पर कुछ देर के लिए हावी होती हैं और फिर कुछ समय बाद कमज़ोर होकर गायब हो जाती हैं । लेकिन हमें ये भी नहीं भूलना चाहिए कि स्टिंग ऑपरेशन के अपने फ़ायदे भी हैं और अगर ये न होते तो बहुत सारे सच इस तरह नग्न रूप में टीवी के परदे पर हम न देख पाते। इसलिए इन पर रोक लगाने की बात नहीं की जानी चाहिए क्योंकि नेताओं का एक वर्ग यही चाहता है। अलबत्ता इस हथियार का सही इस्तेमाल हो इसके लिए कोशिशें करने में हर्ज़ नहीं है।

पाठकों को लग सकता है कि इस स्तम्भ का लेखक बाज़ार से कुछ ज़्यादा ही आतंकित है। मगर ये सचाई है कि आज चीन अमेरिका नहीं सबसे बड़ी महाशक्ति बाज़ार है और वो एक क्रूर तानाशाह की तरह व्यवहार कर रहा है। इसलिए भय स्वाभाविक है, ख़ास तौर पर तब जबकि तेज़ बहाव में सब कुछ बहा जाए और थामने को तिनका भी नज़र न आ रहा हो। लेकिन क्या इस हताशा को भी एक उम्मीद, एक प्रतिवाद के रूप में नहीं पढ़ा जाना चाहिए।

(फरवरी, 2006)

रामदेव की बूटी के नशे में आस्थावादी चैनल

ख़बरों को छापने और दिखाने के लिए पत्रकारिता में कुछ स्थापित मानदंड हैं। किसी भी अख़बार या चैनल से ये अपेक्षा की जाती है कि वो ख़बरों को अच्छे से जाँचेगा-परखेगा। घटना या ख़बर से जुड़े सभी पक्षों को ध्यान में रखेगा ताकि किसी के साथ अन्याय न हो। सत्यता के प्रति ये आग्रह ही पत्रकारिता को एक सम्मान और विश्वसनीयता प्रदान करता है। मगर धीरे-धीरे इन मानदंडों के प्रति लापरवाही का भाव घर करता जा रहा है। वैसे तो मोटे तौर पर ये सभी ख़बरों के साथ देखा जा रहा है मगर जब मामला किसी साधु-साध्वी का या धर्म विशेष का आ जाता है तो ये प्रवृत्ति और भी साफ़ दिखलायी पड़ने लगती है। अंधी आस्थाओं से जुड़े प्रश्न उठे नहीं कि पत्रकारिता के उसूलों को ताख पर रख दिया जाता है। यही नहीं, ऐसे मामलों में वे इस उत्साह के साथ सक्रिय हो जाते हैं कि सत्य कहीं गुम हो जाता है और झूठ ही असली सत्य के रूप में स्थापित होने लगता है।

बाबा रामदेव की आयुर्वेदिक दवाईयों में मिलावट से उठे विवाद में भी यही देखने को मिला। बाबा रामदेव जब अपने योग, तप और संयम को भूलकर मार्क्सवादी कम्युनिस्ट पार्टी की नेता वृंदा कारत पर बरसने लगे तो तमाम न्यूज़ चैनल बाबा बाबा का मंत्रजाप करने में जुट गए। ये चैनल अन्यथा बहुत तेज़तर्रार और निर्भीक होने का अभिनय करते हैं, मगर वृंदा कारत के सच का साथ देने की हिम्मत नहीं जुटा पाए। यहीं नहीं, वे बाबा और संघ परिवार द्वारा चलाए जा रहे वृंदा के मान-मर्दन अभियान के सहायक ही बन गए। किसी ने बाबा के आश्रम में स्टिंग ऑपरेशन नहीं किया। किसी ने ये जानने की कोशिश नहीं की कि फैक्ट्री से निकाले गए मज़दूरों के बयानों में सचाई है या नहीं। किसी ने वृंदा कारत के सैंपलों से निकले सत्य को प्रचारित करने की कोशिश नहीं की। सब बाबा के बयानों को ही सत्य मानकर उनकी प्रेस कांफ्रेंसों में बँट रहे ज्ञान के प्रसाद को खाने और बाँटने में जुट गए। किसी ने बाबा के महान कार्यों को बखाना तो कोई आयुर्वेद की उपयोगिता पर पाठशाला खोलकर बैठ गया। ग़ौरतलब बात ये थी कि सब जगह बाबा थे। नहीं थे तो वृंदा और उनके मज़दूर। कोई उनकी बात न सुन रहा था और न सुना रहा था। बाबावादी चैनल तो ये कर ही रहे थे, वे चैनल भी इसमें जुटे हुए थे जिन्हें थोड़ा

आधुनिक और प्रगतिशील सोच वाला माना जाता है।

चैनल ऐसा क्यों कर रहे थे? वे बाबा की बूटी में चमत्कार तो देख रहे थे मगर उनमें मानव और जानवरों की हड्डियों का चूरा क्यों उन्हें नहीं मिल रहा था? इसका बहुत ही सीधा सा जवाब ये है कि उन्हें सत्य में कोई दिलचस्पी ही नहीं थी। सत्य में उनकी दिलचस्पी इसलिए नहीं थी कि यहाँ सत्य उनकी मानसिक बनावट के अनुरूप तो नहीं ही था, आर्थिक स्वास्थ्य के लिए भी हानिप्रद था। वृंदा कारत को शायद इस बात का अनुमान नहीं था कि बाबा के अनुयायियों की संख्या इतनी ज़्यादा है और उनकी तरफ उंगली उठाना भी बर्र के छत्ते में हाथ डालना होगा। या फिर ये उनका क्रांतिधर्मी विश्वास रहा होगा कि उन्होंने वोटों के नफ़ा-नुकसान वाले तराजू में इसे नहीं तौला और जो सच उनके हाथ लगा उसे उन्होंने भरे चौराहे में सार्वजनिक कर दिया। इसमें हो सकता है कि राजनीतिक नासमझी थोड़ी-बहुत दिखे मगर मौकापरस्ती नहीं थी और न ही कोई बदनीयती। मगर चैनलों का बाज़ार कहता है कि भाई ऐसा कुछ मत करो जिससे दर्शक नाराज़ हों। इसके उलट वो करो जिससे उसकी धारणाएँ भले ही वे कितनी भ्रांत हों, पुष्ट हों। उन्हें ये महसूस हो कि वे जिसे सही मानते हैं चैनल भी उसे ही सत्य समझते हैं। इससे उनके अहंकार की तुष्टि होती है। नतीजतन, दर्शकों की निष्ठा चैनलों के प्रति पक्की होती है। यही चैनल चाहते हैं। इसी के लिए वे दिन-रात ख़बरों का बाज़ार सजाकर बैठते हैं। यही वज़ह है कि सभी चैनलों ने पाँच काम फौरन किए-

1. बाबा रामदेव के तथाकथित चमत्कारों का महिमा गान।

2. उत्तेजित रामदेव के बयानों का अबाध और प्रश्नरहित प्रसारण।

3. वृंदा के पक्ष को तोड़-मरोड़कर प्रस्तुत करना या फिर उसका बहिष्कार ही कर देना।

4. पूरे विवाद को योग और आयुर्वेद पर हमले की तरफ मोड़ दिया जाना। आयुर्वेद को भी एक अंध विश्वास की तरह ही पेश करना।

5. मज़दूरों और दवाईयों में मिलावट से जुड़े सवालों की गहराई में न जाना।

इस तरह मीडिया एक नया विमर्श तैयार करने लगा। इस विमर्श में वृंदा कारत एक ऐसी कम्युनिस्ट नेता के रूप में प्रस्तुत की जाने लगीं जो बहुराष्ट्रीय कंपनियों के इशारे पर बाबा रामदेव जैसे भारत-हितैषी को बदनाम करने की साज़िश में लिप्त हैं, जिन्हें आयुर्वेद जैसी भारतीय चिकित्सा पद्धति में विश्वास नहीं है, जिनका संबंध ऐसे राजनीतिक दल से है जो हमेशा से राष्ट्र-विरोधी गतिविधियों में लिप्त रहा है। इसके विपरीत बाबा रामदेव एक नायक और देशभक्त के तौर पर उभारे जाने लगे। उन्हें एक क्रांतिकारी का दरज़ा दिया जाने लगा। एक दो चैनल ही थे जिन्होंने रामदेव की दवाईयों में मिलावट के आरोपों पर अपना ध्यान केंद्रित किया और कोशिश की कि बहस बहके न। एक चैनल ने तो मेनका गाँधी का इंटरव्यू भी दिखाया और बार-

बार दिखाया। इस इंटरव्यू में मेनका ने वृंदा की तुलना में कहीं अधिक आक्रामक ढंग से बाबा की बूटियों में मिलावट की बात कही। मेनका ने कहा–बाबा सौ फ़ीसदी गुनहगार हैं...उन्हें शर्म आनी चाहिए। बाक़ी चैनलों को मेनका गाँधी के बयानों पर भी तवज्जो देनी चाहिए थी। लेकिन उन्होंने ऐसा नहीं किया क्योंकि मेनका बीजेपी की नेता हैं और अगर उनके विचारों को महत्त्व दिया जाता तो बाबा का पक्ष कमज़ोर होता और कम्युनिस्टों पर हमला करना भी मुश्किल हो जाता।

बाबा रामदेव भगवा वस्त्र धारण करते हैं। उनकी लंबी दाढ़ी है। वे किसी हिंदू साधु की तरह प्रवचन भी करते हैं। मगर ये उनका एक रूप है। उनका दूसरा रूप ये है कि वे योग शिविरों के लिए बहुत मोटी फीस लेते हैं और प्रशिक्षुओं में भी फीस के आधार पर बाकायदा वर्गीकरण होता है। इसी तरह आयुर्वेदिक दवाओं की उनकी फैक्ट्री है और वे यहाँ बनी दवाओं को बहुत ऊँची क़ीमतों में बेंचते हैं। अतः वे एक कारोबारी आदमी भी हैं। ये भी हो सकता है कि वे साधु के चोले को कवच की तरह इस्तेमाल करते हों और ये योग तथा आयुर्वेदिक दवाओं की मार्केटिंग में भी मददगार हो रहा हो। सोचिए अगर वे एक साधारण योगाचार्य या आयुर्वेदिक दवाओं के निर्माता होते तो क्या उनके बचाव में इतने लोग सामने आते। मगर मीडिया ने इस पहलू से इस घटना को देखने की कोशिश ही नहीं की। और तो और उसने ये भी लोगों को ज़ोर देकर नहीं बताया कि रामदेव या उनके चेलों के पास आयुर्वेद की कोई डिग्री नहीं है और न ही रामदेव योग के आचार्य ही हैं।

चैनलों का रामदेव समर्थक अभियान यहीं तक सीमित नहीं रहा, बल्कि दर्शकों में एक तरह का उन्माद पैदा करने की भी कोशिश उन्होंने की। लगातार इस तरह की रिपोर्टिंग की गई मानो वृंदा ने ईश निंदा कर दी हो या किसी धर्म विशेष के ख़िलाफ़ कोई ग़लत बात कह दी हो और उससे उस धर्म के अनुयायियों की धार्मिक भावनाएँ आहत हो गई हों। उनसे बाबा के पक्ष में संदेश मँगाए गए और लगातार दिखाए गए (हालाँकि इन संदेशों से चैनलों को कमाई भी अच्छी हो रही थी)। चैनलों ने इस तरह के सवाल पूछने भी शुरू कर दिए जिनसे रामदेव के प्रति दर्शकों की भावनाओं को उभारा जा सके। मसलन, एक चैनल का सवाल था कि क्या बाबा रामदेव की दवाओं में मिलावट का आरोप उन्हें बदनाम करने की साज़िश है? अब इस तरह के सवालों को पूछने के पीछे की मंशा को समझना कोई मुश्किल काम नहीं है। इरादा रामदेव के पक्ष में और वृंदा कारत के ख़िलाफ लोगों को उकसाना था। इसी मक़सद से वृंदा के ख़िलाफ़ होने वाले प्रदर्शनों को चैनलों ने पूरे उत्साह के साथ और विस्तार के साथ दिखाया। यानी लोगों को उकसाने और उनमें एक तरह के उन्माद का संचार करने के लिए उन्होंने कोई कसर नहीं छोड़ी।

अगर आपको ध्यान हो तो बाबरी मस्जिद को लेकर हुए विवाद में भी मीडिया की भूमिका कुछ इसी तरह की थी। उस समय इलेक्ट्रानिक मीडिया इस पैमाने पर

नहीं आया था, मगर प्रिंट मीडिया की रणनीति यही थी। उसने रामजन्मभूमि को लेकर उठे विवाद के संबंध में उठे मूल प्रश्नों को छोड़कर उन्माद की ऐसी धुंध फैलायी थी कि समाज का विवेक कातर भाव से हाशिए पर चला गया और नफरत के सौदागरों को खुलकर खेलने की छूट मिल गई। यानी जब कभी भी अंधी आस्था का सवाल उठता है तो मीडिया उसके ख़िलाफ़ खड़े होने के बजाय उसका हमसफर बन जाता है, उसकी अगुआई करने लगता है, जैसा कि बाबा रामदेव से जुड़े इस प्रसंग में हुआ।

ये सही है कि बाज़ार ने दर्शकों को ग्राहकों में बदल डाला है और ज़ाहिर है कि उन्हें नाराज़ करके कोई भी धंधा नहीं चल सकता। मगर बाबा रामदेव-विवाद का कवरेज़ बाज़ार से ही प्रभावित नहीं था। यहाँ दबाव आस्था का भी था, आस्था के आतंक का था। इसलिए अगर पत्रकारिता के बुनियादी सिद्धांतों को लेकर थोड़ी सी सावधानी रखी जाए तो ऐसे मामलों में मीडिया की भूमिका ज़्यादा सार्थक हो सकती है।

(मार्च, 2006)

मीडिया के सक्रियतावाद का रहस्य?

हर वक़्त आलोचना के पात्र बने रहने वाले मीडिया को और ख़ास तौर पर न्यूज़ चैनलों को इस समय शाबाशी मिल रही है। ये शाबाशी उसे दिल्ली के बहुचर्चित जेसिका लाल हत्याकांड के मामले में मिल रही है। बहुतों का मानना है कि कोर्ट के विवादास्पद फैसले के बाद मीडिया ने जिस तरह से पुलिस की ख़बर ली, उसके बाद ही हाईकोर्ट ने इसका संज्ञान लिया और निष्पक्ष जाँच के आदेश भी दिए। लोगों की ये मान्यता सही भी है क्योंकि जेसिका लाल के मामले में मीडिया ने ज़बर्दस्त दबाव बनाया। फैसला आते ही मीडिया जगत लाठियाँ लेकर निकल पड़ा। उसने न केवल पुलिस की ठुँकाई की, बल्कि मजिस्ट्रेट तक को कठघरे में खड़ा कर दिया। मीडिया के बनाए इस दबाव में राजनीतिक दल और सरकार भी आई। जेसिका के साथ हुई इस बेईंसाफ़ी पर बयानबाज़ियाँ हुईं और ये विवाद संसद में भी गूँजा। आख़िरकार, सरकार को नए सिरे से जाँच करवाने के आदेश देने पड़े।

ये पहला मौका नहीं है जब मीडिया ने किसी मामले को बढ़-चढ़कर उठाया और सरकार को बाध्य होकर कार्रवाई करनी पड़ी। लोकतंत्र में मीडिया से इसी तरह की भूमिका की अपेक्षा भी की जाती है। मगर अक्सर ऐसा होता नहीं है। अगर जेसिका लाल के ही मामले को लें तो जहाँ मीडिया की भूमिका की तारीफ़ की जा रही है वहीं ये सवाल भी किए जा रहे हैं कि क्या इसी तरह के दूसरे मामलों में भी वह ऐसी ही दिलचस्पी और इतने ही उत्साह के साथ काम करता है? अगर ये मामला किसी जानी-मानी फैशन डिज़ाइनर, खूबसूरत मॉडल, मंत्री के बेटे, राजधानी दिल्ली और कुल मिलाकर संभ्रांत कहे जाने वाले तबके से न जुड़ा होता तो भी क्या मीडिया इसे ज़ोर-शोर से उठाता? नहीं उठाता। ये एक ऐसा सवाल है जो सारी कहानी बयान कर देता है। मीडिया का एक्टीविज़्म या सक्रियतावाद इससे कठघरे में खड़ा हो जाता है। अगर इसकी तह में जाएँ तो दो संदेह मन में खड़े होते हैं। एक-क्या मीडिया का ये एक्टीविज़्म सलेक्टिव है और दूसरा ये कि अपनी मूल भूमिका के बारे में बहुत गंभीर न रहने वाला मीडिया दूसरे मामलों में इतना सक्रिय क्यों हो जाता है।

सबसे पहले पहला संदेह। इसे संदेह कहना ठीक नहीं होगा क्योंकि यही सच

है कि मीडिया बहुत सावधानी से ऐसे विषयों का चुनाव करता है जिनको लेकर उसे अभियान चलाना है। वैसे ये चुनाव उसके लिए बहुत सहज भी होता है क्योंकि अब ये उसकी दिमाग़ी बनावट का हिस्सा बन चुका है। बाज़ार ने उसे अच्छे से सिखा दिया है कि क्या दिखाना है, किसको दिखाना है और कैसे दिखाना है। यानी मानदंड बहुत ही साफ़ हैं और लक्ष्य भी। जेसिका कांड को ही लें तो चैनल इस बात को बखूबी जानते हैं कि दिल्ली एक बहुत बड़ा मार्केट है। टीआरपी रेटिंग में इसका नंबर मुंबई के बाद आता है। दिल्ली और मुंबई मार्केट को मिलाकर आधी से ज़्यादा टीआरपी बनती है। यानी जो चैनल इन दो मार्केट में अपना सिक्का जमा ले वही बादशाह बन जाता है। इसीलिए यहाँ की ख़बरों के कवरेज़ के लिए चैनलों में होड़ मची रहती है और यही वज़ह है कि इन दो शहरों की मामूली से मामूली ख़बर भी राष्ट्रीय ख़बर बन जाती है। तमाम चैनलों के साधन-संसाधन भी सबसे ज़्यादा यहीं तैनात हैं। लेकिन ये भी सही है कि इन दो शहरों की ख़बरों में बाक़ी देश की भी दिलचस्पी होती है। इसलिए इन दो शहरों में टीआरपी बटोरने के साथ-साथ देश के दूसरे हिस्सों में भी दर्शक खींचने में यहाँ की घटनाएँ मददगार साबित होती हैं।

जेसिका लाल हत्याकांड में मीडिया की दिलचस्पी की दूसरी बड़ी वज़ह ये है कि इसका ताल्लुक उस वर्ग से है जिसका वो पैरोकार है। यानी मध्य और उच्च मध्य वर्ग। यही न्यूज़ चैनलों का उपभोक्ता वर्ग भी है। इसलिए उससे जुड़ी हर उस ख़बर को उठाना उसके लिए अनिवार्य है। यही नहीं, ख़बर के साथ ट्रीटमेंट क्या होना चाहिए ये भी इस वर्ग की चाहत या यों कहें कि माँग (डिमांड) के अनुसार ही तय होता है। दरअसल, ऐसे ही मौकों पर मीडिया का वर्ग चरित्र भी उभरकर सामने आता है। उसकी रुचि किस वर्ग में है और वो किस समाज का प्रवक्ता है ये ऐसी ही घटनाओं से ज़ाहिर होता है। देश को छोड़िए राजधानी दिल्ली में ही ऐसे बहुत से हादसे होते रहते हैं या ऐसे बहुत से मौके आते हैं जिनके किरदार कमज़ोर तबके से होते हैं मगर वे मीडिया में इस तरह से जगह नहीं बना पाते। इसके विपरीत मध्य-उच्च वर्ग की मामूली सी तकलीफ़ भी सुर्खियों में उछलने लगती है। उदाहरण के तौर पर हाल में कुछ हवाई अड्डों के आधुनिकीकरण के नाम पर उनके निजीकरण की भूमिका लिखी जा रही थी और कर्मचारी संगठन इसका विरोध कर रहे थे तो मीडिया यात्रियों की परेशानियों से दुख और नाराज़गी के सागर में गोता लगाने लगा था। उसकी नज़रों में कर्मचारी और वामपंथी संगठनों की चिंताएँ कोई अहमियत नहीं रखती थीं।

इस संदर्भ में एक और मामले को लिया जा सकता है। इन दिनों दिल्ली में अवैध निर्माण को हटाने के लिए अभियान चलाया जा रहा है। हाई कोर्ट के आदेश पर चलाए जा रहे इस अभियान को रोकने की कोशिशें हर तरफ से हो रही हैं। नेताओं, बिल्डरों और अफसरों की तिक़ड़ी अपनी पूरी ताक़त से इसमें जुटी हुई है,

लेकिन मीडिया भी इस खेल में अपनी तरह से योगदान दे रहा है। अगर कोई सच्चा सर्वेक्षण हो तो पता चलेगा कि दिल्ली के अधिकांश लोग इस अभियान से खुश हैं क्योंकि पहली बार ऐसा हो रहा है कि उन लोगों के अवैध निर्माण पर बुल्डोज़र चल रहे हैं जो पैसे वाले हैं, पहुँच वाले हैं। नेताओं को कोई हाथ लगाने की हिम्मत नहीं करता मगर हाईकोर्ट कह रहा है कि शुरूआत उन्हीं से करो। बिल्डरों ने नेताओं-अफसरों से मिलकर बड़े-बड़े शापिंग माल खड़े कर लिए थे और अब वे या तो गिराए जा रहे हैं या कभी भी गिराए जा सकते हैं। इन शापिंग माल में मालदार लोगों ने दुकानें खरीदकर अपने भव्य शोरूम खोल रखे हैं। अब जबकि इनके टूटने पर ये लोग हाय-तौबा मचा रहे हैं तो मीडिया भी उनके साथ खड़ा है। वो इन लोगों को बार-बार टीवी पर आकर ये कहने का मौका दे रहा है कि ये अभियान सरासर गलत है। उनके साथ ज़्यादती हो रही है, इसे तत्काल रोका जाना चाहिए।

जेसिका लाल प्रकरण बेइंसाफी का एक नमूना तो है ही मगर पुलिस की भूमिका और कोर्ट के फैसले ने मध्यवर्ग को और भी ज़्यादा विचलित किया है। असुरक्षा का मारा मध्यवर्ग पुलिस और कानून को अपने साथ खड़ा देखना चाहता है। मगर जब देखता है कि धन, राजनीति और बाहुबल की सत्ता के सामने वह भी बेबस है तो वो उद्वेलित हो उठता है। मगर ये उद्वेलन उसे सड़कों पर नहीं उतारता क्योंकि स्वभाव से वो सुविधावादी है और अपने रोज़मर्रा के कार्य-व्यापार में कोई खलल नहीं चाहता। इसलिए वो चाहता है कि कोई दूसरा उसका काम कर दे, उसकी लड़ाई का ठेका ले ले। चैनलों का व्यक्तित्व भी इसी आकांक्षा से तैयार होता है। ये उसके लिए लाज़िमी हो जाता है कि वो सक्रियतावादी रूख़ अपनाए। गाहे-बगाहे ऐसे विषय ले जो एक तरफ तो उसकी छवि जुझारू कार्यकर्ता की बनाए और दूसरी तरफ मध्यवर्ग को ये एहसास कराए कि वही उसका सच्चा साथी है। यही वज़ह है कि जेसिका लाल जैसे मामलों में मीडिया खुदाई खिदमतगार बनकर आता है और टूट पड़ता है उसके दुश्मनों पर। बस क्या है मध्यवर्ग फिदा हो जाता है उस पर। वाह वाह करने लगता है।

अब संदेह नंबर-2। अगर जेसिका लाल जैसे चंद मामलों को छोड़ दें तो मीडिया की भूमिका को लेकर जन साधारण का सोच काफी हद तक नकारात्मक ही है। उसकी धारणा यही है कि चैनल ऐसी ख़बरों को ज़्यादा महत्त्व देते हैं जो सामाजिक दृष्टिकोण से अहितकर होती हैं। आर्थिक उदारवाद और भूमंडलीकरण के दौर में जिस बाज़ारवाद का प्रभुत्व मीडिया पर कायम हुआ है उससे ये धारणा और पक्की हुई है। सेक्स, सनसनी और सिनेमा का एक भद्दा मिश्रण हमें नियमित रूप से देखने को मिल रहा है। (क्या ये सच नहीं है कि जेसिका लाल की कहानी एक ऐसी अपराध कथा थी जो पढ़ने और देखने वालों को एक अतिरिक्त आनंद प्रदान करती है और इसलिए वो बिकाऊ थी और यही वज़ह है कि वो इस पैमाने

पर और इतने दिनों तक पत्र-पत्रिकाओं और चैनलों पर छाई रही। चैनलों को तो इसे विस्तार से दिखाना ही था।) चैनल इससे न केवल वाकिफ़ हैं बल्कि एक हद तक अपराधबोध के शिकार भी हैं। अब इस अपराधबोध से मुक्ति तभी मिल सकती है जबकि कुछ ऐसा किया जाए ताकि लगे कि हम भी समाज के लिए कुछ रचनात्मक कार्य कर रहे हैं। ये लक्ष्य सक्रियतावाद का चोला पहनकर आसानी से हासिल किया जा सकता है।

ये भी ग़ौर करने लायक बात है कि जबसे कल्याणकारी राज्य संकुचित हुआ है एक बड़ा स्पेश सक्रियतावाद के लिए खाली हुआ है। ग़ैर सरकारी संगठनों की भूमिका, सक्रियता और महत्त्व बढ़ने की एक वज़ह शायद ये भी है। ढेर सारे भ्रष्ट ग़ैर सरकारी संगठनों के बावजूद इनकी विश्वसनीयता सरकार और मीडिया के मुक़ाबले कहीं ज़्यादा है। मीडिया ये जानता है और अपनी घटती विश्वसनीयता की भरपाई इस क्षेत्र से करना चाहता है। इसीलिए वो समय-समय पर ऐसे मुद्दों को उठाने की कोशिश करता रहता है जो अन्यथा ग़ैर सरकारी संगठनों के माने जाते हैं।

हालाँकि मीडिया भी एक उद्योग है और बाज़ार का ही एक उपक्रम भी, मगर बाज़ार खुद भी सक्रियतावाद को भुनाना चाहता है। हाल में एक डिटर्जेंट पावडर का विज्ञापन आया था। इस विज्ञापन में डिटर्जेंट के सहारे पानी बचाने का अभियान चलाने की बात कही गई थी। कोई और नहीं बल्कि जानी-मानी अभिनेत्री शबाना आज़मी को इसमें इस्तेमाल किया गया था। शबाना एक एक्टीविस्ट हैं और एक एक्टीविस्ट के तौर पर ही इसमें पानी बचाने के बहाने डिटर्जेंट की पैरवी करती हैं। यहाँ डिटर्जेंट बनाने वाली कंपनी सक्रियतावाद का सहारा लेकर अपने प्रोडक्ट की विश्वसनीयता और स्वीकार्यता बढ़ाना चाहती है।

सक्रियतावाद के और भी रूप चैनलों में देखे जा सकते हैं। कभी अपराध के ख़िलाफ़ बिगुल फूँकते उन्हें देखा जा सकता है तो कभी भ्रष्टाचार के। दूसरी बड़ी ख़बरों ओर घटनाओं के अभाव में वे पानी, बिजली और दूसरी जन समस्याएँ भी उठा सकते हैं। मगर कुल मिलाकर मक़सद वही होता है जो ऊपर बताया गया है। यानी ये सक्रियतावाद मार्केट ड्रिवेन और मार्केट ओरिएंटेड है। मार्केट की माया में ही मीडिया एक्टीविज़्म का जगत समाया है।

(अप्रैल, 2006)

समाचारों पर साम्राज्यवादी साया

क्या भारतीय मीडिया पर विदेशी मीडिया का प्रभाव बढ़ता जा रहा है? क्या पश्चिमी समाचार माध्यमों से आने वाली सूचनाएँ और समाचार धीरे-धीरे हमारे मीडिया जगत को अपने रंग में रंगने में सफल होने लगी हैं? मुमकिन है कि मीडिया जगत के शीर्ष पर बैठे लोग इन प्रश्नों को खारिज़ करना चाहें और कई लोगों को इस निष्कर्ष पर पहुँचना अभी जल्दबाज़ी भरा भी दिखलाई पड़े। मगर सचाई यही है कि ऐसा हो रहा है और इसके असर भी देखे जा सकते हैं। हाल की कुछ घटनाओं के विश्लेषण से ये साफ़ हो जाएगा। सबसे पहले ईरान के परमाणु कार्यक्रम को लेकर चल रहे विवाद को लेते हैं। ये हम सब जानते हैं कि हमारी सरकार इस मामले में अमेरिकी दबाव में थी और इसी वज़ह से उसने आईएईए में ईरान के ख़िलाफ़ वोट भी किया था। अब इस मामले में हमारे मीडिया ने शुरूआत तो अमेरिकी इरादों में खोट देखने से की मगर धीरे-धीरे वो उसके तर्कों के जाल में उलझता चला गया। उसे ईरान के कार्यक्रम में भारत के लिए ख़तरा नज़र आने लगा। फिर राष्ट्रीय हितों की सुरक्षा के झाँसे में वो आ गया। और इस तरह से धीरे-धीरे अमेरिकी नीति का पैरोकार ही बन गया।

कहने वाले कह सकते हैं कि इसमें विदेशी मीडिया का प्रभाव कहाँ से आ गया? ये हमारे मीडिया का स्वविवेक भी तो हो सकता है? उसने खुद जो ठीक महसूस किया वो छापा या दिखाया। लेकिन सचाई की पड़ताल करने के लिए हमें थोड़ा गहरे उतरना पड़ेगा। देखना पड़ेगा कि आख़िर ये जो विवेक है वो निर्मित कैसे हुआ । अव्वल तो ये काम एक दिन में नहीं हुआ। पश्चिमी मीडिया से आ रही ख़बरों की लगातार हैमरिंग और कंडीशनिंग ने भारतीय मीडिया के मानस की ऐसी ढलाई की है कि अब वो साम्राज्यवादी और उपनिवेशवादी चालों को समझने से इंकार कर देता है। उसे उसकी सलाहों में ही अपना हित दिखना शुरू हो जाता है, क्योंकि ये बात उसके दिमाग़ में अच्छी तरह बैठा दी गई है कि बुद्धि और बल दोनों ही लिहाज़ से वो हमसे श्रेष्ठ है इसलिए हमसे बेहतर सोच भी सकता है। इसके अलावा हमें ये भी समझा दिया गया है कि हमारा भला अमेरिका की बात मानने में है उसका विरोध करने से हम अपना नुकसान कर बैठेंगे।

यही बात अमेरिकी राष्ट्रपति जार्ज बुश की भारत यात्रा के कवरेज़ पर भी लागू होती है। इस यात्रा के दौरान भारतीय मीडिया राष्ट्रपति बुश पर पूरी तरह से मोहित दिखा। उसने न केवल बुश का महिमागान किया बल्कि लगभग हर मसले पर उनकी लाइन को सही ठहराने की कोशिश की। ख़ास तौर पर न्यूक्लियर डील के मामले में तो वो जार्ज बुश से भी ज़्यादा समर्थन करता दिखा। मानो इस समझौते में ही भारत के प्राण अटके हों। इसके उलट बुश की यात्रा के विरोध में हुए प्रदर्शनों को इस ढंग से दिखाया गया जैसे वे रस्म अदायगी हों और उनका आयोजन विभिन्न दल अपने राजनीतिक स्वार्थों के लिए कर रहे हों। ये विरोध कितना स्वतःस्फूर्त, कितना व्यापक था और उसमें कितनी गरमजोशी थी इसे नज़रअंदाज़ कर दिया गया।

इसी तरह एक मिसाल इस्लामी आतंकवाद की ली जा सकती है। इस्लामी आतंकवाद को लेकर जो समझ भारतीय जनमानस में बनी है क्या वो खुद-ब-खुद बन गई होगी? नहीं। ये साप्रयास बनाई गई है और इसमें मीडिया की एक बड़ी भूमिका भी रही है। आख़िरकार सभ्यता के टकराव का सिद्धांत पश्चिम में ही गढ़ा गया है और पश्चिमी देशों ने ही इसे आगे बढ़ाते हुए समूची इस्लामी दुनिया को कट्टरता का पर्याय बना दिया है। ये विचार पश्चिमी मीडिया दुनिया भर में निर्यात कर रहा है। ज़ाहिर है कि हमारे मीडिया ने भी इसे उत्साह से ग्रहण किया है और इसके प्रचार-प्रसार में अपना हर संभव योगदान दिया है।

ये तो कुछ ऐसे बड़े मसले हैं जिनका सीधा ताल्लुक भारत से है। मगर दूसरी अंतरराष्ट्रीय ख़बरों को ग़ौर से देखेंगे तो वहाँ भी पश्चिमी मीडिया का प्रभाव देखा जा सकता है। ख़ास तौर पर इराक से जुड़ी ख़बरों में ये साफ़ झलकता है। इराक पर अमेरिकी हमले को आतंकवाद के ख़िलाफ़ कार्रवाई बताया जाता है। हमले के शिकार आम लोगों और लड़ाकुओं के बारे में कहा जाता है कि इतने आतंकवादी मारे गए। इराक के अपदस्थ राष्ट्रपति सद्दाम हुसैन से जुड़े समाचारों में जो भाषा पश्चिमी मीडिया की होती है वही हमारी हो जाती है। हद तब हो जाती है जब हमारे न्यूज़ चैनल विदेशी चैनलों या एजंसियों के लाइव प्रसारण को ज्यों का त्यों दिखाने लगते हैं। हम जानते ही हैं कि कोई भी पक्ष युद्ध की रिपोर्टिंग किस उद्देश्य से और कैसी करता है। फिर भी हम ये जोखिम मोल लेते हैं, क्यों? क्या इसलिए कि दर्शकों की इसमें दिलचस्पी होगी और वो समझता नहीं है कि जो चीज़ उसे परोसी जा रही है उसमें क्या सही है और क्या ग़लत? ध्यान रहे इस तरह से प्रसारित होने वाले दृश्य अपने आप में एक विचार होते हैं मगर उन पर चल रही अबाधित कमेंट्री भी विचारों का प्रक्षेपण करती रहती है।

न्यूज़ चैनलों में अंतरराष्ट्रीय ख़बरों को प्रस्तुत करने का ये अंदाज़ उन सवालों और चिंताओं को दोबारा से हमारे सामने प्रस्तुत करता है जिन्हें हमने पूरी तरह से भुला दिया है। डेढ़ दशक पहले ये कहते हुए इन चिंताओं के अंत की घोषणा कर

दी गई थी कि अब ये प्रासंगिक नहीं रहे क्योंकि ये शीत युद्ध की उत्पत्ति थे। इस तरह का ऐलान करने वाले मानते थे कि शीत युद्ध पूरी तरह से एक नकारात्मक फिनामेना थी और उसे संपूर्ण रूप से दफ़न हो जाना चाहिए था। लेकिन हम सब जानते हैं कि शीत युद्ध साम्राज्यवाद के ख़िलाफ़ एक वैचारिक युद्ध भी था, जिसमें दुनिया के अधिकांश देश मिलकर हर तरह की ग़ुलामी का विरोध करते थे। ये और बात है कि समाज पर पहले वाला निष्कर्ष हावी हो गया और वाज़िब चिंताएँ भी हाशिए में ढकेल दी गईं।

शीतयुद्ध की समाप्ति, समाजवादी देशों के पतन और गुटनिरपेक्ष आंदोलन के कमज़ोर पड़ जाने से पश्चिम के समाचार स्रोतों को खुलकर खेलने का मौका मिल गया। उन्होंने इस तरह का वातावरण बनाया कि मानो समाचारों की यही वास्तविक दुनिया है और इसे बेरोक-टोक चलने देना चाहिए। धीरे-धीरे ये मानसिकता ज़्यादातर देशों में घर कर गई और नतीजतन हम पाते हैं कि भारत सहित किसी भी देश के मीडिया में इसको लेकर अब कोई ख़ास प्रतिरोध नहीं है। उल्टे आलम ये है कि इनका स्वागत-अभिनंदन ही किया जा रहा है। शीत युद्ध की समाप्ति के बाद टेलीविज़न समाचारों के लिहाज़ से खाड़ी युद्ध एक निर्णायक मोड़ साबित हुआ। सीएनएन के लाइव प्रसारण ने मीडियाघरों को चमत्कृत ही नहीं किया बल्कि उन्होंने ये भी देखा कि दर्शकों की इसमें कितनी ज़्यादा रुचि है और ये एक बड़ा बाज़ार बन सकता है। इस तरह उन्होंने भी न्यूज़ कंटेट के लिए विदेशी चैनलों की तरफ देखना और उनसे व्यापारिक संबंध बनाने की तरफ क़दम बढ़ाना शुरू कर दिया। ये दोनों ही पक्षों के लिए फ़ायदेमंद था। भारतीय मीडिया प्रतिष्ठान इतने संपन्न नहीं थे कि वे अपने दम पर पूरी दुनिया से कवरेज़ की व्यवस्था कर सकते। दूसरी तरफ, पश्चिमी न्यूज़ चैनलों को भी नए बाज़ारों की तलाश थी और वो उन्हें बड़ी आसानी से हासिल हो रहा था। ज़ाहिर है कि विदेशी कंपनियों का प्रभुत्व भारतीय मीडिया में बढ़ना ही था और वो बढ़ता भी गया।

लेकिन पूँजी के इस नए खेल के अलावा दो और चीज़ें पिछले सालों में हुई हैं। एक तो ये कि पत्रकारों की जो नई जमात आई है और पत्रकारिता की जो शिक्षा इस समय दी जा रही है उसमें इन ख़बरों के साथ बरती जाने वाली सावधानियों के बारे में नहीं बताया जा रहा या बताया भी जा रहा होगा तो उतनी गंभीरता के साथ नहीं। दूसरे, चैनलों का भी इस ओर से ध्यान हटा है। एक तो बदले हुए माहौल की वज़ह से और दूसरे प्रतिबद्धता में कमी आने के कारण। अब ख़बरों की गंभीरता और उससे पड़ने वाले प्रभावों को लेकर वैसी चिंता न्यूज़ रूम में दिखलाई नहीं पड़ती। कम लोगों से चैनल चलाने की व्यापारिक समझदारी की वज़ह से भी ये मुमकिन नहीं रह जाता कि वरिष्ठ लोग ख़बरों को गहराई से देखें और उसे उचित ट्रीटमेंट दें। लाचारी की एक बड़ी वज़ह ये भी है कि जब भी कोई बड़ी घटना होती

है तो ख़बरों की बाढ़ सी आ जाती है और तब उस प्रवाह को कैसे नियंत्रित किया जाए, इसके लिए कोई तंत्र न्यूज़ चैनलों ने विकसित नहीं किया है। वे आती हैं और बिना फिल्टर हुए धड़ाधड़ स्क्रीन पर जगह बनाती चली जातीं हैं। हालाँकि समाचार पत्रों में ये संभव है क्योंकि उनके पास पर्याप्त वक़्त होता है मगर चिंता और गंभीरता वाला प्रश्न तो वहाँ भी है ही।

अंतरराष्ट्रीय ख़बरों को इस तरह दिखाने की वज़ह से ही ये सवाल तक उठने लगे हैं कि क्या भारतीय मीडिया पश्चिमपरस्त हो गया है और जाने-अनजाने राष्ट्रीय हितों की अनदेखी भी कर रहा है। ये मीडिया के लिए कोई अच्छा संकेत नहीं है क्योंकि इससे उसकी विश्वसनीयता घटेगी। ये भी मुमकिन है कि आम दर्शक ख़बरों में आ रहे इस बदलाव को ठीक ढंग से भाँप न पाएँ और वे पहले की तरह ही वही ग्रहण करते रहें जो उन्हें परोसा जाए। मध्यवर्ग के बड़े हिस्से को न इसकी चिंता है न ही कोई सरोकार। मगर मीडिया जनहित और राष्ट्रहित दोनों के साथ न्याय नहीं कर पाएगा।

(मई, 2006)

क्रिकेट : यत्र तत्र सर्वत्र

यदि कभी कोई दूसरे ग्रह का प्राणी भारत की धरती पर आया और उसने यहाँ के न्यूज़ चैनलों को देखकर इस देश के लोगों के बारे में कोई राय कायम की तो वो क्या होगी? यही न कि यहाँ के लोगों का धर्म क्रिकेट है, क्रिकेट खिलाड़ी भगवान हैं, क्रिकेट की महिमा बखानते विशेषज्ञ साधु-संत हैं और यहां के लोग सोते-जागते क्रिकेट का ही मंत्रजाप करते हैं। इसके सिवा उनकी दुनिया में कुछ भी नहीं है। वे क्रिकेट की पिनक में ही रहते होंगे। अलबत्ता बीच-बीच में चिप्स और कोला भी खाते-पीते रहते होंगे। ये लोग हर तरह से संपन्न तो होंगे ही, परम विलासी भी होंगे। ख़ूबसूरत औरतों, कारों, मोबाइल फोनों आदि का शौक फरमाते होंगे।

सब जानते हैं कि ये सच नहीं है। मगर हमारे न्यूज़ चैनल जिस पैमाने पर और जितनी गंभीरता के साथ क्रिकेट का प्रसारण करते हैं उससे इस तरह की धारणा का बनना कतई आश्चर्यजनक नहीं होगा। अपराध और फिल्मी ख़बरों के अलावा अगर किसी एक विषय पर सबसे ज़्यादा ख़बरें न्यूज़ चैनल देते हैं तो वो क्रिकेट ही है। अगर मामला खेलों का हो तो भी बात समझ में आती है मगर क्रिकेट के अलावा दूसरे सभी खेल चैनलों के लिए अछूत हैं। उन्हें कोई कवरेज़ नहीं मिलता। अगर मिलता भी है तो सानिया मिर्ज़ा को, उनकी खूबसूरती और कम उम्र में मिली कामयाबी की वज़ह से। इस बहाने थोड़ी-बहुत चर्चा टेनिस पर भी करना मजबूरी हो जाती है। अगर क्रिकेट और दूसरे खेलों को मिलने वाले कवरेज़ का अनुपात निकाला जाए तो वो सौ के मुक़ाबले एक का ही होगा। जब क्रिकेट मैच चल रहे होते हैं तो ये अनुपात और भी बढ़ जाता है। सुबह की शुरूआत ही क्रिकेट से होती है। पहली मुख्य ख़बर मैच की होती है। बुलेटिन में विस्तार से रिपोर्टें होती हैं और स्टेडियम से संवाददाता बार-बार लाइव देता नज़र आता है। इस बीच स्टूडियो में विशेषज्ञों का एक पैनल काबिज़ हो जाता है जो टॉस से लेकर पिच के मिजाज़ और टीमों की रणनीतियों पर गहन विचार-विमर्श में जुट जाता है। इसके बाद दिन भर बुलेटिनों में मैच की छोटी से छोटी जानकारियाँ दी जाती हैं और शाम को फिर दिन भर के खेल का विस्तार से पोस्टमार्टम किया जाता है। ये सिलसिला हर दिन चलता है। जिन दिनों मैच नहीं होते, उन दिनों भी चैनल बाल की खाल निकालने के लिए

कोई न कोई मुद्दा ढूँढ़ ही लेते हैं। कभी चैपल की उँगली काम आती है, कभी दादा को न लिया जाना, कभी सहवाग और हरभजन की फार्म तो कभी सचिन की कोहनी की चोट राष्ट्रीय समस्या बन जाती है।

लेकिन चैनल ऐसा क्यों करते हैं? क्या क्रिकेट से उनका कोई विशेष अनुराग है? क्या उन्हें कलेवर में संतुलन की कोई चिंता नहीं है? क्या उन्हें ये खयाल नहीं रहता कि जो लोग क्रिकेट को नापसंद करते हैं या उसको लेकर दीवाने नहीं हैं उनकी फ़िक्र भी उन्हें करनी चाहिए? चैनलों को चलाने वालों के लिए ये सारे प्रश्न महत्त्वपूर्ण हो भी सकते हैं और नहीं भी। मगर उनके लिए इन सबसे भी अहम चीज़ है ख़बरों का कारोबार और यहाँ आकर सारे सवाल बेमानी हो जाते हैं। यहाँ केवल एक ही सिद्धांत काम करता है और वो ये कि जो बिकता है वो दिखता है। और ये परम सत्य है कि क्रिकेट बिकता है और खूब बिकता है। भद्र लोगों का खेल क्रिकेट अब अपने आप में एक इंडस्ट्री बन गया है। उसके अलावा और कोई खेल ये हैसियत हासिल नहीं कर पाया है। जगमोहन डालमिया ने क्रिकेट की धंधेबाज़ी करके भारत को क्रिकेट की महाशक्ति बना दिया है–खेल की वज़ह से नहीं, पैसे के बल पर। आई सी सी में अब उसकी तूती बोलती है। उसकी अनदेखी कोई नहीं कर सकता।

अगर क्रिकेट के कारोबार से जुड़े आँकड़ों पर नज़र डालें तो चैनलों पर क्रिकेट के वर्चस्व की बात और भी साफ़ हो जाएगी। क्रिकेट इंडस्ट्री का सालाना कारोबार एक अरब डॉलर के करीब है और संभावनाएँ जताई जा रही हैं कि अगले पाँच सालों में ये आठ अरब डॉलर को पार कर जाएगा। और तो और भारतीय क्रिकेट कंट्रोल बोर्ड के खज़ाने में ही इस समय साढ़े तीन हज़ार करोड़ रुपए हैं और उसकी वार्षिक आमदनी में लगातार बढ़ोतरी हो रही है। ये आँकड़े बताते हैं कि बोर्ड अपने आप में कितनी बड़ी कंपनी में तब्दील हो चुका है। बोर्ड की आय के कई ज़रिये हैं। अव्वल तो वो भारतीय टीम का प्रायोजक बनने के लिए बोली लगवाता है जिसमें बड़े-बड़े औद्योगिक घरानों में जमकर प्रतिस्पर्धा होती है। इसका ही नतीजा है कि इस बार ये अधिकार सौ करोड़ रूपए सालाना के हिसाब से दिया गया है। इसके अलावा खिलाड़ियों के कपड़ों, जूतों और उनके खेलने के सामान आदि की स्पांसरशिप से भी उसे मोटी आय होती है (इस बेशुमार आमदनी की वज़ह से ही वो क्रिकेट खिलाड़ियों को इतनी ज़्यादा मैच फीस दे रहा है जिसकी कभी कल्पना भी नहीं की जा सकती थी। बोर्ड बड़े खिलाड़ियों से दस करोड़ रुपए सालाना का अनुबंध करने का विचार कर रहा है।)। लेकिन ये सब तो आय के छोटे-मोटे स्त्रोत हैं। सबसे बड़ा ज़रिया है क्रिकेट मैचों के प्रसारण के अधिकार। देश-विदेश में खेले जाने वाले पाँच और एक दिवसीय मैचों के टेलीकास्ट राइट्स अरबों में बिकते हैं और इसके लिए चलने वाली होड़ अदालतों तक चली जाती है। इस बार चार साल

के लिए बोर्ड ने जिस कंपनी को ये अधिकार दिए हैं वो इसके एवज़ में बोर्ड को करीब तीन हज़ार दो सौ करोड़ रुपए देगी। ज़ाहिर है कि ये कंपनी भी टेलीकास्ट राइट्स को देश-विदेश में बेंचकर इससे मोटा मुनाफ़ा कमाएगी। क्रिकेट मैच ऐसी दुधारू गाय हैं कि इनके प्रसारण के लिए अब बोर्ड खुद अपना चैनल लाने की योजना बना रहा है।

पूरी क्रिकेट इंडस्ट्री इन्हीं टेलीकास्ट राइट्स की धुरी पर घूमा करती है। हमारे न्यूज़ चैनल भी इसी इंडस्ट्री के हिस्सा बन गए हैं। तमाम बड़ी कंपनियाँ और विज्ञापन एजेंसियाँ क्रिकेट के लिए अलग से बजट रखती हैं और चैनलों में इसके लिए बड़ी मारामारी भी होती है। अब अगर आपको इस केक में साझेदारी करनी है तो उस हिसाब से चैनल के कलेवर को भी आकार देना होगा। ढेर सारे बिकाऊ कार्यक्रम बनाने होंगे। इन कार्यक्रमों को चैनल में और दूसरी जगहों पर बड़े पैमाने पर प्रमोट करना होगा जिससे ये छवि बने कि क्रिकेट पर अगर कुछ देखना हो तो सबसे अच्छा चैनल वही है। ये पूरी कवायद अंततः अच्छी रेटिंग के लिए की जाती है। रेटिंग अच्छी आती है तो विज्ञापनदाता आते हैं और इससे चैनल चलाने का मुख्य मक़सद पूरा होता है। अब ज़रा सोचिए कि अगर सभी चैनल इस तरकीब को आज़माने में जुट जाएँगे तो क्या होगा? ज़ाहिर है वही होगा जो हम देख रहे हैं यानी क्रिकेट की भरमार। लगातार क्रिकेट की ख़बरों की बारिश होती है। दर्शकों को ललचाने के लिए ख़बरों को, कार्यक्रमों को ज़्यादा से ज़्यादा आकर्षक बनाया जाता है। उनमें मसाला डाला जाता है। सेक्स डालने के लिए अल्प वस्त्रों से सजी मंदिरा बेदी को बैठाया जाता है। भावनात्मक ज्वार और टकराव टेलीविज़न को बेंचने का एक बड़ा अस्त्र है इसलिए नक़ली मुद्दों के ज़रिए दर्शकों में इसका संचार किया जाता है। दो खेमों में बँटे दर्शकों की भागीदारी वाले ऐसे शो किए जाते हैं जिनमें तीखी नोंक-झोंक गढ़ी जाती है। नामी खिलाड़ियों की स्टार वैल्यू का इस्तेमाल किया जाता है। एसएमएस की प्रतियोगिताएँ आयोजित करके दर्शकों को खींचने और धन ऐंठने की जुगत की जाती हैं। जिस तरह के क्रिकेट के कार्यक्रम हमारे यहाँ दिखाए जाते हैं उन्हें बनाना थोड़ा आसान और सस्ता भी पड़ता है। पुराने मैचों का फुटेज उठाइए, एक नया एंगल ढूँढ़िए और शुरू हो जाइए बस। दर्शकों को तो लत है, वे कच्ची-पक्की और देशी-अँगरेज़ी नहीं देखते, बस पीते जाते हैं।

टेलीकास्ट राइट्स हासिल करके क्रिकेट की लोकप्रियता को भुनाने का ये नुस्खा मनोरंजन के चैनल भी आज़माने लगे हैं। सोनी का सेटमैक्स पहले से ही क्रिकेट मैचों का प्रसारण करके रेटिंग बटोरता रहा है, मगर अब सहारा वन जो कि अभी तक फिसड्डी चैनलों में से था, ने भी ये काम शुरू कर दिया है और उसे फ़ायदा भी खूब हो रहा है। भारत-इंग्लैंड सीरीज़ का प्रसारण करके वो मनोरंजन चैनलों की होड़ में नंबर दो बनने में कामयाब हो गया। ज़ी टीवी तो ख़ैर क्रिकेट के

प्रसारण को ध्यान में रखकर खेल का चैनल ही शुरू कर चुका है। ग़ौरतलब बात ये है कि ऐसे मीडिया हाउस जिनके मनोरंजन और न्यूज़ दोनों तरह के चैनल हैं उन्हें टेलीकास्ट राइट्स से दोहरा फ़ायदा होता है। एक ही घराने के चैनल होने के नाते वे मैच के दृश्य जमकर दिखाते हैं जबकि प्रतिद्वंद्वी चैनलों को पुराने फुटेज और ग्राफिक्स से काम चलाना पड़ता है। नतीजतन, दूसरे मामलों में बहुत कमज़ोर होने के बावजूद वे उस टाइम स्लॉट पर ज़्यादा टीआरपी बटोरने में भी सफल हो जाते हैं।

ये प्रश्न उठना भी स्वाभाविक है कि आख़िर विज्ञापनदाताओं को क्रिकेट ही सबसे ज़्यादा क्यों भाता है। इसमें संदेह नहीं कि इसकी सबसे बड़ी वज़ह तो इस खेल की लोकप्रियता ही है। मगर इसके अलावा इस खेल की खूबी ये है कि दुनिया में शायद एक यही खेल है जिसे लोग दिन भर लगातार देखते हैं। इससे विज्ञापनदाताओं को एक ऐसा विशाल दर्शक वर्ग मिल जाता है जो उसके विज्ञापनों को हड़बड़ाहट में नहीं, बल्कि पूरे इत्मिनान के साथ देखता है। फिर क्रिकेट ही ऐसा खेल है जिसमें वे कहीं भी विज्ञापन घुसेड़ सकते हैं। हॉकी या फुटबाल में केवल ब्रेक के समय ही विज्ञापन आ सकते हैं जबकि क्रिकेट में दो गेंदों के बीच और हर चौके-छक्के के तुरंत बाढ़ विज्ञापन डाले जा सकते हैं जैसा कि हो भी रहा है।

टीवी पर अत्यधिक क्रिकेट के अर्थशास्त्र का एक पहलू उस पर लगने वाला सट्टा भी है। ऐसा कहा जाता है कि एक वन डे मैच के दौरान केवल भारत में ही 1000 करोड़ का सट्टा लगता है। टेस्ट मैच के दौरान यही राशि 100 करोड़ रुपए के आसपास हो जाती है। अंतरराष्ट्रीय मैचों में ये राशि किस पैमाने पर बढ़ जाती होगी इसका तो अनुमान ही लगाया जा सकता है। ये सट्टा हार-जीत से लेकर टॉस जीतने और यहाँ तक कि हर गेंद पर लगाया जाता है। यही सट्टेबाज़ी मैच फिक्सिंग का आधार बनती है। सट्टेबाज़ खिलाड़ियों, अधिकारियों और दूसरे कर्मचारियों को पैसे देकर मैच के नतीजों को प्रभावित करने की हैसियत रखते हैं। क्रिकेट का प्रसारण करने वाले चैनलों का इससे कोई संबंध रहता है या नहीं ये बात अभी सामने नहीं आई है मगर यदि मीडिया भी इस खेल में शामिल हो या कल को हो जाए तो हैरत मत कीजिएगा।

ये क्रिकेट के कारोबार का दबाव ही है कि ज़्यादा से ज़्यादा क्रिकेट खेला जाए और उसे टीवी पर दिखाया जाए। तमाम क्रिकेट खिलाड़ी चीख-चीख कह रहे हैं कि क्रिकेट बहुत ज़्यादा हो रहा है, इसकी उनकी फिटनेस पर और उनके खेल पर बुरा असर पड़ रहा है इसलिए इसे सीमित किया जाना चाहिए मगर क्रिकेट के तमाम संगठन इसके लिए तैयार नहीं हैं। इसके विपरीत क्रिकेट के नए-नए टूर्नामेंट शुरू हो रहे हैं, नई-नई तरह की क्रिकेट ईजाद की जा रही है। ज़ाहिर है कि सबको पैसा दिख रहा है, खेल नहीं। इसलिए खिलाड़ियों की नहीं सुनी जाएगी।

ये सही है कि हिंदुस्तान में क्रिकेट एक जुनून की तरह है। क्रिकेट के प्रेमियों की तादाद करोड़ों में है। इसे खेलना, इसके बारे में जानकारी रखना और इसके बारे में बात करना प्रतिष्ठा का प्रतीक बन चुका है। जो ऐसा नहीं करता उसे मूर्ख समझा जाता है। यश और धन की वज़ह से क्रिकेट को एक आकर्षक करियर के तौर पर भी देखा जाता है। बड़े खिलाड़ी करोड़ों में खेल रहे हैं (सचिन तेंदुलकर ने हाल में 180 करोड़ रुपए का अनुबंध किया है।) और खेल या विज्ञापनों के ज़रिए टीवी पर छाए रहते हैं, लिहाज़ा वे आज के रोल मॉडल बन गए हैं। यानी क्रिकेट का एक बड़ा उपभोक्ता वर्ग तैयार है। ऐसे में बाज़ार भला कैसे पीछे रह सकता था। लिहाज़ा मीडिया के ज़रिए उसने अपना जाल फैला दिया है। क्रिकेट को अफीम बनाकर बेंचने में हमारे चैनलों को भी कोई ऐतराज़ नहीं है। इसलिए अगर आप क्रिकेट की अति से कुढ़ते हैं तो बेशक कुढ़ते रहिए। चैनलों पर इसका हिस्सा घटने वाला नहीं है। इसके उल्ट ये बढ़ेगा क्योंकि अगले साल विश्वकप है और फिर उसके बाद का विश्वकप भारतीय उपमहाद्वीप में ही होना है। हाँ, चैनलों को आप ये सुझाव ज़रूर दे सकते हैं कि वे अपने लोगो के साथ केवल न्यूज़ के बजाय क्राइम, क्रिकेट एंड सिनेमा न्यूज़ लिखें ताकि दर्शकों को कोई भ्रम और अवाँछित अपेक्षा उनसे न रहे।

(जून, 2006)

मीडिया तुम्हारी जात क्या है?

टीवी चैनलों और अख़बारों में आरक्षण विरोधी आंदोलन को मिल रहे कवरेज़ ने उन लोगों के विश्वास को हिलाकर रख दिया है जो भारतीय मीडिया को बहुत परिपक्व और ज़िम्मेदार मानते हैं। मीडिया ने इस मिथ को पूरी तरह ध्वस्त कर दिया है कि वो स्वतंत्र है, निष्पक्ष है और सामाजिक सरोकारों से बँधा हुआ है। इसके विपरीत ये धारणा मज़बूत हुई है कि जिस वर्ग और जिस जाति के हाँथ में उसका नियंत्रण है, दरअसल वो उसी के हितों का प्रवक्ता है। आम तौर पर वो निष्पक्ष होने का ढोंग करता रहता है और लोग उसके बहकावे में आ भी जाते हैं मगर नाज़ुक मौकों पर जैसा कि इस बार हुआ उसका असली चेहरा सामने आ जाता है। बहुजन समाज पार्टी की नेता मायावती के मुहावरे का सहारा लें तो मीडिया का मनुवादी चेहरा ऐसे अवसरों पर उघड़ जाता है। और तो और पत्रकारिता के मामूली से मामूली तकाज़ों को भी वो ताख पर रख देता है। मर्यादाओं की उसे परवाह नहीं रहती और निर्लज्जता की तमाम सीमाएँ वो लाँघ जाता है।

डेढ़ दशक पहले जब मंडल आयोग की सिफारिशें लागू की गईं थीं तब भी उसका व्यवहार दलित और पिछड़ा विरोधी था और अब इतने वर्षों बाद उसने फिर से ये सिद्ध कर दिया है कि वो नहीं बदला है। इस बीच राजनीति बदल गई है और समाज में भी व्यापक परिवर्तन आए हैं मगर वो अपने पूर्वाग्रहों और दुराग्रहों के साथ वहीं ठहरा हुआ है। वो इस बदलाव को देख तो रहा है मगर उसे स्वीकार नहीं कर पा रहा। अख़बारों और टीवी चैनलों पर आरक्षण के ख़िलाफ़ चल रहे आंदोलन के कवरेज़ को ग़ौर से देखें तो ये साफ़ हो जाता है। आरक्षण के समर्थकों का ये कहना ग़लत नहीं है कि आरक्षण विरोधी आंदोलन मीडिया की देन है, उसे मीडिया ने शुरू किया, बढ़ावा दिया और फिर चलाया। चैनल चलाने वालों से बात करेंगे तो वे कहेंगे कि अगर डॉक्टर सड़कों पर उतर आएँ, भूख हड़ताल करने लगें और पुलिस बेरहमी से पिटाई करे तो क्या वे इसे नज़रअंदाज़ कर दें? उनका कहना बिल्कुल सही है मगर पहले तो हमें ये देखना होगा कि डॉक्टरों को इसके लिए उकसाया किसने? सवर्ण डॉक्टरों में असुरक्षा की भावना पैदा हुई हो ये संभव है मगर उसे बढ़ा-चढ़ाकर व्यक्त करने का काम तो मीडिया ने ही किया है। एक अंग्रेज़ी दैनिक

ने इस मामले में मीडिया का नेतृत्व किया। खुद को दुनिया का महानतम दैनिक मानने वाले इस अख़बार ने पिछड़ा विरोधी तेवरों के साथ आरक्षण और मानव संसाधन विकास मंत्री अर्जुन सिंह के ख़िलाफ़ ख़बरों को प्रमुखता के साथ छापना शुरू किया। फिर क्या है बाक़ी के अंग्रेज़ी अख़बारों में भी होड़ लग गई। इसके बाद ये होड़ अंग्रेज़ी न्यूज़ चैनलों से होती हुई हिंदी अख़बारों और हिंदी न्यूज़ चैनलों तक पहुँच गई।

मीडिया ने सबसे पहले आरक्षण के ख़िलाफ़ चलने वाले आंदोलन की चुनिंदा और पक्षपात पूर्ण रिपोर्टिंग शुरू की। चुनिंदा रिपोर्टिंग के तहत आरक्षण के विरोध में होने वाले प्रदर्शनों को बढ़ा-चढ़ाकर दिखाया गया, जबकि आरक्षण समर्थकों को बिल्कुल गायब कर दिया गया। सौ-दो सौ डॉक्टरों की रैली को महारैली बताया गया। सुबह से शाम तक बार-बार भारतीय आयुर्विज्ञान संस्थान से लाइव दिखाया गया। इन प्रसारणों में लगातार डॉक्टरों के इंटरव्यू दिखाकर ये बताने की कोशिश की गई कि वे कितने उत्तेजित हैं और अन्याय के ख़िलाफ़ लड़ाई में जान की बाज़ी तक लगाने को तैयार हैं। हर डॉक्टर या उनका प्रवक्ता वही बात दोहराता था। कभी वो अर्जुन सिंह को गरियाता था तो कभी सरकार की वोट बैंक पालिटिक्स को। बार-बार वे मेरिट का संवाल उठाते थे और परोक्ष रूप से खुद को जीनियस और ओबीसी के छात्रों को फिसड्डी ठहराते थे। ओबीसी के डॉक्टरों की योग्यता पर प्रश्नचिन्ह लगाते हुए वे कहते थे कि नेता अपना इलाज उनसे क्यों नहीं कराते, विदेश क्यों जाते हैं। उन्हें कोई ये नहीं बताता था कि नेता स्वास्थ्य के मामले में उन पर भी विश्वास कहाँ करते हैं। वे ऐसे-ऐसे कुतर्क देते थे जिनकी तुलना ग़ालियों से ही की जा सकती है। उनके मुताबिक ओबीसी की वज़ह से शिक्षा का स्तर, ज्ञान का स्तर नीचे गिर रहा है। विदेशों में भारत की प्रतिष्ठा ख़त्म हो रही है। आरक्षण की वज़ह से ही प्रतिभा पलायन हो रहा है वगैरा-वगैरा। ज्ञान आयोग के ज्ञानियों ने भी इसमें अपना योगदान दिया और मानो चैनलों को आरक्षण पर हमला करने का एक और आधार मिल गया। डॉक्टरों की एक संस्था है इंडियन मेडिकल एसोसिएशन। ये मरीज़ों की परवाह नहीं करती। ये धंधेबाज़ डॉक्टरों की संस्था है और इसका काम है डॉक्टरों के हर ग़लत-सही काम का सही ठहराना। लिहाज़ा वो भी हड़ताली डॉक्टरों के पक्ष में उतर गई और मीडिया को आरक्षण के ख़िलाफ़ मुहिम चलाने के लिए एक और मोर्चा मिल गया।

अब ज़रा देखिए कि टीवी के पत्रकारों की हालत क्या है। आरक्षण विरोधी आंदोलन को कवर करने वाला हर रिपोर्टर आंदोलनकारी में तब्दील हो गया। उन्हें ऊपर से लाइन मिली होगी कि आंदोलनकारियों के पक्ष में माहौल बनाना है और वे खुद भी अपने जातीय तथा वर्गीय आग्रहों के वशीभूत होकर इस पवित्र कर्म में संलग्न हो गए होंगे। इस तरह मिश्रा, त्रिपाठी, शर्मा, अग्रवाल, श्रीवास्तव, सिंह

सबके सब एम्स में तैनात होकर दर्शकों में डॉक्टरों के प्रति समर्थन जुटाने में लगे हुए थे। वे हड़ताली डॉक्टरों के जीवट की भूरि-भूरि प्रशंसा करते थे और उनके प्रति हमदर्दी जगाते थे। वे ढूँढ़-ढूँढ़कर ऐसे लोगों से बात करते थे जो आरक्षण के विरोध में बोलें। उन्हें पक्ष में बोलने वाला कोई मिलता ही नहीं था। शुरू में मरीज़ों की परेशानियों को एक-दो चैनलों ने ज़रूर उठाया मगर ज़ाहिर है कि उन्हें भी पेश करने का अंदाज़ यही था कि ये सब सरकार के आरक्षण लागू करने की वज़ह से हो रहा है। मरीज़ों में से भी कुछ सवर्णों को चुनकर कैमरे के सामने लाया गया और उनसे आरक्षण के विरोध में बयान दिलवाए गए। अस्पतालों के प्रशासन की तरफ से भी वही लोग बोल रहे थे जो आरक्षण के विरोध में थे।

एक नज़र मुंबई के डॉक्टरों के उस प्रदर्शन पर भी जिसे चैनलों ने आरक्षण के ख़िलाफ़ हवा बनाने के लिए जमकर इस्तेमाल किया। ये सही है कि महाराष्ट्र के राज्यपाल के गेट के पास रास्ता जाम कर रहे हड़तालियों पर पुलिस ने बेरहमी से लाठियाँ चलाईं मगर ऐसा तो ढेर सारे प्रदर्शनों के साथ पुलिस जब-तब करती रहती है। तब क्या मीडिया इसी तरह से उन्हें कवरेज़ देता है, नहीं देता है। लेकिन ये मामला आरक्षण के विरोध का था। इसलिए लाठी चार्ज़ के कुछ अंशों को बार-बार दिखाया गया और उनसे दर्शकों में आरक्षण के विरोध को भड़काया गया। बाद में जब ये साफ़ हो गया कि इस प्रदर्शन का आयोजन भी एक इवेंट मैनेजमेंट कंपनी ने किया था और इस तरह के दृश्यों की रचना उसकी योजना के तहत ही था तो मीडिया ने इस ख़बर को चुपचाप दफ़ना ही दिया। इस घटना ने साबित कर दिया कि उच्चवर्णीय डॉक्टरों और मीडिया ने मिलकर किस तरह से एक झूठ गढ़ा और उसे आरक्षण के विरोध में धूर्तता के साथ इस्तेमाल किया। कवरेज में सेलेक्टिव होने के और भी उदाहरण दिए जा सकते हैं। मसलन, जब एम्स के ही कुछ वरिष्ठ डॉक्टरों ने आरक्षण के समर्थन में धरना दिया तो उसका ज़िक्र स्वतंत्र और निष्पक्ष चैनलों में कहीं था ही नहीं। इसी तरह से जंतर-मंतर पर हुए आरक्षण समर्थक प्रदर्शनों को या तो चैनलों ने नज़रअंदाज़ कर दिया या रस्म अदायगी के लिए बिना कोई महत्त्व दिए दिखला दिया।

आरक्षण विरोधी आंदोलन को हवा देने के लिए चैनलों के पास और भी अस्त्र-शस्त्र थे। टीवी पर होने वाली बहसों के विषय ऐसे चुने गए जिनसे कुल मिलाकर यही संदेश निकले कि आरक्षण देश के हित में नहीं है और डॉक्टर जो कर रहे हैं वो सौ फ़ीसदी सही है। इन बहसों में हिस्सा लेने के लिए वही लोग बुलाए जाते थे जो आरक्षण के विरोधी हों और अगर समर्थक हों तो बहुत मुखर न हों। इन्हें भी पूर्वाग्रहों से ग्रसित एंकर बोलने का मौका कम ही देते थे। इन चैनल चर्चाओं का मुख्य उद्देश्य आरक्षण व्यवस्था को समाज विराधी और देश विरोधी साबित करना होता था। चर्चाओं में आरक्षण की खामियों की विस्तार से बात की जाती और उससे

हुए फायदों को अनदेखा कर दिया जाता। आरक्षण व्यवस्था में खामियाँ हैं इससे कोई इंकार नहीं करता मगर उन्हें दूर करने के उपाय खोजना मीडिया विमर्श के एजेंडे में था ही नहीं। माना कि आरक्षण के नाम से ही हड़तालियों को चिढ़ है मगर आप, स्वतंत्र पत्रकारिता के ध्वजाधारी ये तो मानते हैं न कि सकारात्मक कार्रवाई की ज़रूरत है तो फिर इसी की रूपरेखा पर गंभीरतापूर्वक बात कर लेते। मगर नहीं आपके एजेंडे में तो ये भी नहीं था। आपकी नीयत तो ऐसे किसी भी अभियान को रोकने को है जिससे अगड़ों के विशेषाधिकारों में किसी भी तरह की कटौती हो। खैर, इसके बाद आता है चैनलों का वो खेल जिसे एसएमएस के ज़रिए खेला जाता है। एक विशेष रुझान लिए सवालों जैसे क्या आरक्षण से मेरिट की अनदेखी नहीं होती? पर वोट करने को कहा गया। इसी तरह इन चैनलों की वेबसाइट्स देखेंगे तो पाएँगे कि वहाँ भी आरक्षण के विरोध में नफ़रत की गटरगंगा बहाई जा रही है'

मीडिया में आरक्षण के कवरेज का दूसरा पहलू था उसमें व्याप्त असत्य और अर्धसत्य। यहाँ तक कि झूठी ख़बरें देने में भी उन्हें कोई एतराज़ नहीं था। एक दिन अफ़वाह फैलाई गई कि अनशन कर रहे 98 डॉक्टर कोलेप्स कर गए हैं। हक़ीक़त ये थी कि किसी को कुछ नहीं हुआ था। फिर ये ख़बर दी गई कि एक डॉक्टर की मौत हो गई है जबकि ऐसा भी हुआ नहीं था। चैनल कभी ये बताते थे कि ओबीसी के छात्र भी डॉक्टरों के समर्थन में आ गए हैं तो कभी ये सुर्खी लगाते थे कि फलाँ विश्वविद्याल के छात्र या संस्थान के लोग समर्थन में साथ आ गए हैं। इन सभी ख़बरों में आंशिक सचाई ही थी। मेडिकल के ओबीसी के जिन छात्रों ने समर्थन की घोषणा की थी उनके पास दूसरा रास्ता ही क्या था। उन्हें मेडिकल कॉलेजों में बहुसंख्यक सवर्णों के साथ रहना है और जल में रहकर मगरमच्छों से बैर कैसे लिया जा सकता है। इसी तरह दिल्ली विश्वविद्यालय के जो छात्र समर्थन के लिए आगे आए वे अखिल भारतीय विद्यार्थी परिषद के थे और सब जानते हैं कि भाजपा के इस संगठन का रवैया आरक्षण के प्रति क्या रहा है। कुल मिलाकर झूठ अख़बारों के पन्नों पर और चैनलों के दृश्यों में पसरा हुआ है।

मीडिया में कवरेज का तीसरा पहलू घृणा और पिछड़ों के उपहास का रहा। एक बीजेपी सांसद का अंग्रेज़ी अख़बार पटना में प्रदर्शन करने वाले पिछड़े वर्ग के डॉक्टरों को मुन्ना भाई बताता है। उसकी नज़र में पिछड़ा वर्ग के डॉक्टर नकलचोर और नालायक होते हैं और सवर्ण डॉक्टर काबिल। दिल्ली का एक हिंदी अख़बार पहले पन्ने पर ख़बर छापता है कि अगर क्रिकेट में आरक्षण होता तो द्रविड़, तेंदुलकर और धोनी को टीम में जगह ही नहीं मिल पाती। अव्वल तो उस विद्वान पत्रकार को शिक्षा और खेल में आरक्षण का फ़र्क़ नहीं पता। दूसरे जातिगत श्रेष्ठताबोध से ग्रस्त ये महानुभाव सोच भी नहीं पाते कि अगर पिछड़ों को भी समान अवसर मिलें तो इनसे भी बड़े खिलाड़ी देश को मिल सकते हैं। भद्रजनों के लिए

आरक्षित इस खेल में ऐसे बहुत से खिलाड़ी आगे आए भी हैं। न्यूज़ चैनलों में एंकर और रिपोर्टर भले ही अपनी तरफ से अपनी भावनाओं का इज़हार नहीं कर रहे थे मगर वे आरक्षण विरोधियों को टीवी पर अपनी घृणा दिखाने का पूरा अवसर देते थे। उनमें पिछड़ों के लिए कोई हमदर्दी नहीं दिखाई देती थी। इस मामले में वे संवेदनशून्य या उदासीन हो जाते थे।

आरक्षण के सवाल पर मीडिया का ये रवैया निश्चय ही उसके जातीय दुराग्रहों को दर्शाने वाला है, मगर हमें यहाँ बाज़ार की भूमिका को नज़रअंदाज़ करने की भूल भी नहीं करना चाहिए। सोचिए कि अगर आरक्षण विरोध को हवा देने से मीडिया संस्थानों को आर्थिक नुकसान हो रहा होता तो क्या तब भी ऐसा करना जारी रखते? नहीं वे ऐसा नहीं करते। जातियों के आधार पर आरक्षण पर बहस करते समय हम अक्सर ये कहते हैं कि हिंदुस्तान में जाति ही वर्ग भी है। यानी दलित और ओबीसी शैक्षणिक रूप से तो पिछड़े हैं ही आर्थिक रूप से भी निचले पाएदान पर हैं। ये तर्क मीडिया पर भी लागू होता है। मीडिया में अगड़ी जातियों का वर्चस्व है यानी संपन्न तबके का वर्चस्व है। आंदोलन करने वाले भी अगड़े और संपन्न हैं। अख़बारों और चैनलों का पाठक / दर्शक वर्ग जो खर्च करने की हैसियत भी रखता हो वो भी मोटे तौर पर इसी सामाजिक-आर्थिक वर्ग से आता है। इसी उपभोक्ता वर्ग को ध्यान में रखकर मीडिया अपनी संपादकीय नीतियाँ बनाता है। इसी वर्ग को जोड़कर चैनल अपनी रेटिंग और अख़बार अपनी प्रसार संख्या बढ़ाते हैं जो कि अंततः विज्ञापनों से होने वाली आय में तब्दील होती है। इसलिए उनके लिए ये लाज़िमी ही था कि वे पत्रकारिता के मानदंडों को धता बताएँ और किताबी आदर्शों को छोड़कर वो करें जिसके लिए बने हैं। उन्होंने यही किया और आगे भी वे यही करेंगे। इसलिए उनसे न्याय की उम्मीद करना ग़लत है। निष्पक्ष और सामाजिक सरोकार वाली पत्रकारिता की उम्मीद करना खुद को और समाज को धोखे में रखना होगा। यही वज़ह है कि एक बार फिर लोग ये शिद्दत से महसूस कर रहे हैं और कि क्या मीडिया में भी आरक्षण लागू नहीं होना चाहिए?

(जुलाई, 2006)

मीडिया बाज़ार में साहित्य

साहित्य से मीडिया की दूरियाँ निरंतर कितनी बढ़ती जा रही है इसके दर्शन पिछले दिनों एक बार फिर से हुए। पिछले बीस सालों से दिल्ली में साहित्य के जो चंद बड़े और गंभीर आयोजन होते हैं उनमें से एक कलम के सिपाही मुंशी प्रेमचंद की जयंती पर हंस पत्रिका के द्वारा आयोजित सेमिनार होता है। हिंदी जगत के लिए ये एक महत्त्वपूर्ण अवसर होता है और इसमें न केवल साहित्य बल्कि सामाजिक और राजनीतिक मसलों पर भी चिंतन-मनन होता है। इस बार भी ये हुआ और इस बार भी मीडिया ने इसकी उपेक्षा की। हिंदी अख़बारों ने तो भरसक कवरेज दी। मगर एक-दो न्यूज़ चैनलों ने सूचनात्मक रिपोर्ट दिखा दी, बस। कहीं कोई चर्चा नहीं, कोई प्रतिक्रिया नहीं मानो रस्म अदायगी करनी थी सो कर दी गई। अंग्रेज़ी मीडिया ने तो इसका नोटिस भी नहीं लिया। उसके लिए तो हिंदी और हिंदी साहित्य दोनों अछूत हैं। हैरी पोटर की कहानियों का प्रकाशन और उस पर फ़िल्म का निर्माण उसके लिए ब्रह्मांड की सबसे बड़ी घटना हो सकती है। हिंदुस्तानियों के लिए सर्वथा अपरिचित किसी अंग्रेज़ी लेखक कवि पर कितनी भी जगह और समय वह ज़ाया कर सकता है मगर अपने देश की भाषा में रचे जा रहे साहित्य को अब भी अंग्रेज़ की नज़र से देखता है। भारतीय भाषा के किसी बड़े रचनाकार का निधन या तो उसके लिए कोई ख़बर ही नहीं होती या फिर किसी अंदर के पेज पर सिंगल कॉलम का महत्त्व रखती है। हालाँकि अंग्रेज़ी के पाठक वर्ग में एक बड़ा हिस्सा उनका है जिनका नाता हिंदी से और हिंदी साहित्य से भी है, मगर शायद अंग्रेज़ी मीडिया को चलाने वालों की नालें अमेरिका, ब्रिटेन और फ्रांस में ठुकी हैं, वे अपनी जगह से हिलने को तैयार ही नहीं हैं।

अंग्रेज़ों की विरासत ढोने वाले अंग्रेज़ी मीडिया का ये रवैया तो फिर भी समझ में आने वाला है मगर हिंदी मीडिया हिंदी साहित्य के प्रति ऐसा रुख क्यों अपनाए हुए है? वह क्यों साहित्यिक आयोजनों को नज़रअंदाज़ करने का आदी हो गया है? क्या इसकी सबसे बड़ी वज़ह ये है कि उसे साहित्य में वे चीज़ें नहीं मिल रहीं जिससे दर्शक मिलते हैं, विज्ञापन मिलते हैं? लोकप्रियता के जो सबसे सरल सूत्र हैं उनमें सबसे ऊपर है किसी भी घटना में मौजूद इंटरटेनमेंट वैल्यू। इसको आँकने के

बाद ही तय किया जाता है कि उसके साथ क्या सलूक किया जाना है। अगर किसी घटना या आयोजन में मनोरंजन का तत्व नहीं है तो वह मीडिया के लिए और ख़ासतौर पर न्यूज़ चैनलों के लिए प्रसारण योग्य नहीं रह जाता। अब राजेंद्र यादव जी ज़रा बताइए कि आख़िर हंस के आयोजन में आपने ऐसी क्या व्यवस्था की थी जिससे टीवी के दर्शकों का मनोरंजन होता और न्यूज़ चैनल उसे दिखाने के लिए प्रेरित-उत्साहित होते? आपने देश-विदेश से लेखकों को जुटाया मगर उनमें कोई भी बहुत बड़ा सेलेब्रिटी नहीं था, कोई ग्लैमरस शख़्सियत नहीं थी। कुछ नाच-गाना भी आपने नहीं करवाया। सेमिनार के लिए विषय भी चुना तो क्या, यातना, संघर्ष और स्वप्न। चैनल दर्शकों को इन्हीं सबसे निज़ात देने के लिए तो दिन-रात ख़बरें उगलते रहते हैं। वे उनके आनंद में खलल क्यों डालने लगें? मगर आप सोचते होंगे कि वे साहित्य की उपेक्षा क्यों कर रहे हैं। भले ही दो दिन सुबह से शाम तक पांच-सात सौ श्रोताओं की कैपेसिटीवाला हॉल खचाखच भरा रहता हो। ऐसे गुरु गंभीर विषय और फिर उन पर होने वाली भारी-भरकम चर्चा में चैनलों की भला क्या और क्यों दिलचस्पी हो सकती थी? आप अगर कोई आम दिलचस्पी वाला हल्का-फुल्का विषय लेते जिसमें सिनेमा, अपराध और राजनीति वगैरा होती और इन्हीं क्षेत्रों की जानी-मानी हस्तियों को बुलाते (जैसे कोई फ़िल्म अभिनेत्री) तो नज़ारा ही कुछ और होता। सेमिनार का ऐसा कवरेज होता कि आप भौचक्के रह जाते। ऐवान-ए-ग़ालिब के पास दर्जन भर ओबी वैन सुबह से तैनात हो जातीं। तमाम चैनलों के नामी-गिरामी रिपोर्टर वहाँ से हर घंटे-आधे घंटे में लाइव दे रहे होते। साहित्य के सितारों की मुश्किल हो जाती क्योंकि कभी कोई वैन वाला उन्हें लाइव पर बुलाता तो कभी स्टूडियो चलने के लिए मजबूर करने लगता। आप समझ ही नहीं पाते कि आख़िर आप कहाँ हैं और ये न्यूज़ चैनलों को हो क्या गया है। मगर आपने ऐसा किया नहीं। फिर सेमिनार में गाली-गुफ्ता और सिर फुटव्वल भी नहीं हुआ। अगर ऐसा हो जाता तो थोड़ी सनसनी पैदा होती। कुछ अच्छे दृश्य बनते, ख़बरें बनतीं। अब ऐसे ऊबाऊ सेमिनारों को कौन देखता और उन्हें दिखाकर चैनलों का भट्ठा भला कौन बैठाता? कहने का मतलब ये है कि ये जो नया मीडिया है उसमें साहित्य के लिए गुंजाइश बहुत कम है। ख़ासतौर पर सभा-सेमिनारों को दिखाने की। बाज़ार की शर्तों के सामने समर्पण करना तो उनकी मज़बूरी है, हल्की-फुल्की सामग्री के अलावा न्यूज़ चैनलों को चाहिए गति यानी तेज़ी। ब्रेकिंग न्यूज़ और न्यूज़ फ्लैश की सतत् होड़ के इस दौर में चैनलों के पास इतनी फुर्सत कहाँ है कि वे दिन-दिन भर की संगोष्टियों की रिपोर्ट बनाएँ और दिखाएँ (ये तो वन डे, ट्वेंटी-ट्वेंटी का ज़माना है) ख़बर की मियाद एक से डेढ़ मिनट तय कर दी गई है बशर्ते वह सिनेमा, सनसनी, सेक्स, क्रिकेट और विवादों से जुड़ी न हों। अब एक मिनट में आप साहित्य के सेमिनारों को भला कैसे समेटेंगे इसलिए आसान रास्ता

यही है कि उन्हें नज़रअंदाज़ ही कर दो।

मगर क्या हिंदी के दर्शक का टेस्ट और समझ इतनी घटिया है कि वह तीन-चार चीज़ों के अलावा कुछ देखना ही नहीं चाहता? कहीं ऐसा तो नहीं कि एक विकल्पहीनता की स्थिति पैदा कर दी गई हो और उनमें से मनचाहे निष्कर्ष निकाले जा रहे हों? एक अंधविश्वास की तरह एक मान्यता बना दी गई है कि यही देखा जाता है और यही बिकता है। मगर वास्तविकता से वे कोसों दूर हैं। अगर ऐसा न होता तो कभी जनसत्ता के संपादक प्रभाष जोशी को अपने पाठकों से ये निवेदन न करना पड़ता कि हम और ज़्यादा प्रतियाँ छापने की स्थिति में नहीं हैं और अब आप अख़बार बाँटकर पढ़ें। राजेंद्र माथुर और एस पी सिंह के ज़माने में नवभारत टाइम्स कलेवर के लिहाज़ से काफ़ी ऊंचे स्तर का होता था और वह भी ख़ूब बिकता और पढ़ा जाता था। आप कह सकते हैं कि तब से गंगा-यमुना में काफ़ी पानी बह चुका है और पाठकों का स्वाद बदल चुका है। बदला होगा, मगर इतना नहीं कि अच्छी चीज़ों के लिए चाहत खत्म हो गई हो। अगर ऐसा होता तो इतनी बड़ी संख्या में साहित्यिक पत्रिकाएँ छप और पढ़ी न जा रही होतीं। इसलिए हिंदी में मीडिया की कमान संभाल रहे लोगों को इस सोच को दुरुस्त करना होगा। मिशनरी भाव से न सही, मगर यदि इच्छा शक्ति हो तो चालू मुहावरे में ही इसके लिए गुंजाइश ढूँढ़ी जा सकती है।

लेकिन संभवत: इसलिए ऐसा नहीं हो पा रहा क्योंकि मीडिया में एक साहित्य विरोधी मानसिकता भी काबिज़ है (अंग्रेज़ी में तो ख़ैर ये है ही हिंदी में भी कम नहीं है)। ये बाज़ार के ज़रिए भी आई है और पत्रकारों के ज़रिए भी। एक दौर था जब पत्रकारिता में साहित्यकारों का वर्चस्व हुआ करता था। लेखक या कवियों के ही संपादक बनने की परंपरा हुआ करती थी। इस परंपरा से पत्रकारिता का क्या, कैसा और कितना भला या नुकसान हुआ ये तो अध्ययन का विषय है। मगर पेशेवर पत्रकारिता के पैरोकारों ने इसके नकारात्मक पक्षों को उठाकर साहित्य और साहित्यकारों के ख़िलाफ मुहिम सी छेड़ दी। इनमें वे पत्रकार उज़्यादा थे जो कभी खुद लेखक-कवि बनना चाहते थे मगर न बन पाने की वजह से कुंठित हो गए थे। असफलता से जन्मी ये कुंठा उन्हें सहयोगी साहित्यकारों के ख़िलाफ़ उकसाती थी। वे उनकी प्रसिद्धि से ईर्ष्या रखने लगे थे और इसलिए उन्हें खदेड़ने में लगे रहते थे। हालाँकि इसका दूसरा पक्ष ये भी था कि साहित्यकार-पत्रकार श्रेष्ठता बोध से ग्रस्त होते थे वे अपने साथियों को हेय भाव से देखते थे और साहित्य कर्म की तुलना में पत्रकारिता को छोटा काम मानकर उसे उस लगन के साथ नहीं करते थे जैसी कि किसी भी पत्रकार से अपेक्षा की जाती है।

बहरहाल, इस सबका नतीजा ये हुआ कि साहित्य धीरे-धीरे हाशिए पर चला गया। इससे पत्रकारिता को जो चीज़ें साहित्य से मिलती थीं वे कम या बंद हो गईं।

पत्रकारों की नई पीढ़ी को भी मोटे तौर पर यही संस्कार मिले हुए हैं। कुछ जज़्बाती क़िस्म के लड़कों को छोड़कर साहित्यिक रुझान के मामले में फिसड्डियों की जमात इकट्ठी हो गई है। इसका संबंध न तो विचार से है और न ही सरोकार से। इसलिए एक साहित्य विरोधी माहौल मीडिया में और ख़ासतौर पर न्यूज़ चैनलों में काबिज़ हो गया है (अगर ऐसा नहीं होता तो सृजनात्मक साहित्य को दिखाने के लिए कोई पॉपुलर फार्मेट भी गढ़ लेता, जैसाकि कभी दूरदर्शन के कार्यक्रम सुबह सवेरे में किया गया था)। हां, साहित्य की दुनिया का कोई ऐसा व्यक्ति जिसे सेलेब्रिटी की हैसियत मिल गई हो उससे कभी-कभार किसी गंभीर-अगंभीर मुद्दे पर बाइट वगैरा ले ली जाती है या अगर किसी का निधन हो जाए तो उसे एक दिन के लिए भरपूर कवरेज़ देने की उदारता दिखा दी जाती है।

पिछले एक-डेढ़ दशक में विचार विरोधी माहौल भी बना है। बाज़ार को विचार नहीं चाहिए या ऐसे विचार चाहिए जो उसके महत्त्व को पुष्ट करते हों। साहित्य में ऐसे विचार मिलने मुश्किल हैं, बल्कि वह तो बाज़ार के विरोध में ही खड़ा है। बाज़ार के युग में बाज़ार विरोधी साहित्य के लिए मीडिया में क्या और कितनी जगह हो सकती है, सोचा जा सकता है। वैसे बाज़ार से दोस्ती का एक रास्ता प्रकाशकों के ज़रिए निकल सकता है मगर हिंदी प्रकाशन जगत इतना पिछड़ा हुआ है कि वह अपने लेखकों और किताबों को प्रचारित-प्रसारित करने में विश्वास ही नहीं रखता या फिर धन खर्च करने से कतराता है। साहित्य के किसी कार्यक्रम को प्रायोजित करने का साहस तक वे नहीं जुटा पाते, हालाँकि इससे उनका फ़ायदा भी जुड़ा हुआ है, इसीलिए न वर्तमान पाठकों को नए प्रकाशनों का पता चलता है न ही नया पाठक वर्ग ही तैयार हो पाता है।

(अगस्त, 2006)

शायद मर्ज़ ला-इलाज नहीं है...

ये शिकायत बहुत पुरानी और आम है कि मीडिया हर मामले में खुद को जज मान लेता है और फैसला सुनाने के लिए बेचैन हो जाता है। मीडिया ट्रायल की यह प्रवृत्ति उसमें शुरू से रही है मगर कुछ बरसों में ये तेज़ी से बढ़ी है और यहाँ तक जा पहुंची है कि अभी अदालत बैठाई, सुनवाई की और फ़ैसला सुना दिया। न्यूज़ चैनलों के सामने चूँकि समय का संकट होता है और वे आपसी प्रतिस्पर्धा के मारे होते हैं (दर्शकों को फांसे रखने के लिए गति बनाए रखनी होती है) इसलिए उन्हें ये काम और भी जल्दी निपटाना होता है। एक-दो दिन में या हो सके तो प्राइम टाइम में ही। गुड़िया वाले मामले को लोग भूले नहीं होंगे। बाबा रामदेव की बूटियों के मामले में मीडिया ने वृंदा करात को कसूरवार ठहरा ही दिया था। आरक्षण विवाद में अर्जुन सिंह देशद्रोही और समाज विरोधी करार दिए जा चुके हैं। हम ही सही हैं कि इस ज़िद और जज बनने की चाहत ने उसे ग़ैर-ज़िम्मेदार भी बना दिया है और उसकी विश्वसनीयता पर बट्टा भी लगा है। आलम ये है कि मीडिया इस दौर का एक बड़ा खलनायक बनकर उभरा है। लोग गालियों से नेताओं को जितना नवाजते हैं उससे कहीं ज़्यादा आजकल मीडिया पर बरसते हैं। सभा-सेमिनारों में बुद्धिजीवी उस पर टूट पड़ते हैं और पब्लिक तो ख़ैर इतनी उखड़ चुकी है कि पत्रकारों पर हाथ उठाने तक की घटनाएँ होने लगी हैं।

क्या इस निंदा-भर्त्सना ने न्यूज़ चैनलों को आत्ममंथन के लिए विवश कर दिया है? अगर चैनलों के हाव-भाव देखें तो ऐसा ही लगता है। अब वे अपने पर लगनेवाले आरोपों पर कंधे उचकाकर आगे नहीं बढ़ जाते। हर गलती को सही साबित करने का अहंकार नहीं दिखाते बल्कि वे देखने की कोशिश करते हैं कि हमने जो किया और उस पर जो प्रतिक्रियाएँ सामने आ रही हैं, कहीं वे सही तो नहीं हैं। अब विभिन्न विषयों पर बहसों के साथ-साथ अपनी भूमिका को लेकर उठ रहे सवालों का सामना करने की कोशिश भी वे चर्चाओं के माध्यम से करने लगे हैं। पहले वे हर घटना-दुर्घटना पर लोगों को कठघरे में खड़ा कर रहे थे और अब चूँकि हर बार संदेह या आरोपों के घेरे में मीडिया भी होता है इसलिए खुद की जांच भी की जाने लगी है। अगर ये परिवर्तन दिखावा न हो तो इसे एक सकारात्मक संकेत

माना जा सकता है।

दरअसल, न्यूज़ चैनलों ने आपसी प्रतिस्पर्धा में अपने कलेवर को जिस सीमा तक गिरा लिया था उसके बाद ये स्थिति आनी ही चाहिए थी। पत्र-पत्रिकाओं में चैनलों के अतिवाद, दिशाभ्रम और बाज़ारूपन पर बहुत कड़वे शब्दों में लिखा जा रहा है। लेकिन दबाव अंदर से भी बनने लगा है। चैनलों के अंदर भी ख़बरों को प्राथमिकताओं और उनके ट्रीटमेंट को लेकर एक तरह की आत्मग्लानि फैल रही है। अच्छे वेतन और सुविधाएँ पाने वाले पत्रकार भी कुंठित होने लगे हैं। वे अपने आपसे पूछने लगे हैं कि आख़िर वह क्या कर रहे हैं? क्या वे महज़ मछेरे हैं जो हर दिन दर्शकों को फांसने के लिए जाल बिछाकर बैठ जाते हैं? क्या उनकी भूमिका ख़बरों के सौदागरों की है कि सुबह से दुकान खोलकर बैठ गए? क्या राखी सावंत और इसी तरह के मसले ही राष्ट्रीय मुद्दे रह गए हैं (फैशन शो के दौरान अधोवस्त्र गिर जाने वाले दृश्य बार-बार दिखाए जाने पर एक महिला एंकर बाक़ायदा रोते हुए अपने प्रमुख के पास पहुंची और पूछा कि आख़िर आप मुझसे करवाना क्या चाहते हैं)? हर जगह वही उथलापन और फार्मूलेबाज़ी। ख़बरों की पुनरावृत्ति और महत्त्वहीन विषयों पर सतही बहस-मुबाहिसा। किसी भी टीवी पत्रकार से बात कीजिए, वह उबल पड़ता है। अपनी बेबसी का इज़हार करते हुए कोसने लगता है टीआरपी के खेल को। शायद यही वज़ह है कि एनडीटीवी ने अपराध पर आधारित कार्यक्रमों को बंद करने का फ़ैसला कर लिया (हालाँकि कुछ लोग इसे अंगूर खट्टे हैं की कहावत से भी जोड़ते हैं क्योंकि अपराध पर आधारित उसके सभी कार्यक्रम टीआरपी के मामले में पिट रहे थे)। वैसे ख़बर यह भी है कि दूसरे बड़े चैनल भी कलेवर को सुधारने पर विचार करने लगे हैं। अब यहाँ प्रश्न ये उठता है कि क्या चैनलों की चिंता वास्तविक है? कहीं ऐसा तो नहीं कि ये एक तरह का दिखावा हो कि भाई हम भी दर्शकों की चिंता करते हैं और हमें भी देश की फिक्र है?

इसलिए बहुत मुमकिन है कि मीडिया के द्वारा किया जा रहा ये मीडिया ट्रायल सच्चा न हो और दर्शकों को भरमाने की एक चाल भर हो। लेकिन एक बार को अगर इसे हम सच मान लें तो भी ये कोशिश कोई रंग लाने वाली नहीं। इसकी सबसे बड़ी वज़ह यही है कि इस तरह की कोई भी सदिच्छा टीआरपी (टेलीविज़न रेटिंग प्वाइंट) के दुष्चक्र को तोड़ नहीं सकती। इसे एक सच्ची घटना से समझा जा सकता है। हाल में चमत्कार की तीन घटनाएँ हुईं। पहली मुंबई के माहिम में समुद्र जल के मीठे होने की, दूसरी मूर्तियों के दूध पीने की और तीसरी जामा मस्जिद के पास एक पेड़ से चमत्कारी पानी निकलने की।

लेखक की जानकारी के मुताबिक कम से कम दो चैनलों ने पहले ये तय किया कि हम इन्हें नहीं दिखाएँगे। मगर जब दूसरे चैनलों ने इन्हें बढ़ा-चढ़ाकर दिखाना शुरू कर दिया तो उन्हें भी उसी रास्ते पर चलना पड़ गया। यही नहीं, जब साप्ताहिक

रेटिंग आईं तो उन्होंने पाया कि हमेशा फिसड्डी रहने वाला एक चैनल मूर्तियों के दुग्धपान वाले दिन सबसे अव्वल था। ऐसे में कौन चैनल अपने पैरों में कुल्हाड़ी मारने को तैयार होगा? बाज़ार के सामने आत्मसमर्पण करने में उन्होंने ज़रा भी हिचक नहीं दिखाई। फ़ैसला हुआ कि जो बिके उसे बेचो। आगे रहने के लिए अगर नीचे गिरना ज़रूरी हो, तो हम गिरेंगे।

टीआरपी के दुष्चक्र के टूटने की कोई सूरत फ़िलहाल नहीं दिख रही। दर्शकों की तरफ से दबाव बने और मीडिया को बदलने के लिए विवश होना पड़े ये भी संभव नहीं नज़र आ रहा। अलबत्ता मीडिया के लिए कोई आचार संहिता हो और अगर उस पर सख़्ती से अमल किया जाए तो कलेवर में सुधार की उम्मीद की जा सकती है। मगर सरकार की तरफ से जब भी मीडिया के लिए आचार संहिता की बात उठती है तो तमाम मीडिया घराने डंडे लेकर खड़े हो जाते हैं। तर्क दिया जाता है कि आचार संहिता बनानी होगी तो मीडिया खुद बनाएगा, मगर ऐसा कुछ वह करता नहीं है। मीडिया की स्वतंत्रता यहाँ स्वेच्छाचारिता की ढाल बनी हुई है। बहरहाल, अगर आचार संहिता बन जाए तो चैनलों की आपसी प्रतिस्पर्धा का स्तर उठेगा क्योंकि तब घटिया ख़बरों को उछालने की मजबूरी नहीं होगी। इस क्रम में कलेवर के सुधरने की संभावनाएँ भी बढ़ेंगी।

(सितंबर, 2006)

नारी बीच सारी है कि सारी बीच नारी

संपादक नामक संस्था के पतन और संपादकीय सामग्री पर पत्रकारीय नियंत्रण के कमज़ोर पड़ते जाने के नतीजे अब साफ़ तौर पर दिखने लगे हैं। संपादकीय कलेवर का स्तर तो निरंतर गिर ही रहा है मगर साथ ही पत्र-पत्रिकाओं और न्यूज़ चैनलों बल्कि इंटरटेनमेंट चैनलों में भी प्रायोजित सामग्री की भरमार होने लगी है। संपादकीय देखरेख में बने कार्यक्रमों को कोई कंपनी प्रायोजित करे ये एक बात है मगर हम बात कर रहे हैं ऐसे कलेवर की जो विज्ञापन विभाग के दिशा निर्देश पर तैयार होती है, जिसमें उस विषय के साथ संपादकीय विवेक के इस्तेमाल की इजाज़त नहीं होती, जो दरअसल संपादकीय सामग्री होती ही नहीं है और किसी क्लाइंट को खुश करके धन कमाने की गरज़ से तैयार की जाती है। इस सामग्री को प्रस्तुत करते समय दर्शकों को ये बताने की ज़रूरत नहीं समझी जाती कि ये विज्ञापन है। ये सरोगेट स्पांसरशिप या गुप्त प्रायोजन है। चैनलों में ये मिलावट अब बहुत बड़े पैमाने पर हो रही है। कोई भी क्षेत्र इससे अछूता नहीं दिखाई दे रहा है। जो भी प्रायोजन का आर्थिक भार वहन कर सकता है वही संपादकीय सत्ता को धता बता कर ठसके से समय खरीद सकता है। इस प्रायोजित सामग्री की मात्रा भी थोड़ी-बहुत नहीं है। ये संपादकीय सामग्री पर भारी पड़ रही है और इस रफ़्तार से बढ़ती जा रही है कि कुछ ही समय में ये कहना मुश्किल हो जाएगा कि साड़ी बीच नारी है कि नारी बीच साड़ी है या फिर साड़ी ही की नारी है कि नारी ही की साड़ी है।

कुछ समय पहले एक न्यूज़ चैनल ने जब एक फिल्मी सितारे से न्यूज़ पढ़ाई थी तो बहुत उँगलियाँ उठी थीं। कहा गया था कि समाचार जैसे गंभीर काम के साथ इस तरह की छेड़छाड़ ग़लत है, ये पत्रकारिता की मर्यादाओं के विरुद्ध तो है ही। इसे टीआरपी बटोरने का एक गिमिक तो माना ही गया था, मगर संपादकीय सामग्री में प्रायोजित सामग्री की मिलावट के रूप में भी इसे देखा गया था क्योंकि दरअसल ये एक फिल्म के प्रमोशन की कवायद के तहत किया गया था। उस समय लगा था कि इस आलोचना के बाद चैनल इस तरह की हरकतों से बाज़ आएँगे मगर इसके विपरीत इसने एक ट्रेंड का रूप ले लिया है। अब हर चैनल किसी न किसी फिल्म का प्रमोटर बनने की होड़ में लग गया है। इसके लिए एक नया टर्म भी प्रचलन में

आ गया है–मीडिया पार्टनर। मीडिया पार्टनर यानी दोनों पक्ष एक–दूसरे के प्रचार–प्रसार के लिए अपने–अपने मंच मुहैया कराएँगे। इसके तहत फिल्म पर सकारात्मक कार्यक्रम और फिल्म स्टारों के प्रायोजित इंटरव्यू दिखाए जाते हैं। इनमें किसी तरह की आलोचना नहीं की जाती बल्कि बार–बार ऐसी टिप्पणियाँ की जाती हैं जिनसे उस फिल्म को देखने के लिए दर्शकों में ललक पैदा हो और फिल्म का कारोबार बढ़े।

फिल्मों से जुड़ी ख़बरों और सामग्री को ही लें तो उसका कम से कम 80 फ़ीसदी हिस्सा प्रायोजित होता है। फिल्म के निर्माण से लेकर रिलीज और फिर रिलीज के बाद की पब्लिसिटी में मीडिया बढ़–चढ़कर हिस्सा लेता है। चूँकि फिल्म सामग्री सबसे ज़्यादा बिकाऊ माल होती है और उसे सबसे ज़्यादा अगंभीर भी माना जाता है इसलिए ऐसा करने में किसी को कोई कष्ट नहीं होता। फिल्म निर्माता गानों और फिल्म के क्लिप्स मुफ़्त में मुहैया कराते हैं (बहुत सारे म्यूज़िक चैनल इसी प्रायोजित फिल्म क्लिप्स पर फल–फूल रहे हैं। यही नहीं, एक चैनल तो इसी के बल पर अरसे से नंबर वन भी बना हुआ है)। प्रमोशन के लिए कलाकारों और निर्देशकों तक के इंटरव्यू वे खुद करवाकर दे देते हैं। चैनलों को न ज़्यादा धन खर्चना है न हाथ–पाँव हिलाना है। वे हल्की–फुल्की टिप्पणियों के साथ इन्हें प्रसारित करके टीआरपी बटोरते हैं। इस बिज़नेस डील में मुद्राओं का आदान–प्रदान भी होता ही है।

फिल्मों की प्रायोजित सामग्री का ये खेल इतना खुला हुआ है कि हर एक की नज़र में आ जाता है, मगर पत्रकारिता के ऐसे बहुत से क्षेत्र हैं जहाँ ये दाँव इतनी सफाई से चले जाते हैं कि अधिकांश दर्शक भाँप ही नहीं पाते कि इनके पीछे कौन सी ताक़त काम कर रही है। वाणिज्य–व्यापार का क्षेत्र भी ऐसा ही है। बिज़नेस चैनलों की तो अधिकांश सामग्री ही प्रायोजित होती है। किसी कंपनी के बारे में बताया जा रहा हो या फिर उसके अधिकारियों–मालिकों के बारे में, वो किसी न किसी रूप में प्रायोजित की गई सामग्री होती है। या तो उसे बनाने के पैसे चैनल ले लेता है या दिखाने के एवज़ में धन या विज्ञापन झटकता है। शेयर बाज़ार के उतार–चढ़ाव में तेजड़ियों और मंदड़ियों के अलावा चैनलों की भूमिका भी रहती होगी। उनके शेयर विशेषज्ञ कुछ ख़ास शेयरों को चढ़ाने या गिराने का खेल पैसे लेकर करते होंगे। इसी तरह विभिन्न प्रोडक्ट दिखाने के एवज़ में भी मुद्राओं का आदान–प्रदान होता है। अभी हाल में एक न्यूज़ चैनल ने एक सिने तारिका का इंटरव्यू इस तरह से दिखाया मानो वो एक्सक्लूसिवली उस चैनल के लिए हाज़िर हुई हो जबकि असलियत ये थी कि ये पूरी कवायद एक साबुन के ब्रांड प्रोमोशन के लिए की जा रही थी। ज़ाहिर है कि ये जनसेवा के लिए तो किया नहीं जा रहा था।

ये छोटी सी बात समझ लीजिए कि जहाँ कहीं भी किसी भी ब्रांड या प्रोडक्ट(

इसमें होटल, रेस्तराँ, निजी शिक्षा संस्थान, जिम, पर्यटन, कोई व्यक्ति विशेष, रीयल एस्टेट आदि सब कुछ शामिल हैं) को बार-बार दिखाया जाए या उसके बारे में बार-बार बताया जाए तो इसका मतलब है कि चैनल के साथ किसी न किसी तरह की व्यापारिक समझदारी काम कर रही है। जो पैसे देते हैं वे नज़र आते हैं और जो नहीं देते उन्हें नज़रअंदाज़ कर दिया जाता है। यहाँ तक कि बहुत सारे चैनलों में भविष्य बताने वाले ज्योतिषी उस स्लॉट के लिए पैसे देते हैं और धार्मिक चैनलों में जो साधु-संत सुबह-शाम प्रवचन देकर अपनी दुकानदारी बढ़ा रहे होते हैं वहाँ दरअसल पैसा ही बोल रहा होता है। बहुत सारे चैनल तो अब सीधे-सीधे दुकानदारी करते हैं कि भैया पैसा दे दो फिर चाहे जो दिखा लो। इसी तरह बहुत सारे डॉक्टर पैसे देकर स्वास्थ्य संबंधी सलाह देने के लिए स्टूडियो में विराजमान हो जाते हैं। निजी क्षेत्र ही नहीं अब पब्लिक सेक्टर भी इस नुस्खे को आज़माने लगा है। बहुत सी राज्य सरकारें निजी चैनलों को साधने में लगी हुई हैं और चैनल बिना किसी दिक्कत के सध रहे हैं। ग़ौर से देखेंगे तो पाएँगे कि किसी राज्य में चमत्कारिक विकास के पहाड़े पढ़े जा रहे हैं तो कहीं किसी पार्टी या उसकी विचारधारा का पृष्ठपोषण चल रहा है। मंत्रियों और मुख्यमंत्रियों की इमेज बिल्डिंग का काम भी इसी निष्ठा के साथ किया जा रहा है। संभव है कि केंद्रीय नेताओं और मंत्रियों के लिए भी ये सेवाएँ प्रदान की जा रही हों। कोई नरेंद्र मोदी के चरणों में लोट रहा है तो कोई शरद पवार की आरती उतार रहा है। यानी कहीं न कहीं कोई तो अंडरस्टैंडिंग है।

राजनीति की ख़बरों और कार्यक्रमों में सीधे-सीधे प्रायोजन का खेल अभी चैनलों में बड़े पैमाने पर शुरू नहीं हुआ है। एकाध चैनल ही धन अर्जन के इस तरीके को अपनाए हुए हैं। अलबत्ता पत्र-पत्रिकाएँ इस विधा में पारंगत हो गई हैं। चुनाव के समय तो अख़बार इस रास्ते से जमकर पैसा बनाते हैं। प्रत्याशियों से पैसा लेकर उनके हिसाब से पूरा का पूरा पेज गढ़ दिया जाता है। यानी जो प्रत्याशी जितना खर्च कर सकता है उसे उतना कवरेज भी मिलेगा। इस तरह लोकतंत्र का चौथा खंभा अपनी निष्पक्ष भूमिका को अंजाम देता है। आने वाले चुनावों में चैनल भी इसी राह पर चल पड़ें तो कोई अचरज नहीं होना चाहिए।

मीडिया में पूँजी और बाज़ार का प्रभाव पहले नहीं था ऐसा नहीं है। पहले भी प्रायोजित सामग्री होती थी और ढँके-छिपे ढंग से छापी भी जाती थी। मगर अब स्थिति में एक निर्णायक परिवर्तन आ गया है। पहले तमाम दबावों के बावजूद संपादक पत्रकारिता के लिए थोड़ी-बहुत जगह बना ही लेता था और पत्रकारों को भी सत्यानवेषण की गुंज़ाइश मिल जाती थी। मगर ये स्पेस लगभग ख़त्म हो गया है। मीडिया पर पूँजी का शिकंजा बहुत कस चुका है। ऐसे में पत्रकारिता के मानदंडों की बात करना तकलीफदेह भी है और क्रूर ढंग से हास्यास्पद भी। दर्शकों के सामने

कोई विकल्प नहीं है। उनके साथ भले ही एक तरह का छल हो रहा हो, विश्वासघात हो रहा हो मगर सब बेबस हैं क्योंकि मीडिया बाज़ार के हाथों में खेलने में मगन है। कहीं यही इसकी नियति तो नहीं है?

मेरे एक परिचित एडिटोरियल को एडवरटोरियल कहा करते हैं। जब उन्हें कहना होता है कि फलाँ चैनल का एडिटोरियल बहुत कसा हुआ है तो वे कहते हैं भाई उसका एडवरटोरियल बड़ा स्ट्रांग है। हम लोग उनकी इस चूक पर मुस्करा कर रह जाते हैं। मगर अब तो लगता है वही सही है। जिस तरह से विज्ञापनों और प्रायोजित सामग्री का वर्चस्व बढ़ रहा है उसके हिसाब से तो एडिटोरियल को एडवर्टोरियल कहना ही सही होगा।

(नवंबर, 2006)

कहाँ बचोगे, दर्शक जी?

न्यूज़ चैनलों की दुनिया में लगातार हलचल बनी हुई है। कई चैनल आने वाले हैं तो कई आने की तैयारियों में जुटे हुए हैं। इसके अलावा एक बड़ी संख्या ऐसे लोगों की है जो चैनल शुरू करने की संभावनाएँ तलाशने में जुटे हुए हैं। यानी टीवी न्यूज़ की इंडस्ट्री का भविष्य उज्ज्वल नज़र आ रहा है। लोग भविष्यवाणियाँ करने में लगे हुए हैं कि अगले पाँच सालों में चैनलों की संख्या इतने से बढ़कर इतनी हो जाएगी। ये भविष्यवाणियाँ निराधार भी नहीं हैं। बड़े औद्योगिक घरानों से लेकर छोटे-छोटे कारोबारी, आपराधिक पृष्ठभूमि के लोग, काला-धनी, नेता और राजनीतिक दलों तक, इस शक्तिशाली अस्त्र को अपनी टेंट में खोंसने की इच्छा और सामर्थ्य रखने वाले सबके सब न्यूज़ चैनल लाने की होड़ में कूद पड़े हैं। टीवी इंडस्ट्री से जुड़े लोगों को सुनने में ये बातें बहुत अच्छी लगती हैं और क्यों न लगे। आख़िर ज़्यादा चैनल का मतबल है ज़्यादा अवसर, ज़्यादा तरक्की। मगर इसी से जुड़ा एक ऐसा सवाल भी है जो लगातार उठ रहा है पर उसका सही जवाब कोई नहीं दे रहा है। सवाल ये है कि इतने सारे चैनल चलेंगे कैसे? विज्ञापनों का केक इतना बड़ा तो है नहीं कि उससे अनगिनत चैनलों का पेट भर सके। उसका आकार भी उस रफ़्तार से नहीं बढ़ रहा जिस गति से चैनलों की संख्या में इज़ाफ़ा हो रहा है। ऐसे में ये प्रश्न उठना स्वाभाविक है कि बिना मुनाफ़े के ये कैसे और कितने दिन तक चल पाएँगे? न्यूज़ चैनल शुरू करने में बड़ा खर्च तो होता ही है मगर उन्हें चलाने का खर्च भी अच्छा ख़ासा होता है। कोई चैनल अनंत काल तक घाटा उठाकर तो चल नहीं सकता। तो क्या चैनल शुरू करने वाले जुनूनी लोग हैं कि उन्हें ख़र्चे का कोई ख़्याल ही नहीं होता? क्या वे पत्रकारिता और सत्य के प्रति इतने निष्ठावान और प्रतिबद्ध हैं कि उन्हें धन की कोई चिंता ही नहीं है? नहीं, ऐसा कतई नहीं है। चैनल शुरू करने वाले पूरा गणित लगाकर ही मैदान में उतर रहे हैं। ये और बात है कि इस गणित के गोरखधंधे सबको समझ में नहीं आते, वे परदे के पीछे छिपे रहते हैं।

दरअसल, न्यूज़ चैनल लाने की महत्त्वाकांक्षा के इस कदर फैलने की कई वज़हें हैं। सबसे बड़ी बात तो ये हुई है कि पिछले दो-तीन सालों में टेक्नोलॉजी सस्ती होती जा रही है। इससे चैनल शुरू करने में लगने वाली लागत बहुत कम हो

गई है। इसमें भी कई तरह के विकल्प उभर आए हैं जिससे लोग अपनी जेब के हिसाब से चैनल का आकार–प्रकार तय करते हैं। अगर कोई नवीनतम और सर्वगुण संपन्न टेक्नालॉजी को लेकर आग्रही नहीं है तो वो काफी सस्ते में चैनल ला सकता है। कर्मचारियों की कुशलता को लेकर समझौता करने को तैयार हो जाएँ तो काम और भी आसान हो जाता है। गली–गली में खुल रहे पत्रकारिता के प्रशिक्षण संस्थान हर साल सैकड़ों की तादाद में सस्ता और सहज मैन पॉवर मुहैया करवा रहे हैं। ये लोग मुफ़्त में या फिर बहुत कम पैसे में काम करने को तैयार हो जाते हैं, क्योंकि आज की नहीं कल की सोच रहे होते हैं। साल–दो–साल तक खटने के बाद उनके लिए बेहतर रास्ते खुलने की संभावनाएँ बढ़ जाती हैं। अभी भी कई चैनलों की रीढ़ यही फौज़ बनी हुई है। इस तरह कर्मचारियों पर होने वाले खर्च में भारी कमी आई है। इन ख़र्चों के अलावा एक बड़ा खर्च डिस्ट्रीब्यूशन का है। केबल इंडस्ट्री चैनल दिखाने के लिए मुंहमांगी क़ीमत वसूल रही है। एक राष्ट्रीय चैनल को देशभर में टीवी पर अच्छी जगह दिखाने के लिए 15 से 20 करोड़ रुपए तक सालाना खर्च करने पड़ रहे हैं। आपसी प्रतिस्पर्धा में ये रकम पिछले कुछ सालों में बहुत तेज़ी से बढ़ी है और आने वाले समय में इसके और भी बढ़ने की संभावना है। जब तक डीटीएच और कैस प्रभावी ढंग से अपनी जगह नहीं बनाते और केबल वालों का एकाधिकार नहीं टूटता तब तक इस स्थिति में कोई फ़र्क नहीं आने वाला। साफ़ है कि छोटी पूँजी वाले के लिए ये खेल खेलना मुश्किल और जोख़िम से भरा हुआ है। ऐसे में अगर न्यूज़ चैनल लाने का आकांक्षी सीमित क्षेत्र में चैनल को दिखाने का मन बना ले यानी चैनल को क्षेत्रीय बना ले तो ख़र्च कई गुना कम हो जाता है। कुल मिलाकर इस तरह की रणनीतियाँ अपनाकर छोटे खिलाड़ी भी मैदान में उतरने की कोशिश कर रहे हैं। यानी वे मूर्ख नहीं हैं।

लेकिन ये प्रश्न अब भी अनुत्तरित हैं कि पैसा आएगा कहाँ से? ठीक है कि खर्चे कम हो गए हैं और चैनल लाना आसान हो गया है मगर फिर भी हर महीने जो खर्च होना है उसकी भरपाई कहाँ से होगी? आख़िर किसकी तिजोरी इतनी बड़ी होगी कि वो अनंतकाल तक बिना कमाई के पैसा खर्च करता रहे? उसे इस बारे में तो सोचना ही होगा कि लंबे समय तक अगर चैनल चलाना है तो खर्च कहाँ से पूरा होगा। यही नहीं, कोई भी पैसा केवल इसलिए तो निवेश नहीं करेगा कि उसे फ़ायदा ही न हो, उसे तो चैनल चलाना है। वो उससे मुनाफ़ा कमाने की अपेक्षा भी रखेगा ही रखेगा। यानी चैनल लाने के लिए पहले वो मुनाफ़े का गणित भी लगाता ही होगा। नेताओं और राजनीतिक दलों का तो ये मान लीजिए कि वे चैनल में निवेश करेंगे और राजनीति में उसे भुना लेंगे। उद्योगपति और व्यापारी भी सीधे नहीं दूसरे तरीकों से चैनलों को दुह लेंगे। अपने काले सफेद पर परदा डालने और सरकारी सहयोग हासिल करने से ही वे जितना लगाएँगे उससे ज़्यादा वसूल लेंगे।

लेकिन बाक़ी क्या करेंगे? ज़ाहिर है चैनल लाने की सोच रहे लोग भी कुछ दिमाग़ रखते हैं और उन्होंने भी कुछ सोच रखा होगा।

वास्तव में अब नए चैनलपतियों की जमात कमाई के परंपरागत स्त्रोतों की तरफ उतना ध्यान नहीं दे रही। उसे ये पता है कि इस रास्ते से तो दो-तीन साल तक वो उस मुकाम तक भी नहीं पहुंच पाएगी जहाँ खर्च और आमदनी बराबर हो जाते हैं यानी चैनल ब्रेक इवेन पर आ जाता है। इसलिए वे ऐसे तरीके खोज रहे हैं जो उन्हें शुरू से नहीं तो जल्दी से लाभ के रास्ते पर ला खड़ा करें। ज़ाहिर है वे शार्ट कट मेहनत और ईमानदारी के नहीं होंगे। इनमें संपादकीय समझौतों से लेकर दलाली और ब्लैकमेलिंग तक सब कुछ शामिल हो सकता है। अपने काले धंधों को छिपाने की मंशा भी हो सकती है और दूसरे उद्योगों को संरक्षण देने की जुगत भी। इन्हीं आधारों पर उनके बिजनेस मॉडल तैयार हो रहे हैं। इन मॉडलों में एक ये है कि पूरा या अधिकांश कंटेंट ही प्रायोजित हो। इसकी चर्चा हम इसी स्तंभ में पिछली बार कर चुके हैं। दूसरा मॉडल भी इसी से मिलता जुलता है मगर उसमें कंटेंट बेचने का काम मार्केटिंग की टीम नहीं, पत्रकार करते हैं। एक पुराना न्यूज़ चैनल इस मॉडल को आधार बनाकर बरसों से चल रहा है। उसने सारे अंशकालिक संवाददाताओं की नियुक्ति पैसे लेकर की है और अधिकांश पूर्णकालिक संवाददाता भी बिजनेस प्रमोशन के काम में लगे हुए हैं। इन संवाददाताओं से उसने ये अंत: समझदारी कायम की है कि हम आपकी सारी ख़बरें चलाएँगे और आप उसके एवज़ में या विज्ञापन के नाम पर चैनल के लिए धन की उगाही करेंगे। एक और चैनल ने, जिसके बारे में कहा जा रहा था कि उसे संघ फंड कर रहा है, ख़बरों को इकट्ठा करने के अधिकार ही बेच डाले थे। ये बात और है कि वह चैनल आया ही नहीं और जो फ्रेंचाइज़ी बने थे उनके पैसे भी डूब गए।

इस मॉडल को अब एक बड़े चैनल समूह ने आगे बढ़ाने का बीड़ा उठा लिया है। इस समूह के राष्ट्रीय और क्षेत्रीय चैनल हैं। समूह के प्रमुख ने राष्ट्रभक्ति का ठेका ले रखा है। वे क्रिकेट-हॉकी सब जगह देशभक्ति का नगाड़ा बजाते-फिरते हैं मगर उनके लोग पत्रकारिता को सरे-आम नीलाम करके देश के मूलाधार लोकतंत्र की लुटिया डुबाने में जुटे हुए हैं। उन्होंने अपने तमाम ब्यूरो और संवाददाताओं के लिए विज्ञापन और धन बटोरने के लक्ष्य निर्धारित किए हैं। यहाँ तक कि अंशकालिक संवाददाताओं को भी नहीं बख़्शा जा रहा है, उन्हें कह दिया गया है कि पैसे लाओ नहीं तो काम करने की ज़रूरत नहीं है। धंधेबाज़ पत्रकारों की इससे चांदी हो गई है वे चैनल के लिए भी पैसा लाते हैं और अपनी जेबें भी भरते हैं। ज़ाहिर है उनकी जेबों में भी जाता ही होगा जो उनसे ऐसे कामों के लिए कहते हैं। मगर ऐसे पत्रकार जो पत्रकारिता करना चाहते हैं और जिनकी संख्या नब्बे फ़ीसदी से ज़्यादा है घुटन के शिकार हो रहे हैं। इस ग्रुप में काम करने वाले पत्रकारों

का कहना है कि पचास फ़ीसदी से ज़्यादा ख़बरें बिकी हुई चलती हैं। यहाँ तक कि हर कवरेज का भी सौदा हो जाता है। अगर किसी नेता को अपनी रैली लाइव करानी होती है तो वह लाख दो लाख चैनल को दे देता है, बस उसका काम हो जाता है। कहा जा रहा है कि इस तरीके से क्षेत्रीय चैनलों ने अपना घाटा पूरा करना शुरू कर दिया है यानी ये बिजनेस मॉडल कामयाब हो रहा है।

नए चैनलपति इस तरह के और भी मॉडल ईज़ाद करने में जुटे हुए हैं। चैनल लाने के इच्छुक एक उद्योगपति का कहना है कि अगर चैनल के दम पर उसे हर साल दिल्ली के आसपास एक बड़ा प्लाट रियायती दरों पर मिल जाए तो वह चैनल को कमाऊ मान लेगा। फिर वह उससे ये अपेक्षा नहीं रखेगा कि विज्ञापनों से होने वाली आय कम क्यों है। उसके मुताबिक इस मॉडल में मार्केटिंग की खर्चीली और भारी-भरकम टीम रखने की भी ज़रूरत नहीं होगी और इससे खर्च भी कम होगा। एक और सज्जन ऐसे नेताओं और पार्टियों से संपर्क करने में जुटे हुए हैं जो उनके चैनल को फंड कर सकें। इसके बदले में ये उनका जमकर प्रचार करेंगे और आड़े वक्त में काम भी आएँगे। इसी तरह की अंत: समझदारी औद्योगिक घरानों के साथ कायम करने की कोशिशें भी चल रही हैं। नए बिजनेस मॉडल की तलाश में लोग अपराधियों और अंडरवर्ल्ड से भी संपर्क कर ही रहे होंगे।

ऐसा नहीं है कि मीडिया की ये बीमारी कोई नई है। प्रिंट मीडिया में तो ये अरसे से चला आ रहा है। न्यूज़ प्रिंट बेचकर कमाई करना, थानेदार से लेकर मंत्री और विधायकों को ब्लैकमेल करना, पत्र-पत्रिकाओं की ताक़त के बल पर कई तरह के फ़ायदे लेना ये सब पुरानी बातें हैं। नेता और व्यापारी चौथे खंभे का इस्तेमाल इसी तरह से करते रहे हैं और कर रहे हैं। टीवी चैनलों में भी दबे-छिपे तौर पर थोड़ा-बहुत ये होता ही रहा है। सभी जानते हैं कि कौन चैनल किस पार्टी या नेता या औद्योगिक घराने के साथ खड़ा है और किस-किस तरह से वह इनसे फ़ायदा लेकर कैसे उनकी मदद कर रहा है। टीवी चैनल ही नहीं कई प्रोडक्शन हाउस भी इसी तरह की दुरभिसंधियों से जमकर फल-फूल रहे हैं। मगर आज ये ट्रेंड या फ़िनामेना इस अर्थ में अलग है कि इसमें चैनल पूरी तरह से ऐसी पूँजी पर निर्भर होंगे जिसे सामाजिक हितों से कोई सरोकार नहीं होगा। इसके विपरीत इसका इस्तेमाल समाज विरोधी ताक़तों को मज़बूत करने के लिए होगा। सामाजिक-आर्थिक-राजनीतिक अपराधियों के काले कारनामों की ख़बरें दबा दी जाएँगी और उनको महिमामंडित एवं प्रतिष्ठित करने वाली ख़बरें पूरे हाइप के साथ चैनलों में गूँजेंगी। और ये सब केवल राष्ट्रीय या क्षेत्रीय स्तर पर ही नहीं होगा। भविष्य में शहरों, ज़िलों और क़स्बों पर केंद्रित होकर आने वाले चैनल भी इसी राह के मुसाफिर होंगे। अब बताइए...बचकर कहाँ जाएँगे आप...?

(दिसंबर, 2004)

अल जज़ीरा की चुनौती

अल जज़ीरा के अंग्रेज़ी संस्करण की शुरूआत मीडिया जगत की एक महत्त्वपूर्ण घटना इस अर्थ में कही जा सकती है कि जहाँ ये एक नई परंपरा का आगाज़ है वहीं अंतरराष्ट्रीय स्तर पर सही मायनों में मीडिया वार का शंखनाद भी। इसे ऐसे भी देखा जा सकता है कि मीडिया के ज़रिए अमेरिका और उसके पिछलग्गू देश बाक़ी दुनिया पर जो वैचारिक हमला करते आ रहे हैं उसका जवाब पहली बार तीसरी दुनिया की तरफ़ से देने की कोशिश हो रही है। यही वज़ह है कि भयभीत अमेरिका की केबल इंडस्ट्री ने एक तरह से उसका बहिष्कार ही कर दिया है। उसका कहना है कि अल जज़ीरा इंटटरनेशनल दिखाने के लिए उसके पास जगह ही नहीं है। साफ़ है कि ये एक बहाना भर है। ये दाँव-पेंच मीडिया वार का ही हिस्सा हैं और एक उदाहरण भी कि कैसे खुलेपन की दुहाई देने वाला कोई देश किसी न्यूज़ चैनल से डरकर उसके प्रदर्शन को ही बाधित कर सकता है। ये इस बात की भी मिसाल है कि लोकतंत्र का ठेकेदार दूसरे विचारों के प्रति कितना कट्टर है और उसे ब्लैक आउट करवाने की हद तक जा सकता है।

अंग्रेज़ी अल जज़ीरा की काफी दिनों से उत्सुकता के साथ प्रतीक्षा की जा रही थी। उत्सुकता की सबसे बड़ी वज़ह यही थी कि अपनी ख़बरों से अमेरिका की नाक में दम कर देने वाला ये चैनल अंतरराष्ट्रीय स्तर पर क्या गुल खिलाता है। अपने अरबी भाषा में प्रसारण के नौ साल के अंदर ही इस चैनल ने खाड़ी जगत में अभूतपूर्व सफलता हासिल की है। विश्व स्तर पर भी ये लगातार चर्चा के केंद्र में रहा है। अल जज़ीरा एक तरह से अरब जगत की आवाज़ बनकर उभरा है। क़तर के शाह के इस चैनल ने मध्य पूर्व में पश्चिमी मीडिया का प्रतिपक्ष खड़ा करने की हिम्मत दिखाई है। अमेरिका की मध्य पूर्व नीति, उसकी साज़िशें, हथकंडे और ज़्यादतियाँ सब कुछ इस चैनल पर पूरी मुखरता के साथ दिखलाई दिए हैं। ख़ास तौर पर इराक में अमेरिकी फौजों के अत्याचार और इस्रायल के फिलीस्तीन पर लगातार हमलों की दूसरी तस्वीरें दिखाकर इसने बुश प्रशासन की नींद ही उड़ा रखी है। इकलौती महाशक्ति के ख़िलाफ़ खड़े होने की सज़ा भी उसे भुगतनी पड़ी है। उसके पत्रकार और कर्मचारी अमेरिकी सेना के कोप के शिकार हुए हैं। वे स्पेन आदि देशों

में बंदी भी बनाए गए हैं। बुश प्रशासन ने क़तर पर चैनल के निजीकरण के लिए भी दबाव डाला ताकि उसकी धार को कुंद किया जा सके। आज भी अल जज़ीरा को बग़दाद में अपना दफ़्तर खोलने की इजाज़त नहीं है। लेकिन अल जज़ीरा इस सबके बावजूद न केवल डटा रहा बल्कि अब अंग्रेज़ी संस्करण के साथ अमेरिका में भी दाखिल होना चाहता है। ज़ाहिर है कि पहले से ही बौखलाए और घबराए अमेरिका को ये मंज़ूर नहीं है और वो इसे येन केन प्रकारेण रोकना चाहता है।

अल जज़ीरा इंटरनेशनल इस दावे के साथ मैदान में उतरा है कि वो ख़बरों को दूसरे नज़रिए से दिखाएगा। साफ़ है कि दूसरे नज़रिए से उसका मतलब ख़बरों का वो पक्ष है जो अमेरिका नियंत्रित पश्चिमी मीडिया नहीं दिखाता। पश्चिमी मीडिया की प्राथमिकताएँ और सरोकार बाक़ी दुनिया से बिल्कुल भिन्न हैं। समाचारों की उसकी सूची में एक संपन्न मगर पतनशील समाज के स्वार्थ और सुरक्षा सर्वोपरि हैं। अफ्रीका और एशिया में भूख, अभाव और बीमारियों के बीच जी-मर रहे करोड़ों-अरबों लोगों के दुख-दर्दों का भला वहाँ क्या काम। इसके अलावा अपनी सरकारों की करतूतों का असली चेहरा दिखाने का सामर्थ्य या इच्छा भी उनमें नहीं होती या बहुत कम होती है। मगर अब अल जज़ीरा कह रहा है कि वो यही सब दिखाने का इरादा रखता है। अमेरिका के लिए चिंता की वज़ह भी यही है। वैसे भी मौजूदा दौर में मीडिया और ख़ास तौर पर इलेक्ट्रानिक मीडिया का प्रभाव इतना गहरा और व्यापक है कि ताक़तवर देश इस पर अपना वर्चस्व बनाए रखना चाहते हैं। ऐसे में अमेरिका को अल जज़ीरा का विस्तार कैसे पसंद आ सकता है। वो तो कतई नहीं चाहेगा कि उसकी पोल खोलने वाला कोई मीडिया प्रतिष्ठान खड़ा हो और उसे आईना दिखाए, चिढ़ाए।

पश्चिमी मीडिया अल जज़ीरा इंटरनेशनल को तीसरी दुनिया के प्रतिनिधि चैनल के रूप में देख रहा है। वो देखना चाहता है कि वह बीबीसी और सीएनएन जैसे स्थापित अंतरराष्ट्रीय चैनलों के लिए कोई चुनौती खड़ा कर पाता है या नहीं। उसने ये स्वीकार किया है कि अल जज़ीरा की वज़ह से ही इराक में अमेरिकी सैन्य अभियान की असलियत सामने आ सकी वर्ना पश्चिमी मीडिया तो अमेरिकी फौजों में एम्बेडेड जर्नलिस्टों की रिपोर्टों को ही आधार बनाकर चल रहा था। मगर विश्व स्तर पर खालिस अरब या तीसरी दुनिया का एंगल कितना चल पाएगा इसको लेकर वो संदेहग्रस्त है। हालाँकि अल जज़ीरा लंबी तैयारी और बड़े इन्फ्रास्ट्रक्चर के साथ मैदान में उतरा है और धन उसके लिए कोई समस्या नहीं है मगर प्रतिस्पर्धा बहुत कड़ी है। पहचान और साख बनाना एक टेढ़ी खीर तो होगा ही, पर यदि वो ऐसा कर पाता है तो बड़े चैनलों के वर्चस्व का टूटना लाज़िमी हो जाएगा। यानी असली मीडिया वार भी तभी शुरू होगी जब अल जज़ीरा इंटरनेशनल सही मायनों में उनका हिस्सा खाना शुरू करेगा और उसकी देखादेखी तीसरी दुनिया के और भी चैनल

मैदान में कूद पड़ेंगे।

बाक़ी दुनिया भी अंग्रेजी अल जज़ीरा को तीसरी दुनिया (अविकसित और विकासशील दुनिया) के नज़रिए से ही देख रही है। तीसरी दुनिया के मुल्क अरसे से ये वाज़िब शिकायत करते रहे हैं कि सूचनाओं के प्रवाह पर साम्राज्यवादी देशों का कब्ज़ा है और वे इसका इस्तेमाल अपने हितों के लिए करते हैं। इसी धारणा से प्रेरित होकर एक समानांतर समाचार व्यवस्था खड़ी करने की कोशिशें भी होती रही हैं। ऐसे में अल जज़ीरा का आना एक अच्छा संकेत माना जा सकता है। अगर अल जज़ीरा पश्चिमी चैनलों के नक्शे क़दम पर चलने के बजाय ख़बरों की अपनी प्राथमिकताएँ तय करता है और उन पर कायम रहता है तो वह अपनी एक अलग पहचान बना सकता है। फिलहाल उसकी सामग्री में ये चीज़ नज़र भी आ रही है। एशिया, मध्य-पूर्व और अफ्रीका को उसकी ख़बरों में ख़ासी अहमियत दी जा रही है। हॉलीवुड और एंटरटेनमेंट की दुनिया का कचड़ा उसमें नहीं के बराबर है। वो उन ख़बरों की भी अनदेखी भी कर रहा है जिन पर अमेरिकी मीडिया पिला पड़ा होता है।

अंग्रेज़ी अल जज़ीरा की शुरूआत और भी लोगों-संगठनों-प्रतिष्ठानों और देशों को प्रेरित कर सकती है कि वे भी इस दिशा में सोचें। मसलन, चीन, रूस या भारत जैसे देशों को क्यों नहीं अपने अंतरराष्ट्रीय चैनल खड़े करना चाहिए? दुनिया के सामने अपने नज़रिए को रखने का ये एक बहुत महत्त्वपूर्ण ज़रिया हो सकता है। ऐसे समय में जब भारत खुद को एक क्षेत्रीय महाशक्ति के रूप में देखना चाहता है, सुरक्षा परिषद की सदस्यता के लिए प्रयासरत है और तीसरी दुनिया के नेता के रूप में अपनी खोई साख को वापस पाना चाहता है तो इस तरह का एक मंच काफी मददगार साबित हो सकता है। आख़िरकार, मीडिया अंतरराष्ट्रीय राजनीति एवं कूटनीति का हमेशा से हिस्सा और हथियार रहा है, फिर क्यों नहीं अपने और अपने जैसे देशों के सामूहिक हितों की रक्षा के लिए इस तरह के प्रभावशाली माध्यम का इस्तेमाल होना चाहिए। हाँ ये थोड़ा खर्चीला काम है मगर ये खर्च उसके मुक़ाबले कम ही होगा जो हमारे दूसरे अनुत्पादक कूटनैतिक कार्यों में हर साल होता है।

ये सही है कि इन चैनलों का चरित्र ऐसा नहीं होगा कि वे निष्पक्ष एवं जनहितकारी पत्रकारिता के उच्चतर मानदंडों का पालन करें। ये चैनल राष्ट्रीय हितों या निहित स्वार्थों से प्रेरित ही होंगे और बाज़ार के प्रभाव से भी मुक्त नहीं होंगे। टीआरपी के खेल में कंटेट के कूड़ा होने का ख़तरा भी रहेगा ही। ये बहुराष्ट्रीय कंपनियों के व्यापारिक सहयोगी की तरह भी काम कर सकते हैं और दूसरे देशों के अंदरूनी मामलों में दखल देने का खेल भी खेल सकते हैं। मगर फिर भी स्वार्थों के टकराव से विविधता और विरोधाभास खुलकर सामने आएँगे। इस भूमंडलीकृत दुनिया में इससे अंतर्राष्ट्रीय स्तर पर कमोबेश वही हालत होगी जो अभी भारत जैसे किसी लोकतांत्रिक देश में कई चैनलों के होने से है। ये कोई बहुत सुखद स्थिति तो

नहीं है मगर फिर भी वर्चस्व के टूटने से घटनाओं को तमाम पहलुओं से देखने-जाँचने की स्थिति तो निर्मित होगी ही और ये मामूली घटना-विकास नहीं होगा।

लेकिन अल जज़ीरा को वैकल्पिक मीडिया के रूप में देखते वक़्त कुछ आशंकाएँ भी मन में उपजती हैं। सबसे बड़ी तो यही है कि लादेन वगैरा के वीडियो टेप दिखाने की वज़ह से अल जज़ीरा की छवि इस्लामिक आतंकवाद के समर्थक की बनी है । अमेरिका में तो ख़ैर ज़्यादातर लोग इस चैनल को इसी के लिए जानते हैं। अमेरिकी राष्ट्रपति जार्ज बुश ने तो एक बार कहा ही था कि ये आतंकवाद को बढ़ावा देने के अलावा कुछ नहीं है। हाल में हटा दिए गए रक्षामंत्री डोनाल्ड रम्सफील्ड अल जज़ीरा से ख़ासे चिढ़े हुए थे और उन्होंने उसे अनैतिक, ग़लत और अक्षम्य बताया था (ये और बात है कि अफ्रीकी देशों के तानाशाहों और इस्लामी नेताओं से लेकर अमेरिकी अधिकारियों तक सभी को उससे शिकायत रही है)। ऐसे में अगर उसका अंग्रेज़ी संस्करण भी इसी छवि के अनुरूप सामग्री परोसने में लगा रहा तो उसकी विश्वसनीयता क़ायम नहीं हो पाएगी। यही नहीं, मीडिया में भी सभ्यता के टकराव की हटिंग्टन की थ्योरी ज़ोर-शोर से पलने-पुसने लगेगी और तब ये विवाद बहुत ही ख़तरनाक रूप अख्तियार कर सकता है। यानी एक तरफ ईसाई और अमेरिकापरस्त पश्चिमी चैनल होंगे और दूसरी तरफ इस्लामी जिहाद का समर्थक अरबी अल जज़ीरा। दोनों अपने दुराग्रहों से बड़ी ही विस्फोटक स्थिति का निर्माण कर सकते हैं। वैकल्पिक चैनलों के बारे में सोचते हुए हमें इस पर भी ग़ौर करना चाहिए कि अगर कल को कोई हिंदुत्ववादी संगठन भी इसी लाइन पर अंतर्राष्ट्रीय चैनल लाए तो उससे पैदा होने वाले टकराव कैसे समीकरण बना सकते हैं।

अल जज़ीरा के अंदर ग्लोबल बनाम अरब की खींचतान चल भी रही है। अरबी अल जज़ीरा के लोगों का मानना है कि इंटरनेशनल चैनल में भी ख़बरों को प्रस्तुत करते समय अरबी नजरिया होना चाहिए जबकि दूसरी धारा अंतरराष्ट्रीय दृष्टिकोण की वकालत करती है। ये संघर्ष चाहे जो मोड़ ले मगर ज़ाहिर है कि अंतरराष्ट्रीय स्तर पर खुद को स्वीकार्य बनाने के लिए उसे बदलना होगा। अल जज़ीरा इसके लिए तैयार भी दिखता है। उसने सीएनएन, बीबीसी, सीएनबीसी, स्काई न्यूज़ और एबीसी के ऐसे पत्रकारों को भी जोड़ा है जिनकी छवि अमेरिका विरोधी तो है मगर इस्लामी कट्टरवादी की नहीं है। इनमें गैर मुसलमानों की भी ख़ासी तादाद है। इससे थोड़ा आश्वस्ति तो होती है मगर संपादकीय सामग्री में ये नीयत कितनी परिलक्षित होती है ये देखने के लिए हमें थोड़ा इंतज़ार करना पड़ेगा।

यहाँ क्या ये कामना करना आप्रासंगिक होगा कि हिंदी का भी एक अंतर्राष्ट्रीय चैनल जल्दी ही आएगा जो दुनिया भर के हिंदी भाषियों को उनकी भाषा में अंतरराष्ट्रीय घटनाओं की जानकारी सही परिप्रक्ष्य के साथ दे सकेगा?

(जनवरी, 2007)

रियलिटी टीवी के छल-छद्म

टेलीविज़न पर रियलिटी टीवी का बाज़ार सजने लगा है। अपने विभिन्न रूपों में ये दर्शकों के घर-घर तक पहुँच रहा है। गेम शो, नाच-गाने की प्रतियोगिताएँ, टैलेंट हंट और अब सेलेब्रिटियों के अनजाने पहलुओं को दिखाने के बहाने इसने अपने लिए अच्छी-ख़ासी जगह बना ली है और लगातार बनाता ही जा रहा है। न्यूज़ चैनलों में गुड़िया प्रकरण से और मनोरंजन चैनलों में कौन बनेगा करोड़पति से इसकी शुरूआत हुई थी। दोनों ही ज़बर्दस्त सफलताओं की गाथाएँ हैं और सफलता की कहानियों को हर कोई दोहराना चाहता है इसलिए सब इसमें तन-मन-धन से जुटे हुए हैं। न्यूज़ चैनलों में ये ट्रेंड एक अबोध बच्ची के साथ बलात्कार के अपराध में फाँसी की सज़ा पाने वाले धनंजय चैटर्जी से होता हुआ बारास्ता कुंजीलाल अब कई रूपों में फल-फूल रहा है। मनोरंजन चैनलों में ये प्रवृत्ति ज़्यादा परवान चढ़ी है। केबीसी के बाद इंडियन आयडल बिज़नेस बाज़ीगर, डील या नो डील, नच बलिये और झलक दिखला जा जैसे रियलिटी शो के बाद अब बिग बॉस की धूम मच रही है।

रियलिटी के नाम से पेश किए जा रहे इन सारे कार्यक्रमों में एक तो समानता ये है कि सबके सब विदेशों से आयातित हैं और तयशुदा फार्मेट पर आधारित हैं। इसका मतलब ये है कि वहाँ की सामाजिक-सांस्कृतिक संरचना इनमें निहित है। इस समय अत्यधिक लोकप्रिय हो रहा बिग बॉस बिग ब्रदर के नाम से पहले ही सफलता के झंडे गाड़ चुका है। लेकिन टेलीविज़न का पूरा का पूरा मुहावरा ही विदेशी है। अभी तक हम इसमें कुछ अपना खोजने में असमर्थ रहे हैं, इसलिए इस पर बहस करना बेमानी है। सबसे बड़ी बात ये है कि ये तमाम प्रोग्राम रियलिटी दिखाने का दावा करते हैं जो कि रियलिटी से कोसों दूर है। इनके लिए रियलिटी का अर्थ विदर्भ में आत्महत्या करते किसान नहीं हैं या हृदय विदारक विपन्नता में जीते लोग नहीं हैं। रियलिटी इनके लिए एक इंस्टेंट कॉफी है, कोई रेडीमेड सूट है। रियलिटी एक कमोडिटी है जो बेचने के मक़सद से तैयार होती है। ये यथार्थ से परे एक मिथ्यापूर्ण कल्पना की रचना है। ये रचना भव्य सेट्स, सजे-धजे सेलेब्रिटियों, झनझनाते संगीत, नाटकीयता से भरी एक अदृश्य सी पटकथा, एसएमएस वोटिंग और दिन-

रात प्रचार से निर्मित हाइप से आकार लेती है। इसका संबंध दर्शकों के चेतना तंत्र को झकझोरना नहीं, आनंदित करना है। ये जगाने के लिए नहीं, सुलाने के लिए होती है। रियलिटी से कतराने वाले मध्यवर्ग को गुदगुदाने वाली रियलिटी प्रदान करने का उपक्रम है। इसका संबंध टीआरपी से होता है, प्रतिस्पर्धा से होता है और बाज़ार से होता है। अंधाधुंध पैसे से निर्मित(बिग बॉस की लागत 30 करोड़ रुपए है) ये रियलिटी पैसे बरसा रही है, चैनलों को चमका रही है। दर्शकों को हँसा-रुला रही है।

ऐसा लगता है मानो टेलीविज़न इंडस्ट्री ने सच को किसी तहखाने में कैद कर दिया है और झूठ को ही सच की तरह दिखाने पर आमादा है। जो रियलिटी हमारे चारों ओर बिखरी पड़ी है उसे वो दिखाने से परहेज़ करती है मगर रियलिटी के नाम पर मनगढ़ंत घटनाओं को या घटनाओं के मनगढ़ंत रूप को दर्शकों के सामने पेश करने में लगी हुई हैं। न्यूज़ चैनलों ने पहले ही तय कर लिया था कि हमें सचाई नहीं दिखानी क्योंकि इसका कोई बाज़ार नहीं है। बाज़ार है भूत-प्रेतों का, भुतहा हवेलियों का, हाइप देकर दिखाई जाने वाली अपराध-कथाओं का, पलायनवादी फिल्मों की हल्की-फुल्की ख़बरों का और ऐसे सपनों का जो सच से बहुत दूर होते हैं। ऐसे सच जो जीवन की सचाई से रूबरू कराते हों लोगों को जागरूक बनाते हैं चैनलों में नहीं दिखते, क्योंकि वे नहीं बिकते। बिकी हुई ख़बरों के सौदागर हैं वे।

मनोरंजन चैनलों का तो ख़ैर सचाई से वास्ता कभी नहीं था। वे तो सास बहू की लड़ाई में ही अपना हित देख रहे थे। मगर कौन बनेगा करोड़पति ने उनके सामने नई चुनौती पेश कर दी थी। सदी का तथाकथित महानायक छोटे परदे पर कैसिनो खोलकर बैठ गया। पूरा देश इसे ज्ञान बढ़ाने का खेल मानकर जुआ खेलने लगा। परदे का पिटा हुआ एंग्री यंगमैन ओल्डमैन बनकर चल निकला। दर्शकों ने करोड़पति बनाने के इस खेल को बुलंदियों पर पहुँचा दिया। करोड़पति तो बने होंगे दो-चार लोग ही मगर विज्ञापनदाताओं को मिले करोड़ों उपभोक्ता और चैनल की तो ख़ैर चाँदी ही हो गई। उसके पिटे हुए कार्यक्रम और धारावाहिक भी हिट लिस्ट में पहुँच गए। इसके बाद तो चैनलों के बीच रियलिटी शो की प्रतिस्पर्धा शुरू हो गई। सोनी टीवी ने इंडियन आइडल के ज़रिए लोकप्रियता कमाई तो स्टार लॉफ्टर शो लेकर आ गया। इसी क्रम में नच बलिए और झलक दिखला जा ने चैनलों के वारे-न्यारे कर दिए। अलबत्ता ज़ी टीवी के बिज़नेस बाज़ीगर और डील या नो डील जैसे कार्यक्रम नहीं चले। मगर सोनी का बिग बॉस इस समय खूब टीआरपी बटोर रहा है।

रियलिटी टीवी प्रोग्रामों के निर्माताओं का दावा हैं कि वे हक़ीकत दिखाते हैं। जो घटता है वो हू ब हू दिखाते हैं, उसमें किसी तरह की रद्दोबदल या कतरब्योंत उनकी तरफ से नहीं की जाती। यानी केबीसी में आने वाले प्रतियोगी एक स्वस्थ

स्पर्धा में हिस्सा लेते थे और जितना उनमें ज्ञान होता था उसके अनुसार वे रकम जीत ले जाते थे। मगर ऐसा क्यों होता था कि फिल्मी दुनिया का हर स्टार कम से कम पचीस लाख और अगर बड़ा सितारा हुआ तो पचास लाख जीतता ही जीतता था जबकि हम सब जानते हैं कि उनके सामान्य ज्ञान का स्तर कैसा और कितना होता है? ज़ाहिर है कि इस गेम शो में मैच फिक्सिंग होती थी। नाचने-गाने के रियलिटी शो में चलने वाली उठापटक या खींचतान भी शो को हिट करने के सोचे-समझे लटके-झटके ही होते हैं। याद कीजिए कि फेम गुरुकुल जब शुरू में लगातार पिट रहा था तो कैसे उसमें मसाले डाले गए। आख़िरकार ये कार्यक्रम सास-बहू के स्तर को प्राप्त हो गया था।

दरअसल रियलिटी टीवी का रियलिटी दिखाने का दावा सरासर झूठा है। ज़रा सोचिए कि जब तेरह औरत-आदमी तीन महीनों तक एक अनजानी सी जगह में रहेंगे(बिग बॉस) और उनकी हर गतिविधि को फिल्माया जाएगा तो क्या वो सब कुछ दिखाया भी जाएगा या दिखाया जा सकता है। संभव ही नहीं है क्योंकि तब उसके लिए किसी चैनल को तीन महीने के लिए सिर्फ़ वही दिखाना होगा। ये किसी भी तरह से व्यावहारिक नहीं है। अव्वल तो किस दर्शक के पास इतना वक़्त होगा कि वो सब कुछ छोड़कर चंद लोगों की हरकतें ही देखता रहे। अगर ऐसे कुछ लोग मिल भी जाएँ जो कि असंभव नहीं है तो भी धंधे के लिहाज़ से घाटे का सौदा होगा। उसकी टीआरपी गिर जाएगी जबकि रियलिटी शो उसे उठाने के लिए लाए जाते हैं न कि गिराने के लिए। इसीलिए शो में संपादित अंश ही दिखाए जाते हैं और जहाँ सवाल चयन का आ जाता है तो फिर वहाँ बाज़ार की दृष्टि काम करने लगती है। ऐसे अंश चुने जाते हैं जो ज़्यादा से ज़्यादा दर्शकों को आकर्षित कर सकें। जिनमें लड़ाई-झगड़े हों, साज़िशें हों, रोना-धोना हो वही दृश्य दर्शकों को बाँध सकते हैं। भावनात्मक उतार-चढ़ाव सफलता की मूल शर्त होती है(इसीलिए रियलिटी टीवी को इमोशनल टीवी भी कहा जाता है और इमोशन का ये खेल गेम शो या नाचने-गाने की प्रतिस्पर्धाओं में भी जमकर खेला जाता है-कभी प्रतियोगिता के दौरान दर्शकों की प्रतिक्रियाओं के ज़रिए और कभी परिणामों की घोषणा के समय)। लेकिन ये जानते हुए भी कि चौबीसों घंटे कैमरा उनको रिकार्ड कर रहे हैं कोई भी सेलेब्रिटी इस तरह की हरकतें क्यों करेगा? क्यों कोई बुरा या कमज़ोर दिखना चाहेगा और जब वे ऐसा नहीं करना चाहेंगे तो फिर शो हिट क्यों होगा? लिहाज़ा निर्माता उन्हें बदल-बदलकर भूमिकाएँ देते रहते हैं और वे उन किरदारों को निभाते जाते हैं। इसीलिए रियलिटी शो के लिए माना जाता है कि उसमें पेशेवर कलाकारों को न लिया जाए। मगर ऐसा होता नहीं है क्योंकि तब शो जमेगा नहीं।

रियलिटी टीवी के इस फर्ज़ीवाड़ा के खिलाफ़ पश्चिम में भी आवाज़ उठती रही हैं। द वर्ल्ड ऑफ सिएटल के एक भागीदार ने तो बाकायदा अभियान चलाकर

बताया था कि रियलिटी के नाम पर कैसे कैसे धोखे दिए जाते हैं। कई बार घटनाओं को फिर से रिकार्ड किया जाता है तो कई बार वो घटनाएँ भी डाल दी जाती हैं जो कि होती ही नहीं हैं। अब तो वहाँ कई निर्माता रियलिटी शब्द के इस्तेमाल से भी बचने लगे हैं, मगर हमारे यहाँ ये धोखाधड़ी धड़ल्ले से चल रही है। बिग बॉस के ही कुछ हिंसक दृश्यों पर आपत्तियां उठाए जाने के बाद ऑस्ट्रेलिया की सरकार ने बाकायदा जाँच बैठा दी थी।

भारत में रियलिटी टीवी अभी अपनी प्रारंभिक अवस्था में ही है। उसके अभी और भी रूप सामने आएँगे जो कई लिहाज़ से आपत्तिजनक हो सकते हैं। उनमें सेक्स और सनसनी की मिक्सिंग इस हद तक की जा सकती है कि आप सपरिवार देख ही न सकें। ये भी मुमकिन है कि पश्चिम की तर्ज़ पर चौबीस घंटे के रियलिटी चैनल ही आ जाएँ। इसलिए ये ज़रूरी है कि लोगों को इसके बारे में शिक्षित किया जाए, उन्हें इनके छल छद्मों से अवगत कराया जाए।

लेकिन रियलिटी टीवी रियलिटी दिखाते हैं या नहीं ये इस विवाद का एकमात्र पहलू नहीं है। हम सब जानते हैं कि पूरा का पूरा मनोरंजन उद्योग ही झूठ पर टिका हुआ है। विज्ञापनों की दुनिया में सच नाम की चीज़ ढूँढ़ना टेढ़ी खीर साबित होगा। रियलिटी टीवी का सबसे आपत्तिजनक और ख़तरनाक़ आयाम ये है कि वो हमारे दिमाग़ों को झूठे सच की एक काल्पनिक दुनिया का आदी बनाता है। दर्शक इस तरह के मनगढ़ंत सच से आनंदित होने लगते हैं और वे असली सच को देखते ही नहीं या देखना ही नहीं चाहते। इसलिए रियलिटी टीवी को चाहे वो न्यूज़ चैनल दिखाएँ या फिर मनोरंजन के चैनल, सच को परिदृश्य से गायब कर देने की चाही-अनचाही कोशिश के रूप में ही देखा जाना चाहिए।

(फरवरी, 2007)

जेम्स बांड के पोते

हाल में देश भर में जेम्स बांड और उसकी हाल में रिलीज़ हुई फ़िल्म कसीनो रॉयल की ज़बरदस्त धूम रही। चैनल-चैनल उसके चर्चे हुए। फ़िल्म में दम था या नहीं था ये और बात है मगर भारतीय मीडिया उसे सिर पर बैठाकर घर-घर घुसाने में लगा रहा। जेम्स बांड की बहादुरी के किस्से, उसकी मर्दानगी और औरतों को आकर्षित करने की उसकी जादूगरी मीडिया के ज़रिए टीवी समाज के दिलो-दिमाग़ पर छाए रहे। बताया गया कि भगवान जेम्स बांड का ये पांचवा अवतार है और पिछले बांडों से वह किस तरह भिन्न है। लगभग पाँच दशकों से दुनिया भर में जेम्स बांड के चर्चे हो रहे हैं मगर ऐसा प्रचार-प्रसार पहली बार हुआ हो भी क्यों न। आख़िर ये फिल्म ऐसे दौर में प्रदर्शित हुई है जब दुनिया ग्लोबल हो रही है और मीडिया सारा विवेक छोड़कर बाज़ारू। भारतीय मीडिया ने तो ख़ैर जाने-अनजाने कसीनो रॉयल के प्रचार के लिए खुद को समर्पित ही कर दिया। अख़बारों और न्यूज़ चैनलों के फ़िल्म समीक्षकों ने इस तीसरे दर्ज़े की फ़िल्म को चार सितारों से नवाज दिया जबकि ये सम्मान वे किसी हिंदी फ़िल्म को बड़ी मुश्किल से ही देते हैं। आख़िर क्या वज़ह है जो जेम्स बांड का जादू उनके सिर चढ़कर बोला?

अव्वल तो ये कि पश्चिमी जगत अपने किसी भी उत्पाद के लिए हवा बनाने में सिद्धहस्त है या यों कहें कि हवा बनाना मार्केटिंग का सबसे बड़ा हथियार है उसका। चाहे हैरी पॉटर की किताब हो या फिर जेम्स बांड की फ़िल्म, वह इतनी और ऐसी धुआँधार पब्लिसिटी करता है कि लगता है मानो मानव इतिहास की कोई ऐसी घटना घटने जा रही है कि अगर इसका अनुभव लेने से आप चूक गए तो आपका जीवन ही बेकार हो जाएगा। अख़बारों और चैनलों में इनकी इतनी चर्चा कराई जाती है कि कोई भी झांसे में आ सकता है। और भारतीय मीडिया तो बड़ी आसानी से इस झाँसे में आ जाता है। पश्चिम के मार्केटिंग गुरू एक-एक इवेंट को इस तरह से प्लान करते हैं कि मीडिया उसको नज़रअंदाज ही न कर सके। बची-खुची क़सर दूसरे उपायों से पूरी कर दी जाती है। ज़ाहिर है कि भारतीय मीडिया का विवेक इन हथकंडों के सामने ढीला पड़ जाता है। वो बिना सोचे-समझे उसके पीछे चल पड़ता है। या क्या पता मीडिया मुग़लों की इसी में फ़ायदा हो रहा हो और

अगर ऐसा है तो बाज़ार के सामने दंडवत होने में भला हर्ज़ क्या है?

पिछले कुछ वर्षों से हॉलीवुड और पश्चिमी फ़िल्म निर्माता भारत को एक बड़े बाज़ार के रूप में देख रहे हैं। इसीलिए हिंदी डबिंग के साथ विदेशी फ़िल्मों का रिलीज़ होना एक सामान्य बात बनती जा रही है। इन फ़िल्मों के प्रचार पर भी वे ध्यान दे रहे हैं। मगर, लगता है इस महान कार्य में उनसे ज़्यादा दिलचस्पी भारतीय मीडिया की है। फ़िल्म अगर भारत में अच्छा धंधा करती है तो फ़ायदा फ़िल्म बनाने वालों को होगा, भारतीय वितरकों को होगा और सिनेमा घरों को भी होता होगा मगर मीडिया को इससे क्या मिलता है? ख़ास तौर पर अख़बारों और न्यूज़ चैनलों को क्या ये फ़िल्म निर्माता विज्ञापनों के ज़रिए ऐसी राशि दे रहे हैं जिसके लिए वे खुद को नग्न रूप में प्रस्तुत कर देते हैं? नहीं देते हैं। मगर शायद ये फ़िल्में टीआरपी देती हों। फ़िल्म के गरम दृश्यों को दिखाकर और फ़िल्म की चटखारेदार चर्चा करके दर्शकों को बाँधे रखने में कामयाबी मिलती होगी शायद, तभी तो वहाँ इतना उत्साह दिखता है।

बाक़ी फ़िल्मों के मामले में उपरोक्त कारक तो काम करते ही हैं मगर यहाँ ख़ासतौर पर जेम्स बांड की फ़िल्मों की बात करें तो मीडियाकर्मियों की गुलाम मानसिकता भी कहीं न कहीं काम कर रही होती है। ये मानसिकता देख नहीं पाती कि जेम्स बांड की उत्पत्ति किस मानसिकता से हुई थी और कौन-सा दिमाग़ है जो एक के बाद एक फ़िल्में बनाकर उसे जिंदा रखना चाहता है। ये सर्वमान्य तथ्य है कि जेम्स बांड जासूसी उपन्यासों की जिस परंपरा का प्रतिनिधित्व करता है वह नस्लवादी, मर्दवादी और उससे भी आगे बढ़कर साम्राज्यवादी है। गोरी चमड़ी का जेम्स बांड छिपे तौर पर यही स्थापित करता है कि उसी की नस्ल के लोग साहसी, चतुर और खूबसूरत हो सकते हैं। औरतें जिस तरह से उस पर रीझती दिखाई जाती हैं और जिस तरह से वह उनके साथ खेलता है वह उसका मर्दवादी चेहरा है।

वैसे भी विदेशी गोरी चमड़ी को देखकर हम और हमारा मीडिया दीवाना हो जाता है। हॉलीवुड के स्टार हों या पॉप स्टार, भारत भूमि पर उनकी चरण रज पड़ी नहीं कि वो उनके कवरेज़ के लिए लाव-लश्कर के साथ तैनात। इसकी ताज़ा मिसाल हॉलीवुड अभिनेत्री एंजिलिना जॉली को दिया गया कवरेज था। एंजिलिना अपनी एक फ़िल्म की शूटिंग के सिलसिले में भारत आई थीं। वह जहाँ-जहाँ गई हमारा मीडिया भी पीछे लगा रहा। ऑटो की सवारी से लेकर उसके गोद लिए बच्चे तक सबसे लिए उसके पास इ़रात समय था और ये इतना ज़रूरी काम था कि सुरक्षा गार्डों के धक्कों और गाली-गलौज़ तक सब कुछ उसने बर्दाश्त किया। ये प्रवृत्ति बताती है कि हमारे मीडिया में भी पैपरेज़ी की एक जमात खड़ी हो गई है जो आगे चलकर मीडिया जगत में नए झंडे गाड़ेगी।

बहरहाल, जेम्स बांड के कारनामे यही स्थापित करने की कोशिश करते हैं कि

दुनिया को दुरुस्त करने का नेक काम उसी की नस्ल कर सकती है और यही वो कर रहा है। ऐसे तमाम जासूसी उपन्यास जिनमें एक देश का जासूस किसी दूसरे देश में जाकर बहादुरी दिखाता है, अंधराष्ट्रवाद से प्रेरित भी होते हैं। वे उस कल्पित दुश्मन-देश के लोगों के प्रति नफ़रत फैलाना अपना राष्ट्रीय दायित्व समझते हैं, क्योंकि तभी उनके नायक के कारनामों का औचित्य साबित हो सकता है। अगर भारतीय जासूस होगा तो निश्चय ही पाकिस्तान के ख़िलाफ अपने साहस और चतुराई का प्रदर्शन करेगा, पाकिस्तानी लोगों का मज़ाक उड़ाएगा और उन्हें हर तरह से मूर्ख और कायर साबित करने की कोशिश करेगा। बांड के पहले लिखे गए ब्रिटिश जासूसी उपन्यासों में यही होता था, मगर चूँकि जेम्स बांड का जन्म उस समय हुआ था जब ब्रितानी साम्राज्य का सूर्य डूब चुका था और दुनिया में शीत युद्ध का साया मंडरा रहा था इसलिए वो कम्युनिस्ट विरोधी था। बांड कम्युनिस्ट देशों और कम्युनिज़्म के प्रति नफ़रत से भरा होता था। उसके सारे अभियान सोवियत संघ, क्यूबा, उत्तरी कोरिया आदि देशों के ख़िलाफ़ होते थे। ये और बात है कि बाद में इसका चरित्र भी बदला। कसीनो रॉयल का बांड आतंकवाद के ख़िलाफ़ ज़ेहाद के लिए निकलता है और कहीं न कहीं जाकर ये हटिंग्टनी सभ्यताके टकराव के सिद्धांत को आगे भी बढ़ाता है। मगर जेम्स बांड का मूल लक्ष्य यही था यानी अंग्रेज़, अंग्रेज़ी और अंग्रेज़ियत का परचम लहराना। इससे अंग्रेज़ों के अहं की तुष्टि होती है और डेढ़ घंटे ही सही वे एक काल्पनिक दुनिया में अपनी श्रेष्ठता को प्रतिष्ठित होते देखते हैं। मगर साथ ही पूर्व औपनिवेशिक दुनिया भी जाने-अनजाने उनका आतंक मान लेती है क्योंकि उसकी मानसिकता इसके लिए पहले से तैयार रहती है। उसके दिलो-दिमाग़ में अंग्रेज़ों की श्रेष्ठता-बोध जड़ें जमाया हुआ है और इसीलिए वह बांड के कारनामों को पसंद ही नहीं करता उसका कायल भी हो जाता है।

यहीं भारत का मीडिया महत्त्वपूर्ण भूमिका अदा कर सकता है। दर्शकों को लुभाने का काम करते हुए ऐसा करना संभव है। अगर सही समझ हो तो जेम्स बांड और उसकी फ़िल्मों के बारे में चर्चा करते हुए उपरोक्त संदर्भों पर ज़ोर देने से दर्शकों तक ये बात पहुंचाई जा सकती है कि उस सबका उनके लिए क्या मतलब हो सकता है। मगर ऐसा होता नहीं क्योंकि मीडिया में भी जेम्स बांड के पोते हैं। क्या करें उन्होंने गोली चलाना बांड से ही तो सीखा है इसलिए उसी की आँख से देखकर निशाना लगाते हैं और इस चक्कर में खुद को बेधड़क गोली मार देते हैं।

(मार्च, 2007)

शेर की सवारी

अक्सर ये कहा जाता है कि हमारे न्यूज़ चैनल अभी अपने शैशव काल में हैं। वे अभी चलना सीख रहे हैं इसलिए उनसे दौड़ने की उम्मीद नहीं की जानी चाहिए। उन्हें थोड़ा वक़्त मिलना चाहिए चलना सीखने के लिए। अगर हम इस तर्क को स्वीकार कर लें तो भी उनकी विकास प्रक्रिया पर नज़र रखना और उनके स्वास्थ्य की परीक्षा करते रहना ज़रूरी है। आखिर कुछ तो मानदंड होंगे, औज़ार होंगे जिनसे ये जाँचा-परखा जा सके कि उनका विकास सही दिशा में हो भी रहा है नहीं। ये काम उसके गुण-दोषों, प्रयोगों और उसकी प्रवृत्तियों पर नज़र रखकर किया जा सकता है। इस आधार पर कहा जा सकता है कि स्थिति निराशाजनक ही है, विकास नकारात्मक दिशा में हो रहा है।

मिसाल के तौर पर न्यूज़ चैनलों की नई प्रवृत्ति को लिया जा सकता है। ये प्रवृत्ति मनोरंजनोन्मुखी होने की है। इसके साथ न्यूज़ चैनल एक नए चरण में प्रवेश करने जा रहे हैं। इस दौर में प्रतिस्पर्धा उन्हें उनके मुख्य कार्य-व्यापार से खींचकर एक ऐसे क्षेत्र में ले जा रही है जो कि उनका नहीं माना जाता। न्यूज़ चैनल का मतलब है ताज़ातरीन ख़बरें, सूचनाएँ, शिक्षा और साथ में मनोरंजन। शुरूआती दौर में हमारे न्यूज़ चैनल इसी एजेंडे पर चले भी। उनका मुख्य फोकस ख़बरों और उनके विशलेषण पर ही होता था। वे इस कोशिश में लगे होते थे कि कैसे ख़बरों को जल्दी से विस्तार के साथ दिखाएँ और अच्छे से अच्छे विशेषज्ञ को लाकर उनका पोस्टमार्टम करवाएँ। तीज-त्यौहारों पर या किसी खुशी के मौके पर वे मनोरंजक भी हो जाया करते थे। चूँकि फिल्मों का हमारे समाज पर प्रभाव रहा है इसलिए उनका खयाल भी वे रखते थे और थोड़ा ज़्यादा ही रखते थे। तीन-चार साल पहले तक एक संतुलन फिर भी होता था। जब तक चैनलों की भीड़ नहीं आई, उनमें गंभीरता और समझदारी भी दिखी। फिर समय बदला, होड़ बढ़ी और ख़बरों पर मनोरंजन पक्ष हावी होने लगा। न्यूज़ चैनलों को ये एहसास हो गया कि मनोरंजन ही वो फार्मूला है जो व्यापारिक तौर पर उन्हें सफल बना सकता है। इसीलिए उन्होंने ख़बरों से खिलवाड़ करते हुए उन्हें मनोरंजक रूप देना शुरू कर दिया था। ख़बरों के चयन का आधार मनोरंजन हो गया और कोई भी ऐसी चीज़ जिससे मनोरंजन हो सकता

था वे उसे तुरंत लपकने लगे। इसके लिए चार सी(सिनेमा, क्रिकेट, क्राइम और कंट्रोवर्सी) जैसे फार्मूले भी बनने लगे। ख़बरों को मनोरंजन की चाशनी में ढाला जाने लगा और मनोरंजन की ख़बरों को ज़्यादा महत्त्व दिया जाने लगा। यानी ख़बरों की गंभीरता और महत्त्व निरंतर कम होता गया और सस्ते मनोरंजन की काली छाया ने उन्हें एक तरह से ढँक लिया।

चैनलों ने जब मनोरंजन की राह पकड़ ली तो फिर वे आगे ही बढ़ते चले गए। इसके सिवा कोई और रास्ता भी नहीं था क्योंकि ये शेर की सवारी थी। इसी की तार्किक परिणति ये है कि अब न्यूज़ चैनल नए और एक हद तक आत्मघाती दौर में प्रवेश करने जा रहे हैं। मनोरंजन चैनलों के रूप में उनका नया अवतार होने जा रहा है। अब न्यूज़ चैनलों पर जल्दी ही सास-बहू टाइप के सीरियल दिखेंगे। हल्के-फुल्के हास्य के कार्यक्रम अब उनके नियमित आइटम बन जाएँगे। गीत-संगीत की प्रतियोगिताएँ, टैलेंट हंट या कौन बनेगा करोड़पति जैसे गेम शो भी न्यूज़ चैनलों पर दिखने लगें तो कोई अचरज नहीं होना चाहिए। फिल्म पर नियमित सामग्री तो पहले से दिखाई ही जा रही है मगर अब उसकी खुराक़ बढ़ेगी। मुमकिन है कि फिल्मों का प्रीमियर भी उन पर होने लगे और वे फिल्में दिखाने की तरफ भी रुख करने लगें।

न्यूज़ चैनलों के इस मनोरंजनीकरण की कई वज़हें हैं। पहली तो यही कि अव्वल रहने का कोई और फार्मूला चैनलों को नहीं सूझ रहा। ये वैचारिक दीवालिएपन का नतीजा भी हो सकता है या फिर चूँकि मनोरंजन का नुस्खा हिट हो रहा है इसलिए उसे ही आज़माने का लोभ भी। न्यूज़ चैनलों का मनोरंजन प्रधान बनने की तरफ बढ़ना इस बात का भी सूचक है कि उनका दर्शक समाज जो कि मुख्य रूप से मध्यवर्ग ही है और जो पहले से ही विलासी हो चुका था, अब और भी मनोरंजनपरस्त हो गया है। सामाजिक सरोकारों से रहा-सहा रिश्ता भी वो तोड़ देना चाहता है। इसकी एक व्याख्या ये भी हो सकती है कि न्यूज़ चैनलों ने उनका स्वाद इस क़दर बिगाड़ दिया है कि उन्हें सस्ते मनोरंजन की लत लग गई है। वे न्यूज़ चैनलों से भी वही अपेक्षा रखने लगे हैं जो सस्ती बंबईया फिल्मों से रखते हैं। यहीं पर चैनल चालक इस दलील की आड़ पा जाते हैं कि क्या करें दर्शक यही सब देखना चाहता है। ये सिक्के के दो पहलू हैं। हो सकता है कि दर्शकों की रुचियाँ परिष्कृत न हों, उनमें गंभीर चीज़ें देखने का संस्कार न हो। मगर क्या चैनल या कहें तो समूचा मीडिया अपनी ज़िम्मेदारी से आँखें मूँदकर उसका अनुगमन कर सकता है। अगर ऐसा हुआ तो इसका अंत कहाँ जाकर होगा? कहीं तो लक्ष्मण रेखा खींचनी ही होगी। मगर लगता है कि बाज़ार का दबाव और मुनाफ़े का लालच तमाम रेखाओं को लाँघने को विवश कर रहा है।

बहरहाल, न्यूज़ चैनलों के मनोरंजनीकरण का अर्थ है महत्त्वपूर्ण ख़बरों का गायब होना। न्यूज़ चैनलों पर ख़बरों का संसार पहले ही सिकुड़ चुका है और

मध्यवर्गीय दर्शक समाज को विचलित करने वाली ख़बरें तो एक तरह से प्रतिबंधित ही कर दी जा रही हैं। उनके लिए चैनलों में समय कम किया जा चुका है। चैनलों पर ख़बरें कम ही नज़र आती हैं। चैनल बदलते रहिए मगर पता करना मुश्किल हो जाता है कि आज की प्रमुख ख़बरें क्या हैं। किसी पर क्रिकेट चल रहा होगा, किसी पर कोई अपराध कथा तो कहीं कोई फिल्मी कहानी। अब जबकि दर्शकों को शिक्षित और सूचित करने के बजाय मनोरंजन ही एजेंडे में सर्वप्रमुख होगा तो सोचा जा सकता है कि स्थिति क्या होगी। इस नए प्रयोग का एक प्रभाव ये पड़ेगा कि संवाददाताओं की फौज धीरे-धीरे पैपरेजी में तब्दील होने लगेगी। मनोरंजक ख़बरें लाने वाले या मनोरंजक कार्यक्रम बनाने वाले पत्रकारों की पूछ ठीक उसी तरह बढ़ जाएगी जैसे अपराध से जुड़े रिपोर्टर-एंकर की बढ़ गई है (राजनीति आदि का कवरेज करने वाले पत्रकार तो अब दिखने ही बंद हो गए हैं)। इस परिवर्तन का असर चैनल के कलेवर पर ही नहीं प्रस्तुति के अंदाज़ पर भी पड़ेगा। गंभीरता गायब हो जाएगी। एमटीवी और चैनल वी सरीखे एंकर होंगे और उन्हीं के अंदाज़ में बकबक करके समाचार सुनाए जाएँगे। पहले ही राजनीति और दूसरे गंभीर विषयों से परहेज़ किए जाने की वज़ह से अच्छे एंकर हाशिए पर पड़े हुए हैं। अब ऐसे एंकरों की ज़रूरत ख़त्म नहीं तो बेहद सीमित हो जाएगी। कार्यक्रम के निर्माण में भी फिल्मी ढंग का बदलाव लाज़िमी है। यानी पत्रकारिता पर हर तरफ से मार पड़ेगी, उसका सत्यानाश होगा।

लोकप्रियता की चाहत में न्यूज़ चैनल अपनी सीमाओं का अतिक्रमण करके मनोरंजन के क्षेत्र में प्रवेश तो कर रहे हैं मगर व्यापारिक लिहाज़ से भी ये एक ख़तरनाक क़दम है। सर्वप्रथम तो वे अपनी विश्सनीयता और पहचान को ही दाँव पर लगा रहे हैं। न्यूज़ चैनलों की पहचान ख़बरों से होती है। ख़बरें ही उनकी ड्रायविंग फोर्स होती हैं। सचाई और सामाजिक प्रतिबद्धता उन्हें विश्सनीयता दिलाती है, दर्शकों के दिल-ओ-दिमाग़ में जगह दिलाती है। ज़ाहिर है कि वे इन्हें छोड़ेंगे तो अपना बहुत सा सरमाया भी गँवा देंगे। अगर वे इस इरादे के साथ मनोरंजन का दामन पकड़ रहे होते कि मनोरंजन को एक नई दिशा देंगे, नए ढंग का मनोरंजन गढ़ेंगे तो बात और थी। तब तो शायद उनका स्वागत भी किया जा सकता था मगर उनकी चाल-ढाल से ऐसा नहीं लगता। वे तो उस सबकी नकल कर रहे हैं जो कि मनोरंजन चैनल परोस रहे हैं। इसीलिए हर न्यूज़ चैनल अब लांफ्टर शो में तब्दील हो रहा है। सब जगह राजू श्रीवास्तव और सुनील पाल दिख रहे हैं। ऐसे में उन्हें उतनी ही गंभीरता से लिया जाने लगेगा जितना कि मुंबईया फिल्मवालों को लिया जाता है।

मनोरंजन के मैदान में उतरने का एक और जोखिम ये भी है कि मनोरंजन चैनलों को मनोरंजक कार्यक्रम बनाने में विशेषज्ञता हासिल है। वे करोड़ों-अरबों

की लागत के कार्यक्रम बनाकर टीआरपी बटोर लेते हैं। वैसे भी न्यूज़ चैनलों और मनोरंजन चैनलों की टीआरपी में ज़मीन आसमान का अंतर होता है। हालाँकि एक दिलचस्प प्रवृत्ति ये भी देखने में आ रही है कि मनोरंजक चैनल ऐसे कार्यक्रमों के निर्माण में ज़्यादा दिलचस्पी लेने लगे हैं जिनका संबंध रियलिटी से हो, भले ही वो रियलिटी आभासी या विकृत ही क्यों न हो। इस तरह वे भी न्यूज़ चैनलों की तरह वैधता तलाशने की कोशिश में हैं। मगर विडंबना देखिए कि इसके उलट न्यूज़ चैनल अपनी वैधता गँवाने की फिराक में हैं। जो भी हो बाज़ार की इस लड़ाई में सच दोनों ही तरफ से पिट रहा है।

चैनलों का ये मनोरंजनीकरण स्थायी और अस्थायी दोनों हो सकता है। मुमकिन है कि चैनलों को ये काया परिवर्तन रास आ जाए और वे खुद को नए रूप में स्थापित कर लें। दूसरी संभावना ये है कि मनोरंजन में पिटने के बाद उन्हें फिर से सुध आए कि वे क्या थे और क्या हो गए हैं और पुराना रूप ही बेहतर था। आख़िरकार ख़बरों को जानने-समझने की ज़रूरत कुछ समय के लिए पृष्ठभूमि में भले ही चली जाए मगर ख़त्म तो हो नहीं सकती। मगर यदि ऐसा न भी हुआ तो ऐसे चैनल ज़रूर उभरेंगे जो पूरी तरह से ख़बरों को समर्पित होंगे।

(अप्रैल, 2007)

मीडिया का क्रिकेट उन्माद

विश्व कप में भारतीय टीम के खराब प्रदर्शन ने देश पर से क्रिकेट का उन्माद फिलहाल उतार दिया है। लोग राहत की साँस ले रहे हैं कि अब उन्हें हर वक़्त टीवी पर क्रिकेट ही नहीं देखना पड़ेगा। पिछले तीन-चार महीने उन लोगों के लिए बहुत यातनादायी रहे जो क्रिकेट के दीवाने नहीं हैं और उसे अन्य खेलों की तरह ही एक खेल मानते हैं। ये लोग नहीं मानते थे कि विश्वकप में भारतीय टीम का जीतना देश के लिए जीवन-मरण का प्रश्न है और इसलिए तमाम चिंताएँ छोड़कर इसी बात पर विचार करना परम आवश्यक है कि सहवाग को टीम में लिया जाना चाहिए या नहीं, टीम में चार विशेषज्ञ गेंदबाज़ों को खिलाया जाना चाहिए या फिर पारी की शुरूआत करने के लिए कौन सी सलामी जोड़ी ठीक होगी। ये ऐसे राष्ट्रीय प्रश्न बना दिए गए थे जिनके लिए सारे ज़रूरी काम स्थगित कर दिए जा सकते हैं। ज़ाहिर है कि इसने लोगों में चिढ़ और ऊब दोनों पैदा कर दी थी। यकीन मानिए कि अच्छे-अच्छे क्रिकेट प्रेमी भी भारतीय टीम के खराब प्रदर्शन से दुखी होने के बावजूद खुश हैं कि चलो कुछ समय के लिए ही सही क्रिकेट का भूत उतरेगा।

केवल यही नहीं था कि पिछले चार-पाँच महीने क्रिकेट बहुत ज्यादा दिखाया गया हो, उसे एक उन्माद के रूप में फैलाया भी गया। देश में क्रिकेट को लेकर भावनाओं का ज्वार पैदा किया गया ताकि लोग क्रिकेट में डूब जाएँ। क्रिकेट ही खाएँ, क्रिकेट ही पिएँ और क्रिकेट ही जिएँ। क्रिकेट को अफीम के रूप में खिलाया गया, उसकी लत लगाई गई। बहुत सारी वास्तविक चिंताएँ, समस्याएँ और कामकाज परे रख दिए गए, मानो विश्वकप के सामने इनकी बिसात ही क्या है। मीडिया की बदौलत क्रिकेट प्रेमी विश्वकप की पिनक में थे। जब तक विश्वकप शुरू नहीं हुआ वे मीडिया द्वारा दिन-रात बताई जा रही टीम की खूबियों और कमजोरियों को लेकर खुश और चिंतित होते रहे। फिर रतजगे करके मैच देखे और अब भारतीय टीम के प्रदर्शन से शोक और आक्रोश में डूब-उतरा रहे हैं।

इसमें संदेह नहीं कि क्रिकेट भारत में सर्वाधिक लोकप्रिय खेल है। लोकप्रियता में इसने उन फिरंगियों को भी पीछे छोड़ दिया है जिन्होंने इस खेल को जन्म दिया था। वास्तव में ये इतना लोकप्रिय हो गया है कि इसने लगभग संगठित धर्म का रूप

ले लिया है। इसके अपने भगवान हैं, मठ हैं, मठाधीश हैं और करोड़ों की संख्या में मर-मिटने वाले अनुयायी हैं। इस खेल में खेल के अलावा मानव रूचि के और भी तमाम ऐसे तत्व मसलन, सेक्स, क्राइम, ग्लैमर और धन आदि जुड़ गए हैं जो किसी को भी आकर्षित कर सकते हैं। सेक्स से जुड़ा कोई ख़ास प्रसंग अभी तक चैनलों को नहीं मिला है इसलिए विश्वकप इस मामले में सूना जा रहा है। काश शेन वार्न ने संन्यास न लिया होता तो मीडिया को इस विश्वकप में उनके सेक्स स्कैंडल की चटखारेदार चर्चा करने का अवसर मिल जाता। हो सकता है कि रंगीन तबीयत के वार्न वेस्ट इंडीज़ में कुछ और कांड कर डालते और मीडिया पूरे टूर्नामेंट को ही रंगों से भर डालता। उनकी अधनंगी तस्वीरें और अश्लील वार्तालाप टिप्पणीकारों को अनंत काल तक बतियाने का भरपूर मसाला मुहैया करवा देते। वैसे एक न्यूज़ चैनल ने एक ऐसा कार्यक्रम शुरू कर दिया है जिसमें लड़कियाँ खिलाड़ियों के खेल नहीं उनके शरीर सौष्ठव, उनकी सेक्स अपील आदि पर रस लेकर चर्चा करती हैं।

क्राइम के मामले में चैनल पहले सट्टेबाज़ी और मैच फिक्सिंग को लेकर ही लगे हुए थे मगर बॉब वूल्मर की हत्या ने उन्हें असली क्राइम दे दिया। वे इसको निचोड़ने में पिल पड़े। इसलिए क्रिकेट मीडिया का चहेता है और बाज़ार इस पर फिदा रहता है। मुनाफ़ा कमाने के लिए मीडिया इसे आकर्षक ढंग से प्रस्तुत करता है और लगातार नए-नए तरीके ईज़ाद करता रहता है कि दर्शकों की रूचि बराबर बनी रहे। चूँकि क्रिकेट देश में बेहद लोकप्रिय हो चुका है और इस खेल में ही विज्ञापनदाताओं के लिए भरपूर गुंज़ाइश होती है इसलिए वे भी इसके इस्तेमाल में पीछे नहीं रहते। मीडिया इंडस्ट्री को भला और क्या चाहिए। वो इस लूट में शामिल हो जाती है। इसके लिए सबसे आसान तरीका होता है भावनाओं का इस्तेमाल।

दरअसल राजनीति की तरह न्यूज़ चैनलों में भी भावुकता का अपना बाज़ार है। ख़ास तौर पर ऐसी भावुकता का जो उन्माद के स्तर को छूने लगे। ये बहुत लाभदायक होती है। राजनीति में वोट बनते हैं तो टेलीविज़न में टीआरपी। वैसे भावुकता (उन्माद) टेलीविज़न के आकर्षण का एक बहुत ही बुनियादी तत्व भी है। दर्शकों को बाँधने में इसकी अहम भूमिका होती है। टीवी कार्यक्रमों के निर्माता और चैनल चलाने वाले इस तथ्य से भली-भाँति परिचित हैं इसलिए वे लगातार भावनाएँ उभाड़ने की जुगत करते रहते हैं। आप चाहें तो टीवी धारावाहिक देख लें या रियलिटी शो या फिर गीत-संगीत की प्रतियोगिताएँ। सब जगह आपको ऐसी कोशिशें देखने को मिल जाएँगी जहाँ दर्शकों की भावनाओं से खेलने का खेल चलता रहता है। ये ऐसा खेल है जिसमें विवेक को ताख पर रख दिया जाता है। विचार इनमें प्रतिबंधित होते हैं।

मीडिया ने विश्वकप के बहाने क्रिकेट को इसी उन्माद में झोंक दिया। उसने खेल को खेल रहने ही नहीं दिया। उसे एक महायुद्ध में तब्दील कर दिया। कार्यक्रमों

की भाषा जंग वाली हो गई। हमारे खिलाड़ी योद्धा हो गए। क्रिकेट भक्ति (अंध) राष्ट्रभक्ति का पर्याय बना दी गई। विश्वकप एक ऐसा महाभारत बना दिया गया जिसमें हारना और जीतना राष्ट्रीय गौरव से जुड़ी बात हो गई। इसके लिए तरह-तरह के हथकंडे अपनाए गए। गाने लिखे और फिल्माए गए। खिलाड़ियों के प्रोमो बनाए गए जिनमें उन्हें युद्ध के मैदान में उतरते दिखाया गया। दर्शकों को उकसाया गया कि वे एसएमएस करके अपनी आकांक्षाएँ ज़ाहिर करें। कार्यक्रमों में उनकी हिस्सेदारी करवाकर उन्हें अपने क्रिकेट प्रेम को उन्माद की शक्ल में व्यक्त करने का मौका दिया गया। जगह-जगह होने वाले यज्ञ-अनुष्ठानों, प्रार्थना सभाओं को विस्तार से और बार-बार दिखाया गया। यहाँ तक कि खिलाड़ियों को परोक्ष रूप से डराया-धमाकाया भी गया कि अगर हारकर लौटे तो खैर नहीं। विश्वकप जीतना उनका राष्ट्रीय कर्तव्य घोषित कर दिया गया, जिससे च्युत होना राष्ट्रदोह की श्रेणी का अपराध हो गया।

ऐसे में भला कौन सा पिलपिला देशभक्त (और इनकी संख्या करोड़ों में है) हो सकता था जो क्रिकेट की इस भावुक बाढ़ में न बह जाता। इसलिए माहौल बन गया और ये सब व्यापार तथा उद्योग जगत के लिए बहुत अनुकूल था जो पाँच हज़ार करोड़ रूपए हथेली पर रखकर तैयार था इस मौके को भुनाने के लिए। उसने भी ऐसे विज्ञापन बनवाए जो कुल मिलाकर इस उन्माद को बढ़ाने वाले ही थे। शाहरुख ख़ान इस बहाने एक कोला कंपनी का कलाई में बाँधने वाला बैंड बेचने में जुट गए। कोई टीवी बेच रहा था तो कोई मोटर बाइक। मीडिया इन सबके लिए माध्यम था, एक साधन था और उन्माद उसके द्वारा निर्मित एक वातावरण, एक परिवेश जहाँ ये सारे संदेश ज्यादा प्रभावशाली हो जाते हैं।

उन्माद का मतलब ही होता है भावनाओं पर नियंत्रण खो देना। इसलिए जब भारतीय टीम बांग्लादेश से हार गई तो क्रिकेट के उन्मादी महेंद्र सिंह धोनी के घर पर टूट पड़े। वे जगह-जगह भारतीय खिलाड़ियों के पुतले दहन करने में जुट गए। मीडिया ने इन घटनाओं को खूब कवरेज देकर इस उन्माद को और हवा दी। लोगों को कैमरे पर बोलने दिया कि हमने जो भी किया ठीक किया और अगर खिलाड़ी न सुधरे तो इससे भी बुरा अंजाम होगा। खिलाड़ी रातों रात महानायक से खलनायक बन गए। कोई ये सोचने के लिए तैयार नहीं था कि खेल खेल होता है। हार-जीत इसका हिस्सा है। और ऐसा वे इसलिए सोचने के लिए तैयार नहीं थे क्योंकि मीडिया ने उनके दिमाग़ में ये भर दिया था कि ये टीम शानदार है, विश्व कप जीत सकती है बल्कि इसे जीतना ही चाहिए क्योंकि इसमें सचिन, सौरभ, द्रविड़ और धोनी हैं। अगर ये हारेंगे तो लापरवाही से या फिर मैच फिक्सिंग के कारण। अब इसे एक उन्मादी क्रिकेट प्रेमी कैसे बर्दाश्त कर सकता था।

कुछ ऐसा ही उन्माद सीमा पार के मीडिया ने पाकिस्तान में भी पैदा किया हुआ

था। शायद इसी का नतीजा थी कोच बॉब वूल्मर की हत्या। पाकिस्तान के आयरलैंड से हारने के एक दिन बाद ही उनका शव संदिग्ध हालत में होटल के कमरे में मिला। पहले आत्महत्या का अनुमान था मगर अब ये तय हो गया है कि उनकी हत्या की गई थी। क्यों की गई हत्या...? क्या इसलिए कि पाकिस्तान समर्थक क्रिकेट प्रेमी उनसे नाराज़ थे? या किसी खिलाड़ी ने उन पर हमला कर दिया था या फिर सट्टेबाज़ों ने उनका काम तमाम कर दिया। वूल्मर की हत्या क्रिकेट के उन्माद को तो दिखाती ही है क्रिकेट के उन स्याह पहलुओं की तरफ भी हमारा ध्यान खींचती है जिनमें ये लोकप्रिय खेल फँसकर रह गया है। ज़रा सोचिए कि ये कितनी दुखद और ख़तरनाक बात है कि हार के तुरंत बाद ये अफ़वाह उड़ने लगी कि मैच फिक्सिंग की वज़ह से ऐसा हुआ। इंजमाम तब से सफाई ही देते जा रहे हैं। भारतीय टीम की पराजय के बाद भी यही हुआ। सोचिए खिलाड़ियों की (जो कि हमारे राष्ट्रीय हीरो भी हैं) विश्वसनीयता ये रह गई है कि हर हार के बाद उन्हें पैसे खाकर हारने वाले की तरह देखा जाने लगता है। ये क्रिकेट के काले धंधे की वज़ह से भी है और अंध राष्ट्रवादी उन्माद की वज़ह से भी जो हार को हार के रूप में स्वीकार करने से इंकार कर देता है।

बहरहाल, श्रीलंका के ख़िलाफ़ भारतीय टीम की हार और फिर विश्वकप से बाहर होने के बाद मीडिया ने खिलाड़ियों और कोच के ख़िलाफ़ जिस तरह का अभियान चलाया वो भी उन्माद का एक दूसरा ही रूप था। यहाँ भी उसने खेल को खेल की तरह नहीं लिया, बल्कि वो खिलाड़ियों से मुज़रिमों की तरह व्यवहार करने लगा। वह शब्दों से उनकी पिटाई में जुट गया। भाषा असंयत हो गई और तेवर शर्मिंदा करने लायक। उतरे हुए चेहरे लेकर घर लौटे खिलाड़ियों के साथ इस तरह का सलूक करते हुए देखना अपने आप में शर्मनाक था। उनके लिए नाक कटा दी और लुटिया डुबो दी जैसे जुमले इस तरह इस्तेमाल हुए मानो उन्होंने देशद्रोह के बराबर का कोई जुर्म किया हो। इसी समय उसे याद आया कि खिलाड़ी खेल में मन नहीं लगाते। उनका ध्यान विज्ञापनों और फैशन शो में लगा रहता है। ऐसा लगा कि जैसे विश्वकप के नाम पर जिस कमाई की आस उसने लगा रखी थी उसके टूटने पर वो अपना गुस्सा खिलाड़ियों पर उतार रहा हो। ये उसका अपराधबोध भी हो सकता है। क्रिकेट को असाधारण हाइप देकर उसने क्रिकेट प्रेमियों में बहुत उम्मीदें जगा दी थीं मगर हारने के बाद अपराधबोध से मुक्ति की यही राह दिखलाई दी कि खिलाड़ियों की धुनाई ही शुरू कर दो। इससे दर्शकों को ये भी लगेगा कि चैनल उनके मन की बात कर रहा है और एक तरह का संतुलन भी दिखा रहा है। ये संतुलन जितने चढ़ाया उतना गिराया के बीच का है।

भारतीय टीम के घटिया प्रदर्शन की बहुत सी वज़हें रही होंगी। उसमें जीत की चाह नहीं होगी, इरादों की कमी होगी और बुढ़ाते खिलाड़ियों का चुक जाना होगा।

मगर जाँच करते समय इसका अध्ययन भी किया जाना चाहिए कि विश्वकप में हार के पीछे मीडिया की भूमिका कितनी रही। वेस्टइंडीज जाने से पहले कप्तान राहुल द्रविड़ ने भारतीय क्रिकेट कंट्रोल बोर्ड के अध्यक्ष शरद पवार से कहा था कि वे बहुत तनाव में हैं। ये तनाव क्रिकेट उन्माद से जन्मी जन आकांक्षाओं की वज़ह से था। कहीं भारतीय टीम उम्मीदों के पहाड़ तले दब तो नहीं गई?

सवाल ये उठता है कि क्या मीडिया इस सबसे कोई सबक लेगा..। क्या वो क्रिकेट को एक खेल की तरह लेगा...। ऐसा नहीं होगा। वो धूल झाड़कर फिर खड़ा हो जाएगा क्योंकि क्रिकेट बिकता है और इसी रूप में बिकता है। बाज़ार और प्रतिस्पर्धा उसे अपना विवेक इस्तेमाल करने की छूट ही नहीं देते। इसीलिए अब उत्तर महाभारत शुरू हो गई है। हार का ठीकरा एक दूसरे के सर फोड़ने का सिलसिला शुरू कर दिया गया है। कोच, खिलाड़ी और क्रिकेट के आयोजक आपस में गुत्थमगुत्था हैं और ये सब चैनलों से मांग करते हैं कि वे क्रिकेट-पुराण जारी रखें।

फिर अगला विश्वकप तो भारत में ही होना है। इसलिए थोड़ा समय बीतने दीजिए, सबके सब उसकी तैयारी में लग जाएँगे। फिर वही हाइप होगा, क्रिकेट का पापुलर रूप होगा, क्रिकेटीय राष्ट्रवाद होगा, बल्कि इस बार संभवतः और भी बड़े स्तर पर होगा। क्रिकेट प्रेमियों की यादाश्त भी कमज़ोर होती है। एकाध जीत उनके मन के मलाल को धो देगी। वे खिलाड़ियों को माफ़ कर देंगे। उन्हें महानायक, देवता बनाकर पूजना शुरू कर देंगे। मीडियाजनित क्रिकेट के उन्माद में डूबने लगेंगे और क्रिकेट के बाज़ार को फलने-फूलने में अपना योगदान देंगे।

(मई, 2007)

बेगानी शादी में अब्दुल्ला दीवाना

उन्हें बुलाया नहीं गया था, मगर वे पूरी तैयारी के साथ वहाँ गए और जाकर डट गए। उन्हें चाय-पानी के लिए भी नहीं पूछा गया, मगर उन्होंने इसका कोई बुरा नहीं माना। उनका स्वागत-सत्कार लातों और लाठियों से किया गया। उन्हें दुत्कारा गया, फटकारा गया। मगर उन्होंने चुपचाप, बल्कि दाँत निपोरते हुए सब कुछ सहा, क्योंकि वे एक राष्ट्रीय महत्त्व के कार्य को अंजाम दे रहे थे। उन्होंने चोरी-छिपे, जुगाड़ करके तस्वीरें हासिल कीं, हर तरह का जोखिम उठाया क्योंकि उनके कंधों पर महती ज़िम्मेदारी थी। उन्हें देश की जनता को इस बात की पल-पल की जानकारी देनी थी कि दो बड़े फिल्मी सितारों की शादी कैसे हो रही है। किसको बुलाया गया है और किसको नहीं। कौन आया कौन नहीं। शादी का इंतज़ाम कैसा है। बारात कहाँ से आएगी और कहाँ जाएगी। बारातियों में कौन-कौन हैं और किसने क्या पहना है। दूल्हे-दुल्हन का साज-श्रृंगार कैसा हुआ है। मेंहदी की रस्म कैसे संपन्न हुई। उस समय दुल्हन ने क्या पहन रखा था और वो कितनी खुश थी। कहने का मतलब हर चीज़ पर पैनी नज़र। बारीक से बारीक चीज़ भी उनसे बच नहीं सकती थी और बची भी नहीं। अब कौन माई का लाल है जो मीडिया की भेदी-खोजी दृष्टि पर प्रश्नचिन्ह लगाने की हिम्मत कर सकता है। कौन कह सकता है कि भारतीय मीडिया डरपोक है।

ये एक घटना ही साबित करने के लिए काफी है कि हमारे मीडिया को ख़बरों की समझ कितनी ज़बर्दस्त है। उसका न्यूज़ सेंस कितना ज़बर्दस्त है। वो तुरंत घटना की न्यूज़ वैल्यू देख लेता है। न्यूज़ वैल्यू यानी न्यूज़ की वैल्यू, न्यूज़ की क़ीमत। न्यूज़ की क़ीमत समझकर उसे ऊंची क़ीमत में बेंचने की अक्लमंदी आपके पास है तभी आप मीडिया मंडी में सफल हो सकते हैं। बाज़ार में वैल्यू की समझ रखना बेहद ज़रूरी होता है। सफल लोग इस तथ्य को अच्छे से जानते हैं। इसीलिए वे आलोचकों की परवाह नहीं करते। कुत्तों का काम भौंकना है और महाजनों का काम अपने मार्ग पर बिना विचलित हुए चलना है। इसलिए वे अपनी राह नहीं छोड़ते। वे देखते हैं कि दर्शक को क्या चाहिए। आलोचकों की चाहना के हिसाब से चलें तो दुकान पर ताला ही लग जाएगा।

अमिताभ बच्चन इस शादी को निजी मामला बता रहे थे। वे हर चीज़ छिपाते थे। किसको न्योता दे रहे हैं और किसको नहीं उन्होने गोपनीय रखा। शादी कहाँ से होगी, उसके इंतज़ामात क्या होंगे, वे हर मामले में चुप्पी धारण किए हुए थे। यहाँ तक कि शादी की तारीख को लेकर भी गफ़लत बनाकर रखी। उन्हें यकीन था कि अपनी महानायकी से वे सब मैनेज कर लेंगे। कुछ कसर रही तो यूपी के दमदार लोग देख लेंगे। मगर ये सरासर ग़लत था। आख़िर वे पब्लिक हस्ती हैं और पब्लिक को उनकी हर बात जानने का हक़ है। मीडिया पब्लिक के इस हक़ का पहरुआ है इसलिए उसे तो अपनी ज़िम्मेदारी निभानी ही थी, भले ही उस पर निर्लज्जता की तोहमतें लगाई जाती रहें। उसे अपना काम करना था और उसने उसे भरपूर तरीके से किया। प्रायवेट अफेयर को पब्लिक अफेयर बनाने में उसे महारत हासिल है इसलिए उसने अपने इस हुनर का भरपूर इस्तेमाल किया। कोई कह नहीं सकता कि इस ऐतिहासिक शादी के कवरेज में मीडिया ख़ास तौर पर न्यूज़ चैनलों ने किसी भी तरह की कोई लापरवाही दिखाई है। ये एक ऐतिहासिक शादी थी और उसका कवरेज़ भी मीडिया ने ऐतिहासिक अंदाज़ में किया। ये शादी मीडिया के इतिहास का मील का पत्थर बन गई। पत्रकारों की आने वाली पीढ़ियाँ इससे प्रेरणा ग्रहण करेंगी और शादियों के कवरेज़ के मामले में नए मानदंड स्थापित करने की कोशिश करेंगी।

उठते-बैठते मीडिया को कोसने वाले लोग भूल जाते हैं कि भारतीय समाज सिनेमा केंद्रित समाज है। वो सिनेमा खाता है, पीता है और जीता है। सिनेमा न हो तो उसका जीवन जीवन नहीं रह जाएगा। फिल्मों के हीरो हीरोइन उसके सपनों में आते हैं। जाने कितने नौजवानों ने ऐश्वर्य राय के साथ शादी करने के सपने देखे होंगे। जाने कितनी युवतियाँ अभिषेक की तस्वीरें लेकर सोती-जागती होंगी। नई सामाजिक संस्कृति के निर्माण में भी फिल्मों का योगदान अभूतपूर्व रहा है। बिना फिल्मी गानों के कोई शादी पूरी नहीं होती। इसलिए हर शादी का फिल्मी हो जाना अनिवार्य है। अगर शादी फिल्मी हस्तियों की हो तो उससे बड़ी फिल्मी घटना क्या हो सकती है। और फिर सबसे बड़ी फिल्मी घटना सबसे बड़ी मीडिया घटना क्यों नहीं हो सकती? हो सकती है, होनी चाहिए और हुई। मीडिया ने इस महत्त्वपूर्ण घटना को उतना ही महत्त्व दिया जितना कि वो डिज़र्व करती थी। घटनाओं के महत्त्व के हिसाब से ख़बरों की वरीयता तय करने वाले इस इवेंट को राजनीतिक-आर्थिक नज़रिए से देख रहे हैं जो कि सही नहीं है। इसका सामाजिक महत्त्व है। ज़रा सोचिए कि कितने दिल टूटे हैं इस घटना से। कितने सपने चकनाचूर हुए हैं। सामाजिक स्तर पर इसका प्रभाव कितना व्यापक हो सकता है इसका आंकलन किया है किसी ने। नहीं किया।

इस शादी के सामाजिक महत्त्व को नज़रअंदाज़ करने की ये प्रवृत्ति अत्यधिक

हावी है। इसकी वज़ह से आलोचक वर्ग ये भी नहीं देख रहा कि इससे किन नए सामाजिक मानदंडों की प्रतिष्ठा हो रही है। लखनऊ के एक नए नवाब के शहज़ादों की पाँच सौ करोड़ रूपए की अश्लील शादी के मीडिया कवरेज़ ने समाज में इस भावना का विस्तार किया था कि शादी होनी चाहिए ठाठ-बाट से। अब तो जिसके पास भी थोड़ा पैसा होता है वो शादी को मेगा शो बना देता है। ये एक स्वस्थ परंपरा है जिसे महानायक-परिवार के सहयोग से फलने-फूलने में सहायता मिलेगी। अब हर लड़की चाहेगी कि उसकी शादी ऐसी ही हो। लड़की के माँ-बाप अगर हैसियत हुई तो शाही शादी करेंगे और न हुई तो सामाजिक प्रतिष्ठा के लिए कर्ज़ में डूब जाएँगे। लड़के के माँ-बाप चाहेंगे कि ऐश्वर्य जैसी खूबसूरत और धनवान बहू आए और अगर वो वैसी न हो तो उसे जला दिया जाए।

ठीक है चैनलों के लिए इस शादी का आर्थिक महत्त्व भी था। उनकी नज़र टीआरपी पर भी हो सकती थी। मगर टीआरपी तो वे भूत-प्रेत, हत्या, सेक्स, बलात्कार और क्रिकेट आदि से भी बटोर लेते हैं। लेकिन उन्होने इस शादी को चुना और इसके इर्द गिर्द अपना जाल बुना, क्योंकि ये प्रेम का मामला है और इससे समाज में प्रेम की परंपरा मज़बूत होती है। एक विश्व सुंदरी का तीसरा प्रेम। ठुकराए हुए या अयोग्य प्रेमियों के बाद अंततः बारी आई थी उस महारथी की जिसने आख़िरकार उसके हृदय को जीत लिया था (ऐसा अनुमान के आधार पर कहा जा सकता है)। ये मिलन था दो प्रेमियों का। अवसर था समस्त सृष्टि में प्रेम-रस की वर्षा का। लोग इससे वंचित क्यों रहें, इसलिए चैनल संप्रदाय कीर्तन के लिए कैमरा-ओबी के साथ जुटा और भक्तजनों को प्रेम रस से सराबोर कर गया।

कुछ विघ्न संतोषी कहेंगे कि यही टीवी पत्रकार हैं जो साल भर से इस प्रेम बंधन को विवाह बंधन में तब्दील न होने देने में प्राण-पण से जुटे हुए थे। मानो ऐश्वर्य अगर अभिषेक को न मिली तो उनकी हो जाएगी या अगर हमारी नहीं हुई तो हम किसी और की भी नहीं होने देंगे। वर-वधू की कुंडली लेकर जब तब बताते रहते थे कि लड़की मंगली है, विवाह शुभ नहीं होगा। मगर वे नहीं जानते कि दरअसल चैनल उनके प्रेम की परीक्षा ले रहे थे। वे देख रहे थे कि दोनों प्रेमियों में भाग्य से टकराने का साहस है या नहीं। अंत में प्रेम परीक्षा में दोनों पास हो गए।

वैसे वर-वधू की कुंडलियों की जाँच-पड़ताल ने महानायक दंपत्ति को डरा ज़रूर दिया। बेचारों का आत्मविश्वास डोला हुआ है। पता नहीं शादी चल पाएगी या नहीं। इसीलिए तिरूपति में बंद दरवाज़ों के पीछे चालीस मिनट की पूजा कर डाली और मगवान को करोड़ों रूपए की घूस भी खिला दी। इतनी बड़ी घूस तो बड़े-बड़े सौदों में भी नहीं दी जाती। आशा करना चाहिए कि ये भगवान को अपनी प्रतिष्ठा के अनुरूप लगेगी और वे नवविवाहितों पर कृपा करेंगे। जहाँ तक मीडिया

का सवाल है तो वो सब तक यही संदेश पहुँचा रहा है कि सारे नवविवाहितों कुछ सीख लो और अपने दांपत्य को बचाने के लिए महानायक के बताए रास्ते का अनुसरण करो। तमाम तरह के टोटके करो, मंदिरों-तीर्थों में मत्था टेको,मोटा चढ़ावा चढ़ाओ, क्योंकि दांपत्य प्रेम और आपसी समझ से नहीं ग्रहों के योग से चलता है।

देखिए इस शादी के शानदार प्रसारण से साधु-संत भी गदगद हैं। वे सब मीडिया को आशीर्वाद दे रहे हैं-इसी तरह से लगे रहो बच्चा। हमारी दुकानें चलाने में तुम्हारा ये योगदान संत समाज हमेशा याद रखेगा।

आदर्शवादियों को नैतिकता के दौरे पड़ते रहते हैं मगर वर्तमान समय में अपनी भूमिका से मीडिया भली-भाँति वाकिफ़ है। उसे मालूम है कि अमिताभ बहुत बड़ी आबादी के नायक हैं, उसके आदर्श हैं, रोल मॉडल हैं। लोग उनसे प्रेरणा ग्रहण करते हैं। पहले लोग एंग्री यंगमैन से प्रेरित होते थे। अब ओल्ड ब्लाइंड मैन उनकी प्रेरणा का स्त्रोत है। ये उसका फर्ज़ बनता है कि लोगों को प्रेरणा मिलती रहे क्योंकि प्रेरणा से ही प्रगति होती है(चाहे वो उल्टी दिशा में ही क्यों न हो) । इसलिए उसने उसके तमाम करतबों को खूब दिखाया।

वैसे अमर सिंह के अमित भैया, मुलायम के प्यारे और सहारा के दुलारे, आपने अच्छा किया जो बच्चन जी(स्व. हरिवंश राय बच्चन) की अनुपस्थिति में ये सब किया। उन्होंने कभी कहा था कि अमिताभ मेरी सबसे अच्छी कविता है। अगर वे जीवित होते और आपका ये पोंगापन देखते तो उन्हें एहसास हो जाता कि उनकी सबसे अच्छी कविता कैसे समय के साथ सबसे घटिया और बाज़ारू कविता बन गई है। शायद ये सदमा उन्हें बर्दाश्त ही न होता। वे अपनी घोषणा वापस ले लेते या हो सकता है ये कह देते कि ऐसी प्रतिगामी कविता मेरी नहीं हो सकती।

बहरहाल, अगर आप ऊपर की किसी भी बात से सहमत नहीं है और घोर न्यूज़ चैनल विरोधी विचार रखते हैं तो इतना तो देख ही सकते हैं कि इस घटना में कितना सारा मनोरंजन था। फिल्मों के फुटेज के साथ जब सुंदर-सलोनी ऐश्वर्य टीवी स्क्रीन पर आती थी तो क्या किसी का मन करता था कि चैनल चेंज कर दे। कभी देवदास, कभी दिल दे चुके सनम, कभी गुरु के लुभावने दृश्य तो कभी कजरारे नैनों के तीर चलाती नटखट ऐश्वर्य एक अलग ही समाँ बाँध देती थी। अब बताइए फ्री टू एयर चैनल अगर आपको आपकी पसंद की ख़बर के साथ फुल मनोरंजन दे रहे हैं तो इसमें बुराई क्या है? मगर चैनलों की हर चीज़ में बुराई देखने वालों को ये सब कहाँ नज़र आएगा। सही कह गए है संत-महात्मा-जाकी रही भावना जैसी प्रभु मूरत देखी तिन तैसी।

कौन कहता है कि टीवी चैनल आत्मावलोकन नहीं करते वे बराबर करते हैं और इस बार भी किया है। वे मान रहे हैं कि कवरेज़ में कुछ कमियां रह गईं थीं।

मगर अगली शादी में आपको शिकायत का मौका नहीं देंगे। शादी विशेषज्ञ पत्रकारों की एक टीम तैयार की जा रही है जो योजनाबद्ध ढंग से काम करेगी। शर्त यही है कि वो शादी इसी तरह हाई प्रोफाइल लोगों की हो, न कि किसी कुली, मवाली, रिक्शेवाले की। इसलिए कट टू नेक्स्ट शादी। तब तक के लिए दीवाने अब्दुल्ला को इजाज़त दीजिए, नमस्कार।

(जून, 2007)

डी गैंग पर सब बलिहारी

क्या हमारा मीडिया अपराधियों और ख़ास तौर पर अंडरवर्ल्ड के सरगनाओं को महिमामंडित करता है? क्या वो उनकी ऐसी छवि गढ़ता है जिसमें वे सर्वशक्तिमान नज़र आते हैं, हर तरह के अपराध करने के बावजूद पुलिस की पकड़ से बाहर, दूर दुबई और करांची से मुंबई को कंट्रोल करने वाले, कानून जिनके हाथ का खिलौना है, राजनीति उनकी चेरी और प्रशासन क्रीत दास? क्या मीडिया दाऊद जैसे लोगों को रोल मॉडल बनाता है जिनसे अपराधी और आपराधिक मनोवृत्ति के लोग प्रेरणा प्राप्त करते हैं? क्या दाऊद और उसके जैसे लोग अपने नाम और काम के लिए मीडिया का इस्तेमाल कर रहे हैं और टीआरपी के लालच में मीडिया इसके लिए सहर्ष प्रस्तुत हो जाता है?

ये कुछ ऐसे सवाल हैं जिन्हें अब मीडिया को खुद से पूछना चाहिए क्योंकि लगभग हर दूसरे या तीसरे दिन किसी न किसी चैनल पर मुंबई के अंडरवर्ल्ड से जुड़ी कोई ख़बर नज़र आ जाती है। ख़बर चाहे बेहद कमज़ोर हो या फिर वो कोई अफ़वाह ही क्यों न हो, चलती ज़ोर-शोर से है। ऐसा लगता है कि चैनल अंडरवर्ल्ड पर कुछ न कुछ करने का बहाना ढूँढ़ते रहते हैं। इसीलिए एक छोटी सी सूचना ही प्राइम टाइम को घेरने के लिए काफी हो जाती है। डी गैंग कुछ भी करे ख़बर बन जाती है। दाऊद, उसके गुर्गे, उसके दाएँ-बाएँ हाथ अथवा उसके भाई-भतीजे की किसी हरकत को ही चैनलों द्वारा उठा लिया जाता है और फिर उस पर च्यूईंगम पत्रकारिता (लंबे समय तक ख़बरों को खींचने की पत्रकारिता) शुरू हो जाती है। दाऊद के भारत में रह रहे रिश्तेदार भी कभी कभार चैनलों की पकड़ में आ जाते हैं और फिर चैनलों को मौका मिल जाता है डी गैंग पर ख़बरों का खेल शुरू करने का।

इसमें संदेह नहीं है कि अंडरवर्ल्ड टेलीविज़न चैनलों को अच्छी टीआरपी देता है, नहीं तो उनको अंडरवर्ल्ड और अंडरवर्ल्ड के भाईयों से इतना प्यार क्यों होता? सीधा सा मतलब है -भाई बोले तो हाई टीआरपी। हर हफ्ते आने वाली रेटिंग भी इसी तरफ इशारा करती हैं। डी गैंग पर ख़बरें या कार्यक्रम टीआरपी बटोरने की गारंटी हैं। इसीलिए चैनल उसके पीछे लगे रहते हैं। कुछ संवाददाताओं ने तो इसे

स्पेशल बीट की तरह विकसित कर लिया है। मुंबई के अंडरवर्ल्ड और डी गैंग से जुड़ी जानकारियाँ इन्हें ज़बानी याद रहती हैं और कैमरे के सामने वे उन्हें धाराप्रवाह ढंग से ऐसे देने लगते हैं, मानो दाऊद के साथ काम कर चुके हों। इन अपराधियों से उनके संपर्क रहते हैं और जब-तब फोन आदि पर बात करके वे अपनी योग्यता का परिचय भी देते रहते हैं। अपनी इसी कूवत के बल पर वे रिपोर्टर, एंकर या एडीटर सब बन जाते हैं। न्यूज़ चैनल भी इन्हें जमकर बढ़ावा देते हैं। उनको भी लगता होगा कि जब यही उन्हें टीआरपी दिला रहे हैं तो इन्हें ही क्यों न चढ़ाया जाए। मगर सचाई तो ये है कि चैनल अंडरवर्ल्ड के मोहपाश में बँध गए हैं और इसकी वज़ह से उन्होंने इन अपराधियों को एक तरह से सेलेब्रिटी का दरज़ा दे दिया है। यही कारण है कि दाऊद के बेटे की शादी को वे लगभग उसी तरह कवर करते हैं जैसे कि अमिताभ पुत्र अभिषेक बच्चन और ऐश्वर्य राय की शादी को। उनके संवाददाता कवरेज़ के लिए दुबई जाते हैं और एक-एक क्षण की रिपोर्टिंग पूरी श्रद्धा के साथ करते हैं।

अपराधों में भारतीय दर्शकों की दिलचस्पी पहले से थी मगर मीडिया ने इसे बढ़ाने का काम किया है। पहले सत्यकथा और मनोहर कहानियों के ज़रिए ये होता रहा और अब हमारे न्यूज़ चैनल ख़ास तौर पर सनसनी और जुर्म जैसे कार्यक्रमों के माध्यम से ये कर रहे हैं। मगर दर्शकों के लिए अंडरवर्ल्ड के अपराध दूसरे अपराधों से भी ज़्यादा मज़ेदार होते हैं। उनमें और भी ज़्यादा सेक्स, रोमांस, सस्पेंस तथा रोमांच भरा होता है। डॉन की मेहबूबा या डॉन की गुड़िया जैसे कार्यक्रम खूब देखे गए हैं। अबू सलेम की कथित प्रेमिका मोनिका बेदी में चैनलों और दर्शकों की दिलचस्पी जगज़ाहिर है। एक खूबसूरत अभिनेत्री का एक अंडरवर्ल्ड के सरगना के ख़ास आदमी से इश्क, कई देशों में भागते हुए अंततः पकड़ा जाना और फिर कोर्ट-कचहरी का सिलसिला। कुल मिलाकर उतार-चढ़ाव से भरी एक दिलचस्प और बिकाऊ कहानी। इस तरह की कहानियाँ अंडरवर्ल्ड में भरी पड़ी हैं और न्यूज़ चैनलों के लिए ये गरमागरम मसाला हैं।

अंडरवर्ल्ड और डी गैंग का आपराधिक तंत्र केवल भारत में ही नहीं अंतरराष्ट्रीय स्तर पर फैला हुआ है। इसके तार कराची से लेकर दुबई और शारजाह तक से जुड़े हुए हैं। इसीलिए ख़बर कहीं से शुरू हो अंततः उसे अंतरराष्ट्रीय आयाम दे दिया जाता है। इससे ख़बरों का विस्तार होता है और चैनलों को घंटों खेलने का मौका मिल जाता है। इसका आनंद तब और बढ़ जाता है जब मामला फिल्मी दुनिया से जुड़ जाता है, क्योंकि तब फिल्मों के टुकड़े दिखाकर उसे मनोरंजक बनाया जा सकता है।

मीडिया में अंडरवर्ल्ड का ये आकर्षण फ़िल्मी दुनिया से आया है। फिल्मी जगत अरसे से मुंबई के अंडरवर्ल्ड पर फ़िदा रहा है। रहस्यों से भरी अपराधों की

पातालनगरी को एक तिलिस्म और अत्यधिक हिंसा के साथ दिखाना और बाक्स ऑफिस पर छा जाना एक ऐसा फार्मूला रहा है जिसे मनमोहन देसाई से लेकर रामगोपाल वर्मा तक सभी सफलतापूर्वक आज़माते रहे हैं। असल का अंडरवर्ल्ड भले ही कितना भयानक हो मगर सिनेमा हाल के बड़े परदे पर आकर वो अजीब सा सम्मोहन रचता है। दर्शकों में इस अनजानी दुनिया को लेकर ग़ज़ब की जिज्ञासा रही है और इसको भुनाने में बॉलीवुड कभी पीछे नहीं रहा। शायद वो इस मामले में भी हॉलीवुड से प्रेरित होता रहा है। उसके डॉन, डॉन के अंदाज़, उसके अड्डे आदि वहीं से नकल किए जाते रहे हैं।

इस अंडरवर्ल्ड के कई चेहरे रहे हैं। अमिताभ बच्चन की डॉन में इसका चित्रण अलग ढंग का था तो रामू की सत्या में इसे एक अलग अंदाज़ में दिखाया गया। फिल्मी दुनिया का ये अंडरवर्ल्ड प्रेम आगे चलकर नए संबंधों में तब्दील हुआ। फिल्मी दुनिया में ही एक अंडरवर्ल्ड बन गया और बहुत से फिल्मी कलाकार, निर्माता अंडरवर्ल्ड का हिस्सा बन गए। 1992 के मुंबई दंगों में संजय दत्त का उलझाव इसकी एक मिसाल है ही। हालात ऐसे बने कि फिल्मी दुनिया का संचालन ही गैंग करने लगे। हत्याएँ, फिरौती वसूली वगैरा का सिलसिला भी यहीं से शुरू हुआ। टी सीरीज़ के मालिक गुलशन कुमार की हत्या इसी का नतीजा थी। इसके बाद कई और निर्माता निर्देशकों पर प्राणघातक हमले हुए। स्थिति तब नियंत्रण के बाहर हो गई जब अंडरवर्ल्ड ने ये तय करना शुरू कर दिया कि किस फिल्म की हीरोइन या हीरो कौन होगा और कौन नहीं होगा। अंडरवर्ल्ड ने फिल्मों को फायनेंस करना भी शुरू कर दिया। कई फायनेंसर उसी के दम पर खड़े हो गए। इस तरह अंडरवर्ल्ड फिल्म फायनेंसरों का और फिल्म फायनेंसर उसका इस्तेमाल करने लगे(क्या इसे पूँजी का अपराधीकरण कहें)। यानी एक तरह का सिंडीकेट तैयार हो गया। यही हाल फिल्मी कलाकारों का भी हो गया। बहुत से कलाकार नियमित रूप से अंडरवर्ल्ड के संपर्क में रहने लगे। कुल मिलाकर अपराध और मनोरंजन का एक भयावह मगर रोचक मिक्स तैयार हो गया। ख़ास तौर पर टीवी और फिल्मों में दिखाने के लिहाज़ से। फिल्मों में तो इसने एक नई भाषा ही रच दी है जिसमें बंबईया हिंदी में भाईगीरी की छौंक पड़ी हुई है। न्यूज़ चैनल भी इस भाषा का इस्तेमाल खुलकर करने लगे हैं।

फिल्मी दुनिया का अनुसरण करने में लगे न्यूज़ चैनलों को भी अंडरवर्ल्ड के इस आकर्षण का भली-भाँति अंदाज़ा है। उन्हें अपने अनुभव और टीआरपी से पता है कि दर्शकों को अपराध की ख़बरों में सर्वाधिक आनंद आता है और फिर अगर वो अंडरवर्ल्ड की ख़बरें हों तो बात ही क्या। उन्होंने इस अंडरवर्ल्ड को मनोरंजन के साथ मिक्स करके और भी मज़ेदार बना दिया है। आप देखें कि टेलीविज़न पर दिखाई जाने वाली अंडरवर्ल्ड की ख़बरों में अपराध और मनोरंजन दोनों का ही

संगम हो जाता है। वे आपराधिक ख़बरें तो है ही मगर चूँकि फिल्मी नगरी से उनका ताल्लुक है और फिल्मी हस्तियाँ भी उससे बाबस्ता रहती हैं इसलिए उनमें मनोरंजन के कई रंग एक साथ मिल जाते हैं। ख़बरों के साथ किसी फिल्मी हस्ती को जोड़ना, फिर उसकी फिल्मों के टुकड़े दिखाते चलना या किसी फिल्म के डॉन की तुलना डी गैंग से करना आदि ख़बरिया चैनलों के ऐसे हथकंडे हैं जो ख़बर नहीं टीवी पर एक फैंटेसी की रचना करते चलते हैं।

अंडरवर्ल्ड की ख़बरों का जुगाड़ भी बड़ा आसान है। सबसे आसान नुस्खा तो ये है कि पन्द्रह-बीस साल पुराना कोई टेप हासिल कर लिया जाए जिसमें दाऊद की पार्टी में फिल्मी हस्तियां नाच-गा रही हों। इसके लिए किसी रिपोर्टर को जान हथेली में लेकर रात के अँधेरे में डॉन के अड्डे पर जाकर उसकी तिजोड़ी से टेप निकालकर लाने की ज़रूरत नहीं पड़ती। ये टेप बाकायदा बेंचे-खरीदे भी जा रहे हैं और कई बार तो बहुत सस्ते में भी मिल जाते हैं। वैसे भी इससे जो टीआरपी मिलती है उसके एवज़ में चुकाई गई क़ीमत नगण्य ही होती है। टेप में मौजूद पाँच मिनट से लेकर तीन घंटे तक के फुटेज को चैनल मनमर्ज़ी से दिखा सकते हैं। कुछ चेहरों को चिन्हित करके वे उन्हें बार-बार दिखाते हैं और पूछते हैं कि फलाँ शख़्स वहाँ आख़िर क्या कर रहा था। अब तक ऐसे दसियों टेप चैनलों पर दिखाए जा चुके हैं और बीसियों फिल्मी हस्तियों को इन टेप के ज़रिए कठघरे में खड़ा किया जा चुका है।

हालाँकि अंडरवर्ल्ड का अपना ग्लैमर है और मायानगरी मुंबई से जुड़े होने के कारण उसे और भी अधिक महत्त्व मिल जाता है। मगर यदि फिल्मों और मीडिया द्वारा महिमामंडित न किया जाता और उसमें फिल्मी तत्व न जुड़ता तो क्या चैनल फिर भी इस पैमाने पर उसे दिखाते रहते? इसका उत्तर न में ही हो सकता है क्योंकि अंडरवर्ल्ड मुंबई के अलावा भी है और डी गैंग के अलावा भी गैंग हैं। देश के तमाम छोटे-बड़े शहरों में ढेरों माफिया सक्रिय हैं, कोयलांचलों के माफिया तो कुख्यात हैं ही, ड्रग माफिया, बच्चों और लड़कियों की तस्करी करने वाले गिरोह, जानवरों का शिकार करने वाले गिरोह और जाने कितने तरह के गिरोह तंत्र मौजूद हैं मगर चैनलों का ध्यान उनकी तरफ नहीं जाता। वे उद्योग-व्यापार जगत की तरफ तो रूख ही नहीं करते जो सबसे बड़ा अंडरवर्ल्ड है। आर्थिक अपराधों की ख़बरें तो चैनलों पर नदारद ही होती हैं। हालाँकि इनको न दिखाने की वज़हें फिल्मी तत्वों का अभाव नहीं दूसरी हैं और उन्हें हर कोई जानता भी है।

लेकिन चिंता का विषय ये होना चाहिए कि अपराधों का इस तरह से मनोरंजनीकरण का लाभ चैनलों को भले ही जो भी मिलता हो मगर उस दर्शक वर्ग का क्या होता होगा जो उन्हें देखता है और उनका आनंद लेता है। क्या ये उनकी मानसिकता को इस तरह से प्रभावित नहीं करता होगा जिसमें अपराध आनंद की

चीज़ बन जाए, उसमें निहित हिंसा से दर्शक आनंदित होने लगे और इस सबसे भी आगे जाकर ये कि उसमें माफिया और अंडरवर्ल्ड जैसे संगठित अपराधों के प्रति आकर्षण के अलावा एक तरह की तटस्थता और उदासीनता विकसित हो जाए, जिससे वो इन्हें अनिवार्य मान बैठे और खुद को तथा समूचे तंत्र को असहाय।

मीडिया मुगलों, सोचिए, ज़रा सोचिए...क्योंकि टीआरपी से आगे जहाँ और भी है...।

(जुलाई, 2007)

चमत्कारों के सौदागर

अशिक्षित, ग़रीब और आर्थिक ग़ैर बराबरी वाले समाजों में चमत्कारों की ज़बर्दस्त डिमांड होती है। इन समाजों की मानसिक बनावट ही ऐसी होती है कि उनमें चमत्कार के लिए एक स्वाभाविक ललक होती है। वे चमत्कारों को जिज्ञासा के भाव से नहीं देखते। उनके पीछे के वास्तविक कारणों को तलाशने में उनकी कोई दिलचस्पी नहीं होती या यों कह लें कि उनमें इसकी समझ ही नहीं होती। ये समाज चमत्कारों की उम्मीद में सदियाँ गुज़ार देते हैं। वे किसी भी परिवर्तन के लिए चमत्कार की शरण में चले जाते हैं बस। चमत्कारों में उनकी अटूट आस्था ही नहीं, अंध श्रद्दा भी होती है। लॉटरी की टिकटों से लेकर देवी-देवताओं के अवतारों तक यही मनोविज्ञान काम करता रहता है। परिवर्तन का ये शार्ट कट उन्हें भाता है भले ही परिवर्तन हो या न हो। इसीलिए मुफ्तख़ोर बाबा हाथ की सफाई दिखाकर उन्हें चमत्कृत करते हैं और फलते-फूलते रहते हैं। वे योग और जड़ी-बूटियों को भी चमत्कारों की तरह बेंचते हैं और हज़ारों करोड़ की जायदाद इकट्ठी कर लेते हैं।

हमारे टीवी चैनल भी इस बहती गंगा में हाथ धोने के लिए आम जन की चमत्कार-निष्ठा को लगातार भुनाते रहे हैं। पुराणों और मिथकों पर बनने वाले धारावाहिकों में ये चमत्कारवाद भरा हुआ है। जब ये चमत्कार दृश्य रूप में सामने आते हैं तो चमत्कारों की महिमा को और भी बढ़ा देते हैं। दरअसल, इन धारावाहिकों की असाधारण सफलता की एक बड़ी वज़ह चमत्कारों की भरमार ही रही है। यहाँ तक कि महाभारत और रामायण धारावाहिकों की लोकप्रियता के पीछे भले ही और भी दूसरी विशेषताएँ रही होंगी मगर भारतीय दर्शक प्रमुख रूप से अवतार और चमत्कार तत्व से ही प्रेरित और आकर्षित थे। इनमें से कृष्ण और राम की अवतार कथाएँ और उनके चमत्कृत करने वाले करतब निकाल दीजिए और फिर देख लीजिए कि इन ग्रंथों और धारावाहिकों का क्या होता है।

पिछले कुछ सालों में देश में ग़रीबी भी बढ़ी है और आर्थिक विषमता भी। इससे लोगों की चमत्कार में आस्था बढ़ी है। मंदिर आंदोलन के बाद के एक-डेढ़ दशकों में अंध धार्मिकता और अंध विश्वास में भी बढ़ोतरी हुई है इसलिए

चमत्कारों के प्रति लोगों का रुझान भी बढ़ा है। वे और भी ज़्यादा चमत्कारोन्मुख हुए हैं। ज़ाहिर है चमत्कारों की डिमांड पहले के मुक़ाबले बढ़ी है और इसी अनुपात में चमत्कारों के सौदागर भी बढ़े हैं। इसकी सबसे ताज़ा मिसाल है न्यूज़ चैनलों में चमत्कारों से जुड़ी ख़बरों और कार्यक्रमों की भरमार। चमत्कार चैनलों के लिए सफलता का नया फार्मूला बन गया है। उनमें एक दूसरे से बड़ा और ज़्यादा चमत्कार दिखाने की होड़ मची हुई है। और होड़ क्यों न मचे जब टीआरपी उसी से मिल रही है।

अब देखिए सुबह से शाम तक चमत्कारों के किस्से कहानियाँ ख़बरों में तब्दील करके इंडिया टीवी जैसा फिसड्डी चैनल पाँचवे-छठे नंबर से छलाँग लगाकर दूसरे-तीसरे नंबर तक पहुँच गया है। कुछ समय पहले तक इस चैनल को कोई गंभीरता से नहीं लेता था (हालाँकि गंभीरता से अभी भी कोई नहीं ले रहा)। यहाँ तक कि उसके बिकने की चर्चाएँ भी सुनने में आती रहती थीं। मगर अब ये चैनल तीन अग्रणी चैनलों में न केवल शुमार हो गया है बल्कि नंबर एक और नंबर दो पर जमे चैनलों के लिए भी ख़तरा बनता जा रहा है। लेकिन इस मुकाम तक पहुँचने के लिए उसको बहुत बड़ी क़ीमत चुकानी पड़ी है। उसने शुरूआत बदले भारत की तस्वीर के नारे से शुरू की थी और अब वो खुद इतना बदल गया है कि कुछ बदलने की उसकी कूवत नहीं रह गई है। पहले घटिया स्टिंग ऑपरेशन किए और स्टिंग ऑपरेशन के औचित्य पर ही सवालिया निशान लगवा दिए। फिर साधुओं से लेकर सांसदों तक के ऐसे-ऐसे दृश्य दिन दहाड़े दिखाए कि सूचना एवं प्रसारण मंत्रालय को उसे लायसेंस रद्द करने की चेतावनी देनी पड़ गई। जान बचाने के लिए इंडिया टीवी ने ये सब दिखाना बंद कर दिया लेकिन इन हथकंडों के बल पर उसने एक सीढ़ी तो चढ़ ही ली। वो लोगों की नज़र में आ गया, चर्चा का केंद्र बन गया। रेटिंग भी बढ़ गई। लेकिन पाँचवे नंबर से पहले दूसरे नंबर तक पहुँचने के लिए एक और लंबी छलाँग की ज़रूरत थी, इसलिए उसने सुबह से शाम तक चमत्कार-कथाओं को दिखाना शुरू कर दिया। नतीजा सामने है।

आज इंडिया टीवी न्यूज़ चैनल से चमत्कार चैनल भले ही हो गया हो मगर ऐसा नहीं है कि बाक़ी के चैनल इस व्याधि से पूरी तरह मुक्त हैं। ये चमत्कारवाद संक्रामक रोग की तरह फैला है। इंडिया टीवी इससे सबसे ज़्यादा ग्रस्त दिखाई पड़ रहा है, लेकिन वास्तव में इसकी शुरूआत ऊपर जमे चैनलों ने ही की थी। वे ही इस तरह के चमत्कार दिखाकर रेटिंग बटोर रहे थे। काल कपाल से लेकर कुंजीलाल तक और समुद्र के पानी के मीठे होने से लेकर बोलने वाले पेड़ तक ढेर सारे चमत्कार वही दिखाने में लगे हुए थे। वे प्रतिस्पर्धा के मारे हुए थे। असुरक्षाबोध से ग्रस्त कि कहीं उनकी रेटिंग और रुतबा न घट जाए। उनकी देखादेखी बाक़ी चैनलों ने भी चमत्कार को नमस्कार करना शुरू कर दिया। जिन्होंने नहीं किया वे नीचे

लुढ़कते चले गए (एनडीटीवी इंडिया तीसरे नंबर से छठे पर जा गिरा है। उसकी टीआरपी लगभग आधी हो गई है)। इंडिया टीवी ने समझ लिया कि अग्रणी चैनल कहाँ से अपनी रेटिंग कबाड़ रहे हैं। इसके बाद उसने केवल इतना किया कि इन चमत्कारों को ही उसने अपना मुख्य कलेवर बना लिया। उसके संवाददाताओं की फौज लगता है इसी कार्य में लगा दी गई है कि चमत्कारियों को जुटाओ, चमत्कार लाओ। इसीलिए कभी नाग-नागिन की शादी होती है तो कभी बैगन और थाली से असाधारण रोगों का इलाज़ करने का चमत्कार दिखाया जाता है। कभी किसी चादर से पानी की अखंड धारा बहने लगती है तो कभी किसी पेड़ से दूधधारा बहने लगती है। चमत्कारों को दिखाने का ये लालच या होड़ कई बार ऐसे-ऐसे दृश्य परदे पर दिखाती है कि टीवी चैनलों के विवेक पर ही प्रश्न चिन्ह लगने लगता है। इन दृश्यों में हिंसा और क्रूरता भरी पड़ी होती है। पीठ की चमड़ी को छेदकर उसमें हुक लगाना, गालों और जीभ में छेद करके लोहे की राड डालना जैसे वीभत्स और हिंसक कारनामे आस्था और भक्ति के नाम पर दिखाए जाते हैं। इसी तरह रोगों के इलाज के लिए खुद को कोड़े मारने या अन्य तरीकों से खुद को अथवा दूसरों को पीड़ा देने जैसी क्रूरता से भरी ख़बरें और कार्यक्रम प्रसारित किए जाते हैं। आत्मपीड़न और परपीड़न के ये रूप किस तरह की मानसिकता को पुष्ट करते होंगे ये बताने की ज़रूरत नहीं है।

ऊपर के न्यूज़ चैनल इंडिया टीवी की चमत्कारिक सफलता से चिंतित भी हैं और घबराए हुए भी। उन्हें लग रहा है कि अगर चमत्कारों का ये फार्मूला ऐसे ही चलता रहा तो वो उन्हें धकेल कर किसी भी दिन उनके ऊपर विराजमान हो जाएगा। उनका धर्मसंकट ये है कि वे भी ये सब करना तो चाहते हैं मगर ऐसे कि उनके 'सतीत्व' पर किसी तरह की आंच न आए। वे निर्लज्ज दिखे बिना अपने आसन को सुरक्षित रखना चाहते हैं। यानी हालत किया भी न जाए और रहा भी न जाए वाली हो रखी है। लिहाज़ा इस स्थिति से उबरने के लिए वे दूसरे तरह के चमत्कारों या हैरतअंगेज कारनामों का रुख़ कर रहे हैं। वे आँखें फटी रह जाएँ या दिल दहल जाए वाले फार्मूले पर चले गए हैं। इन चमत्कारों को वे इस तरह से दिखाने की जुगत में भी लगे हुए हैं कि उन पर ये तोहमत न लगे कि वे ग़ैर ज़िम्मेदार हो गए हैं या अंध विश्वास को बढ़ावा दे रहे हैं।

ऐसा नहीं है कि जीवन में चमत्कार नहीं होते। मानव का चाँद पर पहुँचना चमत्कार ही तो था। नाना प्रकार के आविष्कार एक तरह से चमत्कार ही थे। यहाँ तक कि ये बुद्धू बक्सा भी किसी चमत्कार से कम नहीं है जिसकी बदौलत लोग घर बैठे दूर-दराज की घटनाओं को लाइव देख पाते हैं। लेकिन मसला ये है कि चमत्कारों को आप दिखाते कैसे हैं। आपत्ति तब होती है जब उन्हें इस तरह से पेश किया जाता है कि मानो ये अदृश्य ताक़तों द्वारा की जा रही कोई ऐसी गतिविधियाँ

हैं जो मानवीय ज्ञान, अनुभव और सामर्थ्य से परे हैं। इन पर किसी का वश नहीं है। वे होते थे, होते हैं और होते रहेंगे, उनका कोई कुछ नहीं कर सकता। मुश्किल तब हो जाती है जब रहस्य को खोलने के बजाय उसे अबूझ साबित करने की कोशिश की जाती है ।

वास्तव में अगर चैनलों में इन चमत्कारों को पूरी तैयारी के साथ दिखाया जाए तो ये एक मौका भी हो सकता है, वैज्ञानिक सोच को बढ़ावा देने का। वे एक-एक चमत्कार का वैज्ञानिकों और तर्कवादियों की सहायता से पोस्टमार्टम करवा सकते हैं और बता सकते हैं कि इन चमत्कारों के पीछे रहस्य क्या हैं। मुमकिन है कि बहुत से चमत्कारों से फिर भी परदा न उठे मगर उनको भी जिज्ञासा के दायरे में लाकर भावी खोज-परख के लिए छोड़ा जा सकता है। मगर चैनल ये सब नहीं करते और कभी-कभार यदि करते भी हैं तो खानापूरी के लिए। रिपोर्टर और एंकर इस क़दर चमत्कारमय हो जाते हैं कि उन्हें कोई भी वैज्ञानिक विचार जमता नहीं है। शायद वे खुद भी अंधविश्वासी होते हों या फिर जनता या टीआरपी का दबाव उन पर रहता हो। वज़हें चाहे जो भी हों मगर घटनाक्रम और चर्चा का पूरा फोकस वे चमत्कार पर ही बनाए रखते हैं और अंततः चमत्कार ही महिमामंडित होते हैं।

लोगों का मानना है कि चैनलों का ये चमत्कारवाद एक अस्थायी परिघटना है। जैसे एक-एक करके कई प्रवृत्तियाँ आईं और चली गईं उसी तरह कुछ समय बाद ये भी चली जाएगी। चमत्कारों की अति ही चमत्कारों को निगल जाएगी। दर्शक ऊब जाएँगे, उन्हें कुछ और चाहिए होगा और तब टीआरपी के दीवाने चैनलों को कुछ नया तलाशना होगा। हो सकता है ये सही हो (हालाँकि चमत्कारों की माँग ख़त्म हो जाएगी ऐसा मानना एक भूल ही होगी) मगर इस बात को नज़रअंदाज़ नहीं किया जा सकता कि ये प्रवृत्ति कमज़ोर पड़ने के पहले कितना नुकसान कर जाएगी। भारतीय समाज की मानसिकता का अभी तक जो भी वैज्ञानिक विकास हुआ था उस पर पानी तो फिर ही रहा है। क्या ये इस बात का प्रमाण नहीं है कि एक तरफ तो सुनीता विलियम्स वैज्ञानिक विकास की चरम उपलब्धि के तौर पर अंतरिक्ष में रहने का रिकार्ड बनाती है और दूसरी ओर भारत में उसकी सकुशल वापसी के लिए यज्ञ-हवन आदि किए जाते हैं। अफसोस की बात ये है कि चैनल उन्हें बढ़ा-चढ़ाकर दिखाते भी हैं। फिर क्या गारंटी है कि इस प्रवृत्ति के आत्मविनाश के बाद जो नई प्रवृत्ति आएगी वो अच्छी ही होगी। घटिया क्राइम, घटिया हास्य और घटिया चमत्कार के बाद आशंका यही है कि चैनल इसी तरह की कोई घटिया चीज़ का पुनराविष्कार कर डालेंगे।

अक्सर कहा जाता है कि न्यूज़ चैनल बिना ड्राइवर की कार हो गए हैं। ये बात सही नहीं है। सभी चैनल ड्रायवरों द्वारा ही चलाए जा रहे हैं। ये अलग बात है कि

कुछ के ड्रायवर रेटिंग के नशे में धुत्त हैं, कुछ को ठीक से ड्रायविंग नहीं आती, कुछ बीएमडब्ल्यू चलाने की मानसिकता (किसी पर भी चढ़ा देंगे, कुछ नहीं होगा) से ग्रस्त हैं और कुछ जो अच्छे से चला सकते हैं, उन्हें कार के मालिक या मार्केटिंग वाले (बाज़ार) चलाने नहीं दे रहे। अब वे इन सबसे बचें तो सेवैं काशी।

(अगस्त, 2007)

हिंदी चैनलों के हाल पर अंग्रेज़ी पत्रकारों का इतराना

अंग्रेज़ी चैनल आजकल बहुत खुश हैं। हिंदी न्यूज़ चैनलों की चौतरफा थू-थू ने उनको एक मौका उपलब्ध कराया है कि वे खुद को शाबाशी दे सकें और हिंदी चैनलों को धिक्कार सकें। छाती ठोंक के बता सकें कि वे हिंदी वालों से बेहतर हैं। वे भूत-प्रेत नहीं दिखाते। चमत्कार नहीं करवाते। अपराध और अपराधियों को महिमामंडित नहीं करते। वे सभ्य और सुसंस्कृत लोग हैं। हिंदी वालों की तरह ज़ाहिल, अंध विश्वासी और बर्बर नहीं हैं। वे वैज्ञानिक ढंग से सोचते-समझते हैं।

अंग्रेज़ी चैनल बड़े दिनों से पिट रहे थे। वे बहुत दिनों से दुखी चल रहे थे। उनको कोई पूछने वाला ही नहीं रह गया था। हिंदी वालों ने टीवी न्यूज़ की दुनिया पर कब्ज़ा कर लिया था। हर तरफ वे ही वे नज़र आते थे। जिसको देखो उन्हीं की बात करता था। अंग्रेज़ी वालों की कोई पूछ-परख ही नहीं रह गई थी। यहाँ तक कि शासक वर्ग भी उनके साथ नहीं रह गया। वो उन्हें देखता नहीं है या देखता है तो नोटिस ही नहीं लेता। उन्हें भी हिंदी ही फ़बती या चुभती है।

टीवी न्यूज़ पर हिंदी के वर्चस्व से हिंदी पत्रकारों की धार बढ़ी, आत्मविश्वास बढ़ा। वे पहले जैसे दब्बू नहीं रहे। हिंदी चैनलों की पहुँच और लोकप्रियता ने उनको अंग्रेज़ी वालों से ज़्यादा मज़बूती से खड़ा कर दिया। हिंदी की टीवी पत्रकारिता ने ढेर सारे सितारे पैदा कर दिए और उनकी चमक में अंग्रेज़ी के सुपर स्टार तक अपनी आभा खो चुके हैं। अंग्रेज़ी के टीवी पत्रकार और एंकर परिदृश्य से गायब ही हो गए। कोई उनके नाम नहीं जानता, कोई उनका ज़िक्र नहीं करता। पिछले एक दशक के भीतर एक भी अंग्रेज़ी के टीवी के पत्रकार ने अपनी पहचान नहीं बनाई है। वही राजदीप सरदेसाई और बरखा दत्त पर आकर गिनती रुक जाती है। ये दोनों भी अंग्रेज़ी से ज़्यादा हिंदी में काम करके अपनी पहचान क़ायम रखने में कामयाब हो सके हैं।

अब तो अभिजातों की महफिलों को छोड़कर अंग्रेज़ी चैनलों के कार्यक्रमों का चर्चा भी कहीं नहीं होता। कैसे चैनल हैं, क्या दिखा रहे हैं, कैसा दिखा रहे हैं इस पर कहीं कोई बात ही नहीं करता। यहाँ तक कि अंग्रेज़ी के अख़बार भी हिंदी चैनलों की सामग्री पर ही टिप्पणियां करते हैं, भले ही वे नकारात्मकता और नफ़रत से भरी

रहती हों। सच तो ये है कि हिंदी और अंग्रेज़ी दोनों के चैनल चलाने वाले मीडिया घरानों में हिंदी ही उनका झंडाबरदार बनी हुई है। हिंदी के चैनल ही उनकी पहचान बने हुए हैं। न केवल पहचान बल्कि कमाऊ भी हैं। हिंदी न्यूज़ चैनलों ने तो बाज़ार का अर्थशास्त्र ही बदल डाला है। आज तक को इसका श्रेय दिया जाना चाहिए कि उसकी लोकप्रियता ने विज्ञापनजगत के अंग्रेज़ी अकड़ वालों को सबक सिखाया कि भैया मार्केट तो हिंदी का है। वे भी हिंदी की वकालत करने लगे। मजबूरी में हिंदी बोलने लगे। हिंदी वालों को थोड़ा सम्मान वगैरा भी देने लगे।

मगर बाज़ार के मामले में हिट हिंदी चैनल अब पत्रकारिता के स्तर पर किरकिरी करवा रहे हैं तो खुशी का ये अवसर वे कैसे जाने दे सकते हैं। इसलिए वे खुश हैं। लेकिन क्या उन्हें सचमुच में खुश होना चाहिए। क्या सचमुच में वे हिंदी वालों से श्रेष्ठ हैं। ये हम इसलिए नहीं पूछ रहे क्योंकि हम हिंदी वाले हैं और हमें अंग्रेज़ी और अंग्रेज़ी वालों से कोई घृणा है। टीवी की हिंदी पत्रकारिता के महापतन के बचाव का भी हमारा कोई इरादा नहीं है। मगर ये तो देखना ही होगा कि अंग्रेज़ी के पत्रकार अगर सच्चरित्रता का चोला धारण करके हिंदी पत्रकारिता पर हँस रहे हैं तो उनको ऐसा करने का अधिकार है भी या नहीं।

एक अंग्रेज़ी के चैनल पर दो अंग्रेज़ी के एंकर एक हिंदी वाले को लपेट रहे थे कि आज जो भी गंदगी दिख रही है वो हिंदी चैनलों की ही देन है। उनके चेहरे पर व्यंग्य भरी मुस्कान थी। वे अपेक्षा कर रहे थे कि ऐसे समय जब हिंदी न्यूज़ चैनलों की हर तरफ लानत-मलामत हो रही है तो देखें ये हिंदीवाला बचाव का कौन सा हास्यास्पद तर्क ढूँढ़कर लाता है। वे आश्वस्त थे कि बंदा कोई बचाव कर ही नहीं सकता क्योंकि अपराध स्वयंसिद्ध है। उनके चेहरे पर आत्मतुष्टि का भाव भी था कि हम इस सबसे ऊपर हैं, किसी भी आरोप से परे। हमारे सूट या सलवार-कुर्ते पर कहीं कोई दाग़ नहीं है। कोई हमारे ऊपर उंगली नहीं उठा सकता।

हिंदीवाला कोई बचाव नहीं कर सका क्योंकि वो बचाव कैसे और किस आधार पर करता। हिंदी चैनलों ने सचमुच में ऐसी गंद फैला रखी है कि हिंदी पत्रकारिता शर्मसार हो गई है। खुद न्यूज़ चैनलों के कर्ता-धर्ता स्वीकार करते हैं कि हालात बहुत बुरे हैं। जिन हिंदी पत्रकारों का पत्रकार ज़िंदा है वे अपराधबोध से ग्रस्त हैं और अपने आप से पूछ रहे हैं कि हम क्या थे, क्या हो गए हैं और क्या होंगे अभी। आख़िर अंध-विश्वास, चमत्कार, सेक्स, सनसनी और सिनेमा आदि के घटिया कंटेट का निर्माण करके वे किसका भला कर रहे हैं। दर्शकों का, अपना, चैनलपतियों का या फिर नैतिकताविहीन उद्योग-व्यापार जगत का। स्थिति इतनी बुरी है कि सरकार तक को हस्तक्षेप करने का मौका मिल रहा है। वो चैनलों को पत्रकारिता और सामाजिक ज़िम्मेदारी का पाठ पढ़ाने की कोशिश कर रही है। कंटेट कोड के बहाने चैनलों को नियंत्रण में करना चाहती है।

लेकिन अंग्रेज़ी के टीवी पत्रकार दूसरों पर हँसने और इल्ज़ाम लगाने से पहले अगर अपने अंदर झांक लें तो ठीक होगा। ये तो हम जानते ही हैं कि अंग्रेज़ी की पत्रकारिता चाहे वो प्रिंट की हो या फिर टेलीविज़न की, मुख्यधारा की पत्रकारिता कभी नहीं रही। वो एक वर्ग विशेष को समर्पित रही है और उसके हितों की पोषक भी। टेलीविज़न न्यूज़ के कुल दर्शकों का महज़ तीन-चार फ़ीसदी हिस्सा इसके पास है। इनका दर्शक वर्ग अभिजात्य वर्ग है। देश और समाज से कटा हुआ, जो अपने अलावा किसी के बारे में सोचता नहीं है और जिसके कोई सामाजिक सरोकार नहीं है। जो संपन्नता के द्वीपों में रहता है, जिसे विपन्नता के सागर से कुछ भी लेना देना नहीं है। इन्हें दक्षिणी दिल्ली की चिंता सताती रहती है। पूर्वी दिल्ली का सीलमपुर नहीं दिखता। इनके लिए कार्पोरेट वर्ल्ड की दिक्कतें सबसे बड़ी चिंताएँ हैं। ये खुले बाज़ार के पैरोकार हैं। विलासिता को ओढ़ते-बिछाते हैं। इन्हें हवाई सेवाओं में आने वाली अडचनों से परेशानी होती है, स्टेट ट्रांसपोर्ट की बसों और उसके मुसाफिरों से इनका कोई संबंध या सरोकार नहीं होता।

अंग्रेज़ी चैनलों को कभी हिंदुस्तानी आईने में अपना चेहरा भी देख लेना चाहिए। टाई कोट पहन लेने, अंतरराष्ट्रीय मामलों, आर्थिक उदारवाद या ब्याज़ की दरों पर गंभीर चर्चाएँ कर लेने से ही उत्कृष्ट पत्रकारिता का तमगा नहीं लग जाता। जेसिका लाल और प्रियदर्शिनी मट्टू के लिए मुहिम चलाने से वे जनता से नहीं जुड़ जाते। कभी ज़मीन पर उतरकर भी देखिए कि किसान किस हाल में हैं। गाँवों में किस तरह से ग़रीबी, बेरोज़गारी लोगों को लील रही है ये भी देखिए। उद्योग-व्यापार जगत के प्रवक्ता तो आप सहज भाव से बन जाते हैं मगर कभी मज़दूरों की भी बात कीजिए। वास्तव में आज़ादी के साठ साल बाद भी अंग्रेज़ी की पत्रकारिता अँग्रेज़ों की पत्रकारिता ही बनी हुई है, गोरे नहीं गेहुँए और काले अँग्रेज़ों की। श्रेष्ठताबोध से भरी हुई, शासित समाज को हेय भाव से देखती हुई। इसीलिए उसे न्यू ईयर और वैलेंटाइन डे आदि होली दीवाली से बड़े उत्सव लगते हैं। वो इन्हें जमकर सेलीब्रेट करती है।

लेकिन सवाल मानसिकता का नहीं है। बाज़ार का सवाल इससे भी बड़ा है। अंग्रेज़ी चैनलों का बाज़ार ही ऐसा है या कह लें कि उनकी टारगेट वीवरशिप ही ऐसी है कि उन्हें भूत-प्रेत, चमत्कार और अपराधों की दुकान नहीं सजानी पड़ती। उनको ये सुविधा मिली हुई है कि वे ये न करें और फिर भी मुनाफ़ा कमा सकें। उनके दर्शक हायर इनकम ग्रुप के होते हैं, जो महँगी कारें रखते हैं, एसी, रेफ्रीजिरेटर, प्लाज्मा टीवी आदि का इस्तेमाल करते हैं। विदेशों में व्यापार करते हैं या घूमने के लिए स्विट्ज़रलैंड और पेरिस जाते रहते हैं। विज्ञापनदाताओं का सबसे पसंदीदा वर्ग यही है। वो इन्हीं के बीच अपने उत्पादों को विज्ञापित करना चाहता है। ऐसे में अंग्रेज़ी चैनलों का काम आसान हो जाता है। वे छोटे से वर्ग की डिमांड पूरी करके भी

अच्छी कमाई कर लेते हैं। लेकिन हाँ सेक्स यहाँ बिकता है तो वो विभिन्न बहानों से बेंचा भी जाता है। विलासिता के साज-ओ-सामान और महँगी प्रापर्टी के बारे में विस्तार से बताया भी जाता है। गोरे-चिट्टे अंग्रेज़ी बोलने वाले सेलेब्रिटियों की माँग होती हैं तो उनकी आपूर्ति की जाती है।

अंग्रेज़ी चैनलों के बीच वैसी प्रतिस्पर्धा भी नहीं है जैसी हिंदी चैनलों के बीच चल रही है। ये प्रतिस्पर्धा दर्शकों और विज्ञापनों दोनों के लिए है। हिंदी का दर्शक वर्ग उतना संपन्न नहीं है जितना कि अंग्रेज़ी का और केक में हिस्सेदारी करने वाले भी बहुत हैं। हिंदी चैनलों को ज़िंदा रहने के लिए बहुत बार अप्रिय समझौतों के लिए बाध्य भी होना पड़ता है। ये बाध्यताएँ अंग्रेज़ी चैनलों के सामने होतीं तो उनके सतीत्व का भी परीक्षण हो जाता। वैसे उनकी दुनिया साफ़-सुथरी है ये भी एक भ्रम है। कई तरह के गोरखधंधे वे करते रहते हैं। ये भी नहीं भूलना चाहिए कि जिस हिंदी चैनल में सबसे ज़्यादा भूत-प्रेत दिख रहे हैं उसकी कमान ऐसे पत्रकार के हाथों में है जो मूलत: अंग्रेज़ी का ही पत्रकार है। यहीं नहीं, ज़्यादातर मीडिया संस्थानों में अंग्रेज़ी पत्रकारिता की पृष्ठभूमि के लोग ही चैनलों का संचालन कर रहे हैं।

कहने का मतलब ये है कि अंग्रेज़ी चैनल हिंदी चैनलों की बीमारियों से मुक्त हैं तो ये उनकी च्वायस(पसंद) नहीं है बल्कि कम्पल्सन(मजबूरी) है। दूसरी तरफ हिंदी चैनलों का दर्शक वर्ग ऐसा है जिसमें हिंदी पत्रकारिता के बहकने का जोख़िम बराबर बना रहता है। उसमें बहुत बड़ी आबादी सामाजिक-आर्थिक और शैक्षणिक तौर पर पिछड़ों की है। ख़ास तौर पर चैनलस्वामियों की मुनाफ़ाखोरी उसे इस वर्ग की कमज़ोरियों के दोहन के लिए धकियाती रहती हैं और तब अंग्रेज़ी के पत्रकारों की तरह उनके पास बहुत विकल्प नहीं रहते। अंग्रेज़ी के अधिकांश पत्रकार पत्रकारिता में धन कमाने नहीं शौक पूरा करने या शोहरत हासिल करने के लिए आते हैं। उनकी आर्थिक-सामाजिक हैसियत इतनी सुदृढ़ होती है कि दूसरे दरवाज़े खुलने में देर नहीं लगती। हिंदी का पत्रकार आज भी इस मामले में बेचारा ही होता है। हालाँकि इससे उसके अपराध कम नहीं हो जाते। छह-सात साल पहले टीवी की हिंदी पत्रकारिता ने जो प्रतिष्ठा अर्जित की थी अगर आज वो मिट्टी में मिलती नज़र आ रही है तो इसके लिए बाज़ार के साथ-साथ हिंदी के पत्रकार भी दोषी हैं। क्या वज़ह है कि हिंदी के पत्रकारों में मोटी तनख्वाहें और ऊँचे पद के लिए होड़ तो देखी जा सकती है मगर अच्छी सामग्री रचने की बेचैनी नहीं? वे संघर्ष का नहीं समर्पण के रास्ते पर क्यों चल पड़े हैं।

बहरहाल, बकौल भवानी प्रसाद मिश्र लब्बो लुआब ये है कि अंग्रेज़ी पत्रकारिता पर इतराने वालों-जैसा हम बोलते हैं वैसा तू लिख और फिर हमसे बड़ा तू दिख।

(सितंबर, 2007)

स्वतंत्रता और स्वच्छंदता

एक बार फिर सरकार और मीडिया आमने-सामने है। सरकार ब्रॉडकास्ट बिल के ज़रिए मीडिया की मुश्कें कसना चाहती है तो पत्रकार और मीडिया घराने इसे मीडिया को नियंत्रित करने और अभिव्यक्ति की आज़ादी पर अंकुश लगाने की कोशिश बता रहे हैं। जंग छिड़ गई है और इसका अंज़ाम भी तय है। चुनाव की घंटी बज चुकी है और सरकार मीडिया को एक हद से ज़्यादा नाराज़ करने का जोखिम नहीं उठा सकती। इसलिए अंततः उसे समर्पण करना पड़ेगा। मगर क्या सरकार के पास इतनी-सी भी समझ नहीं है कि स्थिति का सही-सही आकलन कर सके। है मगर अभी उसने प्रसारण विधेयक को नाक का सवाल बना रखा है। क़दम आगे बढ़ाकर पीछे खींचने में उसे अपनी हेठी नज़र आ रही है। दरअसल, हमारी सरकारों ने अतीत से कुछ भी न सीखने की कसम खा रखी है। सूचना एवं प्रसारण मंत्रियों की बात तो और भी निराली होती है। उन्हें तब तक अपने वजूद का एहसास ही नहीं होता है जब तक कि तलवार भांजने का मौका न मिले। प्रसार भारती बनने के बाद मंत्री और मंत्रालय दोनों की उपयोगिता लगभग ख़त्म हो चुकी है। मगर क्या करें आदत से लाचार हैं। जब-तब उन पर दरोगागीरी करने की धुन सवार हो जाती है। गाहे-बगाहे डंडा लेकर निकल पड़ते हैं मीडिया मंडी में। कोई भारतीय संस्कृति का ठेकेदार बन जाता है तो कोई अश्लीलता-विरोध का झंडाबरदार। लेकिन दर्पण में अपना मुखड़ा कोई नहीं देखता कि वो कैसा है, कितना कुरूप और अलोकतांत्रिक है।

अब सरकार जो ये बिल ला रही है टीवी चैनलों को ठीक करने के मकसद से, उसे ही ले लीजिए। इसके प्रारूप में ऐसी चीज़ें भरी पड़ी हैं जो सीधे-सीधे बता देती हैं कि सरकार की मंशा क्या है, वो क्या चाहती है। हालाँकि सरकार के द्वारा आधार ये बनाया जा रहा है कि टीवी चैनल ग़ैर ज़िम्मेदार हो गए हैं, वे देश हित और जन हित की अनदेखी करके ऐसी सामग्री परोस रहे हैं जो सामाजिक सेहत के लिए क़तई ठीक नहीं है। चैनलों के बारे में इस आकलन से आज अधिकांश लोग सहमत होंगे, मगर सरकार तो इसकी आड़ में दूसरा ही खेल खेलना चाहती है। उसे तो बहाना चाहिए मीडिया को अपने इशारों पर नचाने का। वो ऐसे रास्ते तलाश रही

है जिनसे मीडिया को काबू में किया जा सके। मगर अव्वल तो सरकार को अपने गिरेबाँ में झांककर देखना चाहिए कि वो खुद सामाजिक हित की कितनी परवाह कर रही है। सालों से राजनीति के अपराधीकरण की बात हो रही है, उसने क्या किया? चुनाव सुधार की मांग करते-करते चुनाव आयोग का गला सूख गया है, क्या सरकार ने चुनाव सुधार के कोई क़दम उठाए? सेज़ को मंजूरी देने में उसे कोई वक़्त नहीं लगता मगर किसानों की आत्महत्याओं पर सरकार आँखें मूंदे रहती है। हजारों करोड़ का पैकेज बिचौलिए खा गए और वो कुछ नहीं कर पाई। कहने का मतलब ये है कि ऐसी सरकार के पास कोई नैतिक बल नहीं बचता, जो खुद गले तक कीचड़ में धंसी हुई हो। मगर पाखंड की इंतहा देखिए कि वही ये तय करना चाहती है कि क्या समाज के हित में है और क्या नहीं।

वास्तव में सरकार की नीयत का पता इसी से चल जाता है कि वो स्टिंग ऑपरेशन पर पाबंदी लगाने के लिए सबसे ज़्यादा मचल रही है। ठीक है कि उसे स्टिंग ऑपरेशन ने परेशान किया हुआ है और वही क्यों, पूरी राजनीतिक बिरादरी स्टिंग ऑपरेशन से आतंकित है। जिस तरह से ऑपरेशन दुर्योधन और ऑपरेशन चक्रव्यूह ने बहुत सारे सांसदों की पोल खोली और फिर उनकी सदस्यता तक चली गई, उसके बाद से नेताओं का डर गई गुना बढ़ गया है। ऐसे में कुछ करने के लिए नेताओं का दबाव उस पर पड़ ही रहा होगा। ये महज़ संयोग नहीं है कि विधेयक में जिस कंटेंट कोड की बात कही गई है उसमें सबसे ज़्यादा ज़ोर स्टिंग ऑपरेशन को रोकने पर ही दिया गया है। कंटेंट कोड का प्रारूप कहता है, "टीवी चैनल ऐसी कोई भी सामग्री टेलीकास्ट नहीं कर सकते जिसमें किसी व्यक्ति के निजी मामलों का ज़िक्र हो या फिर जो उसकी निजी ज़िंदगी में हस्तक्षेप करती हो बशर्ते वो साफ़ तौर पर जनहित में ज़रूरी न हो।" अब हर स्टिंग ऑपरेशन कहीं न कहीं जाकर किसी न किसी के व्यक्तिगत जीवन में घुसपैठ तो करता ही है और अगर उक्त चीज़ें कानून बन गई तब तो स्टिंग ऑपरेशन करना ही मुश्किल हो जाएगा और सरकार यही चाहती भी है।

मीडिया पर नकेल लगाने के और भी इंतज़ाम वो बिल में कर लेना चाहती है। इसमें देश हित के नाम पर कार्रवाई करने से लेकर प्राकृतिक आपदाओं के समय नियंत्रण अपने हाथों में लेना तक शामिल है। देश हित एक ऐसी चीज़ है जिसकी व्याख्या सैकड़ों तरह से की जा सकती है, सरकार किसी चैनल या मीडिया प्रतिष्ठान से नाराज़ होकर तहलका जैसे किसी स्टिंग ऑपरेशन को ही देशद्रोह बता सकती है। आज मीडिया की स्वतंत्रता के पैरोकार बन रहे अटल-आडवाणी की सरकार के लोगों ने ऐसा किया भी था। किसी नक्सलवादी नेता का इंटरव्यू दिखाने वाले चैनल को देशद्रोह के आरोप में धरा जा सकता है। प्राकृतिक आपदा के समय मीडिया को अपने हाथ में ले लेना तो और भी हास्यास्पद है। आख़िर सरकार ऐसा

करके क्या कर लेगी? उसकी कुशलता तो हर आपदा के समय हमने देखी ही है। हर मोर्चे पर वो फेल ही होती है। बल्कि ऐसे मौक़ों पर तो मीडिया स्वयं ही सेवा-भाव से सराबोर हो जाता है और सरकारी माध्यमों से ज़्यादा तत्परता से काम करता है। उसकी भूमिका ज़्यादा सकारात्मक होती है।

ब्रॉडकास्ट बिल में जिस नियमन प्राधिकरण के गठन की बात की गई है उसे दिए जाने वाले अधिकार भी उसकी मंशा को ही ज़ाहिर करने वाले हैं। प्राधिकरण के सदस्यों को अधिकार दिए गए हैं कि वे किसी भी कार्यक्रम के प्रसारण को रोक सकते हैं। इस प्रावधान का कई तरह से दुरुपयोग हो सकता है। सरकार और प्रतिद्वंद्वी दोनों ही अपने-अपने हितों की रक्षा के लिए प्राधिकरण को औजार बना सकते हैं। इसी तरह एक और ख़तरनाक बात इस बिल में ये है कि प्राधिकरण के सदस्य किसी भी मीडिया संस्थान में जाकर तलाशी ले सकते हैं, किसी उपकरण या सामग्री को ज़ब्त कर सकते हैं। बिल में सज़ा और जुर्माने की भी व्यवस्था की गई है। यहाँ तक कि सरकार के कहने पर लायसेंस रद्द करने तक का अधिकार इस प्राधिकरण को होगा। प्राधिकरण की कार्रवाई को अदालतों में चुनौती भी नहीं दी जा सकेगी क्योंकि प्रस्तावित विधेयक की धारा 37 के प्राधिकरण को असाधारण अधिकार दिए गए हैं।

ऐसे में अगर मीडिया जगत इस विधेयक को काला कानून कह रहा है तो ये निराधार नहीं है। उसका गुस्सा और विरोध अपनी जगह पर सौ फीसदी सही है। सरकार को ऐसे किसी कानून को बनाने से रोकना निहायत ज़रूरी है। वैसे भी जिन चीज़ों को रोकने की बात वो कर रही है उन्हें रोकने के लिए पहले से ही पर्याप्त कानून मौजूद हैं। अगर उसकी नीयत साफ़ होती तो उन्हीं का इस्तेमाल करके वो बहुत कुछ कर सकती थी। रही बात कंटेंट कोड की तो उसकी ज़रूरत सभी महसूस कर रहे हैं मगर वो क्या हो, कौन बनाए और उसे सरकार या सरकार द्वारा गठित कोई प्राधिकरण लागू करे ऐतराज़ इसको लेकर है। इसलिए मीडिया का विरोध बिल्कुल सही है। मगर मुश्किल ये है कि वो खुद भी पाखंड का शिकार है। पर उपदेश कुशल बहुतेरे की स्थिति यहाँ भी है। एक तरफ़ तो मीडिया सरकार को आए दिन नसीहतें देता रहता है मगर दूसरी ओर खुद पर उसका कोई अंकुश नहीं है। पूरी इंडस्ट्री मान रही है कि टेलीविज़न चैनलों और ख़ास तौर पर न्यूज़ चैनलों ने तमाम लक्ष्मणरेखाएँ लांघ दी हैं। चैनलों में सेक्स, सनसनी, भूत-प्रेत, चमत्कार, अंधविश्वास, हिंसा और सेक्स जैसी नकारात्मक सामग्री की भरमार हो गई है और ऐसे में मीडियाकर्मियों का नैतिक आधार भी कमज़ोर पड़ गया है। वे आज खम ठोंककर ये नहीं कह सकते कि वे जो दिखा रहे हैं वो सही है। कुछ लोग बाज़ार तथा मालिकों के दबावों, मजबूरियों और कुछ कुतर्कों का सहारा लेकर स्थिति को सही ठहराने की नाकाम कोशिश ज़रूर करते हैं मगर अंत में वे भी मानते हैं कि

कहीं न कहीं कुछ तो गड़बड़ है।

इस स्तंभ में हम पिछले डेढ़ साल से लगातार न्यूज़ चैनलों में पनप रही इन समाजविरोधी प्रवृत्तियों की तरफ़ ध्यान खींचते रहे हैं और आगाह भी करते रहे हैं कि उन्हें आत्म-अनुशासन से काम लेना चाहिए। हम ये भी बराबर कहते रहे हैं कि इससे पहले कि सरकार किसी तरह की आचार संहिता उन पर थोपे, उन्हें स्वयं अपने लिए आचार संहिता बनानी चाहिए। अफ़सोस की बात ये है कि आज भी जब सरकार की ओर से कंटेंट कोड की बात ज़ोर-शोर से उठाई जा रही है तो वे खुद को उसका विरोध करने तक ही सीमित रखे हुए हैं। सामने आकर वे क्यों नहीं कहते कि ये है हमारा कंटेंट कोड और हम इस तरह आत्म-अनुशासन से स्थिति को सुधारेंगे। सरकार के प्रति न सही समाज और दर्शकों के प्रति तो उनकी कोई जवाबदेही है ही। आख़िर अभिव्यक्ति की स्वतंत्रता स्वेच्छाचारिता का लायसेंस तो है नहीं। बिना किसी ज़िम्मेदारी के हम जो जी में आए दिखाते रहें, ऐसा तो हो नहीं सकता।

कंटेंट कोड कोई ऐसी बुरी चीज़ भी नहीं है जिसका अंध-विरोध किया जाए। अमेरिका, ब्रिटेन और आस्ट्रेलिया जैसे तमाम लोकतांत्रिक देशों में कंटेंट कोड हैं। उनके आधार पर मीडिया अनुशासित भी होता है और गलती करने पर उसके ख़िलाफ कार्रवाई भी होती है। अगर बिग ब्रदर में नस्लभेदी टिप्पणी होती है तो निर्माताओं पर भारी जुर्माना होता है और फिर कार्यक्रम भी अंततः बंद हो जाता है। पॉप गायिका जैनेट जैक्सन ने अपने टीवी शो के दौरान जो करतब दिखाए थे उसकी सज़ा उस चैनल को भुगतनी पड़ी थी। इसलिए मीडिया को स्वयंभू होने के भाव से उबरना चाहिए, अहमन्यता से मुक्ति पानी चाहिए और ऐसी कोई व्यवस्था बनाने की कोशिश करनी चाहिए, जिससे उसकी विश्वसनीयता भी बहाल हो और सरकार को आइंदा दखल देने का मौका भी न मिले।

एक बात और, ब्रॉडकास्ट रेग्यूलेटरी एथॉरिटी बिल में एक प्रावधान क्रास मीडिया ऑनरशिप (विविध मीडिया यानी प्रिंट, रेडियो और टीवी के स्वामित्व) से भी संबंधित हैं। इसमें सरकार ने मीडिया घरानों के एकाधिकार को रोकने की व्यवस्था की है। ज्यादातर मीडिया घराने इस विधेयक का विरोध केवल इसीलिए कर रहे हैं। उनकी मीडिया की स्वतंत्रता में दिलचस्पी और निष्ठा का केवल वहीं तक सीमित है जहाँ तक कि मुनाफ़े पर इसका असर पड़ता है। ऐसे में मीडियाकर्मियों को ध्यान में रखना होगा कि वे उनके लिए कंधों की तरह इस्तेमाल न हों।

(अक्टूबर, 2005)

चक दे इंडिया यानी चक दे मार्केट!

किसी ने सोचा भी नहीं था कि कुछ समय पहले विश्वकप में अपनी इज्ज़त-आबरू लुटाकर लौटी भारतीय टीम 20-20 विश्वकप जीत लेगी और उसकी जीत पर मीडिया सब कुछ छोड़कर उसकी जय-जयकार करते हुए, झंडा थामकर उसके विजय जुलूस में शामिल हो जाएगा। वो इस क़दर दीवाना हो जाएगा कि दुनिया की तमाम घटनाएँ और ख़बरें उसके लिए बौनी हो जाएँगी और वो इस कामयाबी का ऐसा कवरेज़ करेगा कि लोग न्यूज़ देखने को तरस जाएँगे। इसमें संदेह नहीं कि जोहानिसबर्ग में भारतीय टीम की विजय ने जो दृश्य रचना की थी वो अभूतपूर्व थी। उसमें एक्शन, ड्रामा और इमोशन सभी कुछ था। ये तमाम क्रिकेट प्रेमी भारतीयों को उद्वेलित करने वाली दृश्यावली(और ऐसी दृश्यावली टेलीविज़न उद्योग के लिए बहुत लाभ की होती है) थी। विश्व स्तर पर मिली इस सफलता ने उन्हें रोमांच और गौरव से भर दिया था और ज़ाहिर है कि वे इसे सेलीब्रेट करना चाहते थे। मगर उनमें उन्माद का संचार किया मीडिया ने। चैनलों ने खिलाड़ियों के जौहर के ऐसे गुणगान किए कि दर्शक पागल होने लगे। और तो और खुद चैनल चलाने वालों ने ही छोटे परदे पर जश्न का लाइव आयोजन कर डाला। खिलाड़ियों की घर वापसी पर स्वागत और विजय जुलूस को भी उसने इसी तरह से हाइप दिया। पूरे दिन चैनलों पर यही जुलूस भरा हुआ था। पल-पल की ख़बर दी जा रही थी और एंकर-रिपोर्टर पत्रकारिता की सीमाओं से परे जाकर टीका-टिप्पणियाँ कर रहे थे। वे माहौल में क्रिकेट-उन्माद भरने में प्रतिस्पर्धा कर रहे थे। मानो वे ये साबित करने में लगे हुए थे कि सबसे बड़े देशभक्त वही हैं और जो इस समय क्रिकेट बाँकुरों की विश्व विजय पर ताली नहीं बजा रहा उस पर संदेह किया जाना चाहिए।

ऐसी किसी भी उपलब्धि पर राष्ट्रीय भावनाओं का विस्फोट होना एक स्वाभाविक सी बात है। ख़ास तौर पर तब जबकि क्रिकेट जैसे अत्यधिक लोकप्रिय खेल के विश्वकप में जीत मिले तो लोगों में देशभक्ति का ज्वार उठना ही था (इस राष्ट्रवाद में हिंदू राष्ट्रवाद की मिलावट भी हो गई थी, क्योंकि भारतीय टीम ने फाइनल में पाकिस्तान को हराकर विश्वकप पर कब्ज़ा जमाया था। इसीलिए जीत की रात पटाखों की गूँज कुछ ज़्यादा ही थी)। मीडिया और पत्रकारों पर भी इसका

रंग चढ़ना ग़ैर वाज़िब नहीं कहा जा सकता। आख़िर वे भी इस मुल्क के नागरिक हैं और देश की सफलता-असफलता पर तटस्थ नहीं रह सकते। मगर क्या विवेक खोकर भावनाओं में बह जाना सही माना जा सकता है? यहीं पत्रकारिता का ये बुनियादी सवाल भी उठता है कि मीडिया का क्या काम है, घटनाओं को रिपोर्ट करना या उसका हिस्सा बन जाना? 20-20 विश्वकप में भारत की सफलता की न्यूज़ चैनलों ने रिपोर्टिंग कम की, वे घटना के हिस्सेदार ज़्यादा बन गए। वे पत्रकार कम वाहवाही करने और करवाने वाले की भूमिका में ज़्यादा थे। ये पत्रकारिता नहीं है। यहाँ थोड़े संयम की दरकार थी जो उन्होंने नहीं दिखाया।

न्यूज़ चैनलों के इस तरह के व्यवहार के पीछे कई वजहें हैं। एक सीधी-सादी वजह तो ये है कि क्रिकेट बिकता है और टीआरपी के गणित के हिसाब से भी क्रिकेट को लेकर पगला जाना दरअसल फ़ायदेमंद सौदा है। जब बात धंधे की आ जाती है तो पत्रकारिता तो वैसे भी प्राथमिकता से बाहर हो जाती है। लेकिन मामला यहीं तक सीमित नहीं है। इस सबसे भी महत्त्वपूर्ण चीज़ वो है जो दिखलाई नहीं दे रही। असल बात ये है कि शासक वर्ग की इंडिया शायनिंग कैंपेन (अभियान) का झंडा अब उसने उठा लिया है। चक दे इंडिया का नारा अब हर कहीं सुनाई पड़ रहा है। फिल्मों से आया ये मुहावरा मीडिया की बदौलत ही अब हर जगह इस्तेमाल होने लगा है । मीडिया (टीवी चैनल और पत्र-पत्रिकाएँ सभी) खेल या दूसरे क्षेत्रों में मिल रही इक्का-दुक्का सफलताओं को शो केस करके ये धारणा बनाने में लगा हुआ है कि देखो देश कितनी तेज़ी से तरक्की कर रहा है, देशवासियों का आत्मविश्वास बढ़ गया है और अब वो दुनिया फतह करने वाले हैं। विदेशी कंपनियाँ जब भारतीय कंपनियों को हजम कर जाती हैं तो छोटी सी ख़बर भी नहीं बनती मगर कोई भारतीय उद्योगपति किसी विदेशी कंपनी का अधिग्रहण करता है तो मीडिया इसे देश की सफलता का रंग देकर खूब प्रचारित करता है। चक दे इंडिया का दर्शन दरअसल चक दे बाज़ार का दर्शन है। ये एक तरह से फील गुड पत्रकारिता का महाविस्तार भी है। इसमें संपन्नता के टापुओं की प्रगति मैदान टाइप नुमाईशें लगाई जाती है और ग़रीबी के महासागर को परिदृश्य से गायब कर दिया जाता है। मीडिया सत्ता के इस विमर्श को आगे बढ़ाने में लगा हुआ है कि भूमंडलीकरण, निजीकरण और उदारीकरण की वजह से ही ये सुखद परिवर्तन संभव हो रहे हैं और इन्हीं के ज़रिए देश सुपर पॉवर बन सकता है। मध्यवर्ग पर इसका असर भी पड़ रहा है। मध्यवर्गीय लोगों से बात करके देखिए, वे फौरन प्रगति के पहाड़े पढ़ने लगेंगे और भावी भारत का नक्शा खींचने में जुट जाएँगे।

इंडिया शायनिंग और फील गुड के इस विमर्श का विस्तार करने की गरज़ से ही मीडिया बार-बार रेखांकित करने में लगा रहता है कि धोनी को देखिए, जोगिंदर शर्मा को देखिए, आर.पी.सिंह को देखिए, बदले हुए भारत में अब छोटे-छोटे शहरों और

कस्बों से प्रतिभाएँ निकल रही हैं और अपना लोहा मनवा रही हैं(हालाँकि जिस तरह से क्रिकेट लोकप्रिय हुआ है उससे सामान्य तौर पर भी ये तो होना ही था)। ये उत्पादों के प्रचार के लिए सेलेब्रिटी निर्माण की प्रक्रिया भी है। यही नायक इन शहरों और कस्बों में रहने वालों को कोका कोला-पेप्सी पीने, पिज़्ज़ा-बर्गर खाने, कारें खरीदने के लिए कहेंगे और इसी को तरक्की का रास्ता भी बताएँगे। संदेश यही है कि अब तुम्हारे रास्ते में कोई रुकावट नहीं है। कहां हो तुम, इधर-उधर की छोड़ो। अवसर बरस रहे हैं, यही मौका है इसलिए चूको मत। यही वजह है कि पूरा मध्यवर्ग इस प्रचार-प्रसार की चपेट में है, चमत्कृत है। मीडिया का ये मायाजाल उसे समझ में नहीं आ रहा या फिर उसे रास आ रहा है। उसे विकास की चकाचौंध दिख रही है, उसके पीछे का अँधेरा नहीं। दिखेगा भी कैसे। मीडिया जब उसे दिखाएगा तभी तो वो देख पाएगा।

मीडिया का ये बाज़ार-विमर्श न्यूज़ चैनलों तक ही सीमित नहीं है, मनोरंजन के चैनलों में भी जमकर फल फूल रहा है। बल्कि अगर ये कहा जाए कि दोनों के साझे अभियान के तहत इसे फैलाया जा रहा है तो ग़लत नहीं होगा (वैसे भी दोनों तरह के चैनलों में अब बहुत कम अंतर रह गया है)। इसका ताज़ातरीन उदाहरण हैं विभिन्न मनोरंजन चैनलों पर चलने वाली संगीत की प्रतियोगिताएँ या रियलिटी शो। इन रियलिटी शो के बड़े-बड़े टुकड़े न्यूज़ चैनलों में ख़बरों और कार्यक्रमों के रूप में बारंबार दिखाए जा रहे हैं। इन टुकड़ों ने ख़बरों का समय हथिया लिया है (पहले अपराध, भूत-प्रेतों, चमत्कारों और कॉमेडी ने हथियाया हुआ था)। इन्हें इस तरह से परोसा जा रहा है मानो यही असली ख़बरें हों। सोनी टीवी के इंडियन आयडल में दार्जिलिंग के प्रशांत तमांग की जीत को तो उन्होंने राष्ट्रीय घटना का रूप दे दिया। यहाँ भी महानगरों से बाहर मार्केट की तलाश दिख रही है। बाज़ार उन क्षेत्रों पर भी नज़र गड़ाए हुए है जहाँ किसी वजह से वो अभी तक अपने आधुनिकतम रूप में नहीं पहुँचा पाया है। पूर्वोत्तर भारत भी इनमें से एक है। हरियाणा, पंजाब पश्चिम बंगाल या पूर्वोत्तर भारत की छोटी-छोटी जगहों के प्रतियोगियों को शामिल करने और उन्हें शिखर पर बैठाने की कवायद को एक प्रतियोगिता का स्वाभाविक परिणाम या प्रतिभा की जीत भर मान लेना भूल होगी (ज़रा पता कीजिए कि इन प्रतियोगिताओं द्वारा ढूँढ़ी गई प्रतिभाओं का क्या हश्र हुआ है। सोनू निगम और श्रेया घोषाल को छोड़ दें तो बाक़ी जाने कहाँ गुम हो गए हैं। यहाँ तक कि बड़ी धूमधाम से इंडियन आयडल बनाए गए युवा तक कहीं पहुँच नहीं पा रहे हैं)।

रियलिटी शो यानी घटनाओं को गढ़ना। ये कार्यक्रम मनगढ़ंत घटनाओं से बनते हैं। मनोरंजन के चैनल संगीत के रियलिटी शो में घटनाओं की रचना करते हैं। कहने को तो ये घटनाएँ मनोरंजन के उद्देश्य से रची जाती हैं मगर इनका असली मक़सद वही है जो टीवी चैनलों और बाज़ार का है। इन कार्यक्रमों में आज़माए जा रहे मार्केटिंग के हथकंडों से इसे बेहतर समझा जा सकता है।

अव्वल तो ये प्रतियोगिताएँ केवल और केवल प्रतिभा के आधार पर नहीं हो रहीं। इनमें अच्छा गाने वाला ही विजयी हो ये ज़रूरी नहीं है। कोई थोड़ा कम अच्छा गाए मगर एसएमएस वोटिंग में आगे हो तो वो बाज़ी मार ले जाएगा। एसएमएस वोटिंग पारदर्शी नहीं है और इसे धंधे के हिसाब से तोड़ा-मरोड़ा जाता है। एसएमएस मतदान को बढ़ावा देने के लिए भी तरह-तरह के छल-छद्म रचे जाते हैं, क्योंकि मुनाफ़ा बटोरने का ये भी एक बड़ा ज़रिया है। कार्यक्रम निर्माता इसके लिए क्षेत्रीय भावनाएँ उभारने से नहीं चूकते। इंडियन आयडल कार्यक्रम के दौरान भले ही ये कहीं न दिखा हो मगर पूर्वोत्तर भारत में नेपालियों और मेघालय के लोगों की भावनाओं को उभारने के लिए कंपनियों ने बाकायदा अभियान चलाए। प्रतियोगियों के पोस्टर लगवाए गए, उनकी सभाएँ और रैलियाँ निकलवाई गईं। जातीय आधार पर भी लोगों को एसएमएस करने के लिए उकसाया गया।

संगीत से जुड़े इन रियलिटी शो में मार्केटिंग के और भी नुस्खे आज़माए जा रहे हैं। इनमें परिणामों को लेकर सस्पेंस का स्रजन किया जाता है। ड्रामा डालने के लिए निर्णायकों की नकली लड़ाईयां करवाई जाती हैं। प्रतियोगी निर्णायकों या मेहमानों के साथ प्यार-मोहब्बत के लटके-झटके करते हैं। एंकर भी उनके साथ छेड़छाड़ करते रहते हैं। इमोशन पैदा करने के भी तयशुदा फार्मूले आज़माए जाते हैं। प्रतियोगियों की हार-जीत और आँसू इसमें काम आते हैं। दर्शकों को भावनात्मक रूप से बाँधने के लिए माँ-बाप और रिश्तेदारों के रोने-धोने के भावुक दृश्यों का निर्माण भी किया जाता है। कार्यक्रम में ग्लैमर की छौंक लगाने के लिए फिल्मी सितारों को बुलाकर नचाया, गवाया जाता है। अब तो इन कार्यक्रमों को फिल्मों के प्रमोशन के लिए भी इस्तेमाल किया जाने लगा है। दर्शकों का इस तरह से इस्तेमाल निश्चय ही आपत्तिजनक है। मगर सबसे ज़्यादा काबिल-ए-ऐतराज़ बात ये है कि न्यूज़ चैनल भी इसके लिए इस्तेमाल हो रहे हैं या न्यूज़ चैनल इन कार्यक्रमों को इस्तेमाल कर रहे हैं या फिर दोनों ही एक दूसरे का इस्तेमाल कर रहे हैं। इस परस्पर लाभ के गणित में नुकसान दर्शकों का होता है। वे सरासर बेवकूफ बनाए जा रहे हैं।

यहीं ये प्रश्न उठता है कि क्या घटनाएँ गढ़ने या फिर गढ़ी हुई घटनाओं को व्यापक प्रचार-प्रसार देकर भुनाने की कोशिश को पत्रकरिता की नैतिकता के लिहाज़ से सही माना जा सकता है? लेकिन शायद इस तरह के सवाल उठाना ही ग़लत हैं क्योंकि पहले तो यही तय होना है कि इस तरह के कार्यकलाप पत्रकारिता के अंतर्गत आते भी हैं या नहीं। अगर आते हैं तो इस तरह के प्रश्न बेमानी हो जाते हैं और यदि नहीं आते हैं या ये पत्रकारिता के मुखौटे में मनोरंजन की दुकानदारी है तो इसका इलाज कंटेट कोड और उसके द्वारा निर्धारित किए जाने वाले दंड विधान से ही संभव होगा।

(नवंबर, 2007)

गुजरात दंगों का सच

गुजरात के दंगों को लेकर तहलका द्वारा किए गए स्टिंग ऑपरेशन ने भारतीय जनता पार्टी और गुजरात सरकार को सरे आम नंगा कर दिया है। वे लाजवाब हो गए हैं। उनके पास कुछ कहने को नहीं रह गया है इसलिए उन्होंने मौन व्रत धारण कर लिया है। मोदी दंगों के सवाल पर टीवी इंटरव्यू बीच में ही छोड़कर उठ जाते हैं और लौह पुरुष आडवाणी कन्नी काट जाते हैं। पूरे संघ परिवार ने ही रहस्यमयी चुप्पी साध रखी है। क्या इस मौन को अपराध स्वीकार का लक्षण नहीं माना जाना चाहिए?

तहलका के स्टिंग ऑपरेशन का एक नहीं दो वजहों से महत्त्व है। अव्वल तो इस स्टिंग ऑपरेशन के बाद स्टिंग ऑपरेशन के संबंध में लोगों की राय बदलने लगी है। दिल्ली की एक शिक्षिका उमा खुराना के साथ किए गए फर्ज़ी स्टिंग ऑपरेशन ने न्यूज़ चैनलों की विश्वसनीयता को बेहद गिरा दिया था और लोग इसकी मुखाल्फत भी करने लगे थे (नेता बिरादरी तो इस बदले हुए माहौल का लाभ उठाकर स्टिंग ऑपरेशन पर रोक लगाने के लिए कमर कसने लगी थी)। मगर तहलका के ताज़ा तहलका ने उन्हें अपनी राय बदलने के लिए मजबूर किया है। बहुत से लोग स्टिंग ऑपरेशन को पहले अनैतिक और पत्रकारिता विरोधी मानते थे, मगर अब वे भी मानने को विवश हुए हैं कि नहीं इसकी उपयोगिता को नकारा नहीं जा सकता। दूसरी महत्त्वपूर्ण बात इस स्टिंग ऑपरेशन के प्रदर्शन के दौरान ये सामने आई है कि कैसे केबल आपरेटरों की मदद से ख़बरों को सेंसर किया जा रहा है या किया जा सकता है।

पहले बात स्टिंग ऑपरेशन की। सब जानते हैं कि गुजरात में गोधरा कांड के बाद हुए दंगे पूरी तरह से प्रायोजित थे। परिस्थितियाँ बता रही थीं कि दंगे स्वतः स्फूर्त नहीं थे, जैसा कि मॉस मर्डरर के नाम से कुख्यात गुजरात के मुख्यमंत्री नरेन्द्र मोदी और उनका संघ परिवार प्रचारित करता रहा है। वे पूरी तरह से सुनियोजित थे। मगर इसको स्थापित करना बड़ा मुश्किल हो रहा था। संघ परिवारी बेशर्मी के साथ इसे झुठला देते थे। मगर स्टिंग ऑपरेशन में चौदह लोगों ने जो कुछ कहा वो इस बात का अकाट्य प्रमाण है कि कि मोदी और उनकी सरकार के इशारे पर

पुलिस और प्रशासन ने दंगाईयों को ये खुली छूट दी थी कि तीन दिन के अंदर जितने मुसलमानों का सफाया कर सकते हो कर लो। यही नहीं, उन्होंने हिंदू जिहादियों की हर तरह से मदद भी की। इस अभयदान का लाभ उठाते हुए विश्व हिंदू परिषद, बजरंग दल और राष्ट्रीय स्वयंसेवक संघ के नेताओं और कार्यकर्ताओं ने जमकर कत्ले आम मचाया। इस नरसंहार में हिंदुओं की बहुप्रचारित उदारता के भी खूब दर्शन हुए। उन्होंने बलात्कार किए और मुसलमानों के टुकड़े-टुकड़े करके समारोहपूर्वक जलाने जैसे वीभत्स काम भी कर डाले। यहाँ तक कि गर्भवती महिला का पेट चीरकर शिशु की हत्या करके उन्होंने अपनी संस्कृति, शौर्य और पराक्रम का भी खूब परिचय दिया। उनकी इन करतूतों के लिए क्रूरता, निर्ममता और नृशंसता जैसे शब्द बहुत हल्के पड़ गए। मगर मुख्यमंत्री और उनकी सरकार ने हत्यारों की पीठ ठोंकी। उन्हें हर तरह से बचाने की कोशिश की। यहाँ तक कि न्याय प्रक्रिया को भी इसके लिए इस्तेमाल किया गया। डेढ़ हज़ार मुसलमानों के इस संहार के बाद कायदे से मोदी सरकार को बने नहीं रहना चाहिए था मगर वह न केवल कायम रही बल्कि इन्हीं तिकड़मों से एक और बार चुनकर आने की तैयारी कर रही है।

इंडियन एक्सप्रेस, हिंदू और एनडीटीवी के पत्रकारों ने अपनी रिपोर्टों में बहुत पहले ही ये भेद खोल दिया था कि गुजरात के दंगों का सच क्या है। देश की सर्वोच्च अदालत की कड़ी टिप्पणियों ने भी मोदी और उनकी सरकार को नंगा किया, मगर इसका कोई ऐसा पक्का सबूत सामने नहीं आया था, जिसके आधार पर आम अवाम अंतिम तौर पर अपनी राय बना सकते। तहलका के स्टिंग ऑपरेशन ने पहली बार इस नरसंहार में शामिल लोगों को बेनकाब कर दिया। तहलका ने उन्हीं से कहलवा दिया कि उन्होंने दंगों को कैसे अंजाम दिया और मोदी, राज्य सरकार, पुलिस और प्रशासन की इसमें क्या भूमिका थी। स्टिंग ऑपरेशन में खुद दंगाईयों ने बताया कि किस तरह से मुख्यमंत्री ने उन्हें शाबाशी दी और कैसे पुलिस उनकी मदद कर रही थी। इस खोजी रिपोर्ट में पुलिस अधिकारियों ने कबूला कि उन्होंने कानून-व्यवस्था की रक्षा करने के अपने कर्तव्य को किस तरह से पूरा किया। सोचिए अगर ये स्टिंग न होता तो ये तमाम सचाईयाँ आरोप बनकर रह जाते। इनको स्थापित करना बहुत मुश्किल हो जाता। जाँच एजंसियाँ ये काम कर नहीं पातीं और कर भी लेतीं तो उन्हें राजनीति से प्रेरित बताकर संघ परिवार खुद को पाक-साफ़ बताने में कामयाब हो सकता था। मगर गुजरात दंगों के गुनहगार क्या अब छिपे रह सकते हैं? बेशक वे अभी भी बचने के हर संभव उपाय करेंगे और मोदी सरकार उन्हें बचाने की तमाम कोशिशें भी करेगी जो कि अभी तक वो करती भी रही है, मगर स्टिंग ऑपरेशन से बच निकलने की गली अब और भी तंग हो गई है। ये सही है कि गुजरात की अधिकांश हिंदू जनता के मानस पर इस समय मोदी और उनका गुजरात गौरव

अफीम के नशे की तरह हावी है। मुमकिन है कि वो अभी इस तरह के सच को स्वीकार न करे और नरेंद्र मोदी तमाम बदनामियों के बावजूद फिर से सत्ता पर काबिज़ हो जाएँ। मगर इससे स्टिंग ऑपरेशन द्वारा किए गए रहस्योद्घाटन का महत्त्व कम नहीं हो जाता। कम से कम इसने देश और दुनिया को ये तो बता दिया कि संघ परिवार द्वारा गुजरात में चलाई जा रही प्रयोगशाला में किस तरह के प्रयोग किए जा रहे हैं और अगर उसे दूसरी जगहों में मौके दिए गए तो कितने ख़तरनाक नतीजे निकल सकते हैं।

गुजरात दंगों से जुड़ा एक और महत्त्वपूर्ण स्टिंग ऑपरेशन कुछ समय पहले भी किया गया था। इस स्टिंग कथा में बताया गया था कि कैसे ज़ाहिरा शेख़ को बयान बदलने के लिए एक भाजपा नेता ने पैसे दिए थे। इससे ये भी साबित हुआ था कि दंगाईयों को बचाने के लिए मोदी एंड कंपनी किस हद तक जा सकती है। वो गवाहों को खरीद सकती है, उन्हें डरा-धमका या मरवा सकती है। यानी पहले और इस बार स्टिंग ऑपरेशनों के ज़रिए ही निर्णायक तौर पर दिखा कि मोदी सरकार और उनकी पार्टी किस एजेंडे पर और कैसे काम कर रही है। क्या इसके बाद भी स्टिंग ऑपरेशन की उपयोगिता पर प्रश्नचिन्ह लगाया जा सकता है? कृपया उपयोग-दुरूपयोग की बात न करें क्योंकि वह तो किसी भी अस्त्र-शस्त्र का किया जा सकता है। इन परिणामों को देखने के बाद साधनों की पवित्रता और नैतिकता पर भी ज़्यादा ज़ोर देना ठीक नहीं होगा, क्योंकि इससे आपराधिक प्रवृत्ति के लोगों को ही शह मिलती है।

मगर इस स्टिंग ऑपरेशन का एक और पहलू महत्त्वपूर्ण है, जिस पर ध्यान नहीं दिया गया जबकि दिया जाना चाहिए था। ये पहलू है अघोषित सेंसरशिप का। गुजरात की अधिकांश जनता न्यूज़ चैनलों पर प्रसारित इस स्टिंग ऑपरेशन को देख ही नहीं पाई। कहीं पुलिस ने तो कहीं प्रशासन ने केबलवालों के ज़रिए चैनलों को ब्लैक आउट करवा दिया था। यानी पूरे देश ने तो इसे देखा मगर इसका वास्ता ख़ास तौर पर जिस प्रदेश से था वहाँ के लोग इसे देख ही नहीं सके। ज़ाहिर है कि मोदी और उनका संघ परिवार नहीं चाहता था कि गुजरात के लोगों को सरकार और संघ परिवार की काली करतूतों का पता चले और चुनाव में उसका कोई नुकसान उन्हें झेलना पड़े। इस अघोषित सेंसरशिप से एक ख़तरनाक़ बात उभरकर ये आई है कि अगर कोई केबलवालों को कंट्रोल कर ले तो वो न्यूज़ चैनलों को और उनसे होने वाले राजनीतिक नफ़ा-नुकसान को भी नियंत्रित कर सकता है।

ये कोई छिपी बात नहीं है कि केबल इंडस्ट्री कैसे लोगों के हाथों में है और उसका संचालन किस तरह होता है। ज़्यादातर जगहों पर इसका नियंत्रण आपराधिक प्रवृत्ति के लोगों के हाथों में है। इसीलिए उसे केबल माफिया भी कहा जाता है। चैनल चलाने वाले इसके हाथों में खेलते हैं, क्योंकि ये केबल आपरेटरों की मर्ज़ी

पर है कि वे कौन सा चैनल दिखाएँ और कौन सा न दिखाएँ। केबल ऑपरेटर चैनल दिखाने के एवज़ में चैनलों से मोटी रकम वसूलते हैं। राष्ट्रीय स्तर के एक न्यूज़ चैनल को देश भर में ढंग से दिखने के लिए पन्द्रह से पचीस करोड़ रुपए सालाना खर्च करने पड़ते हैं। केवल दिल्ली और मुंबई में ही सात-आठ करोड़ रुपए वितरण पर लग जाते हैं। यही नहीं, केबल आपरेटरों को खुश रखने के लिए महँगे तोहफ़े देने होते हैं और विदेशों में मौज़-मस्ती भी करवानी पड़ती है। रेटिंग बताने वाली एजंसी ने जिन शहरों को नमूने इकट्ठे करने के लिए चुन रखा है, वहाँ के केबल आपरेटरों की तो चाँदी ही चाँदी होती है।

ये केबल माफिया स्थानीय प्रशासन और शासक वर्ग भर से डरता है, क्योंकि वे जब चाहें उनके लायसेंस रद्द करके उनकी दुकानें बंद कर सकते हैं। इसीलिए इस केबल माफ़िया का राजनीतिज्ञों के साथ जगह-जगह पर गँठजोड़ बन गया है, जैसा कि गुजरात में देखा गया। कुछ साल पहले जब छत्तीसगढ़ में अजीत जोगी मुख्यमंत्री हुआ करते थे और केबल तंत्र पर उनका राज था तो वे भी विरोधी ख़बरों को दबाने के लिए इसी तरह की तरकीबें अपनाते थे। अब इस पर बीजेपी नेता का कब्ज़ा है और वो भी अपनी ताक़त का परिचय देता रहता हैं। इस तरह का गँठजोड़ ज़िला स्तर से लेकर राज्य के पैमाने तक लगभग सभी जगह है। इसका मतलब ये है कि अगर हुक्मरान चाह लें तो विरोधी चैनलों का मुँह बंद कर सकते हैं और ऐसा इंतज़ाम कर सकते हैं कि लोग विरोधी ख़बरों को देख ही न सकें। समझा जा सकता है कि लोकतंत्र के लिए ये कितनी घातक बात है।

लेकिन गुजरात की स्थिति तो बहुत ही बदतर है। इसकी तुलना दूसरे राज्यों के केबल आपरेटर-नेता गँठजोड़ से नहीं की जा सकती। यहाँ तो मीडिया का मुँह केवल इसलिए बंद नहीं किया जा रहा कि वह उसके विरोध में ख़बरें दिखा रहा है। यहाँ तो मीडिया उसके लिए फाँसी का फंदा भी तैयार कर रहा है। इसीलिए इस सेंसरशिप के ज़रिए एक पूरी आबादी का सफ़ाया करने के अभियान में आ रही रुकावटों को हटाना भी है(संघ परिवार की गुजरात प्रयोगशाला का तो एजेंडा यही है)। मीडिया रिपोर्टों के आधार पर जाने कितने मामले फिर से खुल गए हैं और इनमें शामिल संघ परिवारी सज़ा पा रहे हैं।

मोदी राज में केवल मीडिया का ही मुँह बंद करने की कोशिश नहीं की जा रही है, दूसरे माध्यमों को भी निशाना बनाया जा रहा है। कुछ दिनों पहले ही फिल्म परज़ानिया को दिखाने से राज्य के सिनेमाघरों ने मना कर दिया था। ज़ाहिर है ये फैसला सिनेमाघरों के मालिकों का नहीं था, बल्कि राजनीतिक स्तर पर उनसे ऐसा करने के लिए कहा गया था। यही हश्र आमिर ख़ान की फिल्म फ़ना का भी हुआ था। संघ परिवारी पत्रकारों ही नहीं लेखकों और कलाकारों के साथ भी हिंसक ढंग से पेश आने की मिसालें कायम कर चुके हैं। यानी गुजरात में ने केवल अघोषित

इमर्जेंसी लागू है, बल्कि एक जनविरोधी सरकार कानून–व्यवस्था का मज़ाक भी उड़ा रही है। इसलिए ये मामला केवल प्रेस की आज़ादी का नहीं है, लोकतंत्र को बचाने का भी है। ऐसे में क्या पत्रकारों और समाज के दूसरे हिस्सों को भी खुलकर नहीं आना चाहिए?

(दिसंबर, 2007)

तुम भी उन जैसे ही निकले?

परदे पर मेधा पाटकर का इंटरव्यू चल रहा है...एंकर प्रयास में है कि मेधा बुद्धदेव भट्टाचार्य को नरेंद्र मोदी की तरह मॉस मर्डरर घोषित कर दें। मेधा पाटकर नंदीग्राम में हुए कत्ले आम की तुलना गुजरात के दंगों से कर ही चुकी हैं और एंकर इसी सूत्र को पकड़कर आगे बढ़ रहा है। मगर मेधा वह तुलना नहीं करना चाहती जो एंकर चाहता है। शायद वे एंकर की पृष्ठभूमि जानती हैं। उन्हें पता है कि एंकर की इच्छा पूरी कर दी गई तो मोदी तथा संघ परिवार उनके वक्तव्य को शस्त्र और कवच दोनों ही तरह इस्तेमाल कर लेगा। मगर एंकर अड़ा हुआ है। कभी सीधे-सीधे तो कभी घुमा-फिराकर, एक के बाद एक प्रश्न इसी वाक्य को कहलवाने के लिए किए जा रहा है। वह जाने या अनजाने मोदी के माथे पर लगे कलंक को धोने की कोशिश कर रहा है। उसे इतना तो पता होगा ही कि अगर मेधा से उसने ये कहलवा लिया तो मोदी और उनके समर्थकों को एक तरह की वैधता हासिल हो जाएगी। वे और भी अकड़कर कह सकेंगे कि हमने जो किया ठीक किया। मगर शुक्र है कि मेधा उसके जाल में नहीं फँसी और प्रश्नों को टाल गईं। शायद उन्हें भी इस बात का एहसास था कि एक ग़लत और अतिरेकपूर्ण तुलना वह पहले ही कर चुकी हैं और सांप्रदायिक तत्वों ने उसका भरपूर इस्तेमाल भी कर लिया है। गुजरात को नंदीग्राम से जोड़ना अपने आप में एक बड़ी भूल थी। सही है कि पश्चिम बंगाल सरकार ने उन्हें नंदीग्राम जाने से रोका था और उनके साथ मारपीट भी की गई थी। इसलिए उनके अंदर गुस्सा उबल रहा था और शायद इसी रौ में वे बोल गई होंगी। मगर मोदी और बुद्धदेव को एक ही धरातल पर रखने का अंजाम वे जानती थीं इसलिए आलोचना करते हुए भी वे एक सीमा तक जाकर रुक गईं।

लेकिन एक ये साक्षात्कार ही नहीं, टीवी के परदों पर और भी ढेर सारे ऐसे दृश्य रचे जा रहे थे जो विभिन्न तरह से नंदीग्राम को गुजरात से जोड़ने की कोशिश करते थे। इनमें से एक था नंदीग्राम में मारे जाने वालों में अधिकतर मुसलमानों का होना। हालाँकि नंदीग्राम में मुसलमान इसलिए नहीं मारे गए क्योंकि वे मुसलमान थे, जबकि गुजरात में ऐसा था। वहाँ पुलिस और प्रशासन की देखरेख में मुसलमानों को चुन-चुनकर मारा गया था। सरकार ने इसके लिए खुली छूट दी थी और फिर

हत्यारों को संरक्षण भी दिया। मगर मीडिया में खंदकें बनाकर रहने वाले हिंदुत्ववादियों के लिए ये एक अच्छा मौका था, इस तरह की सांप्रदायिक व्याख्याएँ प्रस्तुत करने का और फिर उन व्याख्याओं को सांप्रदायिक निष्कर्ष में बदल डालने का। इससे वे उस सरकार की धर्मनिरपेक्ष छवि को ध्वस्त कर सकते थे जो पिछले तीस सालों के दंगारहित शासन से वाममोर्चे ने हासिल की थी। रिज़वानुर प्रकरण में राज्य सरकार पहले ही चूक कर चुकी थी और उसके बाद तो उनके लिए ये काम थोड़ा आसान भी हो गया था। लेकिन मीडिया का धर्मनिरपेक्ष हिस्सा क्यों यही ग़लती कर बैठा। वामपंथियों का अंध-विरोध करने की झोंक में उसने ऐसा किया या फिर चैनलों की आपसी प्रतिद्वंद्विता में वह भी बह गया?

गुजरात और नंदीग्राम में कोई साम्य नहीं था मगर टीवी चैनलों ने वे सारी कसौटियाँ पश्चिम बंगाल सरकार पर भी लागू कर दीं जो कि गुजरात दंगों के संबंध में मोदी सरकार के लिए इस्तेमाल की जाती हैं। ख़बरों और उनके विश्लेषण में ऐसा आभास दिया गया कि मानो पूरे पश्चिम बंगाल में ही कानून-व्यवस्था चौपट हो गई हो और वहाँ सीपीएम के गुंडों का राज चल रहा हो। इसीलिए हिंसा के दृश्य बार-बार दिखलाए जा रहे थे और बलात्कार पीड़ित महिलाओं के बयान प्रसारित किए जा रहे थे। इसमें कुछ ग़लत भी नहीं था। लेकिन संदर्भ चूँकि गुजरात बन रहा था इसलिए संदेश भी वही जा रहा था जो कि संघ की विचारधारा और कार्यक्रम को पुष्ट करता है। हालाँकि ये ठीक है कि अगर गुजरात के मुक़ाबले नंदीग्राम में हुई मौतों की संख्या कम है और अत्याचार भी सीमित क्षेत्र में हुए हैं तो भी बंगाल सरकार को बख्शा नहीं जा सकता, उसका अपराध कम नहीं हो जाता। ऐसा इसलिए कि मुख्य मुद्दा नीयत और प्रवृत्ति का उठता है। इसीलिए बहुत से चैनलों ने ये लाइन लेकर सही किया कि सीपीएम ने नंदीग्राम में अपना वर्चस्व कायम रखने के लिए एक दूसरी तरह के फासीवाद का सहारा लिया। उसने आतंक और हिंसा के बल पर नंदीग्राम फ़तह किया और फिर मुख्यमंत्री तथा पार्टी के दूसरे नेताओं ने उसे जायज़ ठहराया। मगर इसके बावजूद कि उनके इस निष्कर्ष में सचाई है, गुजरात और नंदीग्राम को समानांतर खड़ा कर देना उचित नहीं था। मोदी और संघ परिवार को आज भी अपने किए पर कोई अफसोस नहीं है और वे फिर से गुजरात दोहराने में नहीं हिचकेंगे। मगर वाममोर्चे के कई घटक खुलकर नंदीग्राम के ख़िलाफ़ मैदान में आ गए और बुद्धदेव ने भी माफ़ी माँगी है। अब उम्मीद की जा सकती है कि नंदीग्राम दोहराया नहीं जाएगा।

लेकिन हमें यहां मीडिया के चरित्र को भी नहीं भूलना चाहिए। भूल पर भूल करने वाली मार्क्सवादी कम्युनिस्ट पार्टी ने नंदीग्राम में जो कुछ किया उसने मीडिया के एक बड़े तबके को मौका उपलब्ध करवा दिया कि वह अपना हिसाब-किताब निपटा ले। कम्युनिस्टों को लेकर मीडिया में ढेर सारे पूर्वाग्रह हैं। कम्युनिस्ट पूँजीवादी

मीडिया को सेंत-मेंत में ही नहीं कोसते। इसके पर्याप्त आधार और उदाहरण मौजूद हैं जो साबित करते हैं कि मीडिया का एक वर्ग कम्युनिस्टों को बदनाम करने के नए-नए तरीके ढूँढ़ता रहता है। इस बार चिढ़ कुछ ज़्यादा थी। पुरानें पूर्वाग्रह तो काम कर ही रहे थे, मगर केंद्रीय राजनीति में उनके द्वारा निभाई जा रही महत्त्वपूर्ण भूमिका को भी चैनलों को चलाने वाली पूँजी पचा नहीं पा रही थी। शासक वर्ग देख ही रहा था कि वामपंथियों के चलते वह वे मनमानियाँ नहीं कर पा रहा जो कि भूमंडलीकृत, निजीवादी, उदार अर्थ-व्यवस्था के विस्तार के लिए अनिवार्य थीं। अमेरिका के साथ परमाणु संधि के मसले पर वामपंथियों के रवैये से ये गुस्सा और भी बढ़ गया था। वह ऐसे मौके की तलाश में था जब उन्हें अच्छे से धुन सके और ये अवसर पश्चिम बंगाल में सीपीएम ने उसे उपलब्ध करवा दिया।

एक बात और...एक बार फिर ये साबित हो गया है कि लगातार अनुभवों के बाद भी राजनीतिक दल अभी तक ये नहीं समझ सके हैं कि वे टेलीविज़न युग में राजनीति कर रहे हैं। वामपंथी भी इसके अपवाद नहीं हैं। वे नहीं देख पा रहे हैं कि ये लौह परदों वाला ज़माना नहीं है जब कोई कुछ भी करके छिप जाता था। टीवी के कैमरे गली-गली और नुक्कड़-नुक्कड़ में घूम रहे हैं। उनकी नज़रें चौबीस घंटे आपके कामकाज और आचरण पर लगी हुई हैं। वे हर चीज़ रिकार्ड कर रहे हैं और उसे मनमाफ़िक व्याख्याओं के साथ दिखा रहे हैं। वे बहुत से असत्य और अर्धसत्य भी गढ़ रहे हैं और उनके जवाब देने के लिए न तो आपके पास साधन हैं और न ही समय। आप सच बोलेंगे तो भी नहीं सुना जाएगा, क्योंकि वे केवल उतना सुनेंगे और दिखाएँगे जो उनकी ख़बरों की राजनीति में फिट बैठता है। इसलिए ज़रूरी है कि आप ऐसा कुछ न करें जिससे आपकी साख पर बट्टा लगे। लोकतंत्र की राजनीति के तकाज़ों को भी समझकर उसके अनुरूप व्यवहार करने की ज़रूरत है। ये न भूलें कि लोकतंत्र दोधारी तलवार है, वह इधर भी काटती है और उधर भी। गुजरात के दंगों या गुड़गाँव की होंडा फैक्टरी में मज़दूरों पर हुए नृशंस हमले के मामले में बहुत ही कठोर रुख़ अपनाने वाले वामपंथी यही सब भूल गए थे। उन्हें याद नहीं रहा कि यही कसौटियाँ कभी उन पर भी लागू की जाएँगी। उनकी कमीज़ें भले ही दूसरे राजनीतिक दलों की तुलना में कितनी ही सफ़ेद क्यों न हों, मगर उन्हें इससे कोई अतिरिक्त छूट नहीं मिल जाती। ध्यान रहे लोकतंत्र में लोकतंत्र से ऊपर कोई नहीं है।

सीपीएम शायद यही भूल गई थी। उसके नेताओं की आंगिक भाषा और वकतव्य यही बताते हैं कि उनके सिर पर भी शक्ति और सत्ता का अहंकार सवार हो गया है। इसलिए उसे.इसकी सज़ा मिलनी ही थी। नंदीग्राम की एक राजनीतिक लड़ाई को सशस्त्र संघर्ष में बदल डालना, आम जनता को हिंसा का शिकार बनाना(जिसमें महिलाओं के साथ बलात्कार जैसी घटनाएँ भी शामिल हैं) और फिर उसे स्वयं मुख्यमंत्री बुद्धदेव द्वारा जायज़ ठहराना एक ऐसा अपराध था, जिसके लिए उसे

बख्शा नहीं जा सकता था। यही वजह है कि विरोधी राजनीतिक दलों को छोड़िए उसके समर्थकों और वाममोर्चा सरकार के घटकों तक ने खुल्लमखुल्ला विरोध का ऐलान कर दिया। जो बौद्धिक तबका हर समय उसके साथ होता था, वह भी सड़कों पर निकल आया। बंगाल का मार्क्सवादी भद्रलोक भी सकते में आ गया और वह भी खुद को विरोध प्रदर्शन से रोक नहीं सका। ये विरोध भले ही नंदीग्राम में माकपा कार्यकर्ताओं की ज़्यादतियों के बाद फूटा हो, मगर काफी पहले से सुलग रहा था। सिंगूर से लेकर नंदीग्राम तक उद्योगपतियों के लिए ज़मीन तैयार करने की गरज़ से वह जिस अकड़ के साथ काम कर रही थी, उसने असंतोष को बढ़ा दिया था। इसके बाद रिज़वानुर हक़ की संदिग्ध मौत के मामले में उसकी भूमिका ने उसे संदेह के घेरे में डाल दिया। टेलीविज़न पर नियमित रूप से दिखाए जाने वाले ये तमाम प्रसंग भी उसकी प्रतिबद्धता और वैचारिक स्खलन का उदाहरण बन गए और लोगों में नाराज़गी का सबब भी। न्यूज़ चैनलों, बल्कि समूचे मीडिया ने उसके काम और व्यवहार में आए बदलाव के आधार पर जमकर निशाने साधे।

बंगाल सरकार नंदीग्राम के संग्राम में बहुत कुछ हार गई। उसकी नैतिक आभा का पतन हुआ और वैचारिक विश्वसनीयता गिर गई। प्रतिक्रियावादी शक्तियों के हौंसले बढ़ गए हैं और बौद्धिक तबका भी उससे नाराज़ हो गया है। आम लोगों को भी ये लगने लगा है कि ये भी उन जैसे ही निकले।

और अंत में

टीवी के विज्ञापनों में विभिन्न तरह के पूर्वाग्रहों को खूब देखा जा सकता है, ख़ास तौर पर मर्दवादी पूर्वाग्रह। इस समय चैनलों पर एक विज्ञापन खूब चल रहा है। सर उठा के जियो कैच लाइन वाले इस विज्ञापन में एक रिटायर्ड मगर स्वस्थ सा पुरूष पत्नी से कहता है कि झाड़ू–पोछा करने और खाना बनाने वाली बाईयों को हटा दो और उनका काम खुद करो। जब पत्नी ये सोचकर उससे कर्ज़ लेने के लिए कहती है कि शायद आर्थिक तंगी हो तो वह कहता है कि किसी के आगे हाथ नहीं फैलाऊँगा। पति कहता है कि उससे वह ऐसा करने के लिए इसलिए कह रहा है ताकि उसे सिंगापुर घुमाने ले जा सके। अब इस विज्ञापन का मर्दवादी विमर्श देखिए कि वह हर त्याग पत्नी से चाहता है, खुद कुछ नहीं करना चाहता। पति ये भी तो कह सकता था कि झाड़ू–पोंछे का काम वह खुद सँभाल लेगा और तुम खाना बनाने का ज़िम्मा ले लो। लेकिन वह अख़बार पढ़ता रहेगा और पत्नी को सिंगापुर घुमाने का एहसान भी करेगा। वैसे भी, दो बाईयों के हटने से क्या इतनी बचत की जा सकती है कि लोग सिंगापुर घूमने जा सकें...?

(जनवरी, 2008)

दूरदर्शन की वापसी?

कभी–कभी चीज़ें बहुत ही हास्यास्पद ढंग से बदलती हैं। खारिज़ कर दी गई चीज़ें अचानक महत्त्वपूर्ण लगने लगती हैं और प्रचलन से बाहर होते–होते अचानक लोकप्रिय हो जाती हैं। दूरदर्शन के साथ यही हो रहा है। ये आश्चर्यजनक और विचित्र लग सकता है मगर हक़ीक़त है कि लोग फिर से दूरदर्शन की बात करने लगे हैं। वे दूरदर्शन की सराहना कर रहे हैं, उसकी ख़बरों को निजी चैनलों की ख़बरों से बेहतर बताने लगे हैं। ऐसा कहने वालों की तादाद बढ़ रही है जो मानते हैं कि निजी चैनलों में ख़बरें होती ही नहीं है और अगर ख़बरें देखनी हों तो दूरदर्शन देखना चाहिए। और तो और बिल्कुल ही ग़ैर पेशेवर ढंग से चलाए जा रहे लोकसभा चैनल के प्रशंसकों की संख्या भी बढ़ रही है। कुछ ऐसा ही मनोरंजन से जुड़े कार्यक्रमों को लेकर भी हो रहा है। कहा जाने लगा है कि दूरदर्शन के मनोरंजन के कार्यक्रमों में निजी चैनलों सरीखा घटियापन नहीं है, वहाँ कुछ तो मर्यादाओं का खयाल रखा जाता है। लोग दूरदर्शन के स्वर्णकाल को फिर से याद करने लगे हैं। उस समय के धारावाहिकों, कार्यक्रमों आदि की चर्चा अब अक्सर चल पड़ती है और इस अफ़सोस के साथ ख़त्म होती है कि निजी चैनलों ने कबाड़ा कर दिया है। मनोरंजन को सास–बहू, विवाहेतर संबंध, परस्त्री गमन, कार्पोरेट युद्ध, साज़िश, ईर्ष्या, हिंसा, सेक्स, फूहड़ हास्य और संगीत की सस्ती प्रतियोगिताओं तक सीमित कर दिया गया है। अब तमस, महाभारत, नुक्कड़ आदि देखने को नहीं मिलते। साहित्यिक कृतियों पर कार्यक्रम बनने लगभग बंद हो गए हैं। लोगों की नज़र में इस सबके लिए दोषी हैं निजी चैनल, उनकी धंधेबाज़ी। दूरदर्शन को सीधे–सीधे बरी कर दिया जाता है, बल्कि तुलनात्मक स्तर पर उसे सराहना भी मिल जाती है।

सवाल उठता है कि लोगों के रुख़ में ये परिवर्तन कैसे और क्यों आ रहा है? क्या दूरदर्शन ज़्यादा निष्पक्ष और वस्तुपरक हो गया है? क्या उसकी गुणवत्ता में इतना सुधार हो गया है कि वह अपनी सामग्री के बल पर निजी चैनलों से बीस लगने लगे? अगर दूरदर्शन को चलाने वाले ऐसा मानने लगे हैं तो ये उनकी खुशफ़हमी ही है। सचाई ये है कि दर्शक बाक़ी चैनलों में परोसे जा रहे कचरे से ऊब गए हैं और उन्हें दूरदर्शन द्वारा परोसा जा रहा कचरा उनसे बेहतर लगने लगा है। दूरदर्शन के

कंटेट में तो सुधार के बजाय पतन ही हुआ है। उसके लिए सौभाग्य की बात ये हुई है कि निजी चैनलों की सामग्री उससे भी नीचे जा गिरी है और इसलिए आज वह बेहतर दिखलाई देने लगा है। इसका कुल परिणाम ये निकला है कि निजी चैनलों से दुखी दर्शक अब दूरदर्शन तक से समझौता करने को तैयार हो गए हैं।

अगर दूरदर्शन के समाचार चैनल डीडी न्यूज़ को ही लें, तो वह आज भी सरकार दर्शन बना हुआ है। निजी चैनलों से प्रतिद्वंद्विता में उसे ज़्यादा निष्पक्ष और जन-समर्थक बनना चाहिए था मगर उल्टे अब वह और भी बेशर्म होकर इस काम को अंजाम दे रहा है। उसके लिए ये और भी आसान हो गया है क्योंकि उसके आलोचकों और निंदकों ने भी उसको लगभग भुला दिया है। कोई उसका नोटिस नहीं लेता और न ही कोई टीका-टिप्पणी के लायक समझता है। सरकारी भोंपू होने का तमगा अभी भी उसके गले में लटक रहा है। उसकी ज़्यादातर ख़बरों से सरकारी ग़ुलामी टपकती है। ख़बरों और सम-सामयिक कार्यक्रमों में सत्ताधारी दल की राजनीति साफ़ देखी जा सकती है। चैनल पर चलने वाले प्रोमो में सोनिया माता और राहुल बाबा छाए रहते हैं (पहले वाजपेयी, आडवाणी और संघ परिवारी छाए रहते थे)। सूचना सेवा के वफ़ादार कर्मचारी सरकार विरोधी ख़बरें गायब कर देते हैं। मंत्रियों को अप्रिय लग सकने वाले समाचारों से परहेज़ किया जाता है और विपक्षी दलों की गतिविधियों को या तो दिखाया ही नहीं जाता या बहुत कम महत्त्व दिया जाता है। सरकारी माध्यमों की प्रचार शक्ति से घबराने वाले विपक्षी दल भी अब उसकी तरफ ध्यान नहीं देते। इसकी वजहें छिपी हुई नहीं है। एक तो दूरदर्शन की दर्शक संख्या में इस कदर कमी हुई है कि राजनीतिक दलों ने उसकी परवाह करनी छोड़ दी है (हालाँकि उनकी ये धारणा ग़लत है। अभी भी दूरदर्शन की पहुँच बड़े दर्शक वर्ग तक है और उसकी दर्शक संख्या बहुत सारे चैनलों से ज़्यादा है। ख़ास तौर पर ग्रामीण इलाकों में तो वही देखा जाता है। ये बात और है कि शहर केंद्रित टीआरपी के पक्षपाती गणित में उसकी इस लोकप्रियता के दर्शन नहीं होते)। दूसरे, बहुत सारे चैनल आ जाने से अब विकल्पों की कमी नहीं रह गई है। विपक्षी दल अब निजी चैनलों की शरण में चले जाते हैं और दूरदर्शन की तरफ ध्यान भी नहीं देते।

सार ये है कि दूरदर्शन अपनी पुरानी राह पर ही चल रहा है। लेकिन ये भी सच है कि उसके बारे में लोगों की राय बदल रही है। ऐसा शायद इसलिए है कि उसमें वे बीमारियाँ नहीं दिखतीं जो कि निजी चैनलों में महामारी की तरह फैली हुई हैं। दूरदर्शन में ख़बरों को सनसनीखेज़ नहीं बनाया जा रहा। उनमें सेक्स, सनसनी, सिनेमा आदि की बघार नहीं लगाई जाती। ख़बरों को चिढ़ पैदा करने की हद तक अनावश्यक विस्तार नहीं दिया जाता। टीआरपी का दबाव नहीं है इसलिए उसमें बाज़ारजनित प्रतिस्पर्धा से उपजने वाली नकारात्मक चीज़ें भी नहीं होतीं। अपने तमाम झुकावों और पूर्वाग्रहों के बावजूद राष्ट्रीय और सामाजिक महत्त्व की ख़बरें

उसमें जगह पा जाती हैं। अधकचरी ही सही महत्त्वपूर्ण मुद्दों पर चर्चाएँ वहाँ देखी-सुनी जा सकती हैं। नए ज़माने के हिसाब से उसने अपनी पैकेजिंग को थोड़ा आकर्षक भी बना लिया है। समाचारों की गंभीरता और शालीनता का निर्वाह भी यहाँ होता है और इस वजह से इसे परिवार के साथ देखने में कोई ख़तरा नहीं रहता। दूरदर्शन की तरफ एक बार फिर से खिंचने का एक कारण ये भी हो सकता है कि दर्शकों का एक वर्ग ख़ास अंदाज़ में ख़बरें देखने का आदी था। कुछ समय के लिए उसे निजी चैनलों के नए अंदाज़ और चटपटी ख़बरों ने आकर्षित तो किया मगर अब वो उनसे ऊब गया है। अब वो दोबारा से दूरदर्शन का कायल हो रहा है। सर्वेक्षण किया जाना चाहिए कि दूरदर्शन का दर्शक वर्ग कौन है। कहीं ऐसा तो नहीं है कि उसके दर्शक पैंतालीस साल से ज़्यादा उम्र के हों और युवा वर्ग से वो पूरी तरह से कट गया हो।

बहरहाल, तय है कि दर्शकों का आस्वाद बदला है और बदल रहा है। वे अब ऐसा न्यूज़ चैनल ढूँढ़ रहे हैं जिनमें वे बुराईयां न हों जिनकी चर्चा अक्सर हम करते रहते हैं। ऐसे में अगर हम मान लें कि दूरदर्शन फिर से लोगों की पसंद बन रहा है तो क्या ये कहा जा सकता है कि ये उसके लिए ये एक सुनहरा मौका हो सकता है? क्या वह नए सिरे से खुद को खड़ा कर सकता है? क्या वह निजी चैनलों से निराश दर्शकों को अपनी तरफ मोड़ सकता है? इसमें कोई शक नहीं कि उसके लिए एक अच्छा मौका है, मगर वह इसका फ़ायदा उठा पाएगा, ऐसा संभव नहीं दिखता। इसकी सबसे बड़ी वजह है विश्वसनीयता का अभाव। दर्शकों को स्थायी तौर पर जोड़े रखने के लिए जिस विश्वसनीयता की ज़रूरत होती है, वह वहाँ सिरे से नदारद है। इसलिए जो दर्शक निजी चैनलों से मोहभंग के बाद उसकी तरफ लौट रहे हैं, उन्हें जल्दी ही एहसास हो जाएगा कि वे खाई से निकलकर कुँए में गिर रहे हैं। उन्हें पता चल जाएगा कि दूरदर्शन की ख़बरें पक्षपात से कितनी भरी हुई हैं और वे सरकार और सत्तारूढ़ दल के प्रचार का ज़रिया भर हैं। कमोबेश यही हाल मनोरंजन के कार्यक्रमों का भी है। निजी चैनलों से प्रतिस्पर्धा के चक्कर में दूरदर्शन के मनोरंजक कार्यक्रमों ने उनकी नकल करनी शुरू कर दी थी और अब वो उनकी घटिया कार्बन कॉपी बन गया है। उसके धारावाहिकों पर भी एकता कपूर की छाप देखी जा सकती है।

दूसरे, दूरदर्शन की एक बहुत बड़ी कमज़ोरी है कार्य संस्कृति का अभाव। उसके पास किसी भी चैनल के मुक़ाबले भले ही अत्याधुनिक उपकरण और विशाल तकनीकी तंत्र क्यों न हो मगर कार्य संस्कृति के न होने की वजह से वह हमेशा पिछड़ जाता है। अधिकांश कर्मचारी या तो दूरदर्शन को अपनी दूसरी नौकरी मानते हैं और बाहर फ्रीलांस करते हैं या फिर ज़्यादा धन कमाने के चक्कर में भ्रष्टाचार में लिप्त हो जाते हैं। भ्रष्टाचार दूरदर्शन के पतन की एक बड़ी वजह थी और अब भी वह

मंडी हाऊस के गलियारों में कॉलर ऊपर किए बेधड़क घूमता रहता है। इसकी वजह से दूरदर्शन के कार्यक्रमों की ऐसी की तैसी हो रखी है। उसके सामने गुणवत्ता का कोई पैमाना चलता नहीं है। चाहे वे प्रायोजित कार्यक्रम हों या फिर दूरदर्शन के धन से तैयार होने वाले कार्यक्रम, सब के सब औसत मानदंड के हिसाब से भी दोयम दर्ज़े के होते हैं। उन्हें देखकर गुस्सा और तरस दोनों आता है। हाँ कभी-कभार साहित्यिक कृतियों पर कमीशंड श्रेणी में कुछ अच्छे धारावाहिक और टेलीफिल्में ज़रूर बन जाती हैं।

दरअसल, दूरदर्शन का भविष्य इस बात पर टिका हुआ है कि प्रसार भारती को सरकारी और नौकरशाही नियंत्रण से मुक्ति मिलती है या नहीं। प्रसार भारती आज भी इनके हाथों की कठपुतली बना हुआ है। इनकी वजह से न तो वहाँ विश्वसनीयता आ पाती है और न ही एक पेशेवर कार्य संस्कृति फल-फूल पाती है। पूरा तंत्र सरकारी आदेशों की पालना और अपने आकाओं को खुश करने में लगा रहता है। अब इनसे फुरसत मिले तो वह दर्शकों के बारे में सोचना शुरू करे। पिछले कुछ समय से पब्लिक ब्रॉडकास्टिंग की बात बहुत हो रही है। दूरदर्शन पब्लिक ब्रॉडकास्टर होने का दावा भी बढ़-चढ़कर करता है। हाल में बढ़ी पूछ-परख के बाद उसने खुद को इस रूप में पेश करना शुरू किया है, मगर सचाई यही है कि वह इस भूमिका से अभी कोसों दूर है। जनता के पैसे से चलने का मतलब पब्लिक ब्रॉडकास्टर हो जाना नहीं है। इसके लिए जनता का और जनता के लिए होना भी ज़रूरी है। दूरदर्शन को कभी अपनी तुलना बीबीसी या दुनिया के दूसरे पब्लिक ब्रॉडकास्टर से करके देखनी चाहिए, उसे समझ में आ जाएगा कि पब्लिक ब्रॉडकास्टिंग के मामले में वह कहाँ ठहरता है। केवल एक बार वह सूचना एवं प्रसारण मंत्री और सरकार के किसी फैसले के ख़िलाफ़ खड़े होने की हिम्मत दिखाए, उसे समझ में आ जाएगा कि उसका दावा कितना खोखला है।

इतना सब कहने के बाद ये भी कहा जाना ज़रूरी है कि मौजूदा माहौल में दूरदर्शन से ही लोगों को उम्मीद है और अगर उसे एक धक्का और दिया जाए तो वह उम्मीदों पर खरा भी उतर सकता है। ये धक्का राजनीति ही दे सकती है। बाहर से समर्थन दे रहे वामपंथी दलों को इस ओर ध्यान देना चाहिए। उन्हीं के समर्थन वाली सरकार ने प्रसार भारती के गठन की राह खोली थी और अब वे ही उसे पूर्ण स्वायत्ता की ओर ले जा सकते हैं। ये मुद्दा साझा कार्यक्रम में हो न हो, उनके एजेंडे में तो होना ही चाहिए।

और अंत में

मीडिया के घाघ कारोबारी मिशनरी पत्रकारिता का वध करके उसे ऐसे प्रोफेशन में

बदल रहे हैं, जो धीरे-धीरे मुनाफ़े पर आधारित हो गया है या फिर होता जा रहा है। पत्रकारिता में मिशनरी शब्द या मिशनरी भावना ही अवाँछित हो गई है। जब कभी कोई नादान मिशन या सरोकार की बात करता है तो उसे ऐसी नज़रों से देखा जाता है मानो वह किसी विलुप्त होती प्रजाति का जीव हो। मगर कभी-कभार ऐसी घटनाएँ भी घट जाती हैं, जो 'पेशेवर' पत्रकारिता पर सवालिया निशान लगाने लगती हैं।

मुंबई की घटना इसकी ताज़ा मिसाल है। नए साल का जश्न मनाकर एक पाँच सितारा होटल से निकल रही लड़कियों पर टूट पड़ने वाली भीड़ को अपने में कैमरे में क़ैद करके पुलिस को बुलाने का काम और किसी ने नहीं पत्रकारों ने किया। इन्हीं पत्रकारों ने एफ.आई.आर. भी दर्ज़ कराई। रात दो बजे होटल से निकलकर जा रही पढ़े-लिखे संपन्न वर्ग की लड़कियाँ रिपोर्ट भी दर्ज़ नहीं करवाना चाहती थीं और ज़ाहिर है उसके बिना पुलिस भी हाथ पर हाथ रखकर बैठ जाती। यही नहीं, लड़कियों पर हमला करने वाली भीड़ में शामिल चेहरों की शिनाख़्त भी इन्हीं पत्रकारों ने की। अब अगर इस पूरे कांड में पत्रकारों की भूमिका को देखा जाए तो वह मिशनरी ही दिखाई पड़ती है, क्योंकि प्रोफेशन वाली परिभाषा के हिसाब से तो उन्हें फोटो खींचकर चले जाना चाहिए था। लड़कियों के साथ जिनको जो करना था करने देते, उनका काम तो वहीं ख़त्म हो गया था। उन्हें रिपोर्ट भी दर्ज़ नहीं करानी चाहिए थी और आरोपियों की शिनाख़्त करने का काम तो उनका था ही नहीं। 'पेशेवर' पत्रकारिता माँग करती है कि आप अपने काम से काम रखें। उसमें पत्रकार की न कोई सामाजिक ज़िम्मेदारी होती है और न ही उससे ये अपेक्षा की जाती है कि वह किसी तरह के इंसानी तकाज़े में बँधेगा। सीधी सी बात है कि अगर कोई व्यक्ति आत्मदाह कर रहा है तो उसे उस व्यक्ति की तस्वीरें उतारना चाहिए और शानदार रिपोर्ट बनानी चाहिए न कि उसे बचाने में जुट जाना चाहिए। मुंबई के पत्रकारों ने पेशेवर पत्रकारिता द्वारा बाँधे गए बंधन को तोड़कर एक संदेश भी दिया है और सवाल भी खड़ा किया है।

वैसे आपको क्या लगता है। क्या मीडिया के बाज़ारवादी रुख़ के बावजूद अभी भी कुछ ऐसे पत्रकार हैं जो मिशनरी उत्साह में सीमाएँ लाँघते रहते हैं या फिर ये मीडिया की विश्वसनीयता को बनाए रखने के लिए बाज़ार की ही एक चाल है जो उन्हें कभी-कभार एक हद तक ये सब करने की छूट देती रहती है?

(फरवरी, 2008)

राम नाम की लूट है, लूट सके तो लूट

जब भी राजनीति और धर्म के रिश्तों पर बात होती है तो कहा जाता है कि दोनों को जोड़ा नहीं जाना चाहिए, राजनीति के लिए धर्म का इस्तेमाल नहीं किया जाना चाहिए। मगर यही शर्त या आग्रह मीडिया के लिए क्यों नहीं होना चाहिए? क्या उसे छूट होनी चाहिए कि वह व्यावसायिक सफलता के लिए धर्म का चाहे जैसा इस्तेमाल करे? वह चाहे तो ख़बरों को अंधी आस्थाओं में लपेटकर परोसे और चाहे तो किसी धर्म विशेष के प्रति नत-मस्तक होकर पूरे भक्ति-भाव से कार्यक्रम दिखाए? क्या मनोरंजन चैनलों के लिए भी कोई मर्यादा, कोई लक्ष्मण रेखा नहीं होनी चाहिए? क्या वे मिथकों को महिमामंडित करके सच की तरह दिखाते रहेंगे और उन्हें कोई नहीं रोक सकता? लगता है मीडिया मानता है कि उसके लिए सात ख़ून माफ़ हैं। मीडिया की आज़ादी उसका कवच है। अभिव्यक्ति की आज़ादी को सीमित नहीं किया जा सकता भले ही उसका किसी भी तरह से दुरूपयोग होता रहे। शायद यही वजह है कि पिछले कुछ समय से मीडिया में राम छाए हुए हैं। ज़्यादातर चैनल राम का बाज़ार सजाए बैठे हैं। मानो चैनलों ने नीति बना ली है कि राम के नाम पर जो कुछ भी मिले परोस दो और न मिले तो क्रिएट करो। कुछ पुराना पड़ा हो तो झाड़-पोंछकर उसे ही दिखाओ, मगर दिखाओ ज़रूर, क्योंकि राम नाम की लूट है लूट सके तो लूट।

हालाँकि एक चैनल पहले से ही पाँडवों के किस्सों को प्रमाणित सत्य की तरह दिखाने के सत्कर्म में लगा हुआ था। पाँडव कहाँ-कहाँ गए और रहे, इसको लेकर जितनी भी मान्यताएँ या किंवदंतियां प्रचलित हैं, वे सब इसके लिए स्वयंसिद्ध सत्य की तरह हैं। इसीलिए उसने युधिष्ठर का स्वर्गारोहण ऐसे दिखाया जैसे कि वह उस समय खुद मौजूद था। युधिष्ठर का कुत्ता तक उसे दिखलाई देने लगा। इस तरह की पौराणिक कहानियाँ और किंवदंतियाँ न्यूज़ चैनल आस्था और संस्कार चैनलों जैसे भक्ति भाव से दिखा ही रहे थे, मगर इसमें मज़ेदार मोड़ तब आया जब श्रीलंका सरकार ने एक शोध का हवाला देते हुआ बाकायदा घोषणा की कि राम सीता को छुड़ाने अपनी सेना के साथ श्रीलंका आए थे और उसके प्रमाण आज भी मौजूद हैं। श्रीलंका के पर्यटन मंत्री ने दिल्ली में प्रेस कांफ्रेंस करके ये रहयस्योघाटन किया और बाकायदा सीडी भी बाँटी। मंत्री महोदय ने अपने इरादे भी छिपाए नहीं। उन्होंने

ज़ाहिर कर दिया कि इससे उनके देश में पर्यटन को बढ़ावा मिलेगा, क्योंकि अगर हिंदुओं ने उनके देश की तीर्थयात्रा शुरू कर दी तो श्रीलंका को अरबों-खरबों की कमाई हो सकती है। साफ़ है कि श्रीलंका का उद्देश्य विशुद्ध रूप से कारोबारी था और शोध भी उसने इसी को ध्यान में रखकर करवाया होगा। ऐसे में इस शोध की वैधता या विश्वसनीयता की परीक्षा की जानी चाहिए थी। मगर चैनलों ने इस पक्ष को अनदेखा कर दिया और लग गए राम नाम का जाप करने। हर चैनल में राम की झाँकी सज गई। हर जगह सीडी चलने लगी, ज़ड़मगज विशेषज्ञ और तथाकथित वैज्ञानिक पालथी मारकर चैनलों में बैठ गए और रामकथा बाँचने लगे। अतीत के कूड़ेदान में गुम हो गए दूरदर्शनी रामायण के पात्रों को ढूँढ़कर निकाला गया। वे भी रामभक्त ठहरे, इसलिए छोटे परदे के राम, रावण, सीता सबके सब गाने लगे राम की महिमा। अरसे बाद उनके भी दिन फिरे थे, सो बताने लगे कि कैसे लोग उन्हें उन्हीं रूपों में देखने लगे थे और उनसे ऐसे व्यवहार करने लगे थे मानो वही राम सीता हों। ड्रामा रचने में हमारे न्यूज़ चैनल उस्ताद ठहरे। लिहाज़ा परदे पर रामलीला भी शुरू कर दी गई। एक चैनल की एंकर बाकायदा पुष्पक विमान में बैठकर पुलकित होते हुए राम के श्रीलंका अभियान का आँखों देखा हाल बताने लगी। चैनल बताने लगा कि पुष्पक विमान कोरी कल्पना नहीं हक़ीक़त थी। उसमें अनगिनत लोग बैठ सकते थे और वह जादुई शक्तियों से लैस था। और जैसे कि वैदिकीय शोध करने वाले कहते हैं, एक तथाकथित वैज्ञानिक इसे अपने अंदाज़ में पुष्ट भी करने लगा। ज़ाहिर है कि एक कल्पना को अवैज्ञानिक ढंग से वैज्ञानिक वैधता प्रदान करने की कोशिश की जा रही थी। एक चैनल तो और भी तेज़ निकला। उसके रिपोर्टर को पहले से ही हवा लग गई थी श्रीलंका सरकार के शोध की। इसलिए वह सदल-बल श्रीलंका ही पहुँच गया और हर दिन बताने लगा कि यही वह जगह है जिसे अशोक वाटिका कहा गया है और अपहरण के बाद जहाँ सीताजी रही थीं। उस रामभक्त संवाददाता को वह जगह भी दिख गई जहाँ हनुमानजी ने अग्निकांड किया था। उसने वे पाँच एयरपोर्ट भी दिखाए जहाँ से पुष्पक विमान ने उड़ान भरी थी।

यानी कुल मिलाकर सारे चैनल हो गए राममय, भक्तिभाव में लीन। अंधी आस्था ने उनकी आँखों पर पट्टी बाँध रखी थी और विवेक गिरवी रखा था सेठजी की तिजोड़ी में। सब इस तरह से शोध को पेश कर रहे थे मानो ये तो हम पहले से ही जानते थे और बाल्मीकि तथा तुलसीदास ने सत्य घटनाओं के आधार पर ही रामायण और रामचरितमानस की रचना की थी। वे दर्शकों के दिमाग़ों में ये बैठाने में लगे हुए थे कि कुछ नास्तिक किस्म के लोग प्रश्न उठाते रहते हैं मगर अब तो श्रीलंका के शोध ने पूरी तरह से ये बात सिद्ध कर दी है और शक़ की कोई गुँजाइश नहीं रह गई है। वे हर तरह से इस धारणा को सही साबित करने में लगे रहे कि रामकथा में वर्णित हर चीज़ सत्य है और सत्य के सिवा कुछ नहीं। वे साहित्य को

इतिहास की तरह देख रहे थे और विज्ञान को उन्होंने कूड़ेदान के हवाले कर दिया था। सच को साबित करने के लिए किसी पुरातत्ववेत्ता की ज़रूरत नहीं थी। केवल एक चैनल था जहाँ इस तथाकथित शोध पर सवाल खड़े किए गए और इससे किस तरह के राजनीतिक फ़ायदे उठाए जा सकते हैं इस तरफ भी ध्यान खींचा गया।

इस पूरे प्रसंग को चैनलों ने जिस तरह से देखा और दिखाया वह ये कहने के लिए पर्याप्त आधार देता है कि हमारे अधिकांश पत्रकार चाहे वे रिपोर्टर के रूप में हों, एंकर के रूप में हों या फिर एडीटर के रूप में, ख़बरों को ख़बरों की तरह लेने और प्रस्तुत करने के या तो अभ्यस्त नहीं हैं या वे ऐसा करना नहीं चाहते। इसीलिए एक चैनल ने ये ऐलान कर दिया कि उसने वह जगह ढूँढ़ निकाली है जहां राम द्वारा त्याग दिए जाने के बाद सीता रही थीं और बाद में जहाँ धरती में वे समा गईं थीं। परदे पर एक एनीमेशन भी चल रहा था जिसमें धरती फट रही थी और सीता उसमें समा रही थीं। यही नहीं, एंकर ये भी बता रहा था कि चैनल को आम का वह पेड़ भी मिल गया है, जिससे लव कुश ने अश्वमेध का घोड़ा और हनुमान को बाँधा था। उसे इतना सामान्य ज्ञान भी नहीं था कि आम के पेड़ की अधिकतम आयु क्या होती है। इससे यही साबित होता है कि वह और उसके जैसे तमाम टीवी पत्रकार, पत्रकार से ज़्यादा रामभक्त हैं। अगर ऐसा है तो ये बहुत ही ख़तरनाक स्थिति है क्योंकि ये लोग कभी भी कारसेवक में तब्दील हो सकते हैं और मीडिया को फासीवादी ताक़तों का औज़ार बना सकते हैं जैसा कि बाबरी मंदिर–मस्जिद आंदोलन के दौरान बहुत से पत्रकारों ने किया भी था।

हैरत और अफसोस की बात ये है कि राम को बेचने का कारोबार केवल न्यूज़ चैनलों तक ही नहीं सीमित रह गया है। एक बड़े चैनल समूह ने अपने मनोरंजन चैनल का सबसे बड़ा आकर्षण राम को ही बनाया है। इस समूह की छवि सेकुलर और प्रोगेसिव है मगर कारोबार के लिए उसे भी यही हथकंडा सूझा। बीस साल बाद वह रामायण धारावाहिक लेकर आया है और उसको चैनल ड्राइवर के रूप में इस्तेमाल करना चाहता है। ऐसा भी नहीं है कि वह रामायण को नए ढंग से वैज्ञानिक नज़रिए के साथ प्रस्तुत कर रहा हो। रामायण का रीमेक वही सागर आर्ट्स कर रहा है, जिसने उस समय रामायण को एक साहित्यिक रचना या मिथक की तरह नहीं, धार्मिक ग्रंथ की तरह दिखाया था। इस बार भी प्रस्तुति के अंदाज़ और कंटेंट में कोई परिवर्तन नहीं किया गया है, सिवाय इसके कि वह ज़्यादा हाई टेक हो गई है, भव्य हो गई है। एनडीटीवी इमेजिन इस रामायण के प्रचार–प्रसार के लिए करोड़ों रुपए पानी की तरह बहा रहा है। किसी चैनल पर चलने वाले किसी धारावाहिक की इस तरह से पब्लिसिटी और मार्केटिंग पहले कभी नहीं की गई। हालाँकि शुरूआती रिपोर्ट बता रही हैं कि इस बार रामायण को उस तरह से नहीं देखा जा रहा जैसा कि पहले देखा गया था।

इसमें शक़ नहीं है कि चैनलों का ये राम-प्रेम टीआरपी यानी धंधे से प्रेरित है। जिस तरह से राजनीति में राम के नाम पर वोट बटोरे जाते हैं उसी तरह से मीडिया में दर्शक(या ग्राहक) इकट्ठे किए जा रहे हैं। जिन चैनलों ने राम को जमकर दिखाया उन्हें इसका लाभ भी मिला। टीआरपी के जब साप्ताहिक नतीजे आए तो पता चला कि जिस चैनल ने ज़्यादा रामभक्ति दिखाई थी, उसकी टीआरपी ने लंबी छलाँग लगाई है और बाक़ी ने गँवाई है। मगर ये एक ख़तरनाक़ रास्ता है। इससे सांप्रदायिक राजनीति करने वालों के लिए ज़मीन तैयार होती है। वे पहले ही अंध विश्वास और चमत्कार दिखा रहे थे और दिखा-दिखाकर नासमझ दर्शकों का भेजा खराब कर रहे थे। अब इसमें सांप्रदायिकता का तड़का लगाया जा रहा है और इसके अंजाम को समझना कोई मुश्किल नहीं है।

क्या इतिहास अपने आपको दोहरा रहा है...?

नब्बे के दशक में सांप्रदायिक दलों को रामायण धारावाहिक की वजह से हिंदू भावनाएँ उभारने में मदद मिली थी और आशंका है कि इस बार भी यही हो सकता है। समय भले ही बदल गया हो और इस दरम्यान एक नई पीढ़ी भी आ गई है, मगर न तो राजनीति बदली है और न सांप्रदायिक राजनीति करने वाले ही बदले हैं। राजनीति में भारतीय जनता पार्टी फिर से राम नाम का जाप करके खोया जनाधार पाने की कोशिश कर रही है। उसने और उसके सहयोगी संगठनों ने सेतु समुद्रम परियोजना के सांप्रदायीकरण की मुहिम छेड़ दी है। पहले उन्होंने मंदिर वहीं बनाएँगे के नाम पर राजनीति की थी अब तथाकथित रामसेतु को बचाने के लिए वे सांप्रदायिक उन्माद पैदा करने की तैयारी कर चुके हैं। जाने-अनजाने मीडिया उसका हमराही बन रहा है। चैनल राम को लेकर काल्पनिक चीज़ों को प्रामाणिकता प्रदान करके एक भाव-भूमि तैयार कर रहे हैं। इस भाव-भूमि में संघ परिवार के लिए राम के नाम पर हिंदुओं को लामबंद करना और फिर उन्हें वोट बैंक में तब्दील करना आसान हो जाएगा।

और अंत में

साल के अंत में न्यूज़ चैनलों में एक होड़ शुरू हो जाती है। मैन ऑफ द इयर चुनने की होड़। पहले चैनल या अख़बार किसी एक व्यक्ति को मैन ऑफ द इयर घोषित करके खुश हो लेते थे, मगर अब उसका दायरा बढ़ा दिया गया है। आयोजन भी भव्य हो गए हैं, ठीक फिल्मी पुरस्कारों की तरह। पाँच सितारा होटलों में तमाम स्वनामधन्य लोगों को इकट्ठा किया जाता है (ऐसे आयोजनों के लिए बड़े-बड़े प्रायोजक जो मिलने लगे हैं)। लेकिन अगर इन पुरस्कारों की चीर-फाड़ करें तो पता चलता है कि ये चैनलों की जन संपर्क और मार्केटिंग एक्सरसाइज़ से ज़्यादा कुछ

नहीं होती। दावा किया जाता है कि विजेताओं का चयन बड़े ही लोकतांत्रिक ढंग से किया जाता है। चैनल पहले से दावेदारों की सूची घोषित कर देते हैं। मगर इस फेहरिस्त में वही नाम होते हैं जो या तो मध्यवर्ग के पॉपुलर हीरो-हीरोइनें होती हैं या फिर जिनसे रिश्ते गाँठने में चैनलों को फ़ायदा दिखता है। इनमें साहित्यकारों और गंभीर कलाकारों के लिए कोई जगह नहीं होती। मेधा पाटकर, सुनीता नारायण जैसे संघर्ष करने वालों का कोई ज़िक्र नहीं होता(अगर होता भी है तो उनका जो राजनीतिक और व्यापारी वर्ग के लिए असुविधाजनक न हों)। ज़मीन पर काम करने वाले मैन या वोमेन ऑफ द इयर भला कैसे हो सकते हैं। कोई किसान, कोई मज़दूर भला इंडियन ऑफ द इयर कैसे हो सकता है। इसके लिए देश का प्रधानमंत्री, वित्तमंत्री, व्यापारी-उद्योगपति, बॉलीवुड स्टार और क्रिकेट या टेनिस का खिलाड़ी होना ज़रूरी है।

बहरहाल, इस सूची में शामिल किए गए नामों में से अपनी पसंद के व्यक्ति को एसएमएस वोटिंग के ज़रिए जिताने का दिन-रात आग्रह करते रहते हैं। ये सब जानते हैं कि इस तरह की वोटिंग के आर्थिक निहितार्थ क्या होते हैं। लोकतंत्र का ये एसएमएस प्रदर्शन महज़ कमाई के लिए ही किया जाता है। साथ में इस छद्म चुनाव को थोड़ी-बहुत वैधता भी मिल ही जाती है। चलिए इसे भी अनदेखा कर दिया जाए तो चैनल ये बताने का कष्ट नहीं करते कि कितने लोगों ने वोट दिए और इस मतदान को कितना महत्त्व दिया गया। पूरी तरह से चुप्पी साध ली जाती है। वैसे एक निर्णायक मंडल भी होता है, मगर ज़्यादातर लोग वही होते हैं जिनका सोच चैनल के सोच से मिलता हो और उसकी रणनीति जिनसे पुष्ट होती हो। ज़ाहिर है कि ज़्यादातर चैनल कुछ ख़ास पार्टियों के कुछ ख़ास नेताओं और धन्ना सेठों पर मेहरबान रहते हैं। बल्कि ये पूरी इंवेंट ही इसीलिए की जाती है। इसका अंदाज़ा केवल इसी से लगाया जा सकता है कि किसी को प्रधानमंत्री मनमोहन सिंह इस पुरस्कार के लायक दिखते हैं तो किसी को उन्हीं के जैसे सोच वाले वित्तमंत्री पी. चिदंबरम।

(मार्च, 2008)

हिंसा और उत्तेजना का टीवी शास्त्र

हिंसा अभाव और ग़ैर बराबरी वाले समाजों का अभिन्न हिस्सा होती है। गरीबी और विषमता के बढ़ने के साथ-साथ समाज भी ज़्यादा से ज़्यादा हिंसोन्मुख होता जाता है, जैसा कि अपने मुल्क में हो रहा है। आर्थिक उदारवाद की बदौलत एक वर्ग विभिन्न तरह की हिंसक गतिविधियों में संलग्न होता जा रहा है तो हिंसा का आनंद लेने वालों का एक बड़ा वर्ग भी तैयार होता जा रहा है। ज़ाहिर है कि इससे हिंसा जनित मनोरंजन का एक बाज़ार भी खड़ा होने लगा है। अब हिंसा का उपभोग करने वाले हों तो वैसे प्रोडक्ट तैयार करने वाले भी हो जाते हैं और इस तरह से डिमांड और सप्लाई का एक दुष्चक्र खड़ा हो जाता है। बाज़ार इस हिंसा की डिमांड को पूरा करने के लिए हिंसक दृश्यों की रचना, पुर्नरचना करता है या फिर हिंसा को प्रदर्शित करके अपनी भूमिका को अंजाम देने लगता है। यानी भले ही हिंसा आदिम युग से मनोरंजन का एक जरिया रही हो मगर बाज़ार में आकर वह एक तरह के उत्पाद में तब्दील हो जाती है। इसके खरीदने-बेचने के साथ मुनाफे का गणित जुड़ा होता है, जो कि बहुत ही निर्मम और स्वार्थी होता है। उसे सामाजिक हितों से कोई सरोकार नहीं होता। वह तो निर्लज्जता के साथ मनोरंजक हिंसा का कारोबार करता है। फिल्मों में अत्यधिक हिंसा का प्रदर्शन इसी का हिस्सा है और टेलीविज़न भी बाज़ार के साथ मिलकर यही करने में जुट गया है।

हिंसा के इस कारोबारी स्वरूप को टेलीविज़न पर आसानी से देखा जा सकता है। अपराध संबंधी समाचारों और कार्यक्रमों में तो ये हर रोज दिखता है मगर अन्य ख़बरों में भी इसके दर्शन किए जा सकते हैं। ताजा मिसाल राज ठाकरे के उत्तर भारतीय विरोधी अभियान की है। इस अभियान के टीवी कवरेज़ पर हर तरफ़ से उंगलियाँ भी उठ रही हैं। मुख्य निशाने पर हिंदी चैनल हैं। आरोप यह है कि हिंदी के न्यूज़ चैनलों ने राज ठाकरे के उत्तर भारतीय विरोधी अभियान में हुई हिंसा के दृश्यों को बढ़ा-चढ़ाकर दिखाया। चैनलों ने कहीं भी संयम का परिचय नहीं दिया और हिंसक दृश्यों को दिखा-दिखाकर पूरे मामले को बहुत बड़ा रूप दे दिया। न्यूज़ चैनलों को देखकर लगने लगा मानो पूरा महाराष्ट्र हिंसा की आग में जल रहा हो। अमिताभ बच्चन के बंगले में किसी ने एक टूटी बोतल क्या फेंक दी, चैनलों ने इसे

भी हमला ही बताकर माहौल में उत्तेजना भर दी। नतीजतन, कई जगह लोग हिंसा पर उतर आए। इसी तरह से जब हिंसा कहीं नहीं हो रही थी या इक्का-दुक्का स्थानों पर ही हो रही थी तब भी उन्होंने पुराने दृश्यों को दिखाकर ये भ्रम पैदा किया जैसे कि वे ताज़ा हों और अभी भी मुंबई या महाराष्ट्र के दूसरे शहरों में मारपीट या आगज़नी चल रही हो। उन्होंने उन दृश्यों पर फाइल या आर्काइव लिखने की ज़रूरत महसूस नहीं की...क्यों नहीं की...क्या इसलिए कि इससे हिंसा का स्वाद और उत्तेजना कम हो जाती...दर्शकों का मज़ा कम हो जाता...वे किसी और चैनल का रुख कर लेते?

उनके इस रवैये से पहला सवाल तो उनकी भूमिका को लेकर उठता है। समाचार माध्यमों से अपेक्षा की जाती है कि वे सामाजिक तनाव की स्थिति में ऐसा कोई काम नहीं करेंगे जिससे हालत बिगड़ती हो, वैमनस्य को बढ़ावा मिलता हो। मगर बहुत से लोगों का मानना है और काफी हद तक सही मानना है कि राज ठाकरे छाप मराठी बनाम उत्तर भारतीय के इस टकराव में उन्होंने आग में पानी डालने की भूमिका निभाने के बजाय घी छिड़कने का काम ज़्यादा किया। हिंदी के न्यूज़ चैनलों ने न केवल सीधे-सीधे उत्तर भारतीयों की कमान संभाल ली, बल्कि उनकी अगुआई करने में भी जुट गए। इससे जहाँ निष्पक्षता की कसौटी में वे खरे नहीं उतर सके वहीं उनकी विश्वसनीयता भी घटी।

राज ठाकरे संचालित उत्तर भारतीय विरोधी अभियान के कवरेज़ की दूसरी सबसे महत्त्वपूर्ण और डराने वाली बात यह रही कि चैनलों ने इसे मनोरंजन का रूप दे डाला। राज ठाकरे की गिरफ़तारी की घटना को मैटिनी शो या इसी तरह के नाम देकर दिखाया गया। घटनाएँ-दुर्घटनाएँ अब मीडिया के लिए एक अवसर की तरह आती हैं। वह इन्हें टीआरपी और विज्ञापनों में तब्दील करने की जुगत में जुट जाता है। इसलिए सरोकारों को भाड़ में झोंक दिया जाता है और फौरन ही ऐसे मुहावरों, अंदाज़-कोण और फार्मेट तलाशे जाने लगते हैं जो कैची हों। इसमें सूचना, शिक्षा और ज्ञान मनोरंजन के सामने पिट जाते हैं। पूरा प्रसंग एक मनोरंजक पैकेज में तब्दील होने लगता है। हर घटना को एक फिल्मी अंदाज देने का लोभ उसी प्रवृत्ति का लक्षण है। वे हिंसा तक को एक मनोरंजक आयटम में तब्दील करने के लिए उकसाती हैं। यहाँ हिंसा चिंता की बात नहीं रह जाती। वह दर्शकों को लुभाने का, टीआरपी बटोरने का एक मसाला बन जाती है। यही वज़ह है कि न्यूज़ चैनलों में हिंसा को भुनाने की कोशिशें लगातार बढ़ती जा रही हैं। अगर बिहार में चोरी के किसी आरोपी को सार्वजनिक तौर पर मार दिया जाता है या किसी संदिग्ध अपराधी को मोटरसाइकिल से बाँधकर खींचने या भीड़ द्वारा मार देने की घटना होती है तो उनके दृश्य बार-बार दोहराए जाते हैं ताकि दर्शक उनका आनंद उठा सकें। इसी तरह सरेआम आत्मदाह या पुलिस द्वारा किसी की बेरहमी से पिटाई आदि के दृश्य

भी हिंसक आनंद के सृजन का सामान बनते हैं।

मीडिया में हिंसा का कारोबार केवल हिंदुस्तान में हो रहा हो ऐसा नहीं है। ये हर जगह हो रहा है और बड़े पैमाने पर हो रहा है। यहाँ तक कि बेनज़ीर भुट्टो की हत्या के दृश्यों को विभिन्न कोणों से बारंबार प्रदर्शित करने का मक़सद भी यही होता है। इन हिंसक दृश्यों के रोमांच को दर्शक बार-बार अनुभव करना चाहता है इसलिए हिंसा के साथ मिली उत्तेजना हर जगह बेची-खरीदी जा रही है। युद्धों का सीधा प्रसारण तो ख़ैर पहले ही हिंसा का एक बड़ा कारोबार बन चुका है (दलील दी जा सकती है कि युद्ध की सीधी जानकारी इससे दर्शकों तक पहुंचती है, मगर हक़ीकत इससे भी आगे जाती है।) सीएनएन विश्व विख्यात खाड़ी युद्ध को लाइव दिखाने की वज़ह से ही हुआ था और उसकी इस कामयाबी में हिंसा को भुनाने का नुस्खा शामिल है। अमेरिका के वर्ल्ड ट्रेड टावर पर आतंकवादी हमले और फिर अमेरिका के अफ़गानिस्तान तथा इराक पर किए गए आक्रमण सबने मिलकर बड़े पैमाने पर होने वाली हिंसा का एक बड़ा दर्शक-बाज़ार तैयार किया है और मीडिया इन अवसरों की ताक में रहता है। इन्हें दिखाने-भुनाने की पहले से तैयारी करता रहता है।

अब ज़रा टेलीविज़न के परदे पर दिखाई जाने वाली इस हिंसा को दिखाने के तरीके पर गौर कीजिए। हिंसा केवल किसी घटना से बनी दृश्यावली से ही निर्मित होती हो ऐसा नहीं है। टीवीकार अपनी रचनात्मकता का इस्तेमाल करके भी इन्हें हिंसक या और अधिक हिंसक बनाने का काम करते हैं। किसी रिपोर्ट की कमेंट्री (वॉयस ओवर) को उत्तेजना के साथ ज़ोर-ज़ोर से पढ़ना अपने आप में ही कम हिंसक नहीं होता और जब वह दृश्यों के साथ मिलता है तो एक विस्फोटक मिक्स बनाता है। कई चैनल इस तरह के आक्रामक अंदाज में ख़बरें बनाने के चलन के कायल हैं। उनके संवाददाता चीख़-चीख़कर ख़बरें बताते हैं और एंकर भी उसी नाटकीय अंदाज़ में ख़बरों और कार्यक्रमों को प्रस्तुत करते हैं। खेल की ख़बरों की तो भाषा ही हिंसा से भरपूर होती है। हाल में एक चैनल ने कार्यक्रम का नाम रखा था-कंगारुओं को कुचल दो। अंग्रेज़ी के चैनल भी इसमें पीछे नहीं रहते। एक अंग्रेज़ी चैनल का शीर्षक था लेट्स किल द कंगारूज। हरभजन-सायमंड विवाद के दौरान चैनलों की भाषा और तेवर दोनों हिंसक नज़र आए। आस्ट्रेलिया से वन डे सीरीज जीतने पर एक चैनल कहता है-भारत ने आस्ट्रेलिया के क्रूर पंजे से जीत छीन ली। इस वाक्य में क्रूर पंजे का इस्तेमाल बताता है कि चैनल किस मानसिकता के साथ ख़बरों को प्रस्तुत कर रहा था। यह तरीका आम दर्शक को हिंसा के लिए उकसाता भी है और इस तरह से अपने ग्राहक को और भी पक्का करता है।

लेकिन न्यूज़ चैनल ही नहीं है जो इस तरह की तिकड़में अपना रहे हों। अगर इंटरटेनमेंट के चैनलों पर चलने वाले धारावाहिकों को लें तो उनमें भी हिंसा भरी

होती है। अपराधों और मारकाट के दृश्यों को क्लोज़अप में बार-बार दोहराया जाता है। किसी को छुरा भौंकने का दृश्य बहुत ही करीब से विभिन्न कोणों से बार-बार परदे पर दिखाया जाता है। बलात्कार के दृश्य तो असाधारण रूप से लंबे होते हैं। पीड़ित महिला की चीत्कार टीवी तोड़कर गूँजती चली जाती है। सीधे-सादे प्रसंगों कोभी हिंसक बनाने का यह गुर एकता कपूर के धारावाहिकों ने ख़ासतौर पर टीवी इंडस्ट्री को सिखाया है। इन दृश्यों के संपादन पर ग़ौर कीजिए। दस सेकेंड के भीतर ही एक फ्रेम विभिन्न कोणों और गति के साथ आपकी आँखों के सामने से जाने कितनी बार गुजारा जाता है। इन दृश्यों के साथ सुनाई पड़ने वाली ध्वनि यानी साउंड इफेक्ट्स पर भी ध्यान दीजिएगा। ये लगभग वैसी होती है जैसी कि तलवारबाजी के समय उत्पन्न होती है। इन ध्वनियों से ही लहू टपकता महसूस किया जा सकता है। मगर ये एकता कपूर प्रदत्त वीडियो एडिटिंग का नया ग्रामर है। इसमें आँखों को रुचने या दिल को सुकून पहुंचाने वाली दृश्य शृंखला नहीं बनाई जाती। इसका मकसद है दर्शक के दिमाग़ पर हथौड़ों से वार करना। कार्यक्रम में एक ऐसी नाटकीयता भर देना जो सिवाय हिंसा को एन्जॉय करने के कोई और भाव पैदा नहीं करती।

टेलीविज़न पर हिंसा रचने वाले चैनल कह सकते हैं कि वे वही दिखा रहे हैं जो समाज में घटित हो रहा है। अगर समाज में हिंसा है तो वह जन माध्यमों में भी दिखलाई जाएगी। उससे बचा नहीं जा सकता। मगर क्या वे बताएँगे कि समाज में हो रही हिंसा और मीडिया में दिखने वाली हिंसा का अनुपात और चेहरा क्या एक जैसा है? कहीं मीडिया में दिखाई पड़ने वाली हिंसा का पलड़ा भारी तो नहीं है? फिर ये सवाल तो अपनी जगह है ही कि क्या समाज में हिंसा ही हो रही है या और भी बहुत कुछ जिसे जगह नहीं दी जा रही? हिंसा के भी जो रूप चैनलों में दिखते हैं क्या उन्हीं का वजूद है या फिर यहाँ भी सेलेक्टिव हिंसा ही कवरेज पा रही है। प्रतिरोध में की जाने वाली वारदातें हिंसा है, मगर व्यवस्थाजनित हिंसा हिंसा न भवति।

और अंत में

सेबी के पूर्व अध्यक्षा दामोदरन ने हमारा ध्यान भले ही इस बात की ओर खींचा हो कि किस तरह से निवेशक-एंकर निवेशकों को गलत सलाह देकर बरगलाने का काम करते हैं। मगर असल बात तो वे गोल ही कर गए हैं। दरअसल, इसके लिए वे एंकर ही दोषी नहीं हैं जो खुद निवेशक हैं और चूँकि उनके स्वार्थ भी दाँव पर लगे होते हैं इसलिए तेजड़िये या मंदड़िये की भूमिका भी निभाने लगते हैं। लेकिन सच्चाई तो यह है कि एंकर नहीं, बल्कि चैनल ही साठ-गाँठ में शामिल होते हैं।

जिस तरह से फिल्मी दुनिया में अपनी फिल्मों की व्यावसायिक सफलता के लिए चैनलों को मीडिया पार्टनर बनाने का रिवाज चल पड़ा है। उसी तरह कंपनियाँ और शेयर लाने वाले भी उनसे समझौता कर लेते हैं और इस समझौते के तहत वे उनका ख़याल रखते हैं। वैसे भी, एंकर की हैसियत ऐसी नहीं होती कि अपने दम पर वे खास शेयरों के लिए मुहिम ही चला दें जैसाकि रिलायंस के शेयरों के साथ किया गया। रिलायंस के शेयर के पक्ष में ऐसी हवा बनाई गई मानो निवेशकों की लॉटरी खुलने वाली है। नतीजा यह हुआ कि प्रस्तावित पावर प्रोजेक्ट के नाम पर कुछ भी न होने के बावजूद रिलायंस का शेयर कई गुना ज़्यादा क़ीमत पर बिका और फिर बाद में औंधे मुँह गिरा। हालत यह हुई कि रिलायंस उस बेशक़ीमती शेयर के लिए निवेशकों को बोनस देने के लिए मजबूर हो गई।

कहने का मतलब यह है कि इतने बड़े पैमाने पर खेल एंकर के बल पर नहीं किया जा सकता, इसके लिए चैनलपतियों का शामिल होना ज़रूरी है। सब जानते हैं कि जब भी कोई बड़ा शेयर बाज़ार में लाया जाता है तो कंपनियाँ उसे बेचने के लिए बड़े स्तर पर विज्ञापन अभियान चलाती हैं। ज़ाहिर है कि वे उन चैनलों को ही ये विज्ञापन देंगी जो उनके इश्यू के बारे में सकारात्मक रुख़ अपनाएगा। एक बार फिर से फिल्मों के उदाहरण से इसे समझना होगा। अगर आपने ग़ौर किया हो तो पाया होगा कि अब किसी भी चैनल पर फिल्म समीक्षा में फिल्म की ज़्यादा आलोचना नहीं की जाती, भले ही वह कितनी ही घटिया क्यों न हो। चैनल जानते हैं कि अगर वे ऐसा करेंगे तो फिल्म इंडस्ट्री उनका बहिष्कार ही कर देगी। उन्हें किसी पार्टी में न्योता नहीं जाएगा और न ही फिल्म के फुटेज मुहैया कराए जाएँगे। ऐसे में वे टीआरपी खेंचू सामग्री से वंचित हो जाएँगे और ये अपने पेट पर लात मारने जैसी बात होगी। ठीक यही बात शेयर बाज़ार और कंपनियों के बारे में रिपोर्टिंग करते समय लागू होती है।

निवेशक एंकर शेयर चर्चाओं में तटस्थ नहीं रहते, यह सही है और अगर शेयर खरीदने-बेचने की सलाह देने वाले विशेषज्ञ भी कम ज़्यादा बिके होते हों तो यह भी हैरत की कोई बात नहीं है। मगर ये दोनों ऊपर से सिग्नल मिलने पर ही कोई लाइन ले सकते हैं। एंकर और ख़ासतौर पर व्यापार चैनलों के एंकर इस तथ्य से भली-भाँति वाक़िफ़ होते हैं कि उनके चैनल और स्वयं के हित में क्या है और किसी शेयर के बारे में बात करते वक्त उन्हें क्या कहना है और क्या नहीं कहना है।

(अप्रैल, 2008)

फ़र्ज़ी मुठभेड़ों से मुठभेड़

गुजरात को संघ परिवार हिंदुत्व की प्रयोगशाला के रूप में भले ही इस्तेमाल कर रहा है, मगर वह उन लोगों के लिए भी एक प्रयोगस्थली बना हुआ है जो नफ़रत और हिंसा की राजनीति के ख़िलाफ़ हैं। चाहे राजनीति से जुड़े लोग हों, मानवाधिकार कार्यकर्ता हों या फिर रचनाकार, सभी तरह-तरह से संघ परिवार की तिकड़मों और कार्यप्रणालियों को समझने और उन्हें उजागर करने की कोशिशों में लगे हुए हैं। एक मायने में गुजरात देश की नजता के लिए भी प्रयोगशाला ही बन गया है। गुजरात के माध्यम से वह मोदी के मॉडल और उसे देश भर में लागू करने की योजना रखने वालों के एजेंडे को भली-भाँति जान-समझ सकता है।

यह तो अब एक स्थापित तथ्य है कि मोदी सरकार और संघ परिवार गुजरात में अल्पसंख्यकों को चुन-चुनकर मारने, उन्हें भयभीत करने और बाक़ी समाज से अलग-थलग करने की रणनीति पर काम कर रही है। बहुसंख्यक हिंदू समुदाय के दिमाग़ों में नफ़रत और हिंसा का ज़हर भरकर गोलबंद करना भी इसी का हिस्सा है। हाल में हुए चुनाव के नतीजे भी बताते हैं कि उसे इसमें कामयाबी भी मिल रही है। बहुत से लोगों को लग सकता है कि गोधरा कांड के बाद हुए दंगों से गुजरात सरकार और संघ परिवार के विभिन्न संगठनों ने अपने लक्ष्य हासिल कर लिये थे और दो हज़ार मौतों के बाद हिंसा का दौर थम गया था। मगर यह सच नहीं है। सच यह है कि उन्होंने हिंसा और आतंक के दूसरे तरीके अख़्तियार कर लिये थे। इनमें से एक है फ़र्ज़ी मुठभेड़ें।

वैसे तो मुठभेड़ के नाम पर निरपराध लोगों को आतंकवादी घोषित करके मार डालने की कई वारदातों को अदालतों ने ही बेनक़ाब कर दिया है, मगर यदि शुभ्रदीप चक्रवर्ती की डॉक्यूमेंट्री फिल्म एन एनकाउंटर्ड ऑन सेफ्रन एजेंडा इसे और भी खोलकर दिखाती है। इस फिल्म में फ़र्ज़ी एनकाउंटर के चार मामले लिये गए हैं और विस्तार से बताया गया है कि कैसे मोदी सरकार, गुजरात पुलिस और प्रशासन ने मिलकर सत्तारूढ़ दल की राजनीतिक ज़रूरत पूरी करने के उद्‌देश्य से निर्दोष मुसलमानों को निशाना बनाया। आज नरेंद्र मोदी अगर गुजरात में अपराजेय और लौह-पुरुष की छवि रखते हैं तो उसके पीछे बेगुनाहों की सुनियोजित हत्याएँ

हैं। डॉक्यूमेंट्री बताती है कि कैसे कहानियाँ बुनी गईं कि मोदी को आतंकवादियों से ख़तरा है और इस्लामी कट्टरपंथी उनको मारने की बारंबार कोशिश कर रहे हैं। इसके बाद इस किस्से को हक़ीक़त का जामा पहनाने के लिए निर्दोष लोगों को आतंकवादी बताकर ठिकाने लगाया गया। गुजरात पुलिस ने उन्हें मारने की जितनी कथित साज़िशों का भंडाफोड किया और षड्यंत्रकारियों को मौत के घात उतारा, मतोदी भी उतने ही 'महान' होते चले गए।

गुजरात में अभी तक इक्कीस ऐसी हत्याएँ हुई हैं जिन्हें पुलिस आतंकवादी मौतें बताती है मगर जिन्हें फ़र्जी मुठभेड़ माना जा रहा है। डॉक्यूमेंट्री फिल्म में जो चार मामले केस स्टडी के तौर पर लिए गए हैं, वे सभी बहुत ही चर्चित 'मुठभेड़ें' हैं। पुलिस के फ़र्ज़ी मुठभेड़ अभियान का पहला शिकार समीर ख़ान पठान था और इस मामले की तह में जाकर फिल्म पुलिस की पूरी कहानी को झूठा साबित कर देती है। यही हाल सादिक़ मेहतर इशरत जहाँ और सोहराबुद्दीन को मारने के लिए पुलिस द्वारा रची गई कहानियों का होता है। फिल्म एक-एक फ़र्ज़ी मुठभेड़ की तह में जाती है। पुलिस द्वारा बताई गई कहानियों के छेद ढूँढ़ती है और फिर उसे तार-तार कर देती है।

इसमें सन्देह नहीं कि गुजरात में सरकार के इशारों पर पुलिस द्वारा की गई फ़र्ज़ी मुठभेड़ों (इन्हें नृशंस हत्याएँ कहना ज़्यादा उपयुक्त होगा) को फिल्म बहुत ही शिद्दत से सामने रखती है। मगर वह दर्शक को कहीं झकझोरती नहीं है, उसे विचलित नहीं करती है। वह देखने वाले की भावनात्मक रज्जु को स्पर्श करने में कामयाब नहीं होती। गुजरात का ये बीभत्स सत्य केवल तथ्य नहीं है, वह एक डरावना एहसास है और फिल्म उसे महसूस कराने में सफल नहीं होती। फिल्म न तो इस पूरे मामले को नए ढंग से कह पाई है और न कोई नई बात सामने रखती है। मगर कई बार सत्य को दोहराया जाना भी लाज़िमी होता है और इस लिहाज़ से इस फिल्म का भी अपना महत्त्व है।

(अप्रैल, 2008)

इस आईने में हिंदुस्तान क्यों नहीं दिखता?

मीडिया को समाज का आईना कहा जाता है। दावा तक किया जाता है कि ये आईना सच्ची तस्वीर दिखाता है, हक़ीक़त के दर्शन करवाता है, मगर आज के मीडिया ख़ासतौर पर टीवी चैनलों को देखकर ये दावा खोखला जान पड़ता है। भारत से अनजान कोई व्यक्ति अगर टीवी चैनलों को देखकर ये जानना चाहेगा कि हिंदुस्तान कैसा मुल्क है तो वह गच्चा खा जाएगा। वह कतई नहीं समझ पाएगा कि यह एक ऐसा देश है जहाँ बेशुमार गरीबी है, भुखमरी है और भारी आर्थिक असमानता है। उसे तो यही लगेगा कि हिंदुस्तान नौ फ़ीसदी की दर से विकास करता ऐसा मुल्क है जहाँ शेयर बाज़ार का सूचकांक सारी सीमाओं को तोड़कर ऊपर की तरफ़ भाग रहा है, जिसका विदेशी मुद्रा भंडार भरा हुआ है और जहाँ के उद्योगपति नित नई विदेशी कंपनियों को खरीदने में लगे हुए हैं। वह व्यक्ति यही राय बनाएगा कि यहाँ के लोग कार और मोटर बाइक पर सवार होकर मेगा माल में खुले हाथों से खरीदारी करते हैं, बड़े-बड़े रेस्तराँ में खाते हैं, नए-नए इलेक्ट्रॉनिक उपकरणों यानी मोबाइल, कंप्यूटर आदि के लिए हमेशा लालायित रहते हैं और विदेशी ब्रांड के कपड़े खरीदने के लिए टूट पड़ते हैं। चाहे न्यूज़ चैनल हों या फिर मनोरंजन परोसने वाले चैनल, सभी की सामग्री और कलेवर विलासिता की यह झांकी पेश करते हैं। हम सब जानते हैं कि ये सच्चाई नहीं है। देश की दस फ़ीसदी जनता भी इस चमकदार दुनिया का हिस्सा नहीं है। मगर टेलीविज़न हिंदुस्तान नहीं इंडिया दिखा रहा है, तरक्की की मलाई खाते आठ-दस परसेंट लोगों का इंडिया। टीवी पर शाइनिंग इंडिया दिखता है, सफरिंग इंडिया नहीं।

अगर न्यूज़ चैनलों की विषय-वस्तु का ही पोस्टमार्टम करें तो साफ़ हो जाता है कि ग़रीबी और भुखमरी की ख़बरों तथा कार्यक्रमों से उन्होंने तौबा कर ली है। किसी भी चैनल पर अब गरीबी या बेरोज़गारी पर कोई गंभीर रिपोर्ट या बहस दिखाई नहीं देती। इनसे जुड़े तमाम आँकड़े या तो छिपा लिए जाते हैं या फिर उन्हें बहुत कम महत्त्व दिया जाता है। विकास के चमकते आँकड़ों के सामने वे अंधेरे में धकेल दिए जाते हैं। पिछले एक साल में ही कई ऐसे तथ्य सामने आए हैं जिन्हें चैनलों ने जगह देना मुनासिब नहीं समझा। अभी हाल में ही रिपोर्ट आई थी कि

भारत में प्रति व्यक्ति अनाज और दालों की खपत 1991 के मुक़ाबले काफी घट गई है। यही नहीं, कुपोषण भी बड़ी तेजी से बढ़ा है। मगर न्यूज़ चैनलों ने तरक्की को झुठलाने वाले इन तथ्यों को पूरी तरह से नज़रअंदाज़ कर दिया। कुछ समय पहले ग्लोबल ह्यूमन इंडेक्स (भूमंडलीय मानव सूचकांक) में बताया गया था कि भुखमरी के मामले में 118 देशों में भारत इथियोपिया से भी एक स्थान पीछेयानी 94वें नंबर पर है। यहाँ तक कि पाकिस्तान भी उससे (88वें नंबर पर) बेहतर स्थिति में है। मगर न्यूज़ चैनल तरक्की के बैंड-बाजे ही बजाते रहे और उन्होंने इन आँकड़ों को सामने रखकर विकास के दावों पर प्रश्नचिह्न लगाने की कोई कोशिश नहीं की। संयुक्त राष्ट्र की ही एक रिपोर्ट में बताया गया था कि हिंदुस्तान ही वह मुल्क है जो हर साल भूखे लोगों की तादाद में सबसे ज़्यादा बढ़ोतरी कर रहा है। किसी चैनल पर इसको लेकर कुछ देखने को नहीं मिला। इसी तरह से आर्थिक ग़ैर-बराबरी, बेरोज़गारी, आत्महत्याओं और महिला शिशुओं की हत्याओं की दरों में भी लगातार बढ़ोतरी हो रही है और इनके आँकड़े भी बार-बार रिलीज़ किए जाते हैं मगर चैनल अपना ध्यान इसी पर केंद्रित रखते हैं कि किस कंपनी के शेयर गिर रहे हैं और किसके चढ़ रहे हैं। या फिर उन्हें इस बात की चिंता सताने लगती है कि सरकार निजीकरण और उदारीकरण की राह पर सरपट क्यों नहीं दौड़ रही है। कभी-कभार जब कुछ ऐसे विषय आ ही जाते हैं, जिनसे मुंह चुराना मुश्किल हो जाता है तो उन्हें चतुराई के साथ राजनीति की तरफ़ मोड़ दिया जाता है। किसानों की आत्महत्याओं का सवाल भी आख़िरकार राजनीति में ही उलझा दिया गया। इससे नेता बिरादरी खलनायक बनकर उभरती है और पूरे मामले से लोगों का ध्यान हट जाता है। होना ये चाहिए कि आर्थिक नीतियों को खंगाला जाए। बताया ये जाए कि कौन-सी आर्थिक नीतियाँ हैं जिनकी वज़ह से इस तरह की समस्याएँ जन्म ले रही हैं। मगर मजाल है कि कोई उनमें किसी तरह का खोट निकाले या उदारवाद पर सवालिया निशान लगाए। इस तरह का काम करने वाले वामपंथी विशेषज्ञों और नेताओं को जगह ही नहीं दी जाती है। महंगाई को लेकर वे कभी-कभी आंदोलित ज़रूर हो जाते हैं मगर इसमें भी चिंता का केंद्र वही मध्यवर्ग होता है जिसकी मिज़ाज़पुर्सी का उसने हलफ़ उठाया हुआ है।

बात केवल आँकड़ों की ही नहीं है। आँकड़े तो सूखे तथ्य होते हैं और अक्सर पूरी हक़ीक़त भी बयान नहीं करते। असल बात तो उन कहानियों की है जो इन सच्चाइयों को मानवीय चेहरा देती हैं। मगर इन्हें देखने के लिए मानवीय आँख भी तो चाहिए। वे आँखें जो पहले इन्हें देख पाती थीं अब कुछ और देखने में लग गई हैं। बाज़ार की मांग और चैनलों की मुनाफ़ाखोरी तो अपनी जगह है ही मगर पत्रकारों का चरित्र भी पिछले कुछ समय में बदला है। अब तोप मुक़ाबिल होने पर अख़बार निकालने वाले पत्रकार तो ख़ैर नहीं ही हैं। इसकी वज़ह भी जगज़ाहिर है।

पहले पत्रकार आते थे निम्न मध्यवर्ग से और उनका वास्ता ज़मीनी सच्चाइयों से होता था। उनके सरोकार भी उसी तरह के होते थे। मगर अब ऐसा नहीं है। अव्वल तो वे ठीक-ठाक घरों से आते हैं। अगर ऐसा नहीं भी हो तो टीवी चैनलों की मोटी तनख़्वाहें उन्हें एकदम से संपन्न बना देती हैं। बहुत ही कम समय में उनके पास घर, कार, बैंक बैलेंस सब कुछ हो जाता है। वे शेयरबाज़ार में पैसा लगाने लगते हैं और छुट्टियाँ मनाने देश-विदेश की योजनाएँ बनाने लगते हैं। टीवी चैनलों में नेतृत्व देने वाला वर्ग तो इन मोर्चों पर सबसे आगे है। साफ़ है कि पत्रकारों का वर्ग बदल गया है और उसके हिसाब से ही उनका वर्ग चरित्र भी। वर्गीय वफ़ादारी के मामले में भी उसने पाला बदल लिया है। इसलिए जाने-अनजाने और खुशी या नाखुशी से अब वह पत्रकारिता के लिए नहीं बाज़ार के लिए काम कर रहा है (हम अपवादों की बात नहीं कर रहे क्योंकि वे तो हर जगह होते हैं और यहाँ भी होंगे)। उसने इसके लिए वही सब दलीलें ढूँढ़ ली हैं जिनका वह पहले विरोध करने के लिए इस्तेमाल करता था। प्रोफेशन और प्रोफेशनल इसी की तर्कावली है। अब उसे चैनल को प्रोडक्ट और दर्शक को कंज्यूमर कहने में कोई गुरेज नहीं होता। इसलिए ये स्वाभाविक है कि गरीबी, बेरोजगारी या भुखमरी की ख़बरें उसे दिखती नहीं या दिखती हैं तो रुलाती नहीं। एक वर्ग को खुश करने के लिए उसने ग़रीबी से आँखें मूंद ली हैं, गरीबों को अपने कैमरों से, परिदृश्य से हटा दिया है। यानी सरकार और बाज़ार की राह पर ही पत्रकार भी चल पड़े हैं।

न्यूज़ चैनलों पर तो चलिए कभी धोखे से तो कभी मजबूरी में कुछ ग़रीबी और ग़रीब दिख जाते हैं मगर मनोरंजन परोसने वाले चैनलों का हाल तो और भी बुरा है। दूरदर्शन की छोड़ दें तो क्या आप याद करके बता सकते हैं कि हाल में आपने कोई ऐसा धारावाहिक देखा है जिसमें गाँव और ग़रीबी केंद्रीय विषय हो। सारे सीरियलों का कथानक मध्य और उच्चे मध्यवर्गीय होता है। ग़रीबी से जूझते, संघर्ष करते लोगों की कहानियाँ परदे से गायब कर दी गई हैं। वसंती या नुक्कड़ अब कहीं भी नहीं है। मनोरंजन के दूसरे कार्यक्रम भी देश की हक़ीक़त से कोसों दूर हैं। चमक-दमक में नंबर वन मगर कथानक और प्रस्तुतिकरण के स्तर पर घटिया किस्म के एक जैसे मनोरंजक कार्यक्रमों की फैक्ट्री बन गए हैं तमाम मनोरंजन के चैनल। मालूम नहीं ऐसा क्यों है कि इंडस्ट्री में ये समझ बन गई है कि उन्हें सामाजिक सरोकारों से संबंध रखने की कोई ज़रूरत नहीं है। चूँकि ये निजी कंपनियों द्वारा चलाए जा रहे हैं इसलिए मुनाफ़ा कमाने की उन्हें पूरी छूट है भले ही इसके लिए वे किसी भी तरह के हथकंडे अपनाएँ।

सवाल ये उठता है कि खुद को लोकतंत्र का चौथा स्तंभ मानने वाला मीडिया क्या अपनी भूमिका के साथ न्याय कर रहा है? क्या ये उसका भटकाव नहीं है और क्या ये भेदभावपूर्ण व्यवहार नहीं है कि एक बड़े सच को उसने देश निकाला दे दिया

है। उसका बहिष्कार कर दिया है? क्या अभी भी समाज का आईना, लोकतंत्र का चौथा स्तंभ आदि कहलाने का उसका हक बनता है? कहीं वह बाज़ार का चौथा खंभा तो नहीं बन गया है?

और अंत में

टीवी चैनलों की रेटिंग देने वाली एजेंसी टैम इंडिया ने घोषणा की है कि अब वह कनेक्टिविटी रिपोर्ट नहीं देगी। ये रिपोर्ट चैनलों के डिस्ट्रीब्यूशन के बारे में बताती हैं। इंडियन ब्राडकास्टर्स फेडरेशन की ओर से पड़ रहे दबाव की वज़ह से उसने ऐसा किया है। आईबीएफ का कहना है कि इस रिपोर्ट की वज़ह से डिस्ट्रीब्यूशन पर चैनलों का खर्च बहुत बढ़ गया है और लगातार बढ़ता जा रहा है।

टेलीविज़न चैनलों की सफलता के संबंध में पहले कहा जाता था कि content is the king. यानी अगर चैनल पर दिखाई जाने वाली सामग्री अच्छी हो तो उसकी सफलता निश्चित है। बाद में रूपर्ट मर्डोक आए और उन्होंने घोषणा कर दी कि Distribution is the king। मर्डोक का तर्क था कि अगर सामग्री कमज़ोर हो मगर वह लोगों के घरों तक अच्छे से पहुंचे तो चैनल को कामयाब होने से कोई नहीं रोक सकता। इसके बाद लोगों ने कहना शुरू किया कि बेशक डिस्ट्रीब्यूशन किंग हो मगर कंटेट किंगकांग है। कुछ लोग मार्केटिंग को किंगकांग मानते हैं। बहरहाल, अगर हिंदुस्तानी परिस्थितियाँ को ध्यान में रखा जाए तो इसमें संदेह नहीं है कि काफ़ी हद तक डिस्ट्रीब्यूशन ही चैनलों के संपादकीय और आर्थिक पक्ष को निर्धारित कर रहा है। आज चैनलों का सबसे बड़ा खर्चा अच्छी ख़बरों या कार्यक्रम पर न होकर डिस्ट्रीब्यूशन पर होता है। माना जाता है कि आज एक राष्ट्रीय स्तर के न्यूज़ चैनल को अच्छे से डिस्ट्रीब्यूट करने के लिए कम से कम 30-40 करोड़ रुपए सालाना चाहिए। कुछ साल पहले तक ये खर्च 4-6 करोड़ होता था मगर जैसे-जैसे चैनलों की संख्या बढ़ती गई केबल ऑपरेटरों का मुंह भी खुलता चला गया। ध्यान रहे कि डिस्ट्रीब्यूशन का सीधा ताल्लुक टीआरपी से होता है इसलिए चैनल सारे खर्चों में कटौती करके भी डिस्ट्रीब्यूशन का पेट भरते हैं।

जिस तरह से हर हफ्ते टीआरपी आती है। उसी तरह से चैनलों की कनेक्टिविटी रिपोर्ट भी आती है। इस रिपोर्ट की वज़ह से चैनलों के बीच बेहतर कनेक्टिविटी को लेकर होड़ चल रही है और वे बढ़-चढ़कर खर्च करने लगे हैं। इससे चैनलों के कंटेट पर होने वाले खर्च में उन्हें कटौती करनी पड़ती है। नतीजतन संपादकीय सामग्री का स्तर गिरता चला जाता है। तो क्या कनेक्टिविटी रिपोर्ट के बंद हो जाने से टीवी चैनलों का स्तर सुधर जाएगा? ज़्यादातर लोगों को इसमें संदेह है। अव्वल तो केवल इतने से डिस्ट्रीब्यूशन का खर्च कम नहीं होगा। क्योंकि और

भी चीज़ें हैं जो उसके लगातार बढ़ने के लिए ज़िम्मेदार हैं। इसीलिए अधिकांश प्रसारकों और चैनलों को चलाने वाले पत्रकारों का कहना है कि टीआरपी बंद होनी चाहिए क्योंकि कंटेंट पर सबसे बुरा असर उसी का पड़ रहा है। कुछ लोग सलाह दे रहे हैं कि अगर ये टीआरपी साप्ताहिक के बजाय छमाही, तिमाही या मासिक हो जाए तो उससे भी हर हफ़्ते की अंधी जंग बंद हो सकती है। लेकिन लगता नहीं है कि उनकी मनोकामना पूरी हो सकेगी, क्योंकि विज्ञापन जगत और बाज़ार ऐसा चाहता है और उनके सामने सब नतमस्तक हैं। हां, मंत्रीजी चाह लें तो बात और है।

(मई, 2006)

तमाशा क्रिकेट और आत्मघाती मनोरंजनवाद

भारतीय टेलीविज़न-दर्शन नए सिरे से परिभाषित हो रहा है। उसके लिए ये समय एक तरह से टर्निंग पांईट है। वह एक ऐसे मोड़ पर है जहाँ से मनोरंजन का एक आत्मघाती रास्ता शुरू होता है। आत्मघाती इसलिए कि ये मनोरंजन बहुत सारी अच्छी चीज़ों के लिए ख़तरा बनकर खड़ा हो गया है। इसने एक सर्वग्रासी रूप धारण कर लिया है। यह तमाम चीज़ों को निगल रहा है। इसने टीवी पर मनोरंजन के दूसरे रूपों को निगलना शुरू कर दिया है। टीवी रेटिंग बताती हैं कि इस मनोरंजन ने ख़बरों और मनोरंजन के तमाम चैनलों को बहुत पीछे छोड़ दिया है। यही नहीं, इसने टीवी इतर मनोरंजनों को भी हाशिए पर धकेलना शुरू कर दिया है। सिनेमा हॉल खाली रहने लगे हैं। पहले से ही टेलीविज़न ने लोगों को किताबों, रंगमंच और विभिन्न कलाओं से दूर कर रखा है मगर नया मनोरंजन अब इस प्रवृत्ति को और तेज करने वाला है। ये दर्शकों को सूचनाओं और जानकारियों से वंचित करने वाला है। अपने नाम को सार्थक करते हुए बुद्धू बक्सा दर्शकों को बुद्धू और घर-घुस्सू बनाने वाला है। इस ख़तरनाक मनोरंजन का नाम है इंडियन प्रीमियर लीग यानी आईपीएल। ये मनोरंजन का नया अंदाज़ है, ये क्रिकेट का नया रूप है, ये तमाशा क्रिकेट है। जगमगाती फ्लड लाइट्स, आँखों को चुभने वाले गाढ़े रंगीन कपड़ों में सजे बाकायदा बोली लगाकर खरीदे गए खिलाड़ी तेज़ संगीत का शोर, उन्माद में चीखते-चिल्लाते दर्शक, नाचती-झूमती आयातित अल्प वस्त्रों वाली चीयर गर्ल्स, फिल्मी ग्लैमर तथा सेलेब्रिटी का जमावड़ा और इस सबके बीच चौकों-छक्कों की बरसात। ये है क्रिकेट का नया रूप। मसाला मार के, मनमोहक किंतु बाज़ारू पैकेजिंग के साथ तुरंत फैसला सुनाने वाले फार्मेट में। बिल्कुल फास्ट फूड, बल्कि जंक फूड की तरह, सेक्स, सनसनी और रोमांच से भरा, दर्शनीय, आकर्षक, जिसका स्वाद चटखारेदार है मगर जो न तन को लगता है और न ही मन को। एक अफीम की तरह जो दर्शकों को मदमस्त कर रहा है।

भारतीय क्रिकेट कंट्रोल बोर्ड इस मनोरंजक क्रिकेट को कर्मयुद्ध के रूप में प्रचारित कर रहा है। उसके विज्ञापन के मुताबिक ये न तो देश-युद्ध है और न ही धर्म-युद्ध। जो बात यह विज्ञापन नहीं बताता वह ये है कि असल में तो ये धन-युद्ध

है। इसीलिए क्रिकेट के कर्णधार गदगद हैं। धन वर्षा हो रही है। ललित मोदी मुदित हैं और पवार पुलकित। भारतीय क्रिकेट कंट्रोल बोर्ड के कर्ता-धर्ता फूले नहीं समा रहे। क्रिकेट के कारोबारी खरीदी हुई टीमों पर दाँव लगाकर मुनाफ़े और शोहरत का नया पहाड़ा पढ़ते नज़र आ रहे हैं। खिलाड़ियों की लॉटरी लग गई है। इतनी आसानी से, इतनी जल्दी और इतना अधिक बटोरने की उन्होंने कल्पना भी नहीं की थी। चंद अंतरराष्ट्रीय मैच खेलकर बाहर हो जाने वाले पूर्व खिलाड़ियों की भी चांदी हो गई है। वे उधरी बांह वाली कमीज़ों में सेक्सी विशेषज्ञ का रूप धरकर टीवी चैनलों पर बैठ गए हैं और ट्वेंटी-ट्वेंटी क्रिकेट का माहात्म्य बता रहे हैं। लेकिन बोर्ड नहीं जानता कि क्रिकेट और क्रिकेट खिलाड़ियों की भलाई के नाम पर उसने जिस सर्कस का आयोजन किया है वह इस खेल के लिए भी घातक है और देखनेवालों के लिए भी। हो सकता है कि इसकी कमाई के छोटे हिस्से से क्रिकेट खेलने वालों के लिए देश भर में सुविधाएँ मुहैया हो जाएँ और क्रिकेट खिलाड़ियों की दरिद्रता भी दूर हो जाए, मगर व्यापक अर्थों में ये कुल मिलाकर समाज-विरोधी क्रिकेट है।

आईपीएल दिन भर के थके-मांदे टीवीग्रस्त दर्शकों के लिए तीन-तीन घंटे का सनसनी भरा रास्ता और चटखारेदार मनोरंजन है। अपनी ही दुनिया में मस्त मध्यवर्ग को और क्या चाहिए। सब कुछ तो मौजूद है इसमें। खेल से बोर होने लगे तो चीयर गर्ल देख ली। अभी तक ऐसा कोई सर्वेक्षण तो नहीं हुआ है कि दर्शक आईपीएल के मैचों में सबसे ज़्यादा क्या देख रहे हैं या देखना चाहते हैं। उनकी दिलचस्पी मसाले में है या क्रिकेट में। मगर टीआरपी से दर्शकों के टीवी-व्यवहार का थोड़ा-बहुत अंदाज़ा लगाया जा सकता है। शुरुआती रेटिंग से पता चलता है कि दर्शक संख्या के लिहाज से आईपीएल ने क्रिकेट विश्व कप की दर्शक संख्या को भी पीछे छोड़ दिया है। ज़बरदस्त सफलता वाले टीवी धारावाहिक बहुत पीछे छूट गए हैं और न्यूज़ चैनलों का यूनिवर्स (दर्शक संख्या) सिकुड़ गया है। दर्शक शाम को ख़बरें और धारावाहिक कम नाइट राइडर्स और रॉयल टाइगर्स की भिड़ंत ज़्यादा देखते हैं। अमेरिकी बास्केटबाल या बेसबाल और यूरोपीय फुटबाल की तर्ज़ पर खेले जा रहे इस क्रिकेट ने वैसी ही अभूतपूर्व लोकप्रियता अर्जित कर ली है।

कुछ लोग ये दलील दे रहे थे कि चूँकि इस टूर्नामेंट में देशों के बीच स्पर्धा नहीं हो रही है इसलिए राष्ट्रीयता का ज्वार नहीं उठेगा और इसलिए यह उतना लोकप्रिय नहीं होगा। वे अब चुप बैठ गए हैं क्योंकि उल्टा हुआ है। राष्ट्रवाद से ज्यादा कामयाब मनोरंजनवाद साबित हो रहा है। इसलिए इसने पिछले सभी रिकार्ड तोड़ दिए हैं। ऐसा हो भी क्यों न। सारे मसालों का तड़का जो इसमें लगाया गया है। हाल ये है कि क्रिकेट के लिए पागल ये मुल्क पूरी शाम टीवी से चिपका रहने लगा है और जिन्हें कुछ और देखना है उनके लिए ये यातना का समय है। ख़बरें देखने वाले चैनल घुमाते रहते हैं मगर उन्हें ख़बरें नहीं मिलतीं। हर चैनल पर क्रिकेट के किस्से

ही छाए हुए हैं। बुलेटिन में टीमों की हार-जीत और ताबड़तोड़ पारियों के अलावा हरभजन का थप्पड़, श्रीसंत का रोना, शेन वार्न-गांगुली की तू-तू मैं-मैं और शाहरूख खान, प्रीति जिंटा की उछल-कूद भरी रहती है। सुबह से शाम तक चैनल इनकी मीमांसा में लीन रहते हैं। वे आईपीएल के मीडिया पार्टनर बल्कि मार्केटिंग पार्टनर की तरह व्यवहार कर रहे हैं। विज्ञापनदाताओं को खुश रखने के लिए वे यही सब कर रहे हैं जिससे दर्शक आईपीएल ब्रांड के क्रिकेट पर फिदा रहें। वे नकारात्मक ख़बरों को गायब कर रहे हैं। अर्ध नग्न चीयर गर्ल्स की वकालत करने या दर्शकों को उन्हें देखने के लिए प्रेरित करने में वे सबसे आगे हो रहे हैं। वैसे चैनल भी क्या करें। आख़िरकार वे भी मजबूर हैं। क्रिकेट भले ही एक चैनल पर जाता हो मगर वह पूरे वातावरण को ही बदल डालता है। माहौल क्रिकेटमय बना देता है। विज्ञापनदाता क्रिकेट के पीछे पागल हो जाते हैं। ऐसे में उनके पास भी यही रास्ता रह जाता है कि वे भी ख़बरों को क्रिकेटमय बना दें। वे जानते हैं कि क्रिकेट ही बिकता है। इसलिए उन्होंने भी क्रिकेट का डोज़ बढ़ा दिया है।

अब ज़रा आगे की सोचिए। क्या मनोरंजन के नए अवतार आईपीएल के बाद टीवी-दर्शन पहले जैसा रह जाएगा? सच तो ये है कि लोग इस मनोरंजन में डूब रहे हैं और डूबते जाएँगे। दर्शकों के लिए क्रिकेट प्रेम सारी हदें पार करके नशे में तब्दील हो गया है। अब दिखाने वाले क्रिकेट नशेड़ियों की कमज़ोरी का फ़ायदा उठाने के लिए इसी तरह की ढेर सारी क्रिकेट स्पर्धाओं के आयोजन में जुट जाएँगे। वैसे भी ठेठ-गर्मियों में खेली जा रही आईपीएल ने बता दिया है कि अब क्रिकेट किसी खास मौसम का मोहताज नहीं रह गया है। अब ये बारहों महीने खेला जाने लगा है और टेलीविज़न पर भी इसका कब्ज़ा हो गया है। यह क्रिकेट का ही कायाकल्प नहीं कर रही है, बल्कि इसने टेलीविज़न के मुहावरे को भी बदल डाला है। इसने मनोरंजन की नई परिभाषा गढ़ दी है। अब चाहे न्यूज़ चैनल हों (जो कि वास्तव में मनोरंजन के ही चैनल बन गए हैं) या मनोरंजन के, दोनों को इस परिभाषा के हिसाब से अपना कंटेंट तैयार करना होगा। ज़ाहिर है कि गंभीर सामग्री का हिस्सा और भी कम होता जाएगा और टीआरपी बटोरने के लिए चैनलों को या तो इस क्रिकेट के सहारे रहना होगा या फिर इससे मुक़ाबला करने के लिए मनोरंजन के नए तरीके ढूँढ़ने होंगे। ऐसे में और भी घटिया फार्मूले ईजाद किए जाएँगे। हर महत्त्वपूर्ण घटना टेलीविज़न कंटेंट पर गहरा असर डालती है। यों तो हर दिन बहुत सारी घटनाएँ होती रहती हैं और टेलीविज़न उन्हें तरह-तरह से दिखाता भी है। मगर कुछ घटनाएँ ऐसी होती हैं जो अपने कथ्य और मिजाज़ से उसके रूप रंग को भी बदल देती है। बरसों पहले दूरदर्शन पर प्रणय रॉय और विनोद दुआ के चुनाव विश्लेषण ने चुनाव कवरेज को एक नई शक्ल दे दी थी। इसका असर चुनाव पत्रकारिता पर तो पड़ा ही साथ ही चुनाव को टीवी पर दिखाने के अंदाज़ पर भी

पड़ा। खाड़ी युद्ध के सीधे प्रसारण ने टेलीविज़न और उसके दर्शकों को बहुत बदला। बाद के दौर में गुजरात में आए भूकम्प, आगरा-शिखर वार्ता, कारगिल युद्ध और सुनामी आदि कुछ ऐसी घटनाएँ रहीं जिन्हें मिसाल के तौर पर लिया जा सकता है। इन तमाम घटनाओं ने टेलीविज़न को अपनी-अपनी तरह से बदला। इनके कवरेज ने पुराने मानकों को तोड़ा और नए ढंग-ढर्रे कायम किए। इसी तरह बहुत सी घटनाएँ खेल और मनोरंजन की दुनिया की रहीं। क्रिकेट के टूर्नामेंट हों, फैशन शो हों या फिर फिल्मी पुरस्कार, सबने टेलीविज़न के स्वरूप को बदलने में भूमिका निभाई। जहाँ तक मनोरंजन चैनलों का सवाल है तो वहाँ बेशक घटनाओं का ज़ोर नहीं रहा लेकिन कुछेक कार्यक्रम ज़रूर ऐसे रहे जिन्होंने ट्रेंड तय किए और न्यूज़ चैनलों पर भी असर डाला। कौन बनेगा करोड़पति से लेकर सारेगामा, इंडियन आयडल, लॉफ्टर शो वगैरा-वगैरा को इस फेहरिस्त में शामिल किया जा सकता है। धारावाहिकों में 'हम लोग' और 'बुनियाद' अगर पारिवारिक कथानकों को आगे बढ़ाने वाले थे तो महाभारत एवं रामायण ने धार्मिक मनोरंजन की परंपरा डाली। इसी तरह भारतीय टेलीविज़न के लिए आईपीएल एक परिवर्तनकारी घटना साबित हो रही है। मगर उतनी ही विध्वंसकारी भी।

और अंत में

हिंदी न्यूज़ चैनल बाल-सुलभ जिज्ञासा के शिकार हैं और उन्होंने अपने दर्शकों को भी वैसा ही बना दिया है। रहस्य-रोमांच और अजब-गज़ब की कहानियाँ वे जिस तरह से दिखाते हैं वह परिपक्व पत्रकारिता का हिस्सा तो कतई नहीं है। उसमें कौतूहल और आश्चर्य का भाव रहता है और अंत तक कायम रखते हुए उसे ही भुनाते रहते हैं। जहाँ तक हो सकता है वे दर्शकों को वैज्ञानिक सचाई से दूर रखते हैं। कई बार तो ख़बरों से ज़्यादा वे ऐसे फीचर का विस्तारित प्रदर्शन करते हैं जिनमें न्यूज़ वेल्यू के नाम पर कुछ भी नहीं होता। तब ऐसा लगने लगता है कि वे न्यूज़ चैनल भी हैं या नहीं। केवल इंडिया टीवी ही नहीं, सभी चैनल या तो ऐसी कहानियों की तलाश में रहते हैं जो लोगों को अजीब-ओ-गरीब लगे या फिर सामान्य ख़बरों को ही वे चित्र-विचित्र के सांचे में ढाल देते हैं।

अब पहलवान खली को ही ले लीजिए। आखिर खली में ऐसा क्या है कि न्यूज़ चैनल उसके पीछे हाथ धोकर पड़े हुए हैं। ठीक है, वह महाबली है। अमेरिका के कुश्ती बाज़ार में वह एक बड़ा नाम बन गया है और बहुत सारे भारतीयों की जिज्ञासा तथा दिलचस्पी उसमें जाग गई है। मगर ये क्या कि हर दूसरे-तीसरे दिन वे खली पुराण खोलकर बैठ जाते हैं। बताने लगते हैं कि खली क्या खाता है, क्या पहनता है और कैसे रहता। उसकी कुश्तियों के वीडियो टेप दिखाकर विवेचना करने लगते

हैं कि खली ने अपने प्रतिद्वंद्वी की कैसे धुनाई की या फिर वह अपने प्रतिद्वंद्वियों से कैसे और क्यों हार गया। ये तो समझ में आता है कि चैनलों का खली से मोह इसलिए है क्योंकि वह रिंग का ही नहीं टीआरपी के खेल का भी महाबली है। वह खूब देखा जाता है और टीआरपी बटोरने का अच्छा नुस्खा बन गया है। हो सकता है कि भारत–पाकिस्तान के क्रिकेट मैचों की तरह इसमें बड़े–बड़े गोरे पहलवानों को धूल चटाने का राष्ट्रीय गौरव भी शामिल हो। यही वज़ह है कि जब भी किसी चैनल को टीआरपी पर ख़तरा दिखता है वह खली कथासागर का वाचन शुरू कर देता है। इससे कोई फ़र्क़ नहीं पड़ता कि सामग्री कितनी पुरानी है और वे उसे कितनी बार दिखा चुके हैं। सच्चाई से भी वे नाता तोड़ लेते हैं। अमेरिका से आई आपत्तियों की वज़ह से न्यूज़ चैनलों को खली से संबंधित सामग्री अमेरिकी दर्शकों को परोसना बंद करना पड़ा है। स्पष्ट है कि चैनल बाज़ार और आपसी प्रतिस्पर्धा के मारे हुए हैं, मगर ये यह भी साबित करता है कि वे पिछड़ेपन के शिकार हैं और कुछ नया सोच पाने में असमर्थ भी।

(जून, 2008)

मर्डर, मीडिया और सेक्स

पिछले एक दशक में बाज़ार ने व्यावसायिक सफलता की जो कठोर शर्तें रख दी हैं और जो गला काट होड़ उसने पैदा की है, उसने मीडिया को निर्मम बना दिया है। ये निर्ममता मीडिया में काम करने वालों में भी जड़ें जमा चुकी हैं और उन्होंने न्यूज़ सेंस की बहुत विकृत परिभाषा को शिरोधार्य कर लिया है। इस परिभाषा के तहत वे घटनाओं में उन्हीं तत्वों को देखने और दिखाने के रास्ते पर चल पड़े हैं जो दर्शकों को सबसे ज़्यादा लुभावने लग सकते हैं। यानी ख़बरों के महत्त्वपूर्ण पक्षों को अनदेखा करो और उनमें मौजूद उन चीज़ों को उभारो जो उन्हें बिकाऊ बना सकती हों, भले ही इससे दर्शकों के दिल–ओ–दिमाग़ पर कैसा भी असर क्यों न पड़ता हो। सामाजिक सरोकारों की अनदेखी करने के वे आदी हो गए हैं और अब तो बड़ी ढिठाई से उन्होंने ये भी कहना शुरू कर दिया है कि इसमें बुरा क्या है। दिल्ली से सटे नोएडा के आरुषी हत्याकांड के टीवी कवरेज में उन्होंने अवैध संबंधों और सेक्स को जिस तरह से दिन–रात परोसा वह इस बात की गवाही देता है। यही वज़ह है कि आरुषी कांड के कवरेज में न्यूज़ चैनलों को जितनी वाहवाही हासिल हुई है, उससे ज़्यादा कहीं वे निंदा–भर्त्सना के शिकार हुए हैं।

कहा जा रहा है कि न्यूज़ चैनलों ने जिस तत्परता से इस डबल मर्डर को कवर करना शुरू किया (हालाँकि ये तत्परता भी इसी से प्रेरित थी कि इसमें उसे ऐसे अवैध संबंधों की चर्चा करने की गुंज़ाइश नजर आ रही थी जो दर्शकों को खींचने में मददगार साबित हो सकती थी। ठीक है कि ये कांड शहर के मध्यवर्गीय परिवार में घटा था जो कि उसका टारगेट है मगर सनसनी और सेक्स की वज़ह से इसका दर्शक वर्ग शहरों से लेकर गाँव तक हर जगह मौजूद था।) उससे पुलिस पर दबाव बना और उसे भी तेज़ी दिखाने के लिए बाध्य होना पड़ा। यदि चैनलों की भूमिका यहीं तक होती तो निश्चय ही ये शाबाशी देने वाला काम था, मगर ऐसा नहीं था। एक तो ऐसा करना उनका मूल उद्देश्य नहीं था। अगर मीडिया की हलचलों से बने दबाव की वज़ह से पुलिस को सक्रिय होना पड़ा तो इसे संयोग मात्र ही माना जाना चाहिए। दूसरे, बाद मे जिस तरह के तथ्य सामने आए उनसे ज़ाहिर होता है कि मीडिया के दबाव में आकर पुलिस ने जल्दबाज़ी में कुछ भी कहानियाँ गढ़ डालीं

और मनचाहे नतीजे निकालकर रख दिए। असल बात तो ये है कि चैनलों ने मनोहर कहानियाँ के घटियातम संस्करण की बानगी पेश करते हुए तथ्यों से ज़्यादा कल्पनाओं का सहारा लिया और उनकी कल्पनाशीलता भी अटकलों तथा असत्य की सीमाओं को छूने लगी। आरुषी हत्याकांड के टीवी कवरेज में पत्रकारिता कलंकित हुई है। अपराध की घटनाओं को दिखाने के जो मूलभूत सिद्धांत हैं उनकी न केवल अनदेखी की गई बल्कि उन्हें पूरी तरह से ताख पर रखकर भुला दिया गया। कहीं कोई संयम नहीं दिखाया गया और न ही ये खयाल किया गया कि उसकी अधीरता और ग़ैर ज़िम्मेदाराना व्यवहार से मामले की जांच और दर्शकों के दिल-ओ-दिमाग़ पर क्या असर पड़ेगा। सबसे चिंताजनक पहलू इस हत्याकांड के टीवी कवरेज में ये रहा कि पहली बार टीवी चैनलों ने सेक्स की खुलकर चर्चा की। उन्होंने पूरे कवरेज में सेक्स की जबरदस्त मिक्सिंग कर डाली।

अगर आप गौर करें तो पाएँगे कि आरुषी मर्डर कांड में न्यूज़ चैनलों का पूरा ध्यान सेक्स-कथाओं के सृजन पर रहा। वे शुरू से ही मानकर चले कि हत्या दो डॉक्टरों के अवैध संबंधों की वज़ह से हुई। आरुषी के पिता राजेश तलवार के अनीता दुर्रानी के साथ अवैध संबंधों को निशाना बनाते हुए न्यूज़ चैनलों ने कहानी पकानी शुरू कर दी थी। साफ़ है कि इस संबंध की जितनी ज़्यादा चर्चा वे कर सकते थे उन्होंने की। इसके बाद पुलिस ने जब अपनी नासमझी से इसी तरह की एक संभावना की तरफ इशारा किया तो न्यूज़ चैनलों को तो मानो मुंह मांगी मुराद मिल गई। उसने अवैध संबंधों की तरफ शक ज़ाहिर ही नहीं किया बल्कि ये तक कह दिया कि आरुषी और नौकर हेमराज को आपत्तिजनक स्थिति में देखने के बाद राजेश तलवार ने 'आनर किलिंग' की। इसे हमेशा चौकन्ने रहने वाले हमारे न्यूज़ चैनलों ने उसे पकड़ लिया। पुलिस के बयान को उसने बार-बार दिखाया जो कि उसकी आदत के मुताबिक ही था मगर घरों में सबके साथ देखने वालों के लिए ये खटकने वाला था। इसके बाद चैनल रिश्तों को खंगालने में लग गए, ये बात बार-बार दोहराई जाने लगी कि आरुषी और हेमराज को राजेश तलवार ने आपत्तिजनक स्थिति में देख लिया था। कुछ चैनल इस आपत्तिजनक स्थिति की रचना में भी जुट गए। नाटकीय रूपांतरण के तहत चैनलों ने कई दृश्य रच डाले। इनमें राजेश तलवार और अनीत दुर्रानी भी थे और आरुषी-हेमराज भी। उनकी कल्पनाशीलता को पर लग गए । हत्या की कोई और वज़ह हो सकती है इसके बारे में सोचना उन्होंने मुनासिब ही नहीं समझा। सब कुछ भूलकर वे और भी उत्साह के साथ सेक्स कथा बुनने में लग गए।

किसी चैनल ने ये किस्सा भी उड़ा दिया कि तलवार और दुर्रानी परिवारों में पत्नी बदलने (वाइफ स्वैपिंग) का खेल भी चल रहा था और वही इस हत्याकांड की जड़ में था। यानी चैनलों के लिए एक और चटखारेदार सेक्सी स्टोरी। फिर क्या

था चैनल बहुत सारी चिंताएँ और बहाने ढूँढ़कर इन सेक्स गाथाओं को छोटे परदे पर तानने लगे। इसे बताने-दिखाने लगे। कभी किसी मनोविज्ञानी को पकड़ लिया जाता तो कभी किसी समाजशास्त्री से पारिवारिक मूल्यों और परंपराओं के पतन की विवेचना करवाई जाती। एक चैनल ने बाकायदा ज्यूरी ही बैठा दी तो एक चैनल तलवार के ड्राइवर को लेकर परतें उधेड़ने में जुट गया। कवरेज को और भी अधिक सेक्सी बनाने के लिए उन्होंने अपनी आदत के मुताबिक नाटकीय रूपांतरण का भी सहारा लिया। एक चैनल जो कि संभवत: इंडिया टीवी ही रहा होगा, ने तो बाकायदा रीक्रिएशन में दिखाया कि नौकर हेमराज बिस्तर पर आरुषी के साथ बैठा हुआ है और उसके शरीर पर हाथ फेर रहा है। अब ये महसूस करना कतई मुश्किल नहीं है कि ये चर्चाएँ और दृश्य किसी भी परिवार के लिए कितने असुविधाजनक हो सकते हैं। माना जाता है कि इस तरह की सामग्री रात ग्यारह बजे के बाद दिखाई जा सकती है मगर दिन दहाड़े दिखाई गई और एक-दो नहीं पंद्रह दिनों तक स्क्रीन पर बनी रही।

हाल में शुरू हुए इंडिया न्यूज़ ने तो सारी सीमाएँ ही लांध दीं। उसने एक एमएमएस दिखाना शुरू कर दिया जिसमें एक किशोर लड़की अपने कपड़े उतार रही है। चैनल के मुताबिक एमएमएस आरुषी का था, जबकि ये सच नहीं था। उसके जैसी दिखने वाली किसी और लड़की का था। मगर बात ये नहीं कि ये एमएमएस आरुषी का था या नहीं है। प्रश्न ये है कि अगर ये आरुषी का भी रहा होता तो क्या इस तरह की चीज़ें उसे दिखानी चाहिए थीं? यहाँ मामला दोहरे अपराध का बनता है। एक तो दिन के वक्त इस तरह के वयस्क दृश्य दिखाने का और फिर फ़र्जी सामग्री पेश करके दर्शकों को गुमराह करने का। गौर से देखें तो एक और अपराध चैनलों ने किया और वह ये कि उन्होंने मृत्यु के बाद एक किशोर कन्या को लांछित किया है। आरुषी द्वारा अपने पापा को भेजे गए एक ईमेल के चैनलों ने मनमाने अर्थ निकाले और चर्चा को यहाँ तक ले गए कि उसके कई ब्वाय फ्रेंड थे और वह 'वैसी' ही थी। चैनलों के एंकर अपने रिपोर्टरों और मेहमानों से ऐसे-ऐसे सवाल कर रहे थे कि कोई भी शर्मा जाए। यहाँ तक कि खुद को ज़िम्मेदार कहने वाले चैनल भी अपने पर संयम नहीं रख सके। कुल मिलाकर चैनलों ने चौदह साल की आरुषी की छवि इस तरह से बना कि वह बदचलन और आवारा किस्म की लड़की थी जो अपने नौकर से लेकर किसी से भी शारीरिक संबंध बना सकती थी। जो शख़्स अब इस दुनिया में नहीं है उसका बिना किसी तथ्य के इस तरह से सार्वजनिक स्तर पर चरित्र हनन करना ज़िम्मेदार पत्रकारिता तो कतई नहीं कही जा सकती। कानूनी तौर पर ये अपराध ही था, क्योंकि ऐसे प्रकरणों में किशोरवय की किसी लड़की की तस्वीर दिखाना तक अपराध के दायरे में आता है जबकि यहाँ तो आरुषी को न केवल दिखाया गया बल्कि सारी मर्यादाओं और लक्ष्मण रेखाओं का

उल्लंघन भी किया गया।

दरअसल, चैनलों को सेक्स को भुनाने का चस्का लग गया है। आलम ये है कि सेक्सी दृश्य दिखाने का थोड़ा मौका मिलते ही वे लार टपकाने लगते हैं। उन्हें ये भय सताता है कि कहीं काई और न बाज़ी मार ले। वे फौरन दोड़ पड़ते हैं। ये भी नहीं देखते कि जो वह दिखाने जा रहे हैं वह सत्य पर आधारित है या नहीं और उसका समाज पर कैसा असर पड़ सकता है। हैरत में मत पड़िएगा अगर पता चले कि इंडिया न्यूज पर एमएमएस चलता देख कई चैनल इस अफसोस में पड़ गए हों कि उनके पास ये क्यों नहीं है। कुछ चैनलों में इसकी खोजबीन भी शुरू कर दी गई होगी। फिर जब पता चला होगा कि एमएमएस फर्जी है तो उन्होंने राहत की सांस ली होगी और कहना शुरू कर दिया होगा कि उनके पास भी था मगर उन्होंने इसे दिखाना मुनासिब नहीं समझा। एकाध चैनल ही ऐसे हैं जो इस तरह के अवसरों पर संयम से काम लेते हैं अन्यथा सबके सब पिल पड़ते हैं टीआरपी की रेस में हिस्सा लेने के लिए।

आरुषी हत्याकांड के टीवी कवरेज से जुड़े सवाल और भी हैं। मसलन, घटना को मनोरंजक बनाने और अतिरंजित करने का। हर परिवार और मां-बाप को शक के दायरे में लाने और कठघरे में खड़ा करने का। स्क्रीन पर खून के छींटे और लहराता हुआ चाकू दिखाकर हिंसा भुनाने का और सबसे चिंताजनक मीडिया ट्रायल का। हर जगह न्यूज़ चैनलों ने सीमाएँ तोड़ी हैं। पूछने को मन करता है कि कंटेंट कोड बनाने वाले कहाँ हैं और कहाँ हैं प्रेस की स्वतंत्रता के झंडाबरदार... कहाँ हैं...कहाँ हैं...

और अंत में

जून महीने का पहला हफ्ता टीवी पत्रकारिता के इतिहास में एक महत्त्वपूर्ण मुकाम साबित होगा। इस हफ्ते आई टेलीविज़न रेटिंग में इंडिया टीवी नंबर वन पर पहुंच गया। पिछले कई हफ्तों से वह नंबर दो पर चल रहा था और आज तक की बादशाहत के लिए ख़तरा बन गया था। आज तक ने अपनी बादशाहत बचाने के लिए हर हथकंडा अपनाया मगर अंततः इंडिया टीवी ने साबित कर दिया कि इस खेल में उसका कोई सानी नहीं है। अंधविश्वासों, झूठी, रहस्यमयी, आधी सच्ची विज्ञान कथाओं, अपराध, सेक्स और सनसनी के बल पर उसने मनोहर कहानियों वाली जगह हासिल कर ली है और उसका कोई तोड़ नहीं है। खुद मनोहर कहानियाँ भी नहीं। इंडिया टीवी के कंटेंट की 'ताक़त' का अंदाज़ा इसी बात से लगाया जा सकता है कि उसका टाइम स्पेंट (वह समय जो एक औसत दर्शक किसी चैनल पर बिताता है) दूसरे चैनलों से कहीं ज़्यादा है। ध्यान देने की बात ये है कि इंडिया

टीवी की रीच (दर्शकों तक पहुंच) आज तक आदि से बहुत कम है। यानी अगर उसकी रीच इन चैनलों के बराबर होती तो उसकी टीआरपी इतनी अधिक होती कि नंबर वन चैनल टीआरपी की होड़ में कब का पीछे छूट गया होता।

बहरहाल, इंडिया टीवी की जीत एक ऐसे कंटेंट और प्रवृत्ति की निर्णायक विजय (माना जा रहा है कि इंडिया टीवी अपनी बढ़त न केवल बरकरार रखेगा बल्कि बढ़ाएगा भी) है जिसे पत्रकारिता की किसी भी कसौटी पर घटिया, नकारात्मक और समाज विरोधी साबित किया जा सकता है। हालाँकि इस कंटेंट की शुरुआत पहले अग्रणी रह चुके चैनलों ने ही की थी और इसके लिए दर्शक वर्ग तैयार करने का श्रेय भी उन्हें ही दिया जाना चाहिए। आज भी उनमें इस तरह की चीज़ों की ही भरमार है, मगर इंडिया टीवी ने केवल इन्हीं को प्रमुखता देते हुए अपनी पहचान गढ़ी है और ऐसे दर्शक समाज का दुलारा हो गया है जो ख़बरों में दिलचस्पी नहीं रखता, जिसे मनोरंजन चाहिए और जिसे घटिया तथा अच्छे मनोरंजन का फ़र्क़ नहीं मालूम है। इसीलिए बहुत से लोगों का तो ये मानना है कि इंडिया टीवी न्यूज़ चैनल है ही नहीं। उसे किसी और वर्ग में मसलन, ऐसे मनोरंजन चैनलों की श्रेणी में रखकर देखा जाना चाहिए जिसके मूलतत्व हैं भड़ैंती, सेक्स अपराध और बाबा, साध्वी के भूत-प्रेती चमत्कार। मज़ा यह है कि मीडिया में अफ़वाह है कि चैनल के सर्वेसर्वा सूट-टाई में चुस्त-दुरुस्त रजत शर्मा अंदर चड्डी और भगवान बनियान पहने रहते हैं।

इंडिया टीवी की सफलता हिंदी पत्रकारिता के महापतन पर तो टिप्पणी है ही, ये हिंदी के दर्शक वर्ग के स्वाद और स्वभाव पर भी प्रश्नचिह्न लगाता है। अंग्रेज़ी का भद्रलोक इस पर मजे भी ले रहा है। लेकिन ये एक मौका भी है न्यूज़ चैनलों के लिए अपने अंदर झांकने का। इंडिया टीवी ही नहीं अन्य चैनलों को भी तय करना होगा कि वे दरअसल न्यूज़ चैनल हैं या फिर घटिया किस्म के मनोरंजन के चैनल।

(जुलाई, 2008)

राजनीति को बाहर करने की राजनीति

देश की राजनीति करवट ले रही है। चुनाव करीब आ रहे हैं, नए राजनीतिक समीकरण बन-बिगड़ रहे हैं। माहौल में उत्तेजना है और शायद अब दर्शकों में भी कौतूहल का भाव जाग रहा है। परमाणु करार पर तकरार, तेल की धार, महंगाई की मार और केंद्र सरकार के आर्थिक उदारवाद ने अर्थव्यवस्था को भी अनिश्चय के घेरे में ला दिया है। ऐसे में मध्यवर्ग की आस्थाएँ भी डांवाडोल होने लगी हैं और वह भी राजनीतिक रूप से सक्रिय होने की प्रक्रिया में है, इसलिए बहुत मुमकिन है कि न्यूज़ चैनलों पर एक बार फिर से राजनीति की वापसी हो जाए। मगर प्रश्न ये है कि ये वापसी क्या अस्थायी तौर पर होगी और क्या टीआरपी केंद्रित ही होगी? यानी चुनाव आदि के बाद उसे फिर हाशिए पर धकेल तो नहीं दिया जाएगा? साथ ही ये भी देखना होगा कि राजनीति का टीवी-चित्रण कैसा होगा इसमें भी आँखें बंद करके राजनीति और नेताओं को नकारात्मक रूप में देश करने की प्रवृत्ति हावी होगी या फिर राजनीति की परिवर्तनकारी भूमिका की ज़रूरत को भी ध्यान रखा जाएगा?

पिछले कुछ सालों में राजनीति की ख़बरें धीरे-धीरे न्यूज़ चैनलों से बाहर होती चली गई हैं। महत्त्वपूर्ण राजनीतिक घटनाएँ भी टेलीविज़न पर कवरेज पाने से वंचित होने लगीं। यहाँ तक कि बड़े राजनीतिक , मुद्दों तक को चैनल नज़रअंदाज करने लगे हैं और प्रधानमंत्री की प्रेस कांफ्रेंस तक चैनलों में जगह पाने के लायक नहीं समझी जाती रही है। ऐसी बहुत सी घटनाएँ गिनाई जा सकती हैं जिनकी चैनलों ने सरासर उपेक्षा की है। इससे राजनीतिक पत्रकारिता हतोत्साहित हुई और पत्रकार भी। कभी पत्रकारिता के केंद्र में रहने वाले राजनीति के जानकार पत्रकार बेकार हो गए। उनके पास कोई काम नहीं रहा। ज़ाहिर है उनका महत्त्व और रुतबा भी घटता चला गया। लेकिन हमारी चिंता पत्रकारों या न्यूज़ चैनलों की नहीं है बल्कि इस बात की है कि एक लोकतंत्र में आम जनता को व्यवस्था के इतने महत्त्वपूर्ण अंग की ख़बरों और सूचनाओं से वंचित करना एक जन-विरोधी प्रवृत्ति है। यह लोकतंत्र-द्रोह से कम नहीं है। वैसे राजनीति का ख़बरिया चैनलों से गायब हो जाना खुद-ब-खुद नहीं हो गया। सच तो ये है कि मुनाफे के चक्कर में टीवी चैनलों ने राजनीति की ख़बरों का बहुत ही सुनियोजित ढंग से बहिष्कार करना शुरू कर दिया था।

उनका बाज़ारजनित ये तजुर्बा सही हो सकता है कि उनके दर्शकों की राजनीतिक ख़बरों में दिलचस्पी नहीं रह गई है। राजनीति से जुड़ी ख़बरों और कार्यक्रमों को उन्होंने टीआरपी की कसौटी पर कसकर देखा और जब पाया कि वे इस मामले में नुकसानदेह हैं तो उन्होंने धीरे-धीरे राजनीति की ख़बरों से परहेज करना शुरू कर दिया। नतीजा ये निकला कि टीवी चैनलों से राजनीति को देश निकाला दे दिया गया। अगर राजनीति की ख़बरें रह भी गई तो उनका चरित्र बदल गया। वे सनसनीखेज़ होती चली गईं। टीवी पर राजनीति का मतलब हो गया स्टिंग ऑपरेशन, भंडाफोड़, विवाद और लड़ाई-झगड़े आदि। यानी राजनीति और राजनेताओं की नकारात्मक तस्वीरें ही टेलीविज़न का हिस्सा बनने लगीं। इससे हुआ ये कि पहले से ही बदनाम राजनीति एक बहुत बुरा कर्म हो गई और नेता खलनायक।

चैनलों द्वारा राजनीति को न दिखाना उनके दर्शक वर्ग के बदलते आस्वाद और आकांक्षाओं पर आधारित भी था। मध्यवर्ग के एक बड़े हिस्से का राजनीति से पहले ही मोहभंग हो चुका था। नई आर्थिक नीतियों ने उसके सामने आर्थिक तरक्की के हसीन सपने परोसने शुरू कर दिए, इसलिए उसने सरकार और राजनीतिक दलों की तरफ देखना बंद कर दिया। वह बाज़ार का अनुगामी हो गया। वहीं बाज़ार में रम गया। यहाँ उसे देश और समाज की चिंता नहीं थी। उसे न परिवर्तन से मतलब था और न ही क्रांति से। उसे तो अपने आर्थिक विकास से मतलब था जिसे बाज़ार पूरा करने का आश्वासन दे रहा था। इसलिए धीरे-धीरे वह अपने में मस्त होता गया, आत्मकेंद्रित होता गया। उसे नेताओं से नफ़रत होती गई और उसने राजनीति से किनाराकशी कर ली। यहाँ तक कि वह वोट डालने की ज़हमत उठाने से भी कतराने लगा। सक्रिय हिस्सेदारी के बजाय उसने नेताओं और राजनीति को कोसना शुरू कर दिया। बाज़ार भी यही चाहता था। उसकी अपनी राजनीति थी (विचारों और विचारधाराओं के अंत की अवधारणा का जन्म इसी सोच से हुआ)। वह नहीं चाहता था कि ये वर्ग राजनीतिक रूप से सजग हो और भविष्य में उसके लिए ख़तरा बने। इसलिए उसने मध्यवर्ग की राजनीति से हताशा को बढ़ाने और उसे भुनाने की रणनीति पर चलना शुरू किया। उसकी इस रणनीति को अमली जामा पहनाने के लिए औज़ार बना मीडिया। उसने रचनात्मक राजनीति को प्रोत्साहन देने के बजाय राजनीति को बुरा बताने का काम शुरू कर दिया। टीवी चैनलों ने इस मामले में अग्रणी भूमिका निभाई। नतीजा ये निकला कि राजनीति का ये टीवी-चित्रण दर्शकों में पहले से मौजूद अरुचि को बढ़ाने लगा और आख़िरकार दर्शक वर्ग राजनीतिक ख़बरों और कार्यक्रमों को देखने से भागने लगा। कहने का मतलब ये है कि घटिया राजनीति और नेताओं की करतूतें ही टीवी से राजनीति के बाहर होने के लिए ज़िम्मेदार नहीं थी। इसमें बाज़ार की राजनीति का भी अपना योगदान रहा है।

मीडिया ने बदलते मध्यवर्ग की रुचियों को ध्यान में रखते हुए दूसरा काम ये किया कि राजनीतिक ख़बरों में वह ऐसे तत्व ढूँढ़ने लगा जो उबाऊ न हों और बिकाऊ भी हों। इस तरह राजनीतिक ख़बरों को दिखाने का एक नया ट्रेंड शुरू हो गया। इस ट्रेंड के हिसाब से राजनीतिक ख़बरों को विचारशून्य बनाया गया और उसमें भी सनसनी को प्रमुखता दी जाने लगी। स्टिंग ऑपरेशन, अपराध और सेक्स की मिक्सिंग का सहारा लिया जाने लगा। ख़बरों के चयन का आधार भी बदल गया। हल्की-फुल्की मज़ेदार ख़बरों को प्रमुखता दी जाने लगी और महत्त्वपूर्ण ख़बरों के लिए या तो समय ही नहीं होता या फिर केवल सूचित करने तक उन्हें सीमित कर दिया जाता। राजनीतिक मामलों पर गंभीर बहसें लगभग बंद कर दी गईं। राजनीतिक ख़बरों से मनोरंजन का तड़का लगाने का काम भी शुरू कर दिया गया। इसके लिए दोयम दर्जे की कॉमेडी और गाने-बजाने का सहारा लिया जाने लगा। नतीजतन राजनीतिक ख़बरें दिनोंदिन सतही होने लगीं, उनमें से गंभीरता गायब होने लगी। हालाँकि कहा ये भी जा सकता है कि टीवी से राजनीति कभी बाहर नहीं हुई, बल्कि उसे एक दूसरी तरह की राजनीति ने प्रतिस्थापित कर दिया। ये राजनीति परिवर्तन विरोधी है और इसकी कोख से प्रतिक्रियावाद, अंधविश्वास, सस्ता मनोरंजन पैदा हो रहा है। ये लोगों को जगाने के बजाय सुलाने का काम कर रही है, उसे स्थायी और भाग्यवादी बना रही है। राजनीतिक चेतना को जगाने वाली ख़बरों की जगह ऐसी ख़बरों और विषयों का आ जाना महज संयोग नहीं माना जा सकता।

अब चुनाव आए हैं तो राजनीतिक ख़बरों की वापसी भी हो गई है। अपने मुल्क में चुनाव सरकार और देश की दशा-दिशा बदलने के हथियार से ज़्यादा उत्सव और मनोरंजन का अवसर बन चुके हैं। मीडिया इन्हें इसी रूप में लेता है, बल्कि उसके लिए तो ये ढेर सारे दर्शक जुटाने और धन कमाने का मौका भी होता है। चुनाव उसके लिए तमाशा है, सफलता का एक फार्मूला है। वह इसके लिए बड़ा बजट बनाता है जिसमें नफा-नुकसान का पूरा हिसाब-किताब रखा जाता है। इसीलिए चुनाव के वक्त चैनलों और अख़बारों की बाढ़ आने लगती है और इस बार भी यही हो रहा है। ऐसे में ये उम्मीद करना बेमानी है कि मीडिया राजनीति को सही परिप्रेक्ष्य में बिना किसी दबाव या पूर्वाग्रह के प्रस्तुत करेगा। उसका कंटेंट औद्योगिक घरानों, धनपशुओं, राजनीतिक दलों और उम्मीदवारों के हक़ में बिकने के लिए खुले बाज़ार में उपलब्ध होगा। पैसे खर्च करके प्रतिक्रियावादी ताक़तें उसका मनचाहा इस्तेमाल करने के लिए स्वतंत्र होंगी। प्रगतिशील सोच वाले दलों की आवाज़ मीडिया में सुनाई ही नहीं पड़ेगी और अगर किसी तरह से कहीं कोई मिमियाता कोना उन्हें मिला भी तो ग़लत संदर्भों में। अशिक्षित जनता मीडिया के इसी कोलाहल से निकले गरल को सत्य मानेगी और इस तरह लोकतंत्र में मीडिया

अपने दायित्व को पूरा करेगा।

मगर इस सबके बावजूद न्यूज़ चैनलों में जो कुछ इस समय दिखाया जा रहा है उसके मुक़ाबले राजनीतिक ख़बरें कुछ तो दर्शकों के मानस में खलबली पैदा करती ही हैं। हो सकता है कि ये आत्मवंचना हो मगर ये विचारशून्यता को खत्म करने का हल्का-सा आश्वासन तो देती ही है। इसलिए उनकी वापसी को एक अच्छे संकेत के तौर पर लिया जा सकता है। मगर सवाल फिर यही है कि ये वापसी कितनी टिकाऊ होगी। शायद उसका जवाब इस पर मनस्सर है कि देश के राजनीतिक-आर्थिक हालात किस तरह से आकार लेते हैं।

और अंत में

सूचना एवं प्रसारण मंत्रालय की हालत ऐसे बेबस बूढ़े-बुजुर्ग की तरह हो गई है जो अपनी संतान को तरह-तरह से सलाह और चेतावनियाँ तो देता रहता है मगर कुछ कर नहीं पाता। नाचने की टीवी प्रतियोगिता में निर्णायकों की डांट के बाद बेंगलोर की शिनजिनी के लकवाग्रस्त होने पर उसकी प्रतिक्रिया ऐसी ही थी। प्रसारण मंत्री ने कहा है कि वह रियलिटी शो की ख़बर लेंगे। मगर कुछ हुआ नहीं। सारे रियलिटी शो पहले की तरह चल रहे हैं। बच्चों से लेकर बड़े तक सबके सब इंस्टेंट नाम और दाम के लिए खुद को दाँव पर लगाने के लिए आमादा हैं और शो के निर्माता इस प्रवृत्ति को भुनाने की नई-नई तरकीबें ढूँढ़ने में जुटे हुए हैं।

प्रसारण मंत्री इस तरह की धमकियाँ जाने कितनी बार दे चुके हैं मगर ये एक दिन की ख़बर से ज़्यादा कुछ नहीं बन पातीं (शायद उनका मक़सद भी यही हो। जनता को ये आभास होता रहे कि मंत्री महोदय चैनलों के दुष्कर्मों से दुखी हैं और कुछ करने वाले हैं, बस)। टीवी पर चलने वाले अश्लील विज्ञापनों को ही ले लीजिए। महिला संगठनों के शोर मचाने के बाद इक्का-दुक्का विज्ञापन तो बंद हो गए मगर अधिकांश अभी भी चल रहे हैं। खास तौर पर अंडर गारमेंट्स और परफ्यूम के विज्ञापन तो सारी सीमाएँ लांघने वाले हैं। मगर शायद प्रसारण मंत्री के घर में कोई टीवी नहीं देखता क्योंकि और तो और धार्मिक कहे जाने वाले चैनलों तक में इस तरह के विज्ञापन देखे जा सकते हैं। विज्ञापनों को सेंसर करने वाली एजेंसी तो और भी ग़ैर-ज़िम्मेदार है। वह विज्ञापन संहिता को जाने कहाँ रखकर सो गई है।

(अगस्त, 2008)

क्या है, जिसकी परदेदारी है

नोट के बदले वोट और उससे जुड़ा सीडी प्रसंग एक धारावाहिक में तब्दील हो चुका है। जिसको देखो वही कांफ्रेंस बुलाकर सीडी बाँट रहा है और बता रहा है कि असली सच की दुकान उसी की है, बाक़ी सब फर्ज़ी हैं। मगर जितने सच सामने आ रहे हैं भ्रम उतना ही बढ़ता जा रहा है। स्टिंग ऑपरेशन करने वाले चैनल ने स्टिंग ऑपरेशन की रिकार्डिंग अगले ही दिन लोकसभा अध्यक्ष को सौंप दी थी। मगर आलम ये है कि उमा भारती से लेकर अमर सिंह और अरुण जेटली तक सबके पास अपने-अपने सच को साबित करने के लिए सीडी के अपने-अपने संस्करण हैं। मुश्किल ये है कि वही चुप है जिसको सबसे ज़्यादा बोलना चाहिए यानी उस चैनल को जिसने भारतीय जनता पार्टी के साथ सांसदों की खरीद-फ़रोख़्त को कैमरे में क़ैद करने की 'समझ' दिखाई थी। इसीलिए न्यूज़ चैनल (सीएनएन-आईबीएन) पर हर तरफ से उँगलियाँ उठ रही हैं। कहा जा रहा है कि चैनल ने ऐसा करके सरकार को बचाने में मदद की। सबसे बड़ा आरोप ये है कि उसने एक राजनीतिक दल और व्यापारिक घराने के दबाव में आकर ऐसा किया। इन आरोपों की सच्चाई सामने आए या न आए मगर पत्रकारिता के इतिहास में ऐसा पहली बार हुआ है कि किसी अखबार या चैनल ने कोई ख़बर प्रकाशित या प्रसारित करने के बजाय उसे किसी और को सौंपकर हाथ झाड़ लिए। चैनल के इस क़दम ने मीडिया की भूमिका और उसके काम करने के तौर-तरीकों पर ही सवालिया निशान लगा दिए हैं। लेकिन सरकार का विश्वास मत परीक्षण और इस स्टिंग ऑपरेशन को न दिखाए जाने को अगर हम टुकड़ों में देखेंगे तो सच्चाई परदे में ही रह जाएगी। इसके लिए इस कांड को पूरे परिप्रेक्ष्य में देखना चाहिए।

हालाँकि ये सही है कि मीडिया का राजनीति के लिए उपयोग होता रहा है और वह उद्योगपतियों या व्यापार जगत के प्रभाव-दबाव में हमेशा से ही रहा है। मगर इस बार जिस तरह से स्टिंग ऑपरेशन के प्रसारण को रोका गया वह इस बात का साफ़ संकेत है कि पूँजी का प्रभाव किस हद तक बढ़ गया है और ये पूँजी देसी ही नहीं विदेशी भी है। आख़िरकार परमाणु करार को लेकर सरकार की बेक़रारी केवल मनमोहन सिंह का परमाणु-हठ नहीं था। बेशक वे कमज़ोर प्रधानमंत्री की

अनी छवि को सुधारने के लिए सरकार और देश को दाँव पर लगाने पर आमादा थे और हैं, मगर हमें ये भी देखना चाहिए कि अमेरिका और जॉर्ज बुश का हाथ उनकी पीठ पर है। यही वज़ह थी कि बुश प्रशासन एक तरफ़ तो बार-बार उन्हें और उनकी सरकार को आश्वस्त कर रहा था और दूसरी ओर विभिन्न राजनीतिक दलों और उनके नेताओं को संदेश देकर माहौल बनाने में भी लगा हुआ था। अमेरिकी नेताओं और अधिकारियों का विभिन्न पार्टियों के नेताओं से मिलना, ये बयान देना कि वे अल्पमत सरकार से भी समझौता करेंगे और विश्वास मत हासिल करने के तुरंत बाद व्हाइट हाउस से बधाई का संदेश आना बताता है कि बिसात कितनी बड़ी बिछाई गई थी। अब ऐसे में ये मानना नादानी ही समझी जाएगी कि भारतीय और बहुराष्ट्रीय कंपनियों के ज़रिए मीडिया को नाथने का काम अमेरिकी हुकूमत ने नहीं किया होगा। खासतौर पर ऐसे मीडिया संस्थानों में जहाँ अमेरिकी पूँजी लगी हुई हो। वामपंथी दलों तथा प्रकाश कारत को जिस तरह से राष्ट्र हितों के ख़िलाफ़ खलनायक दिखाने की खुल्लम-खुल्ला कोशिशें हुईं उसमें इस सच्चाई को पढ़ा जा सकता है। इसके अलावा सरकार गिराने और बचाने के इस उपक्रम में अंबानी बंधुओं और दूसरे थैलीशाहों ने सांसदों और मीडिया पर कितना धन और ताक़त खर्च किया होगा इसका तो अनुमान ही लगाया जा सकता है, मगर उनकी खुली उपस्थिति संदेह की कोई गुंजाइश नहीं छोड़ती।

ये सही है कि सांसद खरीदो अभियान का ये स्टिंग ऑपरेशन कई मायानों में ऐतिहासिक था, अभूतपूर्व था। ये पहला अवसर था जब घोषित तौर पर किसी एक राजनीतिक दल यानी बीजेपी के सांसदों और न्यूज़ चैनल ने साथ मिलकर इसे अंजाम दिया। राजनीतिक दल क्या चाहता था ये समझना मुश्किल नहीं है और इसीलिए वह संसदीय मर्यादाओं को लांघते-तोड़ते वहाँ तक जा पहुंचा जहाँ अभी तक कोई नहीं पहुंचा था। उसके स्टिंग वीर सांसदों ने विश्वास मत परीक्षण पर संसद में बहस के दौरान सदन के भीतर ही नोटों की गड्डियाँ लहराते हुए सबसे सनसनीखेज़ दृश्य भी रच डाला। संसद ही क्यों टेलीविज़न के लिए भी ये एक अभूतपूर्व दृश्य था। शुचिता का ढिंढोरा पीटने वाली बीजेपी के तीन सांसद (जिनमें से दो पहले ही दाग़ी थे) बता रहे थे कि दल बदलने के लिए उन्हें एक करोड़ रुपए बतौर पेशगी दिए गए हैं। इस नज़ारे को देश ही नहीं दुनिया भर ने लाइव देखा। संसदीय राजनीति के पुजारी इसे संसद का अपमान और लोकतंत्र को शर्मिंदा करने वाली हरकत बता रहे हैं। हालाँकि संसद को लोकतंत्र का मंदिर समझने वालों को पता नहीं था कि वह दलाल-मंडी में तब्दील हो चुकी है और लोकलाज एवं लोकहित के देवी-देवता तो वहाँ से कबके कूच कर चुके हैं।

इस कांड ने राजनीति के पतन को जितना रेखांकित किया है उससे ज़्यादा नहीं तो कम भी नहीं, मीडिया की भूमिका और सीमाओं को भी साफ़ कर दिया है।

चैनलों का काम है कि वह जानकारियों को दर्शकों के सामने रखे न कि इस या उस कारण का हवाला देकर उसे उनसे वंचित कर दे। इन पंक्तियों को लिखे जाने तक स्टिंग को लेकर रहस्य बना हुआ है और यही रहस्य चैनल की नीयत को प्रश्नों के घेरे में खड़ा कर रहा है। सबसे बड़ा प्रश्न तो यही है कि वह लोकसभा अध्यक्ष की शरण में गया क्यों? ये मीडिया का काम नहीं है और न ही इसके लिए वह बाध्य है कि बिना मांगे वह टेप जांच के लिए सौंप दे। उसकी इसी हरकत की वज़ह से ये सवाल उठा कि क्या उस पर स्टिंग को न दिखाने के लिए कोई दबाव था या वह खुद ही सत्तारूढ़ दल की मदद करना चाहता था इसलिए उसने यह क़दम उठाया। ऐसे समय में जब सांसदों को खरीदने-बेचने के आरोपों से राजनीति में उबाल आया हुआ था, इससे मौजूं स्टिंग ऑपरेशन भला क्या हो सकता था। इससे साबित होता था कि ए.बी. बर्धन भरी जनसभा में सांसदों की क़ीमत 25 करोड़ तक लगाए जाने की बात हवा में नहीं कर रहे थे। लेकिन चैनल ने इसे नहीं दिखाया। क्यों नहीं दिखाया? इसे दिखाने से किसे नुकसान हो सकता था? ज़ाहिर है कि अगर स्टिंग में वह सब होता जो कि भाजपा सांसदों का दावा है तो सत्तारूढ़ दल के विश्वास परीक्षण के परखचचे उड़ जाते।

चैनल दलील दे रहा है कि उसने जो भी रिकार्डिंग की उससे ये निष्कर्ष नहीं निकलता था कि सचमुच में सांसदों को खरीदा-बेचा जा रहा था। उसने ये भी कहा है कि रिकार्डिंग बहुत ही धुंधली है। मगर उसकी ये दलील किसी के भी गले नहीं उतर रही, क्योंकि समाजवादी पार्टी और भाजपा ने एक दूसरे पर हमले करते हुए जो सीडी मीडिया को दिखाई है, वे वैसी ही हैं जैसी कि किसी भी स्टिंग ऑपरेशन में होती हैं। रिकार्डिंग ऐसी धुंधली नहीं है कि कुछ नज़र ही न आए। भाजपा ने इन दलीलों को खारिज़ करते हुए जो विवरण दिए हैं उन्हें भी अनदेखा नहीं किया जा सकता। उसने पूरे स्टिंग का ब्यौरा भी दिया है, जबकि चैनल की तरफ से इस बारे में कुछ भी नहीं कहा जा रहा। स्टिंग ऑपरेशन को न दिखाने की कुछ और वजहें भी बताई जा रही हैं। कहा जा रहा है कि ऐसे समय में जबकि संसद एक महत्त्वपूर्ण मामले पर वोट करने वाली थी इस तरह की ख़बर दिखाना राजनीति में हस्तक्षेप होता। मगर इस स्टिंग ऑपरेशन को न दिखाना क्या राजनीति में हस्तक्षेप नहीं है और क्या मीडिया को राजनीति में हस्तक्षेप करने से बचना चाहिए? क्या ये सच्चाई नहीं है कि हर ख़बर राजनीति को किसी न किसी रूप में प्रभावित करती ही है? और अगर ये सच है तो फिर मीडिया का सारा कारोबार ही अवैध हो जाता है। सांसदों के विशेषाधिकारों की आड़ भी ली जा रही है। मगर पहले हुए स्टिंग ऑपरेशनों में भी तो दर्जनों सांसदों को बेनकाब किया गया था और उनमें से बहुतों की सदस्याता भी चली गई थी। तब तो उन चैनलों ने विशेषाधिकार का बहाना नहीं बनाया था और न ही इस आधार पर उनके ख़िलाफ़ कोई कार्रवाही की गई थी।

इसलिए इन आधार पर ख़बर न दिखाने का मक़सद सिवाय सच को छिपाने के कुछ और नहीं हो सकता। हम सब अपने अनुभव से ये कह सकते हैं कि जब चैनल कुछ साबित करना चाहते हैं तो धुंधली तस्वीरें और अधूरी खोज आदि की रुकावटें देखते ही नहीं हैं। ये तो दृश्यों को जूम इन करके या उन्हें दस तरीकों से हज़ार बार दिखाते हैं और साबित कर डालते हैं कि ऐसा या वैसा हुआ था।

भले ही चैनल ने टेप लोकसभा अध्यक्ष को सौंपकर अपने बचाव का रास्ता ढूँढ़ लिया हो मगर इससे शक़ और भी गहरा गया है। अब तो जब तक वह रिकार्डिंग को बिना काट-छांट के दिखाएगा नहीं तब तक उस पर संदेह बना रहेगा। उसे जैसे भी हो रहस्य से परदा उठा देना चाहिए। उन्हें बेनकाब कर देना चाहिए जो स्टिंग ऑपरेशन में लेन-देन की भूमिका निभा रहे थे। इससे राजनीति का चेहरा तो बेनकाब होगा ही मीडिया की बनती-बिगड़ती शक्ल भी लोग देख लेंगे। लोगों को पता तो चले कि मीडिया उनके साथ है या सत्ता और उद्योगपतियों के दलालों के साथ। इसलिए चैनल का ये कहना ठीक नहीं है कि संसदीय जांच चल रही है और पहले उसे पूरा होने देना चाहिए। अव्वल तो दोनों का कोई संबंध नहीं है। पत्रकार किसी अपराध की जांच तक पत्रकारिता स्थगित नहीं कर देते। आरुषी कांड तो ये बताता है कि वे किसी भी जांच एजेंसी से ज़्यादा सक्रिय रहते हैं। दूसरे, पहले हुई तमाम संसदीय जांच लीपा-पोती साबित होती रही हैं, इसलिए उन पर लोगों को ज़्यादा यकीन नहीं है। अब ये लोगों पर छोड़ दिया जाना चाहिए कि वे देखें और तय करें कि सच्चाई क्या है और अमर सिंह और अहमद पटेल ने सरकार बचाने के लिए ग़ैर कानूनी तरीके अपनाए या नहीं। ये स्टिंग हर लिहाज से महत्त्वपूर्ण है। इससे ये साबित होना है कि सत्तारूढ़ गठबंधन ने जो विश्वास मत जीता है वह कितना वैध है।

बहरहाल, मीडिया की भूमिका पर बात करते हुए हमें ये नहीं भूलना चाहिए कि आख़िरकार वह एक व्यापारिक गतिविधि है और कोई भी संस्थान अपने आर्थिक हितों को दाँव पर लगाकर तमाशा न देखता है न दिखाता है। ऐसे समय में जब अमेरिकी लॉबी के अलावा समूचा उद्योग-व्यापार जगत, देसी-विदेशी पूँजी, बाज़ार, सत्ता प्रतिष्ठान और मध्यवर्ग परमाणु डील के पक्ष में झुका हुआ हो तो मीडिया उनसे मुंह कैसे मोड़ सकता था। उसे इन्हीं सबसे डील करना है इसलिए परमाणु डील के मामले में अगर वह भी डीलर की भूमिका निभाने लगा हो तो हैरत नहीं होनी चाहिए, बल्कि अगर वह ऐसा न करता तो आश्चर्य होता।

अब ऐसे में बेचारे संपादक को दोष क्यों दिया जाए। दुनिया के इस छोर से उस छोर तक फैली इस बिसात में उसकी हैसियत एक मोहरे से ज़्यादा नहीं हो सकती । उसे भी अपने चैनल के हित-अहित देखने होते हैं और तब तो और भी ज़्यादा जबकि वह खुद उस चैनल के मालिकों में से एक हो।

और अंत में

छह क्षेत्रीय न्यूज़ चैनलों के साथ भारतीय मीडिया बाज़ार में उतरने की घोषणा करके मीडिया मुगल रुपर्ट मर्डोक ने भारतीय प्रसारकों में खलबली मचा दी है। स्टार न्यूज़ से हाथ खींच लेने के बाद ये मान लिया गया था कि शायद मर्डोक को भारत में ख़बरों का धंधा रास नहीं आया है। मगर उनकी नई पहल बताती है कि वह फार्मूला उनके हाथ लग गया है जिसमें पैसा भी कम लगे और मुनाफ़ा भी चोखा हो। वैसे भी राष्ट्रीय चैनलों की भीड़ के बाद राष्ट्रीय बाज़ार सेचुरेशन की स्थिति में पहुंचता जा रहा है। इस बाज़ार में प्रतिद्वंद्विता बहुत बढ़ गई है और किसी भी नए चैनल के लिए व्यापारिक सफलता अर्जित करना टेढ़ी खीर बन गया है। यही वज़ह है कि ज़्यादातर प्रसारक अब क्षेत्रीय बाज़ार का रुख कर रहे हैं। क्षेत्रीय स्तर पर भी नए व्यापारी क्षेत्रीय चैनलों की तैयारी कर रहे हैं जिससे आने वाले दिनों में क्षेत्रीय चैनलों की बाढ़ का सामना दर्शकों को करना होगा। हालंकि मर्डोक की घोषणा में अभी उत्तर भारत शामिल नहीं है और वे दक्षिण भारत, पश्चिम बंगाल एवं मुंबई के बाज़ारों पर ही ध्यान लगाएँगे। लेकिन हिंदी हार्टलैंड को वे अनदेखा नहीं कर पाएँगे। वैसे क्या पता इस बार भारत की मीडिया मंडी पर कब्जे के लिए वे इस रणनीति के साथ उतरे हों कि पहले छोटी रियासतों को जीत लो फिर तो दिल्ली की फतह करने का रास्ता खुद-ब-खुद आसान हो जाएगा।

(सितंबर, 2008)

नक्कारख़ाने में नोटिस

सूचना एवं प्रसारण मंत्रालय टीवी चैनलों के कंटेंट को लेकर समय-समय पर बयानबाज़ी करता रहता है और गाहे-बगाहे नोटिस वगैरा भी भेजता रहता है मगर इससे होता कुछ नहीं है। कुछ दिनों तक चर्चा होती है, चैनलों के मालिक सफाई दे देते हैं और फ़िर मंत्रालय से सेटलमेंट कर लेते हैं। बहुत ज़्यादा हुआ तो खेद प्रकट करने के वाक्य कुछ दिन चैनल पर चला दिए जाते हैं और इसके बाद वे फिर वही सब करने लगते हैं जो उन्हें करना होता है। कुछ समय पहले उसने फैशन टीवी पर पाबंदी लगा दी थी क्योंकि वह मिडनाइट हॉट नाम से एक ऐसा शो प्रसारित करता था जिसमें नग्नता भरी पड़ी थी। मगर ये चैनल और इसका कार्यक्रम देश के अधिकांश हिस्सों में आज भी देखा जा सकता है। आरुषि कांड के मीडिया कवरेज पर मंत्रालय के तीखे तेवरों का कोई असर चैनलों पर नहीं पड़ा है। वे आज भी अपराधों का कवरेज वैसे ही कर रहे हैं जैसा करते थे। हाँ, इस तरह की कवायद से मंत्रालय को वह ज़रूर मिल जाता है जो उसे चाहिए होता है। यानी भारतीय मुद्राओं या दूसरी कृपाओं का अवैध आदान-प्रदान हो जाता है, मंत्रीजी की इमेज बिल्डिंग हो जाती है और जनता में भी ये संदेश चला जाता है कि सरकार चैनलों से खफ़ा है, उन पर लगाम लगाने के लिए कुछ कर रही है। इस तरह चैनल भी खुश और सरकार भी खुश।

वैसे भी बाज़ार संचालित मीडिया खुद को किसी भी तरह के नैतिक या सामाजिक दबाव से मुक्त करता जा रहा है। उसे न सरकार की परवाह है, न समाज की और आलोचकों को तो वे ठेंगे पर रखता है। चैनल इस कहावत पर पूरा यकीन रखते हैं कि कुत्तों के भौंकने से हाथी अपनी चाल नहीं बदल लेता। उन्हें चिंता है तो बाज़ार की और अहर्निश सेवामहे के भाव से वे उसके प्रति पूर्णतः समर्पित हैं। लोकतंत्र का नाम लेकर अभिव्यक्ति की स्वतंत्रता की आड़ में वे अपना धंधा खूब चमका रहे हैं। अब उदारवाद ने मीडिया मालिकों को भी बिंदास बना दिया है। उनके लिए सरकार से ऊपर बाज़ार है। वे जानते हैं कि सरकार भी बाज़ार देखकर चलती है। इसलिए वे हाथ में चाँदी का जूता लिए शान से घूमते रहते हैं। यही वज़ह है कि सरकार द्वारा दर्जन भर नोटिस दिए जाने और आए दिन कड़े बयान जारी करने

के बावजूद चैनल अपनी राह से डिगे नहीं हैं।

दरअसल, मंत्रालय के काम करने का ढंग ही ऐसा है कि उस पर किसी का विश्वास नहीं जम सकता। उसके द्वारा भेजे जाने वाले नोटिसों में निरंतरता और तारतम्य नहीं है। कोई नहीं जानता कि मंत्रालय कब अचानक जागेगा और किस पर उसका कोप बरसेगा। अक्सर तो होता ये है कि हाथी निकल जाता है और चींटी को धर दबोचा जाता है। मसलन, मंत्रालय ने आईबीएन-7 को अंधविश्वास फैलाने वाली सामग्री दिखाने के लिए नोटिस भेजा है। इसके लिए आधार बनाया गया है चैनल में प्रसारित उस रिपोर्ट को जिसमें बताया गया था कि मलेशिया की राजधानी क्वालालंपुर से 200 किलोमीटर दूर नीरो गाँव में राम और हनुमान ने आग के गोले के रूप में अवतार लिया है। निश्चय ही ये कार्यक्रम अंधविश्वास से भरा हुआ था। मगर एक यही कार्यक्रम क्यों इस चैनल पर रोज ही इस तरह की सामग्री भरी रहती है और ये आज से नहीं पिछले साल-डेढ़ साल से चल रहा है। स्वर्ग की सीढ़ी और इसी तरह की कपोल कल्पनाओं से भरे कार्यक्रमों का सिलसिला शुरू करने का श्रेय इसी चैनल को दिया जाता है। चैनल की सुबह ही उन्मादग्रस्त आवाज़ में चीख-चीखकर साईं बाबा के चमत्कार बताने से होती है। मगर ये चैनल अकेला तो नहीं है जो ये कर रहा हो। ये काम सबसे ज़्यादा तो इंडिया टीवी कर रहा है। उसकी तो यूएसपी (यूनीक सेलिंग पॉइंट) ही यही है। आप चौबीस घंटे में किसी भी समय चैनल खोलकर देख कसते हैं कि किस तरह ऊल-जलूल चीज़ें बढ़ा-चढ़ाकर दिखाई जा रही हैं। लेकिन उसकी तरफ मंत्रालय की नज़र क्यों नहीं गई? एक और चैनल है लाइव इंडिया। ये भी अंधविश्वास से भरी सामग्री दिखाने में इंडिया टीवी से मुक़ाबला करने में लगा रहता है।

वास्तव में हमाम में सभी नंगे हैं। एक एनडीटीवी को छोड़ दें तो बाक़ी के सभी चैनल इस तरह की सामग्री को दिखाने की जुगत में लगे रहते हैं। मौका मिलते ही वे टूट पड़ते हैं क्योंकि उन्हें पता है कि हिंदी दर्शकों के बाज़ार में अंध विश्वास गरमागरम जलेबियों की तरह बिकता है। (बंगाल के न्यूज़ चैनलों का कंटेंट देखेंगे तो पाएँगे कि उनमें इस तरह की सामग्री नदारद है। उनमें अच्छा संगीत भी है और लंबी-लंबी बौद्धिक बहसें भी। इन चैनलों की दर्शक संख्या भी अच्छी-खासी है। क्या बंगाल का दर्शक वर्ग उत्तर भारत के दर्शकों से उन्नत किस्म का है या फिर वहाँ के चैनलों ने अभी तक बाज़ार को सिर पर नहीं बैठाया है इसलिए वे अपने स्तर पर फिल्टर लगाकर चीजें परोस पा रहे हैं।)

मंत्रालय ने दूसरा नोटिस एम टीवी को उसके रियलिटी शो स्प्लिट विला के लिए दिया है। इस शो में लड़कियाँ लड़कों को रिझाने के लिए तरह-तरह के नुस्खे आज़माती हैं। मूल रूप से मर्दवादी सोच पर आधारित ये कार्यक्रम महिलाओं की गरिमा और आत्मसम्मान पर सीधे-सीधे हमला करता है। लड़कों को पटाने के लिए

इसमें लड़कियाँ मादक अदाएँ और शारीरिक प्रदर्शन करती दिखाई जाती हैं। उनकी प्रतिभा उनकी बौद्धिक क्षमताएँ यहाँ कोई मायने नहीं रखतीं। यानी वे पुरुषों के भोगने की चीज़ हैं और इस सबका टीवी के परदे पर प्रदर्शन का उद्देश्य है पुरुष समाज को आमंत्रित करना कि आइए आप भी भोगिए इन सुंदरियों को। एक तरह से चैनल ने टीवी पर ही जिस्म की मंडी सजा दी है। ऐसे शो की कल्पना करने वाले, बनाने वाले और दिखाने वाले किस विकृत सोच के लोग होंगे सोचा जा सकता है। मगर एम टीवी और इस कार्यक्रम के कर्ता-धर्ता अभी भी दलीलें दे रहे हैं कि इसमें कोई दोष नहीं है और ये एक तरह से नारीवादी शो है क्योंकि चुनने का अधिकार लड़कियों को दिया गया है न कि लड़कों को। एक और चैनल हेडलाइंस टुडे को भेजे गए नोटिस में जो आरोप लगाया है वह एम टीवी से मिलता-जुलता है यानी यहाँ भी सेक्स को भुनाने की कोशिश की गई थी। ये चैनल टीवी टुडे ग्रुप का है जिसके अन्य चैनलों में आज तक भी शामिल है। इस चैनल ने एक कार्यक्रम प्रसारित किया था बिकनी-62। बिकनी के बासठ साल पूरे होने पर दिखाए गए इस कार्यक्रम में ऐसे बहुत सारे दृश्य थे जिन्हें मंत्रालय ने आपत्तिजनक माना है। कार्यक्रम में कुछेक दृश्यों में महिलाओं को खुले वक्षों के साथ भी दिखाया गया था। अब ज़रा सोचिए इस कार्यक्रम की कल्पना करने से लेकर इसे दिखाने तक कितने लोगों ने इसमें योगदान दिया होगा और ज़ाहिर है किसी को कोई आपत्ति नहीं हुई हेागी। प्रसारण के बाद भी चैनल को चलाने वालों को कोई अफसोस शायद ही हुआ होगा। उल्टे जब टीआरपी के आँकड़े आए होंगे तो वे खुशी से उछल पड़े होंगे कि उन्होंने क्या कमाल किया है। शायद बाद में कुछ और भी दिखाने की योजना बनाई गई हो। कहने का मतलब ये है कि हर चैनल सैक्स की मंडी में अपना हिस्सा वसूलने की फ़िराक में रहता है।

हम ऊपर ही कह चुके हैं कि इन सरकारी नोटिसों से चैनलों की सेहत पर कोई फ़र्क नहीं पड़ने वाला है क्योंकि सरकार की मंशा चैनलों को कसना है ही नहीं। सरकार के पास कोई इच्छाशक्ति ही नहीं है और न ही मीडिया मुग़लों को नाराज़ करने का जोखिम उठाने का साहस ही है। चुनावी साल में तो वह और भी सावधानी से काम लेना चाहेगी ताकि कोई राजनीतिक नुकसान न उठाना पड़ जाए। कंटेंट कोड को लागू करने के मामले में वह क़दम पीछे खींच चुकी है और ये अच्छा ही है। मगर क्या न्यूज़ ब्राडकास्टर्स एसोसिएशन अपना वादा निभा पाएगा? ये अच्छी ख़बर है कि एसोसिएशन ने कंटेट कोड का मसविदा भी तैयार कर लिया है और कमेटी का गठन भी कर डाला है, मगर उसका असली काम तो अब शुरू हुआ है। तमाम लोगों की नज़रें उस पर लगी रहेंगी कि वह किस तरह से न्यूज़ चैनलों के कंटेंट को आत्म नियंत्रण के दायरे में बाँधता है और इस काम में उसे कितनी कामयाबी मिलती है। लेकिन ये तो तय है कि उसे अग्नि परीक्षा देनी पड़ेगी, क्योंकि

लोगों को भरोसा नहीं है कि सरकारी कंटेंट कोड के दबाव में बनी कमेटी का मुख्य लक्ष्य चैनलों के कंटेंट को दुरुस्त करना होगा। वैसे भी कमेटी में एक-दो ऐसे लोग भी हैं जिन्होंने खुद मीडिया की मर्यादाओं की धज्जियाँ उड़ाई है और चैनलों में अंधविश्वास तथा चमत्कारों की प्रवृत्ति को बढ़ावा दिया है। इसीलिए कहा ये भी जा रहा है कि सरकार और चैनलों से अलग कोई ज्यादा स्वतंत्र और निरपेक्ष नियामक बनेगा तभी मीडिया के पतन पर विराम लगाने की दिशा में ठोस उपलब्धियाँ हासिल की जा सकेंगी।

और अंत में

मीडिया का राजनीतिक इस्तेमाल करने की कला में भारतीय जनता पार्टी जितनी सिद्धहस्त है उतना कोई राजनीतिक दल नहीं है। अखबारों और न्यूज़ चैनलों में वह बाकायदा अपने आदमियों को प्लांट करती है जो कि उसके राजनीतिक अभियान का हिस्सा ही होते हैं। लेकिन अब वह इससे भी एक क़दम आगे जा रही है। मध्यप्रदेश, छत्तीसगढ़ और राजस्थान में नवंबर में विधानसभा चुनाव होने हैं और उसने मीडिया का पक्का बंदोबस्त कर लिया है। राजस्थान की मुख्यमंत्री वसुंधरा राजे ने ईनाडु टीवी के मध्यप्रदेश-छत्तीसगढ़ और राजस्थान चैनलों को छह महीनों के पट्टे पर ले लिया है और इसमें अपने आदमी बैठा दिए हैं जो कि वसुंधरा के मंसूबों को अंजाम देने के काम में जुट गए हैं। यानी ये दोनों चैनल चुनाव के दौरान वही दिखाएँगे जो वसुंधरा और उनकी पार्टी चाहेंगी। राजस्थान में तो अभी एकमात्र क्षेत्रीय चैनल इटीवी है इसलिए कोई चुनौती देने वाला नहीं है और अगर कोई आ भी गया तो उसे भी साम, दाम, दंड और भेद से अपने वश में करने की कोई न जुगत रानी ने लगा ही रखी होगी। वसुंधरा की इस चाल से मध्यप्रदेश और छत्तीसगढ़ में इटीवी तो भाजपा की जेब में आ ही गया है, मगर दूसरे चैनलों को भी उसने साध लिया है। हाल में ही शुरू हुए साधना न्यूज़ की पृष्ठभूमि संघ परिवार समर्थक रही है और कहा तो ये भी जाता है कि उसमें एक भाजपाई मंत्री का धन भी लगा हुआ है। सहारा का क्षेत्रीय चैनल तो पिछले चार साल से बिकाऊ चल रहा है और सत्ता की भाषा बोलने से उसे कोई एतराज़ भी नहीं है। ख़बर तो ये भी है कि भाजपा ने चुनावी कवरेज के लिए उससे भी मोटी डील कर ली है। इन राज्यों में तीन और क्षेत्रीय चैनल आ रहे हैं जिनमें से एक तो भाजपाई मंत्री का ही है और दूसरे के बारे में लोगों का कहना है कि उसका रुझान भी भाजपा के पक्ष में होगा। तीसरा चैनल इस चुनावी समर में किसका रथ बनेगा अभी ये देखना होगा, लेकिन संभावना यही है कि वह भी सत्तारूढ़ दल का साथ ही देगा। सवाल उठता है कि विपक्षी दल, खास तौर पर कांग्रेस इस एकतरफा मीडिया लामबंदी से कैसे निपटेगी? अभी तक

तो नहीं लगता कि उसके पास इसकी कोई रणनीति भी है। मगर इससे भी बड़ा सवाल ये है कि मतदाताओं का क्या होगा? क्या उन्हें सही सूचनाएँ और जानकारियाँ देने वाला कोई नहीं होगा? क्या लोकतंत्र के सारे तकाज़े भाजपा के मीडिया-फासीवाद की भेंट चढ़ जाएँगे? आगे चलकर ये एक ख़तरनाक ट्रेंड भी बन सकता है और सवालों से घिरी मीडिया की स्वतंत्रता और निष्पक्षता का क्या होगा सोचा जा सकता है।

(अक्टूबर, 2008)

मीडिया की भट्ठी में आतंकवाद

हालाँकि ये बहस पुरानी हो चुकी है कि मीडिया जिस ढंग से आतंकवाद को प्रस्तुत करता है वह कितना सही है और कहीं वह उसके ख़िलाफ़ खड़े होने के बजाय उसका हथियार तो नहीं बन रहा? अल क़ायदा की गतिविधियों और 9/11 की घटना के संदर्भ में तो इसकी जमकर पड़ताल भी गई। मगर ये चर्चा आज भी मौज़ू है और देश के अंदर ही नहीं अंतरराष्ट्रीय स्तर पर जारी है। अक्सर तो ये सवाल उन देशों और सत्ताओं ने ज़्यादा उठाए हैं जिन्होंने आतंकवाद का सामना किया है या उसके ख़िलाफ़ झूठे-सच्चे अभियान चलाए हैं। अरबी भाषा में चलने वाले चैनल अल जज़ीरा को अमेरिका और अधिकांश पश्चिम इसी नज़र से देखता रहा है। ख़ास तौर पर अल क़ायदा नेताओं के संदेशों वाले वीडियो टेप दिखाने की वजह से। मगर एक दूसरी दुनिया उसे इसके लिए सराहती भी रही है। ऐसा इसलिए है क्योंकि जिन्हें आतंकवादी कहा जाता है दरअसल वे भले ही मज़हबी उन्माद से प्रेरित हों मगर किसी न किसी तौर पर पीड़ित भी होते हैं और उनका भी एक पक्ष होता है। अपनी कार्वाईयों को जायज़ ठहराने के लिए उनके पास ग़लत-सही तर्क भी होते हैं। उनके तर्कों से सहमत लोगों की तादाद भी कम नहीं होती। यही वजह है कि दुनिया का एक बड़ा हिस्सा अमेरिका और जार्ज बुश को अल क़ायदा से भी बड़ा आतंकवादी मानता है। दिक्कत ये है कि संघर्ष और आतंकवाद के बीच की रेखा कहीं जाकर इतनी महीन हो जाती है या आपस में गड्डमड्ड हो जाती है कि उन्हें अलग करना मुश्किल दिखाई देने लगता है। ज़ाहिर है ऐसे में आतंकवाद या आतंकवादी घटनाओं के कवरेज के मानदंड तय करना एक असंभव सा काम दिखाई पड़ने लगता है।

इस सबके बावजूद जब भी हम अख़बारों या टेलीविज़न के परदे पर आतंकवादी घटनाओं का कवरेज देखते हैं तो पाते हैं कि कुछ चीज़ें हैं जिनसे मीडिया बच सकता है और उसे बचना चाहिए। भारत आतंकवाद से जूझने वाले प्रमुख देशों में से एक है और ये हालत दो-चार साल से नहीं पिछले लगभग तीन दशकों से बनी हुई है। मगर सचाई यही है कि आतंकवाद के कवरेज के लिए हमारे मीडिया के पास कोई नीति और योजना नहीं है और अगर है तो वह अतियों और

विसंगतियों से भरी हुई है। वह किसी भी आतंकवादी घटना को एक बिकाऊ सनसनी के रूप में लेता है और उसे बेचने के लिए उसमें राष्ट्रवाद की छौंक तथा जितना मसाला-मिर्च लगाना संभव होता है, लगाता है। पत्र-पत्रिकाओं का तो ये है कि वे घटनाओं के कुछ या अधिक समय बाद पाठकों के सामने आते हैं इसलिए उनकी आँच थोड़ी ठंडी हो जाती है, मगर न्यूज़ चैनल तो मानो सुलगती हुई भट्ठी बन जाते हैं। इस भट्ठी में पहुँचने के बाद घटनाओं की गरमी और बढ़ जाती है जो कि ज़ाहिर है समूचे वातावरण को सुलगाने लगती है। आतंकवाद से उपजी दहशत की मीडिया की इस गरमी के साथ मिलावट ख़तरनाक़ विस्फोटक तैयार करती है जो कि आतंकवाद के पोषण का ही काम करती है। आतंकवादी दहशत पैदा करने के अपने मूल मक़सद में कामयाब हो जाते हैं। बल्कि चैनलों के ज़रिए बम विस्फोटों से पैदा हुई दहशत कई गुना बड़ी होकर फिज़ा में घुल जाती है। चैनलों का दावा हो सकता है कि घटनाओं की जानकारी देना उनका काम भी है और फर्ज़ भी, मगर दहशत को दिखाने का ये अंदाज़ निश्चय ही बहुत सारे सवाल खड़ा करता है।

दरअसल, आतंकवाद के कवरेज में जिस संयम और समझदारी की ज़रूरत होती है वह बहुत कम देखने को मिलती है। कई बार शुरूआत तो संयम से होती है मगर आपसी प्रतिस्पर्धा सारे बाँध तोड़ डालती है और सबके सब इस होड़ में लग जाते हैं कि कौन कितनी दहशत दिखा सकता है। पूरी स्क्रीन पर फैली ब्रेकिंग न्यूज़ और आतंकवादी वारदात से जुड़ी जानकारियाँ दिखाई जाने लगती हैं। ये तरीका सिवाय उत्तेजना पैदा करने के कुछ नहीं करता। फिर वारदात को बढ़ा-चढ़ाकर दिखाने की होड़ शुरू हो जाती है। मृतकों और घायलों की संख्या अकसर बढ़ाकर बताई जाती है जो कि अंतत: कम ही निकलती है। इसी के साथ शुरू हो जाता है हादसे का नाटकीयकरण। ग्राफिक्स, संगीत और दृश्यों की पुनर्रचना के ज़रिए उसमें आतंक, उत्तेजना और हिंसा के रंग भरे जाते हैं। प्रत्यक्षदर्शियों के उत्तेजक बयान, रिपोर्टर का चीखते हुए ब्यौरा देना और एंकर तथा स्टूडियो में बैठे लोगों की फौरन नतीजे तक पहुँचने की हड़बड़ी घटना को एक अलग ही आयाम देने लगती है। राजनीतिक दल और ख़ास तौर पर दक्षिणपंथी संगठन तुरंत सांप्रदायिक बयान देने लगते हैं या चैनल उनकी प्रतिक्रिया लेने के नाम पर भड़काऊ वातावरण निर्मित करने लगते हैं।

पिछले दिनों हुए दिल्ली बम विस्फोटों के दौरान यही सब हुआ। संघ परिवारियों को पोटा की वकालत करने का बहाना मिल गया और चैनलों ने उसे बिना सोचे-समझे प्लेटफार्म मुहैया करवा दिया। फिर बात निकली तो इतनी दूर तक चली गई कि सरकार पर कड़ा कानून बनाने के लिए दबाव बढ़ने लगा। हम सब जानते हैं कि आज फैले आतंकवाद में संघ परिवार और आडवाणी-मोदी के

राजनीतिक दर्शन के अलावा पोटा के नाम पर हुई ज़्यादतियाँ भी ज़िम्मेदार हैं। लेकिन क्या मीडिया की यादाश्त इतनी कमज़ोर है कि वह उसी सचाई को भूल गया जो उसने खुद उजागर की थी। नहीं, वह भूला नहीं था मगर दर्शकों का मूड देखकर उसने पैंतरा बदल लिया था और चाहे-अनचाहे सांप्रदायिक ताक़तों की मदद करने में जुट गया था। आलम ये हो गया है कि हर बम विस्फोट सांप्रदायिक राजनीति करने वाले दलों की झोली वोटों से भरता दिखाई देता है। इसी 'पॉपुलर अप्रोच' की वजह से उसने आतंकवाद के ख़िलाफ़ लड़ाई छेड़ने का ज़िम्मा भी ले लिया। 'वार ऑन टेरर' और 'आतंकवाद के ख़िलाफ़ जंग' जैसी लाइनें स्क्रीन पर तैरने लगीं। एंकर दो-दो हाथ करने की मुद्रा में दिखने लगे और एक-दो चैनलों ने तो बाकायदा इसी भावना के वशीभूत होकर मुहिम तक छेड़ दीं। नतीजा ये निकला कि इस पेचीदा समस्या का सरलीकरण होने लगा। कड़े कानूनों, सुरक्षा प्रबंधों, सख़्त क़दमों और पाकिस्तान को सबक सिखाने का एजेंडा सरकार को बताया जाने लगा। ऐसे में चैनलों की मुहिम को अंध राष्ट्रवाद का चोला भी पहनना ही था। वे देश भक्ति के गीत गाने लगे। दिल्ली का एक एनकाउंटर स्पेशलिस्ट पुलिस वाला जामिया मिल्लिया इस्लामिया की कार्रवाई में क्या मारा गया वह सबसे बड़ा शहीद घोषित कर दिया गया। चैनल उसकी शहादत के गीत गाने लगे, उसकी अंतिम यात्रा स्क्रीन पर सजाने लगे। यही अंध राष्ट्रवाद जो कि हिंदू राष्ट्रवाद का ही एक रूप है, चैनलों के बौद्धिक विमर्श में हटिंगटन की 'क्लैश ऑफ सिविलाइजेशन' की थ्योरी लेकर बैठ जाता है और हिंदू-मुस्लिम टकराव को सैद्धांतिक आधार देने की बात करने लगता है।

चैनलों की आतंकवाद विरोधी मुहिम का तीसरा पहलू है हर चीज़ का सामन्यीकरण। अब चूँकि हाल की ज़्यादातर आतंकवादी घटनाओं में अल्पसंख्यक समुदाय के लोग शामिल पाए गए हैं या उन्हें पकड़ा गया है इसलिए उनका ये तयशुदा निष्कर्ष होता है कि हर घटना में मुसलमान शामिल हैं और धीरे-धीरे इसका अनुवाद ये कर दिया जाता है कि सारे मुसलमान आतंकवादी हैं। यानी मीडिया की कृपा से हर मुसलमान संदिग्ध हो गया है। हाल में चैनलों ने पूरे आज़मगढ़ को इसी अंदाज़ में रंग दिया। ये किसी ने नहीं देखा कि आतंकवाद की राह पकड़ने वाले ज़्यादातर मुसलमान उन इलाक़ों से क्यों हैं जहाँ कभी दंगे हुए थे या फिर हिंदू आतंकवाद ने उनका जीना मुहाल कर रखा था। वे क्यों इस तथ्य को रेखांकित नहीं करते कि आतंकवाद के संदर्भ में बार-बार गुजरात, मुंबई, इंदौर, पूर्वी उत्तरप्रदेश या काश्मीर का नाम ही क्यों आता है।

ये सवाल भी मीडिया से पूछा जाना चाहिए कि मीडिया उन्हीं घटनाओं को आतंकवाद के खाँचे में क्यों रखता है जो अल्पसंख्यक समुदाय के भ्रमित या बरगलाए लोगों द्वारा की जाती हैं? हिंदू संगठनों या उग्र हिंदूवादियों को वह क्यों

आतंकवादी नहीं कहता और उनके द्वारा की जाने वाली हिंसा को अनदेखा क्यों कर देता है? कंधमाल से लेकर मैंगलोर और जबलपुर तक हिंदू उग्रवादियों ने चर्चों को तोड़ने-फोड़ने और हिंसा फैलाने की ढेरों आतंकवादी वारदातें की हैं और वह भी संगठित होकर। मगर किसी चैनल ने इस आतंकवाद के ख़िलाफ़ न तो मुहिम चलाई और न ही इन्हें आतंकवादी घटनाओं का नाम दिया। यहाँ तक कि बजरंगियों को गुंडे और शरारती तत्व कहकर छोड़ दिया गया, उन्हें आतंकवादी कहने की हिम्मत किसी ने नहीं की। क्या ये मीडिया का पूर्वाग्रह और पक्षपातपूर्ण व्यवहार नहीं है कि एक समुदाय के लिए उसके पास अलग शब्दावली है और दूसरे के लिए कुछ और। मीडिया मदरसों या मुस्लिम संगठनों को मिलने वाली मदद की जाँच करने की बात तो उठाता रहता है मगर ये सवाल क्यों नहीं उठाता कि संघ परिवार के जो दर्ज़नं संग्ठन काम कर रहे हैं उन्हें कहाँ-कहाँ से पैसा मिल रहा है। ऐसा इसलिए कि उसकी नज़र में तो ये राष्ट्रवादी हैं और बाक़ी सब देशद्रोही। अगर ग़ौर से देखा जाए तो मीडिया देशद्रोह को हवा देता है और इसलिए वह भी उतना ही बड़ा दोषी है।

ऐसा लगता है कि आतंकवादी वारदातों के समय मीडिया का मस्तिष्क काम करना बंद कर देता है। वह या तो बाज़ार से संचालित होता है या फिर पुलिसिया जानकारियों से। ऐसे मौकों पर टीवी रिपोर्टिंग का मतलब हो जाता है पुलिस द्वारा दी जा रही जानकारियों को पूर्ण सत्य मानकर उसे ज्यों का त्यों प्रस्तुत करना। हाल के आरुषि कांड ने साबित कर दिया है कि हमारी पुलिस और सीबीआई दोनों की कूवत क्या है। ख़ास तौर पर पुलिस का रिकार्ड तो और भी खराब है। जाँच की विश्वसनीयता के अलावा वह कितने पूर्वाग्रहों से ग्रस्त होती है और किन-किन ताक़तों के हाथों में खेलने को हमेशा तैयार रहती है ये जगज़ाहिर तथ्य है। अब अगर मोदी की पुलिस गुजरात या दूसरे राज्यों में आतंकवादी खोजेगी तो किन्हें पकड़ेगी ये सब जानते हैं। फिर भी एक वफादार प्रवक्ता की तरह मीडिया उसकी बातों पर यकीन करने लगता है। ये सही है कि टेलीविज़न में डेडलाइन का दबाव ज़्यादा होता है और बाज़ार का तो और भी ज्यादा, मगर बिना तथ्यों को जाँचे-परखे पेश करना भला कहाँ की पत्रकारिता है? चैनल ये बात क्यों भूल जाते हैं कि आतंकवादी हरकतों के लिए पुलिस द्वारा पकड़े जाने वाले नब्बे फ़ीसदी लोग बाद में बेगुनाह साबित होते हैं और छूट जाते हैं। लेकिन चूँकि पुलिस पर यकीन करके मीडिया उनके माथे पर आतंकवादी लिख देता है इसलिए वे फिर प्रतिशोधवश आतंकवाद की दिशा में ही चल पड़ते हैं। ये सामान्य सा नियम है कि जब तक अदालत में किसी का अपराध साबित न हो उसे अपराधी नहीं कहा जा सकता। मगर चैनल तुरंत कहना शुरू कर देते हैं तीन आतंकी गिरफ़्तार। न तो उन्हें वे आरोपी कहते हैं और न ही ये कहते हैं कि ये पुलिस का दावा है। इस बात की भी कोई पड़ताल नहीं करता कि

जिन स्केच को पुलिस ने जारी किया था, पकड़े गए लोगों से वह मिलता भी है या नहीं? दरअसल मीडिया क्षणवादी हो गया है। वह जिस क्षण में जो बिक सकता है उसे बेचने में लग जाता है भले ही उसके कैसे भी परिणाम क्यों न हों। हाँ, इसमें लागत भी देखी जाती है। प्राथमिकता ये है कि जितना कम खर्चे में जितना ज़्यादा चटखारेदार माल तैयार हो सकता हो तैयार किया जाए। इसीलिए पुलिस से मिली सूचनाएँ ही उनके लिए काफी हो जाती हैं।

सवाल उठता है कि जब आतंकवाद पूरे मुल्क को अपनी गिरफ़्त में ले रहा है तो क्या मीडिया से ये अपेक्षा नहीं की जानी चाहिए कि वह पत्रकारिता के मूल सिद्धांतों को याद कर ले और अपनी ज़िम्मेदारियों को भी पहचाने?

और अंत में

चैनलों की चमक-दमक भरी दुनिया के पीछे घुप्प अँधेरा है, बेबसी है, घुटन है। जो चैनल अवाम की आवाज़ बनने और सच दिखाने का दावा करते रहते हैं उनमें काम करने वालों का ही सच चैनलों या मीडिया में जगह नहीं पा पाता। ठीक उसी तरह शानदार महल बनाने वाले उसमें रहने के अधिकारी नहीं होते। यही वजह है कि पत्रकारों में ज़बर्दस्त बेचैनी है, वे तरह-तरह से अपने वरिष्ठों या चैनल के प्रबंधकों और मालिकों के उत्पीड़न का शिकार होते रहते हैं मगर अपनी पीड़ा को बयान करने का उनके पास कोई रास्ता नहीं रहता। लेकिन इंटरनेट की दुनिया ने अँधेरे बंद कमरों में रहने वालों के लिए छोटी-छोटी खिड़कियाँ खोलनी शुरू कर दी हैं। कई वेबसाइट और ब्लॉग हैं जहाँ वे बिना या कम जोखिम उठाकर अपनी बात कह सकते हैं। मसलन, एक ब्लॉग है भड़ास डॉट ब्लॉगस्पॉट। हालाँकि भड़ास नाम से थोड़ा हल्केपन का एहसास होता है मगर आज ये मीडिया में काम करने वालों के बीच सबसे ज़्यादा चर्चा का विषय बना हुआ है और इसकी सबसे बड़ी वजह यही है कि इसमें विभिन्न मीडिया प्रतिष्ठानों के अंतःपुर की वे तमाम ख़बरें जगह पा रही हैं जो एक स्तर पर पत्रकारों को दुखी कर रही हैं और दूसरे स्तर पर पत्रकारिता का सत्यानाश कर रही हैं। इससे उन पत्रकारों को थोड़ा-बहुत संबल भी मिलता है जो असहमत होते हुए भी बेबसी में जी रहे हैं। यही नहीं, इसमें झाँककर मीडिया प्रतिष्ठान अपनी छवि भी देख सकते हैं। हालाँकि अभी तक इसमें नए और छोटे मीडिया संस्थानों का ही गंगा स्नान हो रहा है (क़रीब दो दशक पहले कमलेश्वरजी के संपादन में गंगा पत्रिका निकली थी और उसमें जिस स्तम्भ के तहत मीडिया प्रतिष्ठानों की पोल-पट्टी खोली जाती थी उसका नाम गंगा स्नान ही था) और बड़े चैनलों की कलई कम खुल रही है मगर चैनलों की गटरगंगा का कुछ कूड़ा तो लोगों को दिखने ही लगा है। अपेक्षा की जानी चाहिए कि भड़ास या

इसी तरह के दूसरे ब्लॉग की तोप मगरमच्छों की तरफ भी रुख करेगी। संभव है कि बहुत से लोगों को इस ब्लॉग की कुछ सामग्री व्यक्तिगत कुंठाओं का उगालदान नज़र आए, क्योंकि कई बार भाषा का संयम नदारद हो जाता है। मगर ये भी मीडिया की गटर गंगा का ही हिस्सा हैं और इन्हें भी अभिव्यक्ति मिले तो अच्छा ही है।

(नवंबर, 2008)

ग़ुलाबी चैनलों के सफ़ेद झूठ

विश्वव्यापी मंदी के आसार ने आर्थिक उदारवाद और भूमंडलीकरण के झंडाबरदारों के हाथों से तोते उड़ा दिए हैं। उन्मुक्त बाज़ार व्यवस्था के पैरोकार बगलें झाँक रहे हैं। तबाह होती अर्थव्यवस्था ने उनकी तमाम दलीलों और दिवास्वप्नों की धज्जियाँ उड़ाकर रख दी हैं। वे शीर्षासन की मुद्रा में हैं और अब बड़ी बेशर्मी के साथ सरकारी कृपा से कंपनियों को बचाने (बेल आउट करने) की वकालत कर रहे हैं। यानी आज उन्हीं सरकारी नियंत्रणों की ज़रूरत महसूस कर रहे हैं, जिनका पुरज़ोर विरोध करते थे। केवल दो दशकों के भीतर ही ये साबित हो गया कि विश्व बैंक और अंतरराष्ट्रीय मुद्रा कोष के नुस्खे दुनिया भर की अर्थव्यवस्थाओं के लिए वरदान नहीं अभिशाप हैं (हालाँकि ये पहले भी साबित हो चुका था, मगर तब सब पर उदारवाद का भूत सवार था)। पूँजीवाद का मसीहा अमेरिका और उसके तमाम मित्र-देश त्राहि-त्राहि कर रहे हैं। बैंक दीवालिया हो रहे हैं, कंपनियाँ कर्मचारियों की छँटनी कर रही हैं। उनके पद-चिन्हों पर चलने वाले मुल्क के लोग भी आत्महत्याएँ कर रहे हैं, भूखे मर रहे हैं। इनमें सन् 2020 तक महाशक्ति बनने को आतुर भारत भी शामिल है। कुल मिलाकर आर्थिक उदारीकरण का तिलिस्म टूट गया है और चारों तरफ अनिश्चितताओं और आंशकाओं का घनघोर कुहासा छाया हुआ है। मगर हमारा मीडिया और न्यूज़ चैनल क्या कर रहे हैं...। वे नवउदारवाद को अवश्यंभावी और नियति मानते हुए मनमोहनामिक्स के गुण गाए जा रहे हैं। उन्हें अभी भी यकीन है कि उदारवाद का रामबाण सब कुछ ठीक कर देगा। वे इसी फलसफे को बेचने में लगे हुए हैं। वे ये नहीं बता रहे हैं कि पिछले बीस सालों में उदारवाद के नाम पर कौन सा फ्रॉड जनता के साथ किया गया और जो हालात पैदा हुए हैं ये उसी का नतीजा हैं।

ये सब जानते हैं कि दुनिया भर में उदारवाद के लिए माहौल तैयार करने में सबसे बड़ा योगदान अगर किसी का था तो मीडिया का ही था। विश्व बैंक-मुद्रा कोष के नुस्ख़ों को सबसे पहले मीडिया ने ही लोगों के दिमाग़ों में उतारा था और उसे एक हद तक स्वीकार्य भी बनाया था। बेशक शासक वर्ग ने सबसे पहले उनके सामने घुटने टेके और वाशिंगटन के सामने वह दंडवत् भी हो गया। लेकिन इसके

बाद मीडिया ने ही बागडोर सँभाली। उसी ने मध्यवर्ग को लालच की दुनिया की सैर करवाई और उसमें भोग की लालसा पैदा की। गुलाबी अख़बारों का युग उदारवाद के आगमन से जुड़ा हुआ था और बाद में जो टीवी चैनल आए उन्होंने भी गुलाबी अर्थव्यवस्था की तस्वीर गढ़ने में योगदान देना शुरू कर दिया। ख़ास तौर पर ग़ुलाबी बिज़नेस चैनल तो निजी क्षेत्र और आर्थिक उदारवाद के प्रवक्ता ही बन गए। सपनों के सौदागर बनकर उन्होंने नव उदारवाद का झंडा उठा लिया और निजीकरण की पालकी उठाकर घूमने लगे थे। उन्होंने अमेरिकी पूँजीवाद द्वारा चक्रवर्ती अभियान के लिए छोड़े गए घोड़े की लगाम सँभाल ली थी। इसके बाद तो जो भी उसका विरोध करता था वे उससे युद्ध करने लगते थे। विरोधियों को उन्होंने आर्थिक कट्टरवादी, पुरातनपंथी, स्तालिनवादी और जाने किन-किन गालियों से नवाज़ना शुरू कर दिया था। उन्होंने ये काम कई तरह से किया। विकास की झूठी रिपोर्टें गढ़ीं, उद्योगपतियों और व्यापारियों को महिमामंडित किया। तमाम तरह की चर्चाओं को इस तरह से मोड़ा गया कि अंतिम नतीजा यही निकले कि दुनिया विकल्पहीन है और उदारवाद तथा भूमंडलीकरण से ही मोक्ष मिल सकता है। विरोधियों को या तो मौका ही नहीं दिया गया और दिया गया तो केवल बहस को एक तरह की वैधता प्रदान करने के लिए। चैनलों के अधिकांश एंकर वैसे भी कम-अक्ल होते हैं। वे जानते ही नहीं कि वे क्या कर रहे हैं। उस पर मोटी तनख्वाहें और मालिकों (बाज़ार) के दबाव उन्हें उदारवाद का प्रवक्ता बनाकर छोड़ते हैं।

दरअसल, ये अब जाँचने का समय है कि पिछले डेढ़-दो दशकों में मीडिया ने इस आर्थिक उदारवाद के विस्तार में क्या भूमिका अदा की है? ये देखना बहुत ज़रूरी है कि सन् 85 से 91 के बीच सरकारों और राजनीतिज्ञों ने ही नहीं मीडिया ने भी अपना चोला बदला और कैसे वह निजीकरण का अंध समर्थक बन गया। कैसे उसने निम्न आय वर्ग को हाशिए में डाल दिया और मध्यवर्ग की कुत्सित कामनाओं की पूर्ति के लिए समर्पित हो गया। ये पूरी कहानी आम अवाम को बरगलाने और उन्हें विपन्न करने की दास्तान है। शायनिंग इंडिया केवल शासक वर्ग का नारा नहीं था बल्कि मीडिया ने भी चमकीले भारत की तस्वीरें ही सामने रखीं। बहुत ही सुनियोजित ढंग से उसने सफरिंग इंडिया को हाशिए पर धकेल दिया। ऐसे आँकड़ों और विचारों को प्रचारित करना शुरू कर दिया जिनसे नई आर्थिक नीतियों को बल मिले। भारतीय मूल के सुनील मित्तल या टाटा के द्वारा बहुराष्ट्रीय कंपनियों का खरीदना उसके हिसाब से भारत के लिए विश्वविजयी होने की दिशा में महान उपलब्धि थी। उसने इससे आँखें मूँद लीं कि कितनी भारतीय कंपनियाँ बहुराष्ट्रीय कंपनियों के पेट में समा गई हैं। वह तस्वीर का एक ही पहलू दिखा रहा था और यही वजह थी कि ग़रीबों और गाँवों की कहानियाँ परदे से गायब हो गईं। मज़दूरों और किसानों की आत्महत्याओं को नज़रअंदाज़ कर दिया

गया। यहाँ तक कि उन आँकड़ों को भी उसने बहुत कम जगह दी जो विश्व बैंक और मुद्रा कोष के ही हवाले से आए थे। मसलन, ग़रीबी और भुखमरी से निपटने में भारत की स्थिति इथियोपिया और पाकिस्तान से भी गई बीती है। उसे ये बताने में कभी कोई दिलचस्पी नहीं थी कि नई आर्थिक नीतियों ने किस तरह से छोटे उद्योगों को तबाह कर दिया है और इससे लाखों कामगार बेकार हो गए। उसने ये नहीं बताया कि किस तरह अमीर-ग़रीब की खाई भयावह ढंग से चौड़ी हुई है। उसने नहीं बताया कि हर दिन बीस करोड़ लोग भूखे पेट ही सो जाते हैं और अस्सी फ़ीसदी लोगों की दैनिक कमाई बीस रुपए से भी कम है। इसके उलट उसे ये बताने में ज़्यादा मज़ा आता था कि सुनील मित्तल स्टील किंग बन गया है या टाटा ने किस बहुराष्ट्रीय कंपनियों का अधिग्रहण कर लिया है। इस सब में उसे नए भारत का उदय दिख रहा था। कितनी भारतीय कंपनियों का विदेशी कंपनियों ने अधिग्रहण कर लिया है, ये बताने में उसने कभी दिलचस्पी नहीं दिखाई। खेलों में एक पदक या प्रतियोगिता में जीत हासिल करना भारत की बढ़ती ताक़त के बखान करने का बहाना बन जाता था।

हम सब जानते हैं कि देश में उपभोक्तावाद और टेलीविज़न का विस्तार लगभग एक साथ हुआ। टेलीविज़न पर आने वाले विज्ञापनों ने ही बाज़ार के लिए ज़मीन तैयार की और बाद में उसे सींचा भी। यहीं से अर्थव्यवस्था के पतन की शुरूआत हुई और फिर वह विश्व बैंक तथा मुद्रा कोष के बताए रास्ते पर चलने लगी। आज अर्थव्यवस्था का जो हाल है उसके लिए मनमोहन, मोंटेक, यशवंत सिन्हा, जसवंत सिंह और पी चिदंबरम जैसे लोग ज़िम्मेदार हैं। हालाँकि कानून में ऐसे लोगों के लिए किसी तरह की सज़ा का प्रावधान नहीं है मगर यदि होती तो इन्हें कालापानी से कम की सज़ा नहीं मिलनी चाहिए क्योंकि उन्होंने लाखों लोगों की ज़िंदगी से खिलवाड़ किया है, उन्हें खुदकशी करने या मर-मर के जीने के लिए विवश कर दिया है। सज़ा अर्थव्यवस्था के उन विशेषज्ञों और मीडिया के महापुरूषों को भी मिलनी चाहिए जो लगातार ये दोहराते रहे कि हमारी अर्थव्यवस्था के फंडामेंटल्स स्ट्रांग हैं और उसे कुछ नहीं होगा, वह नौ-दस फ़ीसदी की रफ़्तार से भागती रहेगी। ऐसे लोगों के लिए तो आजीवन कारावास से कम की सज़ा होनी ही नहीं चाहिए। ये वह बिरादरी है जो जब सेंसेक्स 22 हज़ार पर था तब भी यही कह रही थी कि पैसा लगाने का यही समय है और जब गिरकर 15 हजार, 12 हज़ार या आठ हज़ार तक पहुँचा तब भी वह यही दोहराती रही। ये बिरादरी हर्षद मेहता और केतन पारीख से कम धोखेबाज़ नहीं है। इन विशेषज्ञों ने खुद भी शेयर बाज़ार में पैसा लगा रखा है और बहुत सारे चैनलों ने अपने पब्लिक इशू के ज़रिए धन बटोरा है। चैनलों ने अपने कर्मचारियों को भी शेयर दे रखे हैं। अब इन चैनलों के शेयरों की क़ीमत दस-बीस फ़ीसदी ही रह गई है। इसलिए ज़ाहिर है कि क्या चैनलों के

मालिक और क्या वहाँ काम करने वाले सभी शेयर बाज़ार को थामने के अभियान में लगे हुए हैं। इसमें उनके स्वार्थ जो निहित हैं। इसके लिए बाकायदा दर्शकों को उकसा रहे हैं कि पैसा लगाओ। उन्हें निवेशकों के नहीं अपने हितों की परवाह है। वे शेयर बाज़ार के पतन को करेक्शन का नाम दे रहे हैं मानो छोटी सी ग़लती हुई थी और वह सुधार ली जाएगी। सरकार पर दबाव बनाने के लिए चैनल इस हद तक चले गए कि कर्मचारियों के पेंशन फंड का पैसा सट्टा बाज़ार में लगाने की मुहिम चलाने लगे। लेकिन अफसोस कि इनका कोई कुछ नहीं बिगाड़ सकता। पूरे मुल्क के पैमाने पर धोखाधड़ी करने वाले ऐसे नेताओं, विशेषज्ञों और पत्रकारों के लिए कोई कानून नहीं है और होता भी तो इनकी ताक़त के सामने वह क्या कर लेता। ग़ौर करने की बात ये भी है कि चैनल ये तो बताते हैं कि इतने लाख करोड़ का नुकसान अब तक हो चुका है मगर ये छिपा जाते हैं कि फ़ायदा किसको हुआ है। विदेशी वित्तीय संस्थानों द्वारा लगाई गई आवारा पूँजी किस तरह मोटा मुनाफ़ा बटोर कर चंपत हो गई इसकी ख़बर देने से वे कतरा रहे हैं। गुब्बारा फट चुका है मगर चैनल उसमें ज़बर्दस्ती हवा भरने में लगे हुए हैं। इसके लिए तथ्यों को छिपाने और झूठों को सच कहकर प्रचारित करने में उन्हें कोई गुरेज़ नहीं है। यहाँ तक कि वे उसी दगाबाज़ विदेशी पूँजी को आमंत्रित करने के लिए दबाव बनाने में लगे हुए हैं जो मौजूदा संकट के लिए मुख्य रूप से ज़िम्मेदार मानी जा रही है। क्या पता वे कामयाब भी हो जाएँ।

सबसे ज़्यादा अखरने वाली बात ये है कि कोई भी चैनल आर्थिक नीतियों पर प्रश्न चिन्ह नहीं लगा रहा। ये नहीं बता रहा कि अगर वाम दलों ने रोक-टोक न की होती और मनमोहन सिंह बेलगाम होकर अपनी करने में सफल हो जाते तो अर्थव्यवस्था का क्या हाल होता। बैंकिंग व्यवस्था में बदलाव और बीमा सेक्टर के निजीकरण से लेकर 'श्रमिक सुधार' तक ऐसे बहुत से क़दम थे जिन्हें उठाने के लिए सरकार बेताब थी मगर वामपंथी दबाव की वजह से वह ऐसा नहीं कर सकी। आज इसके लिए वाम दलों को कोई भी श्रेय देने को तैयार नहीं है। उल्टे तर्क ये दिए जा रहे हैं कि पूँजीवाद में इस तरह के उतार-चढ़ाव आते रहते हैं और जल्दी ही सब कुछ ठीक हो जाएगा। सवाल उठता है कि इन उतार-चढ़ाव की सज़ा कौन भुगतता है और उसके लिए कौन ज़िम्मेदार है? वास्तव में पूँजीवादी मीडिया का चरित्र ही यही है। वह लोकतंत्र का नहीं पूँजीवाद का चौथा खंभा है और हर सूरत में वह उसे बचाने की कोशिश में लगा रहता है। यही उसका मूल चरित्र है और मूल उद्देश्य भी। लोकतंत्र तो केवल मुखौटा है, एक छलावा है। इसके पीछे पूँजी और मुनाफ़े का वही खेल है जो शेयर बाज़ारों से लेकर जी-8 और दावोस की बैठकों तक चलता रहता है।

और अंत में

अकसर चैनल वाले ये कहकर हाथ झाड़ लेते हैं कि क्या करें हिंदी का दर्शक मानसिक स्तर पर इतना रुग्ण और अविकसित है कि वह सिवाय कूड़ा-करकट के कुछ देखना ही नहीं चाहता। एकता कपूर के सास-बहू वाले सीरियल बरसों तक लोकप्रियता के सबसे ऊँचे पाएदान पर काबिज़ रहे और इस दौर के धारावाहिकों के लिए वे एक तरह से ट्रेंड सेटर भी बन गए। तमाम मनोरंजन चैनलों पर इसी तरह की कहानियों के इर्द-गिर्द सीरियल दिखाए जाने लगे और मान लिया गया कि हिंदी के दर्शकों की यही पसंद है। मगर हाल में शुरू हुए बालिका वधू ने इस मान्यता को ध्वस्त कर दिया है। अलग तरह की कथावस्तु और ट्रीटमेंट के बावजूद आज की तारीख़ में ये सबसे लोकप्रिय धारावाहिक है। बालिका वधू एक अलग तरह के मनोरंजन की पेशकश करता है। विषय बेहद गंभीर है और अगर कोई वैसे बात करे तो लगेगा घिसी-पिटी कहानी पर ऐसे बोर धारावाहिक को भला कौन देखना चाहेगा। शायद यही सोचकर एक दशक पहले दूरदर्शन ने इसे खारिज़ भी कर दिया था। धारावाहिक में नारी पात्रों को इस तरह गढ़ा गया है कि वे बहुत ही शक्तिशाली होकर उभरते हैं। पटकथा इतनी कसी हुई और सटीक है कि छोटे-छोटे सवाल नारी के उत्पीड़न को उभारते हैं। इस धारावाहिक की सफलता ने इस भ्रम को निश्चय ही तोड़ दिया है कि लीक से हटकर कोई गंभीर चीज़ अगर ढंग से पेश की जाए तो उसे लोग पसंद नहीं करते हैं। क्या न्यूज़ चैनल इससे कोई सबक सीखेंगे?

(दिसंबर 2008)

साठ घंटों का सच-झूठ

न्यूज़ चैनल एक बार फिर से आलोचना के केंद्र में हैं और वजह है मुंबई पर हुए आतंकवादी हमले का कवरेज। आलोचना के लिए जो वजहें गिनाई जा रही हैं वे भी जानी पहचानी सी हैं और हों भी क्यों न। हर घटना के कवरेज का उनका अंदाज़ एक सा होता है इसलिए पहली वाली ग़लतियाँ भी बारंबार दोहराई जाती हैं। बस घटना के आकार के साथ-साथ जानी-पहचानी खामियों का आकार भी घटता-बढ़ता रहता है। यही वजह है कि बड़ी घटनाओं के समय उसकी ग़लतियाँ बहुत बड़ी होकर सामने आती हैं और उन्हें कोई भी बड़ी आसानी से देख लेता है। फिर मुंबई का आतंकवादी हमला तो हाल के वर्षों में घटी बड़ी और महत्त्वपूर्ण घटनाओं में से एक था। हालाँकि आतंकवादियों के साथ मुठभेड़ को टेलीविज़न ने पहले भी लाइव दिखाया था मगर मुंबई की साठ घंटे लंबी मुठभेड़ शायद दुनिया में पहली ऐसी घटना थी जिसे छोटे परदे पर देखा या दिखाया गया। इस लिहाज़ से ये सचमुच में बहुत बड़ी ख़बर थी। इस कवरेज़ के अपने शहरी और वर्गीय आग्रह थे और इसमें ढेर सारे खोट भी थे मगर इस बात से इंकार नहीं किया जा सकता कि ये बहुत बड़ी मीडिया इवेंट थी, एक मीडिया-भूकंप की तरह थी, जिसने बहुत कुछ उलट-पलट दिया। इस तरह के भूकंपों से निपटने का अनुभव और कौशल अभी हमारे मीडिया ख़ास तौर पर न्यूज़ चैनलों को नहीं है, इसलिए वे अपने पुराने औज़ारों से ही काम को अंजाम देते रहते हैं। इसमें घटनाओं को बढ़ा-चढाकर और नाटकीय बनाकर दिखाना सर्वप्रमुख है। यही वजह थी कि मुंबई हमले का टीवी प्रसारण किसी लंबी फिल्म की ही तरह हो गया था, जिसमें एक्शन था, इमोशन था, प्यार थी, नफरत था, घटिया राजनीति थी, नायक और खलनायक थे और एक सुखद अंत था। यही वजह थी कि फिल्म निदेशक राम गोपाल वर्मा तक घटनास्थल मुआयने के लिए पहुँच गए।

मुंबई हमले के कवरेज को लेकर कई स्तरों पर अलग-अलग ढंग से सवाल उठे हैं, मगर हम केवल उन प्रश्नों पर बात करेंगे जिनकी चर्चा हमने पहले नहीं की है। हम इस स्तंभ में पहले ही इसका ज़िक्र कर चुके हैं कि किस तरह आतंक के निर्माण में मीडिया खुद शामिल हो जाता है और चाहे अनचाहे आतंकवादियों के

लिए औज़ार की तरह काम करने लगता है। इसलिए अब इस पर बात करना दोहराव मात्र होगा कि मुंबई हमले को विस्तार से दिखाकर चैनलों ने आतंकवादियों के प्रचार पाने और आतंक फैलाने के मक़सद को ही पूरा किया। ये आरोप काफी हद तक सही है मगर मौजूदा व्यवस्था में मीडिया इंडस्ट्री के कारोबार की बनावट कुछ इस तरह की है कि इससे बचना बहुत मुश्किल लगता है। कई तरह के अंतरविरोध इसमें उसके आड़े आते हैं। एक तो यही कि न्यूज़ चैनलों को ऐसे ही अवसरों की तलाश होती है जबकि उसे सर्वाधिक दर्शक-पाठक-श्रोता उपलब्ध हों ताकि वह विज्ञापनदाताओं को खींचकर अपना मुनाफ़ा बढ़ा सके। चैनलों के अंदर ऐसे मौकों पर उत्साह देखते ही बनता है। यही हाल मौके पर तैनात संवाददाताओं का होता है। वे घटना को बड़ा बताने और बनाने के काम में तत्परता से जुट जाते हैं, जिससे सचाई बौनी होती चली जाती है। इसके अलावा विभिन्न मीडिया प्रतिष्ठानों के बीच चलने वाली होड़ राष्ट्रीय और समाजिक हितों को हाशिए पर ठेल देती है। चैनल कर्मियों पर एक तरह की लापरवाही हावी हो जाती है, क्योंकि चुनौती अपनी अहमियत जताने और अपना लोहा मनवाने की होती है। इसीलिए ताज होटल के बाहर कोई जान की बाज़ी लगा रहा था तो कोई लेटे-लेटे हॉकी की कमेंट्री की तरह आतंकवादी हमले का आँखों देखा हाल बता रहा था।

दूसरे, ये माना जाता है कि सूचनाओं के प्रवाह में किसी तरह की बाधा नहीं खड़ी की जानी चाहिए। इसे लोकतंत्र की एक बुनियादी ज़रूरत माना जाता है। इसलिए जो लोग ये मानते हैं कि मुंबई पर हमले जैसी घटनाओं को नहीं दिखाया जाना चाहिए या उन्हें सेंसर किया जाना चाहिए वे दरअसल इसके नतीजों को ठीक ढंग से नहीं समझ पा रहे। पिछले दो दशकों के दौरान लोगों में सूचनाओं की भूख एक नशे की तरह बढ़ी है या बढ़ा दी गई है। वे इसके बिना रह नहीं सकते। सूचनाओं पर रोक की सूरत में वे अफ़वाहों पर यकीन करने लगेंगे जो कि और भी घातक हो सकता है। अलबत्ता इतनी माँग ज़रूर की जा सकती है कि मीडिया आत्म नियंत्रण के ज़रिए जहाँ तक हो सके सूचनाओं को छानकर और सही संदर्भों में पेश करे, उनसे खिलवाड़ न करे। सबसे बड़ी मुश्किल यहीं आ जाती है। न्यूज़ चैनल ख़बरों से खेलने लगते हैं। चैनलों के न्यूज़रूम में बाकायदा यही शब्दावली प्रचलित है। जब भी कोई बड़ी या दिलचस्प घटना घटती है तो कहा जाता है कि इस ख़बर पर खेला जा सकता है और ज़ाहिर है कि ऐसे में गंभीरता या ज़िम्मेदाराना रवैया ताख पर रख देना लाज़िमी होता है। ख़बरों को तानने और उनसे खेलने की कोशिश ख़बरों का चेहरा बिगाड़ती जाती है। ऐसे में सिर्फ़ और सिर्फ़ एक ही लक्ष्य रह जाता है और वह है दर्शकों को किसी भी तरह से अपनी ओर खींचकर प्रतिद्वंद्वियों से आगे निकलना। ऐसी परिस्थितियों में पत्रकारों की रचनात्मक ऊर्जा चैनलों की इसी तरह की माँगों को पूरा करने में स्वाहा हो जाती है।

वैसे न्यूज़ चैनलों को उनकी कुछ निर्माणगत मजबूरियों और इस माध्यम की ख़ूबियों तथा खामियों के साथ देखने की भी ज़रूरत है। न्यूज़ चैनलों की अख़बारों से तुलना कोई मायने नहीं रखती क्योंकि चौबीस घंटे में एक बार ख़बरों को योजना के साथ परोसना फिर भी संभव है मगर हर पल आती ख़बरों को उसी क्षण दर्शकों को दिखाना कहीं ज़्यादा चुनौतीपूर्ण काम होता है। टीवी चैनलों के साथ सबसे बड़ी मुश्किल यही होती है कि ख़बरें और सूचनाएँ बाढ़ की तरह आती हैं, खास तौर पर किसी बड़ी घटना के समय। हर तरफ से बरस रही ख़बरों को जाँचना-परखना और फिर सही ढंग से उन्हें फौरन दिखाना बहुत ही टेढ़ा काम होता है। ऐसे में जहाँ अनुभवी लोग होते हैं और जहाँ ज़िम्मेदारी से काम करने की परंपरा या नीयत होती है वहाँ तो फिर भी (बाज़ार के दबाव के बावजूद) ख़बरें छनकर परदे तक पहुँचती हैं मगर जहाँ ऐसा नहीं है (और ऐसा अधिकांश जगह नहीं है) वहाँ कोई भी दुर्घटना हो सकती है। और दुर्घटनाएँ होती रहती हैं क्योंकि ऐसे चैनल अपुष्ट ख़बरों या अफ़वाहों को भी एयर कर देते हैं और इसका दबाव दूसरे चैनलों पर भी बनने लगता है। पिछड़ जाने के भय में वे भी वही ग़लतियाँ करने लगते हैं और कभी-कभी तो बढ़ा-चढ़ाकर भी। दुर्घटना से देर भली का सिद्धांत न्यूज़ रूम के स्वभाव के विपरीत होता है। ये प्रतिस्पर्धा का युग है और आगे रहने का सवाल जीवन-मरण के प्रश्न से जुड़ा हुआ है। ख़बर ग़लत निकलने पर चैनल उसे चुपचाप उतार लेते हैं, न खेद प्रकट करते हैं और न माफ़ी माँगते हैं।

बहुत से लोगों ने ये सवाल उठाया है कि साठ घंटे तक आतंकवादी हमले की ख़बरों को लगातार दिखाने की क्या तुक है? वास्तव में यहाँ ये देखने की आवश्यकता है कि लोग कुछ अवसरों को छोड़कर आम तौर पर लोग चौबीसों घंटे देखते भी नहीं हैं। लोग अपनी-अपनी ज़रूरतों और सुविधाओं के हिसाब से ख़बरें देख लेते हैं। इसलिए न्यूज़ चैनल किसी भी समय उसे देखने वाले दर्शक को अपनी ख़बरों का बेहतर संचयन पेश करने के लिए तैयार रहते हैं। ऐसे में ये ज़रूरी हो जाता है कि अगर कोई दर्शक शाम को चैनल देख रहा है तो उसे सुबह या दोपहर की महत्त्वपूर्ण ख़बर भी देखने को मिल जाए। किसी बड़ी घटना के समय चूँकि सभी दर्शक उसी से जुड़ी ख़बरों को देखना चाहते हैं इसलिए चैनल भी उसी ख़बर पर टिके रहते हैं। उस घटना को वे विभिन्न कोणो से दिखाते हैं और उसके संबंध में आने वाली ताज़ा जानकारियाँ देने में लगे रहते हैं, जैसा कि मुंबई हमले के दौरान हुआ या दूसरी बड़ी घटनाओं के समय होता है। ख़बरों को दोहराने या उन्हें खींचने का एक अर्थशास्त्र भी है। चैनल ज़्यादा मुनाफ़ा कमाने के लिए समाचार संकलन में कम से कम खर्च करने की कोशिश करते हैं। अगर कम ख़बरों से ही काम चल जाए तो चैनलों का खर्चा बचता है इसलिए वे ऐसे उपाय या ख़बरें ढूँढ़ते रहते हैं जिनसे दर्शक भी आ जाएँ और दाम भी खर्च न हो।

हमें ये भी नहीं भूलना चाहिए कि ये चौबीस घंटे ख़बरों का युग भी है। ख़बरों को चौबीस घंटे दिखाए जाने के विरोधी लोग दरअसल अभी भी सुबह-शाम की दो बुलेटिनों वाले समाचार युग में रह रहे हैं। वे नहीं समझ पाते कि टीवी न्यूज़ इंडस्ट्री ने ख़बरों की खपत का जो वातावरण विकसित किया है उसमें अब अतीत में लौटना संभव ही नहीं है। और लौटना भी क्यों चाहिए? आख़िरकार, आधुनिक संचार व्यवस्था का एक प्रमुख आधार है अविलंब सूचनाओं का आदान-प्रदान। भविष्य में इसे और भी तेज़ होना है। इसलिए इसे रोकने की बात करना ही बेमानी है। इसकी गति को नियंत्रित करना अब असंभव लगता है इसलिए इसके साथ तालमेल बैठाने के बारे में ही सोचना होगा। ये भी सोचना होगा कि कैसे उनको शिक्षित किया जाए जो सूचनाओं को आकार देने और फिर उन्हें भेजने के काम में जुटे हुए हैं। आख़िरकार ये काम अभी भी मानव दिमाग़ कर रहा है और हमें इतना विश्वास और उम्मीद रखना चाहिए कि अभी भी वह बाज़ार का इतना ग़ुलाम नहीं हुआ है कि उसने स्वतंत्रता तथा सामाजिक ज़िम्मेदारी के साथ सोचना ही बंद कर दिया है।

और अंत में

ऐसा नहीं है कि हिंदू आतंकवाद के बेनकाब होने से संघ परिवार के नेतागण ही बिलबिलाए हुए हैं। मीडिया में भी संघ की विचारधारा से प्रेरित लोगों का यही हाल है। वो भी उसी तरह से खिसियाकर उन पत्रकारों पर टूट पड़े हैं जो हिंदू आतंकवाद का चेहरा दिखाने की कोशिश कर रहे हैं। मिसाल के तौर पर स्टार न्यूज़ में कार्यरत किसी स्वयंसेवक का मेल लिया जा सकता है। ये निक्करधारी स्टार न्यूज़ में हिंदू आतंकवाद शब्द के इस्तेमाल और प्रज्ञा ठाकुर प्रकरण के कवरेज से इतना आहत और विचलित (या विक्षिप्त) हुआ कि उसने अज्ञात नाम से चैनल के प्रमुख शाजी ज़माँ के ख़िलाफ़ एक लंबा मेल सबको लिख डाला। इस मेल में उसने शाजी पर आरोप लगाए हैं कि उन्होंने प्रज्ञा प्रकरण पर अतिरिक्त उत्साह दिखाते हुए एक-एक चीज़ में दिलचस्पी ली, उसे एक ख़ास तरह से मोड़ दिया, जबकि आम तौर पर दूसरी घटनाओं पर वे ऐसी सक्रियता-तत्परता नहीं दिखाते। मेल लेखक ने इसे उनका सांप्रदायिक नज़रिया करार दिया है। किसी को उसकी निक्कर न दिखे इसके लिए उसने अपने संदेश को संतुलित बनाने की कोशिश भी की है मगर उसे कामयाबी मिल नहीं पाई।

अव्वल तो स्वयंसेवक की इस प्रतिक्रिया के पीछे वही धारणा और रणनीति काम कर रही है जो कि संघियों की होती है। यानी शाजी मुसलमान हैं तो उन्हें आसानी से निशाना बनाया जा सकता है और उन्हें मुस्लिम सांप्रदायिकता, कट्टरता

या आतंकवाद से जोड़ा जा सकता है। अगर ऐसा नहीं होता तो स्वयंसेवक की नज़र दूसरे यानी हिंदू पत्रकारों पर भी गई होती। मीडिया में ही ऐसे लोग भी हैं जो हिंदू होते हुए भी घटनाओं को हिंदू–मुसलमान की तरह नहीं देखते। वे एक पत्रकार की तरह घटनाओं को देखते हैं और जब मालेगाँव कांड के रहस्य खुले तो उन्होंने उस पर वैसी ही प्रतिक्रिया की जैसी कि किसी और आतंकवादी घटना के आरोपियों के पकड़े जाने पर करते हैं। उनमें भी उत्साह का संचार हुआ क्योंकि वे हिंदू आतंकवाद को भिन्न रूपों में तो देख रहे थे मगर उसे नाम नहीं दे पा रहे थे क्योंकि जब तक कोई बम न फटे तब तक उसे आतंकवादी घटना माना नहीं जाता। ये भी सही है कि संघ परिवारी जिस तरह से धर्म के नाम पर उत्पात मचा रहे थे और उनके नेतागण उन्हें सही ठहराने में लगे हुए थे, उससे सभी के मन में गुस्सा भरा हुआ था और मौका मिलते ही वह फट पड़ा।

बहरहाल, मेल प्रेषक को धन्यवाद् दिया जाना चाहिए। उसकी वजह से ऐसे लोगों का भांडा फूटा जो पत्रकारिता में रहकर समाजविरोधी काम में लिप्त हैं। इससे चैनलों और अख़बारों में काम करने वाले भी सावधान हो जाएँगे। वे समझ जाएँगे कि ऐसे लोगों के साथ क्या सलूक किया जाना चाहिए।

(जनवरी, 2009)

न तेज़ी बुरी, न मंदी अच्छी

निजीकरण और उदारीकरण ने मीडिया के गुब्बारे में जो हवा भरी थी वह निकलने लगी है। छह महीने पहले तक क्या बड़े और क्या छोटे तमाम मीडिया संस्थान हवा में कुलाँचे भर रहे थे मगर मंदी ने सबको ज़मीन दिखा दी है। इस मंदीजनित परिवर्तन को कई तरह से देखा जा रहा है। कुछ लोग मान रहे हैं कि मंदी की मार अंगभीर खिलाड़ियों को मैदान से बाहर कर देगी और वे ही टिक पाएँगे जो मीडिया के कारोबार को समझते हैं और उसे गंभीरता से लेते हैं। लेकिन ऐसा होता दिख नहीं रहा। ये ठीक है कि नए कारोबारियों ने अपने हाथ रोक लिए हैं और पुराने भी फूँक-फूँक कर क़दम रख रहे हैं मगर नए-नए चैनलों और अख़बारों की आमद थमती नहीं दिख रही। वे आगे-पीछे आने की तैयारी कर ही रहे हैं। दरअसल, मीडिया का कारोबार अब मार्केट की मंदी या तेज़ी पर ही निर्भर नहीं है। ये सियासत का औज़ार है और काले कर्मों पर परदा डालने का ज़रिया भी। इसीलिए इस कारोबार में नेताओं और बिल्डरों से लेकर माफिया तक, सब कूद रहे हैं। इनके पास ग़लत तरीकों से कमाया गया अकूत पैसा है। मत भूलिए कि ये चुनावी साल है और कम से कम मीडिया के लिए ये धंधे का टाइम होता है। फिर पैसे कमाने के नए तरीके भी मीडिया मालिकों ने निकाल लिए हैं। यानी इस धंधे के फ़ायदे कई हैं, इसलिए थोड़ी धीमा ही सही मगर ये फलता-फूलता रहेगा। लेकिन अगर ऐसा नहीं होता है और मीडिया इंडस्ट्री के विकास पर विराम लग जाता है तो भी चैनलों के हृदय परिवर्तन की उम्मीद करना मृगतृष्णा के सिवा कुछ नहीं है।

ये सही है कि मंदी ने अपना असर दिखाना शुरू कर दिया है। विभिन्न चैनलों में बड़े पैमाने पर छँटनी चल रही है। ये छँटनी छोटे और नए मीडिया संस्थानों में ही नहीं स्थापित चैनल समूहों में भी की जा रही है। इससे पत्रकारों में अनिश्चितता बढ़ गई है। कोई नहीं जानता कब किसका नंबर आ जाए। जिनकी नौकरियाँ चली गई हैं उन्हें काम मिलना बहुत मुश्किल हो गया है। बड़ी तनख्वाह वाले पत्रकारों के लिए तो संकट और भी बड़ा है, क्योंकि प्रबंधन की आँखों में वे ही सबसे ज़्यादा खटक रहे हैं। उन्हें सफेद हाथी समझा जाने लगा है और उनसे मुक्ति के उपाय किए जाने लगे हैं। कम लोगों से ज़्यादा काम लेने के नुस्ख़े को भी आज़माया जा रहा है।

इसके फलस्वरूप पहले से ही दिन में बारह-चौदह घंटे खटने वाले न्यूज़ चैनलों के पत्रकार ज़्यादा और अवांछित काम करने के लिए बाध्य किए जा रहे हैं। ज़ाहिर है अनिश्चितता ने उन्हें तनावग्रस्त कर दिया है और उन पर काम का बोझा भी बढ़ गया है। ऐसे में उनके कामकाज और सेहत पर बुरा असर पड़ना लाज़िमी है। कंटेंट पर पड़ने वाले बुरे प्रभाव का अंदाज़ा लगाने के लिए और भी संकेत मौजूद हैं। मसलन, चैनलों ने न्यूज़ कवरेज़ पर होने वाले खर्चों को कम करने के लिए क़दम उठाने शुरू कर दिए हैं। हाल में संपन्न हुए विधानसभा चुनाव के दौरान ये साफ़ दिखा। इस बार चैनलों ने चुनाव कवरेज पर पहले के मुक़ाबले एक तिहाई ही खर्च किया। ज़्यादातर ने कम कर्मचारियों और साधनों से काम चलाया। इसके अलावा समाचार संकलन की लागत को कम करने के लिए ब्यूरो बंद किए जा रहे हैं या उनका आकार घटाया जा रहा है। ऐसे कवरेज़ कम किए जा रहे हैं जिन पर बड़ा खर्च आता है। पत्रकारों की यात्राएँ कम की जा रही हैं और कहा जा रहा है कि दफ्तर में बैठे-बैठे जितना हो सकता है करो। पुरानी चीज़ों को बार-बार दिखाने की प्रवृत्ति बढ़ने लगी है और नई आने वाली चीज़ों को गन्ने की तरह निचोड़ लेने के नुस्खे अमल में लाए जाने लगे हैं। बहुत से लोग इंडिया टीवी के फार्मूले पर चलने की कोशिश करने लगे हैं, क्योंकि ये सस्ता और टिकाऊ होता है। यानी यू ट्यूब या किसी दूसरी वेबसाइट से कुछ चमत्कारिक या अंध विश्वासी माल निकालो, उसमें मसाला-मिर्च का छौंक तथा मक्खन का तड़का लगाओ और फिर चैनल पर तान दो सुबह से शाम तक। ऐसी ख़बरें अंशकालिक संवाददाताओं से भी बहुत सस्ते में मिल जाती हैं इसलिए रिपोर्टर की फौज रखने की भी ज़रूरत नहीं है। एक चीखने चिल्लाने वाला एंकर तीस सेकेंड से एक मिनट के फुटेज को घंटे दो घंटे खींच सकता है। इसमें अगर दर्शकों की प्रतिक्रिया के लिए टेलीफोन लाइन खोल दीं और एसएमएस का खेल शुरू कर दिया तो चैनल को कमाई भी होने लगती है। यानी हर्र लगे न फिटकरी और रंग भी चोखा। लेकिन अगर ऐसा होता है तो इसका मतलब ये होगा कि मंदी की मार उन चैनलों का भी इंडियाटीवीकरण कर देगी जो इस रोग से बचे हुए थे या कम पीड़ित थे। न्यूज़ चैनलों में एक प्रवृत्ति और भी तेज़ी के साथ फल-फूल रही है और वह है प्रायोजित और बिकी हुई ख़बरों की। पहले ये प्रिंट तक ही सीमित थी और अगर टीवी में थी भी तो छोटे स्तर पर। मगर कई चैनलों ने नीतिगत रूप से बाकायदा पैसे लेकर पक्ष या विरोध में ख़बरें दिखाने का कारोबार शुरू कर दिया है। मजबूरी (या खुद की मुट्ठी गरम करने के लालची) के मारे पत्रकार भी इसमें हिस्सेदार बन रहे हैं। यानी चैनल मालिकों ने कंटेंट बेंचकर मुनाफ़ा कमाने का रास्ता ढूँढ़ लिया है।

इस सबको देखकर भी अगर लोग इस खुशफ़हमी के शिकार हैं कि मंदी से टीवी उद्योग की अनियंत्रित तथा दिशाहीन प्रगति पर लगाम लगेगी और इससे कंटेंट

सुधरेगा तो बात समझ में नहीं आती। उनके तर्क का आधार शायद ये है कि कम खाना बनेगा तो वह ज़्यादा स्वादिष्ट होगा। मगर संभावना उलटी है। होगा ये कि दाल में पानी बढ़ा दिया जाएगा और सस्ती सब्ज़ियां ज़्यादा पकाई जाने लगेंगी। इसकी मुख्य वजह ये है कि चैनल किसी भी सूरत में अपना मुनाफ़ा कम नहीं करना चाहेंगे और इसके लिए वे ऐसे उपाय करेंगे जिनका सीधा असर कंटेंट पर ही पड़ेगा। अगर खर्चा कम करने के नाम पर चैनलों ने वरिष्ठ और अनुभवी लोगों को बाहर करना शुरू कर दिया तो कंटेंट की कमान पूरी तरह से बच्चा ब्रिगेड के हाथ में आ जाएगी और तब रही-सही कसर भी पूरी हो जाएगी। आख़िरकार अच्छी और गंभीर सामग्री अनुभवहीन टीम तो नहीं तैयार कर सकती न। ऐसा नहीं है कि अच्छे कंटेट का निर्माण धन से ही होता है और ग़रीबी में वह भी ग़रीब ही होगा। ये भी संभावना बन सकती है कि अभाव में चैनल कुछ ऐसा आविष्कार करें जो दर्शकों और समाज के हित में भी हो। मगर आशंका यही है कि होगा उल्टा। न्यूज़ चैनलों और ख़ास तौर पर हिंदी न्यूज़ चैनलों ने दर्शकों को लुभाने की जो राह पकड़ी है उसमें पतन की संभावना ही ज़्यादा दिखाई देती है। यानी हो सकता है कि वे और भी सनसनीखेज़ हो जाएँ। उनमें लोकप्रियता के और भी घटिया नुस्ख़े मसलन, नरम पोर्नोग्राफी आदि के प्रयोग किए जाने लगें। उनकी दलील होगी कि मंदी से उपजी परिस्थितियों में अपने वजूद को बचाने के लिए उन्हें ऐसा करना पड़ रहा है। वे किसी कंटेंट कोड को मानने के लिए तैयार नहीं होंगे और आत्मनियंत्रण तथा आत्मानुशासन की बकैती करते रहेंगे।

फिर ये हम क्यों भूल रहे हैं कि मंदी से न तो बाज़ारवाद ख़त्म होगा न ही बाज़ार की शक्तियाँ हार मानकर एक तरफ बैठ जाएँगी। वे तो अपना नियंत्रण कायम करने के लिए किसी भी हद तक जाएँगी और ऐसे उपाय खोज लाएँगी जिनसे उनकी तानाशाही चलती रहे। सीधा सा सवाल है कि अगर बाज़ार ठंडा होगा तो क्या टीआरपी का खेल बंद हो जाएगा और क्या चैनलों के बीच प्रतिस्पर्धा ख़त्म हो जाएगी? जी नहीं। टीआरपी तो हर गुरूवार को आएगी ही और सारे चैनलों को उसके हिसाब से ही अपनी रणनीति भी बनानी होगी। दर्शकों का ध्यान खींचने के लिए नए-नए जाल उन्हें बुनने होंगे। बल्कि जब विज्ञापन का केक छोटा हो जाएगा तो उसके बँटवारे के लिए मारामारी और भी गला काटू होगी और ज़ाहिर है कि छुरी दर्शकों की गर्दनों पर ही चलनी है। इसलिए ये मानना सरासर ग़लत होगा कि मंदी के आने से सारे चील-गिद्ध कबूतर बनने के लिए बाध्य हो जाएँगे और जंगल राज का ख़ात्मा हो जाएगा। जिनकी दाढ़ में मोटे मुनाफ़े का ख़ून लग गया है वे उस स्वाद के लिए कुछ भी करेंगे। इसलिए ये तय है कि मंदी का असर टेलीविज़न न्यूज़ चैनलों पर नकारात्मक ही पड़ेगा। वास्तव में इस नकारात्मकता को मंदी या तेज़ी से जोड़कर देखना ठीक नहीं है। इस नकारात्मकता का ताल्लुक है मुनाफ़े से, ज़्यादा

मुनाफ़ा कमाने के लोभ-लालच से। बाज़ार के उतार-चढ़ाव का पूँजी के चरित्र पर कोई असर नहीं पड़ता क्योंकि वह काम तो उसी व्यवस्था के भीतर कर रही है। उसका आकार भले ही छोटा-बड़ा होता रहे मगर उसके लक्ष्य नहीं बदलते और ज़ाहिर है कि उसके प्रभाव भी कमोबेश वही रहते हैं। इस पूँजी से बँधे मीडिया का भी अपना एक स्थायी चरित्र है। इसीलिए जब तेज़ी थी तब भी उसकी दिशा पतन की थी और अब मंदी में भी चैनल नीचे की तरफ ही जाएँगे। अगर मंदी साथ में सामाजिक सरोकार लाती और पत्रकारीय-प्रतिबद्धता को बढ़ाती तब तो हम इस मंदीदेवी के अगवानी के लिए मंगल कलश लेकर खड़े होते, उसकी आरती उतारते। मगर ऐसा है नहीं इसलिए किसी तरह के छलावे में जीने का कोई अर्थ नहीं है।

और अंत में

मुंबई हादसे के कवरेज़ के लिए हर तरफ से निंदा-भर्त्सना झेलने वाले भारतीय मीडिया ने अपना मुँह छिपाने के लिए देशभक्ति का मुखौटा पहन लिया है। वैसे भी वह आदत से मजबूर है और छोटी-छोटी घटनाओं के बाद उसे देशभक्ति का दौरा पड़ने लगता है। फिर उसकी कारोबारी मजबूरियाँ भी हैं। भारतीय बाज़ार में देशभक्ति खूब बिकती है और मुंबई हमले के बाद तो मानो 'देशभक्ति' का मौसम ही आ गया है। इसलिए भी ये स्वाभाविक ही था कि वह देशभक्ति का झंडाबरदार बन जाता। और शायद ये भी इसकी तार्किक परिणति ही है कि वह देशभक्त से अंधराष्ट्रवादी हो गया। इसीलिए इस समय उसका प्रिय शगल है पाकिस्तान के ख़िलाफ़ विष वमन, पाकिस्तान पर हमला करने के लिए सरकार पर दबाव बनाना और जनता में युद्धोन्माद पैदा करना। इस मामले में क्या हिंदी और क्या अंग्रेज़ी सभी भाषाओं के चैनलों का रूख़ एक जैसा है। उनके कंटेंट में तथ्य-कथ्य कम और युद्ध गर्जना ज़्यादा होती है। रिपोर्टर और एंकर पत्रकारिता भूलकर सैनिकों की तरह बर्ताव करने लगे हैं और परदे के पीछे काम करने वाले हथियारों के कारखाने में काम करने वाले मज़दूर बन गए हैं। मगर ग़ौरतलब बात ये है कि पाकिस्तानी मीडिया ये सब नहीं कर रहा या बहुत कम कर रहा है। उसकी भूमिका कहीं ज़्यादा पत्रकारीय और सकारात्मक है। जियो टीवी का मुंबई हमले में पकड़े गए एकमात्र आतंकवादी अजमल कसाब के गाँव जाकर स्टिंग ऑपरेशन करके दिखाना इसकी एक बड़ी मिसाल है। यही नहीं, वहाँ के दूसरे चैनल और अख़बार भी संयम से काम ले रहे हैं। इसीलिए भले ही वहाँ सियासी जमात भारत के ख़िलाफ़ लोगों को भड़काने, युद्ध की आशंकाएँ और युद्धोन्माद पैदा करने में जुटी हुई है मगर वहाँ का मीडिया उसे ज़्यादा अहमियत नहीं दे रहा। वह अपने तईं यही कोशिश कर रहा है कि पूरा फ़ोकस आतंकवाद के ख़िलाफ़ कार्रवाई पर हो। संभव है कि पाकिस्तानी

मीडिया इस आशंका से पीड़ित हो कि अगर हालात बिगड़े और फौज ने बागडोर सँभाल ली तो न लोकतंत्र रहेगा न मीडिया। इसलिए आत्मरक्षा में उसने ये रणनीति अपनाई हो मगर फिर भी उसकी हिम्मत, हौसले और समझदारी की तारीफ़ करनी चाहिए। भारतीय मीडिया के सामने तो ऐसा कोई ख़तरा नहीं है, फिर भी वह क्यों उल्टे रास्ते पर चल रहा है? मीडिया के महारथियों ज़रा मंथन कीजिए।

(फरवरी, 2009)

आज़ादी की चिंता, जवाबदेही से परहेज

मीडियाकर्मियों में मीडिया की आज़ादी की जो प्रचलित धारणा है वह बेहद एकांगी और संकुचित है। ज़्यादातर पत्रकार मानते हैं कि मीडिया की स्वतंत्रता को अगर कहीं से ख़तरा हो सकता है तो केवल सरकारों से और अगर वे दखल न दें तो कहीं कोई दिक्कत नहीं है, मीडिया लोकतंत्र के चौथे खंभे की भूमिका मज़े से निभाता रहेगा। यही वजह है कि पत्रकार तभी आंदोलित होते हैं जब सरकार की ओर से मीडिया पर अंकुश लगाने की कोई कोशिश की जाती है और जैसे ही सरकार क़दम पीछे खींच लेती है वे खामोश होकर बैठ जाते हैं। इस बार भी यही हुआ। प्रधानमंत्री और सोनिया गाँधी के आश्वासनों ने उसे भयमुक्त कर दिया और वे पहले की तरह 'सत्कर्म' में जुट गए। एक समय जब सरकारें सर्वशक्तिमान होती थीं तब शायद उनका ऐसा सोचना एक हद तक ठीक भी था। हालाँकि पूँजी की भूमिका और प्रभाव पहले भी कोई कम नहीं था और वह मीडिया को अपने हितों के हिसाब से नियंत्रित करती थी। मगर आज परिवेश बदल चुका है। शासक वर्ग ने सत्ता का हस्तांतरण बाज़ार को कर दिया है और वही सबसे बड़ी नियामक शक्ति बन गया है। भारतीय लोकतंत्र में ऐसे कम ही मौके आए हैं जब सरकारें निरंकुश हो गई हों। इस संबंध में आपातकाल का उदाहरण ही दिया जा सकता है। मगर भूमंडलीकरण और आर्थिक उदारवाद की पालकी पर चढ़कर ये जो नया बाज़ार आया है वह पूरी तरह से निरंकुश है, तानाशाह है। लोकतंत्र में उसकी तनिक भी श्रद्धा नहीं है। उल्टे वह लोकतंत्र को अपने ढंग से चलाने की कोशिश कर रहा है। अफसोस की बात ये है कि हमारे चैनलों और पत्रकारों ने बाज़ार के नियमों और उसकी निरंकुशता को स्वीकार कर लिया। उन्होंने नए बाज़ार के हिसाब से काम करना शुरू कर दिया, क्योंकि इसमें उन्हें फायदा भी नज़र आ रहा था। उनकी कंडीशनिंग भी इस तरह की कर दी गई थी कि उन्हें बाज़ार का ये नियंत्रण बिल्कुल स्वाभाविक और जायज़ लगता है। ज़्यादातर चैनल संपादक बाज़ार की सत्ता को न केवल स्वीकारते हैं बल्कि उसे सिर-माथे पर भी रखते हैं।

मीडियाकर्मी और चैनल आज़ादी को डसने वाले दूसरे ख़तरों को भी नहीं देख पा रहे हैं या फिर देखकर अनदेखा कर रहे हैं। बाज़ार के बाद मीडिया को सबसे

बड़ा ख़तरा फासीवादी ताक़तों का है। उन्होंने ऐसी-ऐसी तरकीबें ईजाद कर ली हैं कि वे समानांतर सेंसरशिप चलाने में समर्थ हैं। एक तो मीडिया के अंदर ही उसके हमदर्दों की भरमार है। दूसरे इन ताक़तों का एक अलग आतंक हैं और कुछ को छोड़कर ज़्यादातर मीडिया संस्थान इनके ख़िलाफ़ जाने का जोखिम उठाने को तैयार नहीं रहते। मसलन, सरकारी सेंसर बोर्ड चाहे जो तय करे मगर अकसर तो शिवसेना या बजरंग दल तय करते हैं कि कौन सी फिल्म दिखाई जानी चाहिए और कौन सी नहीं। गुजरात में तो एक अघोषित सेंसरशिप कायम है। वहाँ से ख़बरें बहुत छनकर आती हैं। इसीलिए मुख्यमंत्री और सरकार के ख़िलाफ़ ख़बरें बहुत कम नज़र आती हैं और अगर आ भी जाती हैं तो स्थानीय केबल माफिया उनके इशारे पर किसी भी चैनल का प्रसारण रोक देता है। ठीक यही हाल पंजाब में है। पंजाब में केबल नेटवर्क पर उपमुख्यमंत्री सुखबीर बादल की कंपनी का कब्ज़ा है। ज़ाहिर है कि वहाँ कोई भी ऐसा चैनल नहीं देखा जा सकता जो सरकार विरोधी ख़बरें दिखाने की हिमाकत करे। इसी स्तंभ में हमने बताया था कि एक चैनल समूह के कुछ चैनलों को ठीक चुनाव के पहले राजस्थान की तत्कालीन मुख्यमंत्री वसुंधरा राजे के आदमी ने पट्टे पर ले लिया था। इसी तरह ख़बरों को नियंत्रित करने के इरादे से मध्यप्रदेश तथा छत्तीसगढ़ में चैनलों को करोड़ों रुपए बाँटे गए। इस खैरात में अधिकतर चैनलों ने हिस्सा बँटाया मगर क्या आपने कहीं सुना कि चैनलों ने इसका विरोध किया हो। वे इस तरह से आने वाली सेंसरशिप को सहर्ष स्वीकार कर लेते हैं क्योकि ये मुनाफ़े का मामला है। मीडिया की स्वतंत्रता पर एक ख़तरा मीडिया के अपराधीकरण का मँडरा रहा है। बहुत से ऐसे लोग टीवी चैनलों/पत्र-पत्रिकाओं के मालिक बन बैठे हैं जिनका अतीत दागदार रहा है। वे बाकायदा माफिया, डॉन, और अपराधियों के रूप में जाने जाते हैं। आप इनसे स्वतंत्र पत्रकारिता की उम्मीद ही नहीं कर सकते। इसके अलावा और भी ऐसे तरीके हैं जिनसे मीडिया की स्वतंत्रता बाधित हो रही है। ज़ाहिर है चिंदियाँ लपेटकर चूहा राजा नहीं बन जाता। वह राजा समझने की खुशफ़हमी ज़रूर पाल सकता है। इसलिए आज़ादी का सवाल केवल सरकारी सेंसरशिप तक ही सीमित नहीं होना चाहिए और जो मीडिया की स्वतंत्रता के हामी हैं, झंडाबरदार हैं उन्हें इसे समग्र रूप में देखना चाहिए। लेकिन ऐसा हो नहीं रहा। क्या आपने कभी सुना है कि चैनलों ने बाज़ारवाद के बढ़ते प्रभाव का विरोध करते हुए जुलूस निकाला हो या टीआरपी नामक महाव्याधि पर नियंत्रण लगाने के लिए सरकार को ज्ञापन दिया हो। नहीं उन्होंने कभी ऐसा नहीं किया। वे कभी फासीवादी ताक़तों या मीडिया पर नियंत्रण करने की दूसरी कोशिशों के ख़िलाफ़ भी सड़कों पर नहीं उतरे। ख़तरे और भी हैं और मीडिया के अंदर से भी हैं। मसलन, बहुत से पत्रकार मीडिया की आज़ादी को निजी बपौती मानते हैं और ये समझने की कोशिश नहीं करते कि अभिव्यक्ति की स्वतंत्रता का मतलब स्वच्छंदता नहीं है, उससे

ज़िम्मेदारी की शर्त जुड़ी हुई है।

इस बार जब मीडियाकर्मी मीडिया की आज़ादी के लिए सरकार के ख़िलाफ़ मोर्चा खोले हुए थे तो लोग ये भी पूछ रहे थे कि भाई मीडिया की आज़ादी को लेकर आपकी चिंता दुरूस्त है मगर क्या मीडिया की जवाबदेही को लेकर भी आप उतने ही गंभीर हैं और तो और मीडियाकर्मियों का एक हिस्सा ही सवाल उठा रहा है कि जब हर तरफ से चैनलों पर उंगलियाँ उठ रही हों, टीवी दर्शकों से लेकर उच्चतम न्यायालय तक सब चैनलों के रंग-ढंग से नाखुश हों और उन्हें नियंत्रित करने की बात कर रहे हों तब क्या उन्हें अपने अंदर झाँकना नहीं चाहिए? क्या उन्हें खुद से नहीं पूछना चाहिए कि सरकार की तरफ से उठने वाले एक संभावित क़दम से तो वे आंदोलित हो जाते हैं मगर उन आलोचनाओं पर क्यों कान तक नहीं देते जो उनकी तरह ही लोकतंत्र का अहम हिस्सा हैं? मगर ये हक़ीक़त है कि आपको कहीं से कोई ऐसी आवाज़, ऐसा कोई बयान सुनाई नहीं पड़ा होगा कि चैनल या चैनलों के संगठन अब फौरन कार्रवाई करके खुद को जवाबदेह बनाने जा रहे हैं। आख़िर ऐसा क्यों है...क्यों जवाबदेही के परखचे उड़ाए जा रहे हैं? चैनलों को क्यों जवाबदेही के बारे में नहीं सोचना चाहिए..और अगर वे नहीं सोचेंगे तो कौन सोचेगा? सरकार सोचेगी तो गड़बड़ सोचेगी और उससे आपको दिक्कत भी होगी। आलोचकों को आप अपना दुश्मन समझते हैं। बुद्धिजीवियों और स्वयंसेवी संगठनों की आवाज़ आपके कानों तक पहुँचती नहीं और पहुँचती भी है तो ये कहकर अनसुना कर देते हैं कि वे आदर्शवादी हैं, व्यावहारिक नहीं। दर्शक असहाय है... उसके हाथ में कुछ है नहीं, वे निरीह प्राणी हैं, जो कुछ परोस दिया जाए उसे खाने को अभिशप्त, भले ही वह उनकी सेहत के लिए कितना ही घातक क्यों न हो। ऐसे में अगर आप भी जवाबदेही से परहेज़ करने लगेंगे तो फिर उम्मीद किससे रखी जाए।

लिहाज़ा जवाबदेही के लिए सबको सोचना ही चाहिए। लेकिन ऐसा हो नहीं रहा। उल्टे चैनलों का रवैया चोरी ऊपर से सीना ज़ोरी का रहा है। ऐसा लगता है कि वे खुद को जवाबदेही से ऊपर समझते हैं। उन्हें लगता है कि उनका विवेक सामाजिक और लोकतांत्रिक विवेक से ज़्यादा परिपक्व है, संतुलित है और इसलिए उन्हें किसी को जवाब क्यों देना चाहिए। वे किसी के भी मुक़ाबले ज़्यादा सक्षम हैं सही-ग़लत का फैसला करने में। किसी को कोई हक़ नहीं है कि उनके विवेक के सामने प्रश्नचिन्ह लगाने की जुर्रत करे। क्या ये अहंकारी और निरंकुश आचरण की श्रेणी में नहीं आता, कहीं ऐसा तो नहीं कि तानाशाह बाज़ार की सवारी ढोते-ढोते मीडिया भी तानाशाह बनने के लिए अग्रसर हो? वास्तव में चैनलों के इसी रवैये की वजह से न्यूज़ चैनलों ने अपनी साख खो दी है। अगर वे जवाबदेह होते तो आज टीवी चैनल समाज में खलनायकों की तरह नहीं देखे जाते। ये हक़ीक़त है कि कुछ

साल पहले तक मीडिया और पत्रकारों को जो इज़्ज़त मिलती थी, आज वो दिखाई नहीं देती। उस समय लोगों की आँखों में पत्रकार अपने लिए सम्मान पढ़ सकते थे। मगर आज उन्हीं आँखों में सवाल होते हैं और ज़बान पर तीखी टिप्पणियाँ। आज आलम ये है कि लोगों के बीच पत्रकार अपराधबोध से ग्रस्त होते हैं। अपनी खाल बचाने के लिए रक्षात्मक हो जाते हैं। अपनी ही आलोचना करने के लिए बाध्य हो जाते हैं और सफाईयाँ देने लगते हैं। और इतना करने के बावजूद वे उन्हें बरी नहीं करते, कठघरे में ही खड़ा रखते हैं। संदेह उनकी आँखों में स्थायी भाव बनकर तैरता रहता है।

दरअसल, हम भूल जाते हैं कि जवाबदेही ही विश्वसनीयता का मूल स्त्रोत होती है। यानी अगर जवाबदेही गई तो विश्वसनीयता भी नहीं रहेगी। मीडिया का तो मुख्य आधार ही विश्वसनीयता है। विश्वसनीयता न हो तो मीडिया से लोगों का भरोसा भी उठ जाता है। हालाँकि विश्वसनीयता की दरकार दूसरे पेशों में भी होती है। लेकिन मीडिया का मामला ज़्यादा क्रिटिकल है, ज़्यादा नाज़ुक है। कहने का मतलब ये है कि अगर पेशे को बचाना है तो विश्वसनीयता को बचाना होगा और अगर विश्वसनीयता चाहिए तो जवाबदेही को स्वीकारना होगा, न केवल स्वीकारना होगा बल्कि उसे सुनिश्चित भी करना होगा। लेकिन ये होगा कैसे? जवाबदेही की माँग ज़रूरी तो लगती है मगर वह स्थापित कैसे हो और कौन करे ये मसला बहुत टेढ़ा है। बहुत से लोग मीडिया के जवाबदेह न होने के लिए संपादकों को ज़िम्मेदार मानते हैं, मगर उनसे नाराज़गी ठीक नहीं, क्योंकि उनके हाथ में कुछ नहीं है। संपादकों की सत्ता अब मालिकों और मार्केटिंगवालों के हाथों में चली गई है। वे सार्वजनिक तौर पर इसे स्वीकार नहीं करते। वे यही दावा करते हैं कि सब कुछ उनके अख़्तियार में है और कभी भी ऊपर से कोई दबाव नहीं आता। लेकिन सबको पता है कि किस तरह से बाज़ार चैनलों को नियंत्रित करता है।

ये सही है कि जवाबदेही ऊपर से थोपी नहीं जा सकती, वह तो स्वेच्छा से ही आ सकती है। आप कंटेंट कोड बनाकर चैनलों को बाँध तो सकते हैं मगर उन्हें ज़िम्मेदार नहीं बना सकते। सरकार की तरफ से पिछले साल इस तरह की एक कोशिश हुई थी। उसने कंटेंट कोड लागू करने की तैयारी कर ली थी, मगर चैनलों की तरफ से हुए विरोध ने उसे ठंडे बस्ते में डाल दिया। चैनलों की एक संस्था ने कहा कि अपना कंटेंट कोड हम खुद बनाएँगे। उसका तर्क था कि आत्म नियमन के ज़रिए हम चैनलों में आई विकृतियों पर काबू पा सकते हैं। इस कमेटी को कंटेट कोड बनाने में साल भर लग गए और वह आज तक लागू नहीं हो पाया है। क्या इससे ये निष्कर्ष नहीं निकलता कि उनमें इच्छा और इच्छाशक्ति दोनों का अभाव है? एक सवाल ये भी है कि क्या आत्मनियमन का उपाय काम कर सकता है? इसमें पूरा संदेह है। ऐसे समय में जब हमने सब कुछ तय करने का अधिकार बाज़ार की

शक्तियों को सौंप दिया है और वे सचमुच में शक्तिशाली हो गई हैं तो पूछा जाना चाहिए कि आत्म नियमन कैसे लागू होगा, उसकी प्रक्रिया क्या होगी? हम सभी लोग एनडीटीवी की तारीफ़ करते थे कि होड़ में पिछड़ने का जोखिम उठाते हुए भी उसने घटिया चीज़ों से परहेज़ किया है। वह आत्म संयम और आत्मनियमन की एक मिसाल बन गया था। मगर बाज़ार का दबाव देखिए कि वह भी अब उसी रास्ते पर चलने को मजबूर है। हमें नहीं भूलना चाहिए कि आत्म नियमन की बात भी तभी शुरू की गई जबकि सरकार ने चैनलों को नियंत्रित करने के इरादे जताए। इसके पहले किसी को इसकी सुध नहीं आई थी। हमें ये भी याद रखना चाहिए कि मुक्त बाज़ार व्यवस्था में जहाँ मुनाफ़ा सब कुछ है वहाँ आत्म नियमन नहीं चल सकता। इसलिए अगर चैनल चाहते हैं तो उन्हें आत्म नियमन का टोटका आजमाने दिया जाए, मगर जवाबदेही सुनिश्चित करने के लिए कुछ क़दम भी उठाए जाएँ।

हालाँकि सरकार पर सुप्रीम कोर्ट का दबाव अभी बरकरार है। वह सरकार से पूछ रहा है कि चैनलों में दिखाई जा रही गंदगी की सफाई के लिए वह क्या कर रही है। उम्मीद है कि देर अबेर न्यायालय की देखरेख में अगर कंटेट कोड बनता है तो चैनलों को एक हद तक जवाबदेह बनाया जा सकता है। लेकिन विचारों का मामला बहुत टेढ़ा होता है और उन्हें कानून में बाँधना उतना ही मुश्किल और ख़तरनाक। आख़िर अपराधी कानून की किताबों में भी अपने बचाव का रास्ता तलाश ही लेते हैं। हम जानते हैं कि हमारे यहाँ प्रेस परिषद वर्षों से काम कर रही है, मगर उसके पास नख-दंत नहीं हैं और इसलिए हमारा प्रिंट माध्यम भी आचार संहिता को लेकर बहुत गंभीर नहीं रहता है। ख़ास तौर पर सांप्रदायिक तनाव और दंगों के समय हमने पाया है कि स्थानीय और क्षेत्रीय अख़बारों की भूमिका नकारात्मक एवं पत्रकारिता के उसूलों के ख़िलाफ़ रही है। फिर हम जिस तरह की अर्थव्यवस्था में ढकेल दिए गए हैं वहाँ मीडिया को आत्म नियमन या कंटेंट कोड के ज़रिए जवाबदेह बनाना लगभग असंभव है। पश्चिम के कई देशों में कंटेट कोड हैं और सरकारी नियंत्रण भी नहीं है, मगर वहां का मीडिया कम भ्रष्ट या ज्यादा जवाबदेह हो, ऐसा नहीं है। जहाँ-जहाँ मीडिया बाज़ार के हवाले कर दिया गया है वहाँ वहाँ कमोबेश यही स्थिति बनी हुई है। फिर भी सबकी सहमति से नियम-कानून बनें और उन पर अमल के ज़रिए जितनी भी जवाबदेही कायम की जा सकती है, की जानी चाहिए। एक अधिकार संपन्न सरकारी प्रभाव से मुक्त संस्था भी बनाई जा सकती है जो चैनलों को बाज़ार नहीं जनहित के हिसाब से चलने के लिए बाध्य करने में सक्षम हो। मगर इस दिशा में यदि कुछ ठोस किया जा सकता है तो दर्शकों को जागृत और सक्रिय बनाकर ही। हम न भूलें कि मीडिया कारोबार में दर्शक सबसे महत्त्वपूर्ण कड़ी है और चैनल उसकी रुचियों/कुरुचियों का हवाला देकर ही कुछ भी ऊलजलूल दिखाते रहते हैं। इसलिए इस कड़ी को ही कसना होगा। ये रास्ता लंबा और कठिन

है मगर आज की एकमात्र महाशक्ति बाज़ार और मुनाफ़ाख़ोरी के महालालच से टकराना आसान भी तो नहीं है।

और अंत में

चैनलों के रवैये से दुखी दर्शक अपनी नाराज़गी ज़ाहिर भी कर रहे हैं और लड़ाई के लिए आगे भी आ रहे हैं। मुंबई हमले के कवरेज से नाराज़ संगीतकार विशाल ददलानी की जनहित याचिका मुंबई हाईकोर्ट में मंजूर कर ली गई है। उन्होंने अपने ब्लॉग के ज़रिए हस्ताक्षर अभियान भी छेड़ रखा है। एक और ब्लॉगर चैतन्य कुंते भी मुंबई हमले के टीवी कवरेज से इतना क्रोधित हुए थे कि शालीनता की सीमाएँ भी लाँघ गए। उन्होंने एनडीटीवी और बरखा दत्त के लिए जिस तरह के शब्दों का प्रयोग किया उससे उन्हें कानूनी नोटिस का सामना करना पड़ा और आख़िर माफ़ी भी माँगनी पड़ी। इंटरनेट पर इस तरह की और भी बहुत सी हलचलें ध्यान खींचने वाली है। हालाँकि नेट पर काम करने वालों और ब्लॉगरों की ये दुनिया अभी भी छोटी है और उसका प्रभाव बहुत सीमित भी। लेकिन ये एक ऐसे मंच के रूप में सामने आ रहा है जहाँ वे भी अपनी आवाज़ बुलंद कर सकते हैं जिनके पास कोई चैनल या अख़बार नहीं जाता। महत्त्वपूर्ण बात ये है कि जब न्यूज़ चैनल बेलगाम होकर कुछ भी दिखाने पर आमादा हैं और पत्रकार, सरकार या दूसरे मंच कुछ नहीं कर पा रहे हैं तो आम दर्शकों ने खुद मोर्चा लेने के लिए कमर कस ली है।

(मार्च, 2009)

नए धारावाहिकों की स्त्री-चिंता

अभी ज़्यादा समय नहीं हुआ है जब *क्योंकि सास भी कभी बहू थी* धारावाहिक की समाप्ति की घोषणा की गई थी और सबने चैन की साँस ली थी कि अब शानदार महलों में शानदार कपड़ों और गहनों से सजी-धजी हिंसक औरतें साज़िशें करते और ईर्ष्या तथा द्वेष का वमन करते हुए नहीं देखनी पड़ेंगी। इसे एक युग का अंत माना गया था और ज़ाहिर है कि जब एक युग ख़त्म होता है तो दूसरा शुरू भी होता है। इसलिए दूसरा युग शुरू हुआ और कहा जा सकता है कि बेहतर ढंग से शुरू हुआ। इस नए युग की शुरूआत का श्रेय निश्चय ही *बालिका वधू* को दिया जा सकता है, जिसने एक सामाजिक संदेश वाले विषय को गंभीरता के साथ पेश करना शुरू किया। दर्शकों ने इस बदलाव को हाथों-हाथ लिया और *बालिका वधू* हर हफ़्ते आने वाली रेटिंग में सबसे ऊपर विराजमान हो गया। इस धारावाहिक ने एकता कपूर के ऊबाऊ और पकाऊ फार्मूलों से हटकर एक नई ज़मीन तलाशने का दुस्साहस किया और इसमें उसे सफलता भी मिली। उसकी जीत का एक प्रमाण ये है कि एकता कपूर तक को इस नए नवेले धारावाहिक के विषय और ट्रीटमेंट को अपनाने के लिए बाध्य होना पड़ा। एनडीटीवी इमेजिन पर उनका सीरियल *बंदिनी* चल रहा है। *बालिका वधू* ने एक ऐसा विषय लिया जो था तो बहुत पुराना मगर उसे टेलीविज़न पर उस तरह से कभी नहीं उठाया गया था, जैसा उसने उठाया। उसने दृश्यों के उस हिंसक संपादन का त्याग भी कर दिया तो एकता कपूर मार्का सीरियल में होते थे। इसलिए दर्शकों को आस्वाद बदलने का मौका मिला और उन्होंने तुरंत उसे स्वीकार कर लिया। ग़ौर करने लायक बात ये है कि विषय और ट्रीटमेंट दोनों में अपेक्षाकृत गंभीरता होने के बावजूद दर्शक ने इसे पसंद किया और इस आम धारणा को चुनौती भी दी कि वह घटिया चीज़ें ही पसंद करता है।

बालिका वधू ने एक दूसरा काम ये किया है कि टेलीविज़न सीरियल्स में स्त्रियों की जो स्टीरियोटाइप इमेज थी उसे तोड़ा और उसे एक नए रूप में पेश किया। इसमें उच्च वर्गों की ही नहीं निम्न मध्यम वर्ग की स्त्रियाँ भी हैं। हालाँकि इस धारावाहिक में भी वे अच्छी और बुरी हैं मगर उनका व्यक्तित्व इकहरा नहीं है। वे ब्लैक एंड व्हाइट में नहीं हैं उनके कई शेड्स हैं, छवियाँ हैं। इसीलिए परंपराओं और मान-

मर्यादाओं में जकड़ी सास खलनायिका भी लगती है और एक नरम दिल माँ तथा दादी भी। लेकिन जैसा कि हमेशा होता है कोई एक चीज़ कामयाब होती है तो लोग उसे फार्मूला बना डालते हैं। *बालिका वधू* मुख्य रूप से कुरीतियों और परंपराओं के नाम पर नारी के साथ होने वाले सामाजिक भेदभाव और अत्याचारों की कहानी है। दूसरे इसमें बालिकाओं को केंद्र में रखा गया है। इस तरह बाल-विवाह और भ्रूण हत्या जैसे विषय धारावाहिक निर्माताओं की पसंद बन गए हैं।

ये अच्छी बात है कि समाज का एक ऐसा तबका जिसे तयशुदा चौखटे में रखकर देखा जा रहा था अब उसे ज़्यादा नज़दीक और यथार्थवादी ढंग से देखने की कोशिश की जा रही है। वास्तव में ये धारावाहिक एक नए तरह का स्त्री विमर्श सामने रखने की कोशिश करते हैं। ये स्त्री विमर्श वैसा नहीं है जो साहित्य और बौद्धिक जगत में चल रहा है। इसमें एक तरह की भावुकता भरी हुई है और ये जटिल सवालों से उस तरह टकराते नहीं है, जैसे उन्हें टकराना चाहिए। परिवार और उसकी झूठी शान को अभी भी ये सर्वोपरि मानते हैं और उनकी क़ीमत पर कोई भी परिवर्तन स्वीकारने को तैयार नहीं है। बालिका वधू की गहना का विद्रोह के बाद बच्चा जनने के लिए राज़ी हो जाना ताकि खानदान की बदनामी न हो, यही साबित करता है। मध्यवर्ग भी इसी चौहद्दी तक जाने को तैयार है, इसके आगे नहीं। स्त्री की आर्थिक स्वतंत्रता इसके एजेंडे में कहीं नहीं दिखती। संपत्ति में उसकी हिस्सेदारी के सवाल भी इसमें वर्जित हैं। असल में ये स्त्री के प्रति उमड़ी हमदर्दी से उपजा नारीवाद है। ये मानवीय और सामाजिक स्तर पर दर्शकों को झकझोरता है मगर उन्हें समस्याओं के उन पक्षों और उनके समाधानों के बारे में बताने से कतराता है जो कि इसकी जड़ से जुड़े हैं। चूँकि मध्यवर्ग इनको पसंद नहीं करेगा, इसलिए धारावाहिक भी उन्हें नहीं छुएँगे।

बहरहाल, अगर मध्यमवर्ग इन नए धारावाहिकों को पसंद कर रहा है तो इसके और भी कई मतलब हैं। एक तो ये कि महिलाएँ जिस पैमाने पर घर से निकलकर सक्रिय हो रही हैं उसमें स्त्री की नई भूमिका को स्वीकार करना उसके लिए ज़रूरी हो गया है। ये स्त्रियों के आर्थिक सशक्तीकरण का परिणाम भी है जिसकी वजह से मध्यवर्ग स्त्रियों से जुड़े प्रश्नों पर अब थोड़ा उदारता दिखाने के लिए तैयार हो गया है। शायद ये उसका अपराधबोध भी हो क्योंकि हाल में भ्रूण हत्याओं के जो डरावने आँकड़े आने शुरू हुए हैं, वे उसी से ताल्लुक रखते हैं। यही वजह है कि अधिकांश धारावाहिक इस सवाल के इर्द-गिर्द कहानी बुनते नज़र आ रहे हैं। *इस देश न आना लाड़ो* ग्रामीण इलाकों में शिशु हत्या की निर्ममता को दर्शाने आ रहा है। इसका एक प्रोमो तो प्रतिबंधित तक कर दिया गया है। नारी केंद्रित धारावाहिकों की लोकप्रियता इस तरफ भी इशारा करती है कि पुरूष वर्ग की दृष्टि में भी बदलाव आ रहा है। ये बदलाव कुछ मजबूरियों के चलते हैं और कुछ जागरूकता की वजह से। मगर

धारावाहिक बताते हैं कि पुरुष की सत्ता कायम है और वह उसे छोड़ने को तैयार भी नहीं है। कुछ शर्तों पर कुछ रियायतें वह ज़रूर दे सकता है। इस हिसाब से ये कहा जा सकता है कि धारावाहिकों का स्त्री विमर्श दरअसल स्त्री-चिंता तक सीमित है। नोट करने वाली बात ये है कि धारावाहिक सामाजिक सरोकारों की तरफ लौटते दिख रहे हैं। यही वजह है कि हर सीरियल सामाजिक संदेश देता दिखाई दे रहा है। कुछ तो उपदेशवादी तक हो गए हैं। हालाँकि ये सामाजिकता स्त्रियों से जुड़े मुद्दों तक ही सीमित दिखाई देती है, मगर लगता है कि चैनल एक अति से दूसरी अति की तरफ जा रहे हैं। एक समय था जब उन्हें सामाजिक सरोकारों से कोई लेना देना नहीं था और वे विशुद्ध मनोरंजनवादी मूड में थे। अब ये देखना है कि क्या मध्यवर्ग का मूड भी बदला है? अर्थव्यवस्था जिस तरह से करवट ले रही है उसमें इसकी संभावना बनती है और अगर ये संभावना सच होती है तो टेलीविजन में मनोरंजन का कायाकल्प भी होगा।

लेकिन संकेत ऐसे भी हैं कि एक बार फिर स्टीरियोटाइप बन रहे हैं। एक तो होता ये है कि एक सीरियल के सफल हो जाने के बाद उसी की तर्ज़ पर दूसरे सीरियल बनाने की परंपरा यहां भी चल पड़ी है। इसीलिए *बालिका वधू* क्या हिट हुआ, बाल विवाह पर आधारित बंदिनी आ गया। बालिकाओं को ही केंद्र में रखकर उतरन बनाया गया है और *मेरे घर आई एक नन्हीं परी* भी एक ऐसा ही धारावाहिक है। दूसरे, अधिकांश धारावाहिक अमीर-ग़रीब के कंट्रास्ट को केंद्र में रखकर अपनी पटकथा रच रहे हैं। तीसरे, सीरियल शहरों से गाँव की तरफ चले गए हैं। कहने को शहरों और गांव के बीच की दूरियाँ ख़त्म हुई है, मगर सचाई ये है कि गाँव बेगाने हो गए हैं। हुआ ये है कि इन बरसों में गाँव टेलीविज़न से बाहर ही हो गए थे, इसलिए नए शहरी दर्शक गाँव को आश्चर्यलोक की तरह देखते हैं। बाल विवाह देखकर वे पूछते हैं कि क्या आज भी ऐसा होता है, जबकि सीरियल में सचाई का बहुत थोड़ा अंश ही आता है। मुश्किल ये भी है कि गाँव में जाने के बावजूद धारावाहिकों ने संपन्नता का प्रदर्शन नहीं छोड़ा है। वे कहानी को महलों और कोठियों से जोड़े हुए हैं और उनके पात्र शानदार पोशाकों तथा आभूषणों से सुसज्जित रहते हैं। ठीक है कि वे दृश्यों को भव्य और बहुरंगा बनाने के लिए ऐसा करते हैं ताकि दर्शकों की आँखों को लुभावना लगे, मगर इस तरह वे विषय को वास्तविकता से दूर भी ले जाते हैं। लेकिन क्या ये बाज़ारवादी व्यवस्था में कंटेंट की नियति नहीं है कि वह पॉपुलर मुहावरे में ढलकर कमोबेश एक ही तरह के रुपाकार ग्रहण करने लगता है।

एक दूसरी समस्या ये है कि स्त्री प्रधान तमाम धारावाहिकों में स्त्रियों का ज़बर्दस्त उत्पीड़न दिखाया जा रहा है। हर धारावाहिक में स्त्री रीति-रिवाजों के नाम पर उपेक्षा, अपमान और शारीरिक दमन की शिकार है। वह असीमित वेदना से गुज़र

रही है। बेशक ये सब सचाई है, मगर अति एकरसता का निर्माण करने लगती है। आज भले ही दर्शक आस्वाद बदलने के लिए इन्हें आँखें फाड़कर देख रहा हो, मगर आगे चलकर वह उनकी अरुचि का कारण बन सकती हैं।

धारावाहिकों में बढ़ती स्त्री चिंता का मतलब ये नहीं है कि टीवी पर कोई नारीवादी क्रांति हो रही है और उसका उपभोक्तावाद या बाजारवाद से कोई संबंध नहीं है। ऐसा भी नहीं है कि पुरानी चाल के सीरियल बंद हो गए हैं। वे भी हैं और उसी अंदाज़ में हैं, मगर उनकी चमक कम होती जा रही है। वे आउटडेटेड से लगने लगे हैं। ये इस बात का संकेत है कि उनका समय अब ख़त्म हो रहा है और उनकी जगह आने वाले धारावाहिक एक क़दम आगे बढ़कर अपेक्षाकृत ज्यादा वास्तविक ढंग से नारियों की बात कर रहे हैं।

और अंत में

अगर एक झूठ को सच बनाना हो और किसी चीज़ का हौआ खड़ा करना हो तो भारतीय न्यूज़ चैनलों का मुक़ाबला शायद ही कोई कर पाएगा। हिटलर का प्रचार मंत्री गोएबल्स और संघ परिवार का झूठ-कारखाना भी उनके सामने घुटने टेक देगा। कोई संदेह हो तो चैनलों का तालिबान प्रेम देख लीजिए। जब से तालिबान ने अपने प्रभाव वाले इलाक़ों में समानांतर सरकार चलानी शुरू की है, न्यूज़ चैनलों ने उन्हें सबसे बड़ी ख़बर बनाकर खेलना शुरू कर दिया है। स्वात घाटी में पाकिस्तान सरकार का उसके साथ समझौता करना तो उनके लिए मानो खज़ाना हाथ लगने जैसा रहा है। इस पूरे घटनाक्रम का प्रेरक विचार यही है कि तालिबान आ रहे हैं हमारा सर्वनाश करने। ख़ौफ़ पैदा करने के लिए वे हर दिन बताते हैं कि तालिबान कहाँ-कहाँ कब्ज़ा कर चुके हैं, कैसे लाहौर होते हुए हिंदुस्तान में दाखिल होंगे और कहर बरपाना शुरू कर देंगे।

नब्बे के दशक में जब रूसी फौजें अफग़ानिस्तान छोड़कर गई थीं तब तालिबान सबसे मज़बूत थे। काबुल पर उनका कब्ज़ा था और अमेरिका तथा अफगानिस्तान का हाथ उनके सर पर था। उस समय वे संख्या और साज़-ओ-सामान दोनों ही हिसाब से सबसे शक्तिशाली थे। मगर आज वे चारों तरफ से पिट रहे हैं। अफगानिस्तानी सरकार उनके ख़िलाफ़ जंग छेड़े हुए है। अमेरिका आए दिन हवाई हमले कर रहा है और चाहे-अनचाहे पाकिस्तान को भी कार्रवाई करनी पड़ रही है। ऐसे में तालिबान आ रहे हैं का खौफ़ पैदा करना नासमझी नहीं तो और क्या है। एक तो लाहौर पर वे कब्ज़ा कर लेंगे, ये खयाल ही बेबुनियाद है। दूसरे अगर उन्हें आतंकवादी कार्रवाई ही करनी है तो वे कहीं से भी कर सकते हैं। मुंबई में भी और लाहौर में भी। इसलिए तालिबान का हौआ खड़ा करने का कोई तुक नहीं है। मगर

चैनल नासमझ नहीं है। वे जानते हैं कि डर बिकता है और तालिबान का डर ज़्यादा बिकता है। उसकी वजह से टीआरपी उछलती है और उछल रही है। शायद कट्टर हिंदुओं को इस्लामी कट्टरता और पाकिस्तान के संकट में आनंद मिलता है। दूसरी तरफ, डरी हुई मुस्लिम आबादी इस सबको और भी डर के साथ देखने को बाध्य हो जाती है। इसीलिए चैनल हर दिन ढूँढ़ते रहते हैं कि कहीं से एक लाइन की कोई ख़बर मिल जाए जिसे तिल का ताड़ बनाकर तालिबान का हौआ खड़ा किया जा सके। और यही वे कर रहे हैं। मगर वे खुद भी जानते हैं कि ऐसा करते हुए वे कितना ग़लत कर रहे हैं और समझदार लोगों की नज़रों में कितना हास्यास्पद भी दिख रहे हैं।

(अप्रैल 2009)

चुनाव-काल में चैनलों की महिमा

ये सही है कि हिंदुस्तान के चुनाव अमेरिका की तरह अभी टीवी पर नहीं लड़े जाते। ये एक लिहाज़ से अच्छा ही है। अमेरिका के विपरीत हमारे देश में अभी भी एक बड़ी आबादी या तो टेलीविज़न से वंचित है या फिर वह टेलीविज़न के आधार पर अपना फ़ैसला नहीं लेती। इसलिए ज़ाहिर है कि उस तक पहुँचने के लिए और उसे प्रभावित करने के लिए दूसरे प्रचार माध्यमों या तौर-तरीकों की ज़रूरत आज भी बराबर महसूस की जाती है। व्यक्तिगत जनसंपर्क और बड़ी-बड़ी रैलियों पर उम्मीदवारों तथा राजनीतिक दलों की निर्भरता अभी भी कम नहीं हुई है, उल्टे वह बढ़ती हुई ज़्यादा दिख रही है। जब तक प्रत्याशी घर-घर जाकर वोट न माँगे न उसे संतुष्टि होती है और न ही मतदाता को। पोस्टर-बैनर, पैदल या रथ यात्राओं आदि की मदद भी ली ही जाती है। लेकिन ये भी बहुत साफ़ है कि धीरे-धीरे टेलीविज़न का प्रभाव बढ़ रहा है और राजनीतिक दल इसे स्वीकार भी कर रहे हैं। प्रतीक्षारत प्रधानमंत्री लाल कृष्ण आडवाणी अमेरिकी पैटर्न पर मनमोहन सिंह और अगर वे तैयार न हों तो सोनिया गाँधी से टीवी पर लाइव बहस करने की इच्छा ज़ाहिर कर ही चुके हैं। हालाँकि उनकी इस इच्छा के बहुत सारे राजनीतिक निहितार्थ हैं, मगर इस तरह का माहौल बनने लगा है और कल को टेलीविज़न अमेरिका-यूरोप की भाँति यहाँ भी भूमिका अदा करने लगे तो हैरत नहीं होनी चाहिए। दरअसल, टेलीविज़न में कुछ ऐसी शक्तियां हैं जो परिस्थितियों को नई शक्ल दे सकती हैं, उन्हें नया मोड़ दे सकती हैं। वे चुनावी समीकरणों को पुनर्परिभाषित कर सकती हैं, नए मुद्दे खड़े कर सकती हैं, असली मुद्दों को हाशिए पर धकेल सकती हैं, नक़ली मुद्दों को महत्त्वपूर्ण बनाकर प्रस्तुत कर सकती हैं और नतीजों को प्रभावित कर सकती हैं। ये शक्तियाँ नेताओं और राजनीतिक दलों को आतंकित भी करती हैं और लालायित भी। मसलन, इस बार वरूण गाँधी के विष-वमन के बाद चैनलों ने जिस तरह से उसे दिखाया, उससे बीजेपी और उसके बड़े नेताओं तक को बार-बार पैंतरे बदलने के लिए मजबूर कर दिया। इसने ऐन चुनाव के वक़्त सांप्रदायिक ध्रुवीकरण को हवा भी दे दी है। बीजेपी इसका फ़ायदा उठाने की जुगत में है तो दूसरे दल उसकी काट ढूँढ़ने में लगे हुए हैं। इसी तरह मतदाताओं को नोट बाँटने के दृश्यों के

प्रदर्शन ने प्रत्याशियों और उनकी पार्टियों को साँसत में डाल दिया। टीवी कैमरों के सामने मुलायम सिंह यादव द्वारा कलेक्टर को धमकाने का प्रसंग उनके लिए परेशानी का सबब बन गया है।

वैसे भी वह ज़माना चला गया जब टीवी चैनल हाशिए में खड़े होकर चुनाव के बारे में छिटपुट समाचार देने या मतगणना के समय दो-तीन दिन तक चुनाव विश्लेषण करने तक सीमित रहते थे। अब तो चुनाव की घोषणा के बहुत पहले ही वे सक्रिय हो जाते हैं। चुनाव का ऐलान होने के बाद तो वे केंद्रीय भूमिका में ही आ जाते हैं। वे न केवल ख़बरों की रिपोर्टिंग करते हैं बल्कि ख़बरों के निर्माता भी बन जाते हैं और इस प्रक्रिया में चुनावी राजनीति को भी आकार देने लगते हैं। यही वजह है कि नेता और राजनीतिक दल इस शक्तिशाली माध्यम को बहुत गंभीरता से लेने लगे हैं। ये रणनीति बनाने के लिए वे गहन विचार-विमर्श करते हैं कि टेलीविज़न का कहाँ तथा कैसे इस्तेमाल किया जाए। उनकी मीडिया प्लानिंग में बेशक प्रिंट, इंटरनेट और दूसरे माध्यम भी शामिल होते हैं मगर टेलीविज़न का हिस्सा उसमें सबसे अधिक एवं सबसे महत्त्वपूर्ण होता है। इसमें टीवी विज्ञापन ही नहीं होते बल्कि किन नेताओं को कैमरों के सामने करना है और किन मुद्दों पर किस तरह से प्रतिक्रिया करनी है, ये सब तय होता है। वे मतदाताओं तक पहुँचने और उन्हें अपने पक्ष में मतदान करने के लिए मनाने के उद्देश्य से टेलीविज़न को महत्त्वपूर्ण हथियार के तौर पर लेते हैं। राजनीतिक दलों की मीडिया प्लानिंग को अगर टीवी प्लानिंग भी कहा जाए तो शायद ग़लत नहीं होगा। इसकी पुष्टि इस बात से भी की जा सकती है कि उनके प्रचार के बजट का बड़ा हिस्सा टीवी को ही जाता है और चुनाव प्रचार का फोकस भी टीवी ही होता है।

नेताओं और पार्टियों के लिए ही नहीं खुद न्यूज़ चैनलों के लिए भी चुनाव बहुत महत्त्वपूर्ण होते हैं। टीवी उद्योग भी उन काम-धंधों में से है जो चुनाव के समय जमकर फलते-फूलते हैं। चुनाव के दौरान न्यूज़ चैनलों की दर्शक संख्या में एकदम से बढ़ोतरी हो जाती है, क्योंकि हिंदुस्तान में राजनीति और ख़ास तौर पर चुनावी राजनीति एक बहुत बड़ा मनोरंजन है। अब नुक्कड़ों और अड्डों में होने वाली बहसों में टीवी पर दिखाए गई चुनाव सामग्री की बहुत बड़ी हिस्सेदारी रहती है। ज़ाहिर है कि बढ़ती दर्शक संख्या से उत्साहित विज्ञापनदाता भी मेहरबान हो जाते हैं। विज्ञापनदाताओं का एक नया वर्ग भी इस दौरान अति सक्रिय हो जाता है। इसमें नेता, राजनीतिक दल और सरकारें प्रमुख रूप से होते हैं। ये तकरीबन छह महीनों के दौरान ही इतना धन खर्चते हैं कि वह मीडिया प्रतिष्ठानों की साल भर की कमाई के बराबर हो सकता है। इसमें काला और सफ़ेद धन दोनों शामिल है। चुनाव खर्च की सीमा के चलते प्रत्याशी और राजनीतिक दल नंबर एक में ज़्यादा खर्च नहीं कर सकते इसलिए वे अधिकांश हिस्सा ब्लैक में देते हैं और चैनल उसे खुशी-खुशी लेते

हैं। इसलिए तमाम चैनल और पत्र-पत्रिकाएँ चुनाव के लिए विशेष तैयारियाँ करती हैं। विशेष कार्यक्रम और कवरेज के लिए विशेष बजट तय किए जाते है। बड़े पैमाने पर तैयारियाँ होती हैं, क्योंकि विभिन्न चैनलों के बीच ज़बर्दस्त होड़ भी होती है। कमाई एवं टीआरपी का मामला तो होता ही है मगर चुनाव के दौरान चैनलों ने क्या कुछ और कैसा किया इसके आधार पर उनकी साख भी बनती-बिगड़ती है। इसीलिए चुनाव-काल में चैनलों का युद्ध भी चलता है। लेकिन सवाल उठता है कि कुल मिलाकर चैनलों की चुनाव प्रोग्रामिंग किस तरह की है, उसमें कितनी गहराई है और चैनल युद्ध का उस पर नकारात्मक या सकारात्मक क्या असर पड़ रहा है?

इसमें कोई संदेह नहीं कि इतने सारे चैनलों के आने और उनके बीच प्रतिस्पर्धात्मक वातावरण बनने से चुनाव कवरेज बहुत व्यापक हुआ है। अब एक चैनल और मोटे तौर पर राजनीतिक निष्ठा के आधार पर चुने हुए प्रोड्यूसर कार्यक्रम नहीं बनाते। कई चैनल हैं और उनकी वफ़ादारियाँ भी भिन्न हैं, हालाँकि कुल मिलाकर वे एक शासक वर्ग के हितपोषक ही हैं। कार्यक्रमों में विविधता भी बढ़ी है, लेकिन गंभीरता, गहराई और नवीनता का अभाव रहता है। दोहराव तो बहुत ज़्यादा है। कुछ मुद्दे हैं जो चैनलों को विशेष प्रिय हैं और ले-देकर वे उन्हीं पर डटे रहते हैं। चुनाव के दौरान टॉक शो की भरमार हो जाती है, मगर वे भी एकरस हो गए हैं। सामग्री और प्रस्तुति के स्तर पर उनमें दोहराव होता है। कुछ ही चेहरे होते हैं जो हर चैनल पर एक ही अंदाज़ में बतियाते हैं और नया कुछ नहीं निकल पाता। कार्यक्रमों में आम मतदाताओं को शामिल करने की गरज़ से चैनल विभिन्न शहरों में भी शो करते हैं मगर ये फार्मूले भी घिस-पिट गए हैं। अक्सर तो वे शोर-शराबे से भरे होते हैं और प्रत्याशियों तथा उनके समर्थकों के बीच युद्ध के रूप में संपन्न होते हैं। वैसे हक़ीक़त तो यही है कि अधिकांश न्यूज़ चैनलों की चुनाव प्रोग्रामिंग अब टीआरपी संचालित और मुनाफ़ा प्रेरित हो गई है। यही वजह है कि चुनाव जिन्हें हम लोकतांत्रिक प्रक्रिया की एक सबसे महत्त्वपूर्ण गतिविधि के रूप में देखते हैं वह मीडिया में बहुत ही सीमित और विकृत रूप लेकर सामने आती है। न्यूज़ चैनलों के लिए ये महादेश चंद शहरों और वर्ग विशेष तक सिमटकर रह जाता है। कवरेज में पूरा ध्यान इस बात पर रखा जाता है कि कैसे ज़्यादा से ज़्यादा उन दर्शकों को आकर्षित किया जाए जो टीआरपी को बढ़ाने में सहायक होते हैं। इसके लिए टारगेट वीवरशिप को केंद्र में रखकर तैयारी की जाती है।

दरअसल, चुनाव प्रोग्रामिंग के संदर्भ में सबसे ज़्यादा विकृति जो देखने में आ रही है वह है विश्वसनीयता का ह्रास। नेताओं और राजनीतिक दलों के प्रति दबी-छिपी वफ़ादारियों की इसमें अहम् भूमिका है। छोटे-बड़े सभी चैनल या तो अपनी वैचारिक निष्ठा के चलते या फिर लेनदेन के आधार पर कंटेंट को आकार देने लगे हैं। ख़ास तौर पर चुनाव सर्वेक्षणों का हाल तो और भी बुरा होता है। सर्वेक्षण के

नतीजे या तो पूर्व निर्धारित होते हैं या फिर चैनल की ज़रूरत के हिसाब से उन्हें जोड़ा-घटाया जाता है। चुनाव के दूसरे कवरेज में भी यही संपादकीय विवेक काम करता है। ख़ास तौर पर बहुत सारे क्षेत्रीय चैनलों ने तो बाकायदा भुगतान के आधार पर कवरेज का स्वरूप तय करने का उपक्रम शुरू कर दिया है। यानी जिसने जितना धन खर्च किया उतना सकारात्मक कवरेज उसे चैनल की तरफ से मिला। रैलियों के लाइव कवरेज तक की क़ीमत वसूली जाती है। भुगतान के आधार पर नेताओं के इंटरव्यू आदि तो बहुत मामूली बात बन गए हैं। वैसे तो हम इस स्तंभ में मीडिया की छवि को तीन साल से देखते-दिखाते आ रहे हैं, मगर मुख्य रूप से वह तस्वीर बाज़ार के बरक्स ही रखकर देखी गई है। इसमें संदेह नहीं है कि बाज़ार में उसके अंग-प्रत्यंग नज़र आ जाते हैं और वह सारे मुखौटे नोच लेता है। मगर चुनाव भी एक आईना है जो मीडिया का चेहरा हमें अच्छे से दिखाता है। विभिन्न चैनलों और पत्र-पत्रिकाओं में हो रहे चुनाव कवरेज में उसे अच्छे से देखा जा सकता है। चुनाव में मीडिया के वर्गीय आग्रह-दुराग्रह बहुत साफ़ नज़र आते हैं। कौन सा प्रतिष्ठान किस मतदाता वर्ग को कैसे लुभा रहा है या किस दल अथवा नेता के पक्ष में खड़ा है, इसी से उसके चरित्र का अंदाज़ लगाया जा सकता है। चूँकि मीडिया और पूँजी का रिश्ता वैसा ही है जैसे संघ परिवार का झूठ से इसलिए पूँजी के इशारे पर नाचते मीडिया को भी देखा जा सकता है।

और अंत में

इन दिनों टीवी पर जनहित में जारी किया गया एक विज्ञापन अक्सर दिखलाई पड़ता है। इस विज्ञापन में सजे-धजे ड्रांइगरूमों में बैठे अभिजात वर्ग के कुछ माता-पिता अपने बच्चों के सिर पर हाथ रखकर कसम खाते हैं कि वे इस बार ज़रूर वोट करेंगे। पहली नज़र में ये देखना अच्छा लगता है कि मताधिकार के प्रयोग को बढ़ावा देने के लिए ये तरकीब और प्रतिबद्धता प्रभावशाली हो सकती है। मगर फिर ये अपील खोखली लगने लगती है, क्योंकि प्रश्न उठता है कि आख़िर ये लोग सीख किसको दे रहे हैं? दरअसल यही वह वर्ग है जो बातें तो बड़ी-बड़ी करता है, मगर वोट डालने की ज़हमत नहीं उठाता। आँकड़े बताते हैं कि ग्रामीण इलाकों और कमज़ोर तबकों में वोट डालने की प्रवृत्ति बढ़ी है। ख़ास तौर पर दलित, पिछड़े और अल्पसंख्यक वर्ग बड़ी संख्या में वोट कर रहे हैं और राजनीति को नए सिरे से गढ़ रहे हैं। अब ये गढ़न राजनीति में कोई बुनियादी परिवर्तन ला पाएगी या नहीं ये और बात है। ये वोट डालने वालों का भोला अंधविश्वास भी हो सकता है, मगर अपने तईं वे इस अवसर का इस्तेमाल करने का मौका नहीं गँवा रहे। सच तो ये है कि उनमें जो नई राजनीतिक चेतना पैदा हुई है उसे किसी टीवी विज्ञापन और ख़ास तौर से

वोट देने के लिए बच्चों की कसम खाने का संदेश देने वाले विज्ञापन की दरकार नहीं है। इसलिए जागना तो उस वर्ग को है जो विज्ञापनों के ज़रिए देश को जगाने का दम भरता है। और जागने का मतलब वोट डालना भर नहीं है। वोट किसे डालना है ये भी उसे समझना होगा। सब जानते हैं कि ये शहरी–मध्यवर्गीय मतदाता राष्ट्रवाद का मुखौटा पहने घूमने वाली सांप्रदायिक पार्टियों पर लट्टू है और उन्हें वोट करता है। इसलिए इसके वोट करने के नुकसान ज़्यादा हैं। इसी से जुड़ा एक तथ्य ये भी है कि एक बड़े अख़बार समूह द्वारा लाखों रूपए खर्च करके कराई गई एक देशव्यापी लीड इंडिया प्रतियोगिता का विजेता बीजेपी की गोदी में जा गिरा है। ये अंग्रेज़ी के पढ़े-लिखे उच्च-मध्यवर्गीय तबके द्वारा चुना गया लीडर था और उसका वर्गीय चरित्र उसकी इस हरकत से ज़ाहिर हो गया। उस प्रक्रिया और निर्णायकों की खामियाँ भी उजागर हो गईं जिन्होंने इस तथाकथित लीडर को चुना था।

(मई, 2007)

धृतराष्ट्र की सभा में सब अंधे हैं?

कुछ दिनों पहले एक वेबसाइट पर वॉयस ऑफ इंडिया के चंडीगढ़ ब्यूरो हेड मुकेश राजपूत के हवाले से छपा कि उनका चैनल उन पर खुद कमाओ, ख़ुद खाओ और हमें भी खिलाओ के लिए दबाव डाल रहा था, इसलिए उन्होंने इस्तीफ़ा दे दिया है। यानी उनकी कंपनी ने उन्हें पत्रकार के रूप में नियुक्त किया था मगर वह उनसे धंधा करवाना चाहती थी। ये धंधा ज़ाहिर है कि मीडिया इंडस्ट्री की मान्य परंपराओं के अनुसार नहीं होना था। कंपनी उनसे पत्रकार के रूप में अर्जित की गई उनकी साख का इस्तेमाल धन कमाने के लिए करना चाहती थी। यही नहीं, इससे भी आगे जाकर शायद उन्हें ये निर्देश भी दिए गए होंगे कि वे इसके लिए पैसे लेकर खबरें बनाने या लोगों को डरा-धमकाकर धन वसूलने जैसे हथकंडे भी अपनाएँ। उन्हें कोई साप्ताहिक या मासिक टारगेट भी दिया गया था और जिसके न पूरे किए जाने पर दंड का प्रावधान भी रहा होगा। ज़ाहिर है कि पत्रकारिता को एक पवित्र पेशे के तौर पर लेने वाले किसी पत्रकार के लिए ये सब करना बहुत मुश्किल था, इसलिए वह नौकरी छोड़ने के विकल्प को आजमाने के लिए मजबूर हो गया। उसके लिए ये अच्छा था कि दूसरी नौकरी तत्काल मिल गई और उसे बेरोजगार नहीं रहना पड़ा। लेकिन मुकेश राजपूत ऐसे पहले पत्रकार नहीं हैं, ऐसे और भी बहुत से लोग हैं, जिन्होंने इसी आधार पर वॉयस ऑफ इंडिया से नाता तोड़ लिया था (इस स्तंभ का लेखक भी उन लोगों में शामिल है।) ऐसे लोगों के नाम भी मीडिया में प्रकाशित होते रहे हैं। कुछ ने मजबूरी में और कुछ ने खुशी-खुशी कंपनी के फरमान को स्वीकार भी किया और अभी तक वे उस पर अमल कर रहे हैं या अपने मातहत काम करने वालों से करवा रहे हैं।

वॉयस ऑफ इंडिया के मालिकान किस तरह से अपने कर्मचारी पत्रकारों पर नाजायज तरीकों से धन इकट्ठा करने के लिए कह रहे हैं, इसकी ख़बरें पिछले लगभग छह-आठ महीनों से लगातार मीडिया में आ रही हैं। यही नहीं, चार-पांच चैनलों को चलाने वाली ये कंपनी कई तरह के गलत कामों में भी संलग्न है, जिसमें पत्रकारों के साथ दुर्व्यवहार से लेकर, वेतन न देना, इस्तीफा देने के लिए मजबूर करना, उनका बकाया धन न देना आदि शामिल है। यही नहीं, संपादकीय मीटिंग और न्यूज़रूम में महिलाओं की उपस्थिति का खयाल किए बगैर धड़ल्ले से मां-

बहन की गालियों का प्रयोग किया गया। मालिकों की शह पर ग्रुप एडिटर रविशंकर पत्रकारों से पत्रकारों की तरह पेश नहीं आते थे, बल्कि अपनी स्वामिभक्ति दिखाने के लिए तमाम तरह के धतकरम करते और करवाते थे। प्रबंधन के इशारे पर पत्रकारिता की ऐसी की तैसी करने में भी उन्होंने कोई कोर कसर नहीं छोड़ी। बाद में तो मालिकों ने खुद कमान संभाल ली और अपने चैनल को चकलाघर में तब्दील करने में जुट गए। इसके लिए उन्होंने चुनाव के दौरान नेताओं से धन वसूली भी करवाई और जिन्होंने पैसे नहीं दिए उनके ख़िलाफ़ झूठी ख़बरें भी चलवाईं। इस कंपनी के दफ्तर पर छापे पड़े और मालिकों से उनकी काली करतूतों के लिए पूछताछ भी की गई। उनकी घटिया मानसिकता का अंदाज़ा चैनल लॉचिंग के समय दिखाए गए विज्ञापनों में ही झलकती थी। इन विज्ञापनों में अश्लीलता भरी पड़ी थी और ये स्त्री की गरिमा की धज्जियाँ उड़ाने वाले थे।

हैरत की बात ये है कि इस चैनल समूह के बारे में लगातार इतनी ख़बरें आने के बावजूद न तो पत्रकारिता जगत में कोई हलचल मची, न न्यूज़ चैनलों के संगठनों ने इसको लेकर कोई चिंता ज़ाहिर की और न ही हमेशा डंडा लेकर घूमने वाले सूचना एवं प्रसारण मंत्रालय के कानों में जूँ रेंगी। सबके सब चुप हैं, मानो जो कुछ हो रहा है उसमें कुछ भी नया नहीं है, ग़लत नहीं है। या फिर मुमकिन है कि सबने आँखें बंद कर ली हों। द्रौपदी के वस्त्र-हरण के समय धृतराष्ट्र की सभा में मौजूद तमाम सभासदों की तरह। इस चुनी हुई चुप्पी को समझने की जरूरत है, क्योंकि ये मामला केवल एक चैनल का नहीं है, बल्कि एक चैनल द्वारा की जा रही मनमानी और बाक़ी के द्वारा उसे देखते हुए भी अनजान बने रहने का नाटक करने का है। ये मसला है पत्रकारिता से जुड़े दायित्वों के प्रति अगंभीर होते जाने का। आख़िर ऐसा क्यों है कि अपराधों की इतनी लंबी फेहरिस्त होने के बावजूद वह चैनल न केवल चल रहा है बल्कि उन्हीं सब तरीकों से चलाया जा रहा है जिन्हें किसी भी आधार पर सही ठहराया नहीं जा सकता? इस कंपनी को दिए गए तमाम चैनलों के लायसेंस रद्द करने के लिए गुनाहों की सूची कितनी लंबी होनी चाहिए? क्या मंत्री जी और उनका मंत्रालय बताएगा कि त्रिवेणी मीडिया लिमिटेड को कितने खून माफ़ हैं?

अगर ऐसा नहीं हो रहा है तो इसकी दो-तीन वजहें समझ में आती हैं। एक तो यह कि मीडिया समाज में ऐसे मसलों को लेकर चिंताएँ और संवेदनशीलता खत्म होती जा रही है, इसलिए विरोध की कोई लहर नहीं पैदा होती। सबने मान लिया है कि जो हो रहा है सब ठीक है या यही होगा, हम कुछ नहीं कर सकते। एक तरह की असहायता है जिसने दायित्वबोध को समाप्त कर दिया है। इसमें एक हद तक समझौतापरस्ती भी है और अवसरवादिता भी। इसीलिए कंटेंट कोड के खिलाफ़ तो पत्रकार जंगे आज़ादी छेड़ देते हैं मगर ऐसे मामलों में कोई विरोध-प्रदर्शन नहीं करते। कोई प्रेस काउंसिल नहीं जाता। एडिटर गिल्ड की तरफ से इस सबका न

तो कोई नोटिस लिया जाता है और न ही कोई बयान जारी होता है। पत्रकार संगठनों की तरफ से प्रतीकात्मक तौर पर ही सही किसी को न ज्ञापन सौंपा जाता है और न ही कोई मांग उठाई जाती है। क्या चैनल चलाने वालों की इन ओछी हरकतों से पत्रकारिता को कोई ख़तरा नहीं है, उसे कोई नुकसान नहीं पहुंच रहा?

ये माना जा सकता है कि मंदी ने चैनल मालिकों को कुछ भी करने का लायसेंस दे दिया है और वे जो मर्जी में आए कर रहे हैं। इसी बहाने वे पत्रकारों की छँटनी कर रहे हैं और ऐसा करते वक्त नियम-कानूनों का खुला उल्लंघन कर रहे हैं। यही नहीं, ग़लत तरीकों से धन कमाने के रास्ते भी बिना किसी भय या हिचक के अपना रहे हैं। दूसरी तरफ इस मंदी और मालिकों की कार्रवाई से पत्रकारों के अंदर असुरक्षाबोध भर गया है और वे विरोध करने की हिम्मत नहीं जुटा पा रहे हैं। पत्रकारों का एक वर्ग प्रबंधन का हिस्सा है और वह छंटनी से लेकर उगाही तक के आदेशों को तत्परता के साथ पालन करवाने में जुटा हुआ है। ज़ाहिर है उसका मुंह भी बंद है क्योंकि अगर वह ऐसा नहीं करेगा तो उसे नौकरी से हाथ धोना पड़ेगा और ऐसा बहुत कम लोग करने को तैयार होंगे। लेकिन...जो तटस्थ हैं समय लिखेगा उनका भी इतिहास।

जहाँ तक मंत्रालय का सवाल है तो वहाँ चांदी का जूता चलता है। इसीलिए ऐसे लोगों को चैनल के लायसेंस मिल जाते हैं जिन्हें कतई नहीं मिलना चाहिए और ऐसे चैनल चलते रहते हैं, जिन्हें कभी का बंद हो जाना चाहिए। इनमें केवल वॉयस ऑफ इंडिया ही नहीं है, बल्कि दिन-रात अंधविश्वास और दूसरी घटिया चीज़ें परोसने वाले चैनल भी हैं। ध्यान देने की बात ये है कि ये स्थिति केवल टीवी जगत में ही नहीं है। प्रिंट में भी यही सब चल रहा है और पहले से चल रहा है। ये सब अपवाद के रूप में हो रहा होता और यदि वे बुरे वक्त की व्याधि होती तो समझा जा सकता था। मगर ख़तरा ये है कि कहीं ये स्थायी वृत्ति न बन जाए। अगर ऐसा हुआ तो समझा जा सकता है कि पत्रकारिता कौन-सा रूप ले लेगी और वह कैसी भूमिका समाज में निभाएगी। इसलिए मीडिया से जुड़े तमाम लोगों और संगठनों को इस बारे में सोचना चाहिए और योजना बनाकर इसका विरोध भी करना चाहिए। अभी तक पत्रकार जगत की तरफ से सक्रिय एवं प्रभावी हस्तक्षेप इस दिशा में नहीं हुआ है, सिवाय कुछ बयान देने और सेमिनार करने के। कंटेंट कोड प्रकरण ने साबित कर दिया है कि जब तक दबाव नहीं बनाया जाएगा, मीडिया प्रतिष्ठान कुछ नहीं करेंगे। इसलिए दबाव बनाया जाना चाहिए। सरकार के जरिए भी और भ्रष्ट तथा समाजविरोधी मीडिया संस्थानों के ख़िलाफ़ बाकायदा आंदोलन करके भी। इसी सबसे ये भी पता चलेगा कि पत्रकारिता की मशाल थामे दिखने वाले पत्रकार वास्तव में अभिव्यक्ति की स्वतंत्रता के हक़ में कहाँ तक लड़ सकते हैं।

(जून, 2009)

ज़मीनी सचाई से दूर मीडिया

भारतीय मीडिया ने मुनाफ़ाख़ोरी की जो राह पकड़ी है उससे उसके पाँव ज़मीन से पूरी तरह उखड़ गए हैं। वह हवा में उड़ता रहता है और ज़मीनी सचाई से उसका कोई वास्ता नहीं रह गया है। ऐसा कभी-कभार नहीं बार-बार दिखलाई पड़ रहा है। अकसर हक़ीक़त उसके सामने एक सरप्राइज की तरह आती है। वह भौचक्का रह जाता है कि इतना कुछ घट रहा था और उसे पता ही नहीं चला। ख़ास तौर पर न्यूज़ चैनल तो और भी हवा में रहते हैं। उनके पास ज़मीनी स्तर की कोई सूचना या जानकारी नहीं होती। हालाँकि प्रिंट मीडिया की दिशा और दशा भी बदली है मगर ज्यादातर मौकों पर आज भी न्यूज़ चैनलों का कारोबार प्रिंट मीडिया से प्राप्त सूचनाओं के दम पर ही चलता है। गाँव और कस्बों के स्तर पर तो उनका नेटवर्क है भी नहीं। ज़िला और राज्य स्तरों पर जो संवाददाता होते हैं वे चैनल की दूसरी ज़रूरतें पूरा करने में ही व्यस्त रहते हैं इसलिए नई प्रवृत्तियों या परिवर्तनों को पकड़ने अथवा उनका अध्ययन करने का वक़्त उनके पास होता ही नहीं है। हालाँकि देश और समाज लगातार बदलते रहते हैं, मगर हम सब जानते हैं कि पिछले दो दशक विशेष रूप से भारत के लिए परिवर्तनकारी रहे हैं। एक तरफ जातीय चेतना और धार्मिक उन्मादों ने आकार लिया है तो दूसरी तरफ आर्थिक उदारवाद और भूमंडलीकरण ने ज़बर्दस्त उथल-पुथल मचाई है। पूँजी का रूप और व्यवहार बदला है और इसके फलस्वरूप उत्पादन के संबंधों में भी बदलाव आया है। मगर मीडिया इन परिवर्तनों को देखने और दिखाने में नाकाम रहा है। उसकी दृष्टि बाज़ार तक संकुचित हो गई है।

मीडिया के ज़मीन से कटने की कई मिसालें दी जा सकती हैं। मसलन, चुनाव के दौरान होने वाले सर्वेक्षण बार-बार इसीलिए ग़लत निकलते हैं और टीवी पर ज्ञान बघारने वाले भी इसीलिए झूठे साबित होते हैं। इन चुनाव विशेषज्ञों और राजनीति-ज्ञानियों की सबसे बड़ी खामी यही है कि वे जनपथ से दूर और राजपथ के करीब हैं, क्योंकि प्रसाद वहीं से मिलता है। इसीलिए जब नतीजे आते हैं तो उनके समक्ष मुँह छिपाने या निर्लज्जता के साथ अपने ही तर्कों को उलटने के अलावा कोई रास्ता बचता ही नहीं है। वे अपने पुराने अनुभव के बल पर सत्ता समीकरणों का जोड़-

घटाना तो कर लेते हैं, मगर असलियत से कटे होने के कारण इसका अंदाज़ा नहीं कर पाते कि अवाम कौन सा गुणा-भाग लगा रहे हैं। और ऐसा कोई चुनाव या राजनीति के संदर्भ में ही नहीं होता, बल्कि सामाजिक-आर्थिक घटनाओं में भी उनका अलगाव और अज्ञानता दिख जाती है। आर्थिक मंदी ले लें या फिर सत्यम सरीखे बड़े घोटाले, उसे हवा तक नहीं लगती। ताज़े उदाहरण के लिए पंजाब के सिख समाज के दलित तबके में आए परिवर्तन को ही ले लीजिए। ये परिवर्तन पंजाब से शुरू होकर अंतरराष्ट्रीय स्तर तक फैल चुका है। पंजाब या हिंदुस्तान ही नहीं बाहर बसे प्रवासी सिखों में भी दलितों ने विद्रोह का झंडा बुलंद कर रखा है। मगर इतनी बड़ी आग किसी को दिखी नहीं और अगर दिखी तो किसी ने इसका नोटिस लेना तक ज़रूरी नहीं समझा। जब तक डेरा सचखंड के गुरू निरंजन दास और उनके सहयोगी राम दास पर प्राणघातक हमला नहीं हुआ था और पूरे पंजाब में हिंसक प्रदर्शन नहीं हुए थे, किसी ने इस बात की तरफ इशारा भी नहीं किया था कि किस तरह से दलित सिखों ने जाट सिखों के वर्चस्व को चुनौती देते हुए सामाजिक-आर्थिक और राजनीतिक समीकरणों को ही उलट दिया है। कुछ ही समय पहले डेरा सच्चा सौदा के बाबा राम रहीम को लेकर हंगामा हुआ था और पंजाब हिंसा की चपेट में आ गया था। उस समय विवाद धार्मिक था मगर इस बहाने हाल के बरसों में शुरू हुए प्रदेश के तमाम डेरों का जायज़ा लिया जा सकता था। अगर ऐसा किया गया होता तो उसने पहले ही भाँप लिया होता कि पंजाब किस सामाजिक परिवर्तन से गुज़र रहा है। मगर उसने अपना ध्यान विवाद और झगड़ा-फसाद में लगा रखा था। हिंसा और आगज़नी के दृश्य दर्शकों को बाँधने में मददगार होते हैं, लिहाज़ा वह इन्हीं में उलझा रहा, भीतर झाँककर उसने नहीं देखा। नतीजा ये हुआ कि वह ज़मीन पर चल रहे बदलाव को भाँप ही नहीं पाया।

वास्तव में मीडिया के ज़मीनी परिवर्तनों से अनभिज्ञ रहने के संदर्भ में सिख समुदाय का ये मामला तो बहुत ही दिलचस्प है। मीडिया का पूरा ध्यान मंडल उपरांत हिंदी पट्टी पर दलित-पिछड़ा उभार पर केंद्रित रहा है। पंजाब में क्या घट रहा है इसकी तरफ उसने ध्यान देना बिल्कुल भी मुनासिब नहीं समझा। ऐसा क्यों? शायद इसलिए कि पंजाब में दलितों की हालत शेष भारत से अलग है और वहाँ लालू, मुलायम और मायावती जैसा ध्यानाकर्षित करने वाला नेतृत्व नहीं है। हालाँकि कांशीराम पंजाब के ही थे और शुरूआत भी उन्होंने वहीं से की थी, मगर बाद में उनका और उनकी पार्टी का ध्यान उत्तरप्रदेश पर केंद्रित हो गया था। कांशीराम के बीमार पड़ने और मायावती के मज़बूत होने के साथ ही पंजाब उनके एजेंडे से बाहर होता चला गया। इसलिए वहाँ दलित राजनीतिक स्तर पर उस तरह से लामबंद नहीं हुए और न ही ऊँची जातियों के साथ उनका वैसा टकराव हुआ जैसा कि दूसरे हिस्सों में। दरअसल, पंजाब में दलित उभार प्रवासी दलित सिखों के रास्ते आया है और

ये भी हाल के वर्षों में ही हुआ है। प्रवासी दलितों की संपन्नता रिसती हुई पंजाब पहुँची, ख़ास तौर पर दोआबा के इलाकों में और उसने दलितों के हौसले तथा आकांक्षाओं को पंख लगा दिए। लेकिन मीडिया इसलिए भी इस प्रवृत्ति को देख नहीं पाया क्योंकि इसमें उसकी दिलचस्पी ही नहीं रह गई थी। उसके सरोकार मुख्य रूप से शहरी मध्यवर्ग से जुड़े हुए हैं और वह उन्हीं के लिए मनोरंजन के सामान जुटाने में लगा रहता है। उसे इस बात की फ़िक्र ही नहीं है कि समाज के अंदर क्या बन-बिगड़ रहा है। इसके लिए उसके पास न वक़्त है न संसाधन। अपवाद के रूप में एक एनडीटीवी है जो इस तरह के विषयों पर पूरी गंभीरता के साथ डाक्यूमेंट्री बनवाता-दिखाता रहता है। घटनाओं को पहले भाँपने की प्रवृत्ति तो मीडिया में नहीं ही है, घटनाओं के कुछ समय उपरांत उसके प्रभावों का जायज़ा लेने की परंपरा भी नहीं है। अगर कोई बहुत बिकाऊ मामला न हुआ तो उसे फौरन भुला दिया जाता है।

सिख समाज में आया ये परिवर्तन तो अनूठा है क्योंकि देश के किसी भी हिस्से में दलितों ने इस तरह से प्रतिक्रिया नहीं की। ऐसा कहाँ हुआ है कि दलितों ने संपन्नता आने के बाद अपने अलग पूजास्थल बना डाले। यहाँ तक कि उन्होंने धार्मिक मान्यताओं के विरुद्ध जाकर गुरू ग्रंथ साहिब को अपेक्षित महत्त्व न देते हुए जीवित गुरुओं को भी मान्यता दे डाली। दलित वर्ग ने समानांतर धर्म और सत्ता खड़ी कर दी। उसने उस शिरोमणि गुरूद्वारा प्रबंधक कमेटी के वर्चस्व को ही चुनौती दे डाली जिसे वर्षों से सिख समाज ने अपनी शीर्ष संस्था के रूप में मान्यता दे रखी है और जो तमाम गुरूद्वारों का प्रबंध देखने के अलावा धार्मिक ही नहीं राजनीतिक मामलों में भी सीधा हस्तक्षेप रखती है। इस संगठित संस्था के ख़िलाफ़ खड़ा होना कोई मामूली बात नहीं थी। ख़ास तौर पर ये जानते हुए कि उसके तार उग्रपंथियों तक से जुड़े हुए हैं। जनरैल सिंह भिंडरावाले अभी भी उसके लिए पूज्य हैं और आज भी उसकी मृत्यु को शहादत के रूप में महिमामंडित किया जाता है। वियना में संत निरंजनदास पर हुए हमले में भी इसकी गूँज सुनी जा सकती है। लेकिन साफ़ है कि दलितों में बड़े पैमाने पर बेचैनी रही होगी और जैसे ही उन्हें आर्थिक ताक़त मिली उन्होंने खुद को आज़ाद करना शुरू कर दिया। चूँकि दलित सिख दूसरे दलितों के मुक़ाबले अलग हैं। उन्हें उस तरह से सामाजिक भेदभाव का शिकार नहीं होना पड़ता और न ही उनके सामने जीवन-यापन की समस्या अस्तित्व के संकट जैसी है, इसलिए वे सामाजिक प्रतिष्ठा और सामाजिक बराबरी की लड़ाई लड़ रहे है। इस लड़ाई के लिए वे धर्म को आधार बना रहे हैं। लेकिन ज़ाहिर है कि इससे ऊँची जातियों के आर्थिक और राजनीतिक वर्चस्व को भी चुनौती तो मिल ही रही है, क्योंकि वे धर्म के जरिए ही इसे कायम रखे हुए हैं।

मीडिया के बारे में माना जाता है कि वह न केवल परिवर्तनों की ख़बर देता है

बल्कि उसमें इतनी शक्ति होती है कि बहुत सारे परिवर्तनों का जनक वह खुद होता है। मगर उसका अवाम से कटना और बड़े परिवर्तनों को न देख पाना कमज़ोर पड़ती उसकी पहुंच और प्रभाव को बताता है।

और अंत में

मुख्यधारा के टेलीविज़न ने जिस तरह से साहित्य, कला और संस्कृति को हाशिए पर फेंक दिया है उसे देखते हुए इनके लिए एक अलग टीवी चैनल की ज़रूरत अरसे से महसूस की जा रही है। अब कुछ साहित्य और संस्कृतिकर्मी इसके लिए अभियान भी चलाने लगे हैं। इसमें संदेह नहीं कि एक ऐसे चैनल की ज़रूरत इस मुल्क को है, ताकि बाज़ार की वजह से लगातार बढ़ रही साहित्यिक-सांस्कृतिक दरिद्रता को रोका जा सके और नई सामाजिक चेतना का विकास हो सके। इससे इन क्षेत्रों में काम कर रहे लोगों को भी एक मंच प्राप्त हो सकेगा और समाज से उनका आदान-प्रदान भी बढ़ेगा। मगर टीवी चैनल जैसे एक बड़े और निरंतर चलने वाले खर्चीले आयोजन को शुरू करने से पहले बहुत सारे प्रश्नों के जवाब भी ढूँढ़ने होंगे। अव्वल तो सबसे बड़ी समस्या यही है कि व्यांवसायिक स्तर पर इस चैनल की सफलता संदिग्ध है इसलिए सरकार से ही अपेक्षा की जा रही है कि वही चैनल शुरू करे और चलाए। सरकार आएगी तो उसके साथ एक ख़ास राजनीति आएगी और फिर उससे जुड़े तमाम विकार आते चले जाएँगे मसलन, मंत्रियों और पार्टियों के कृपापात्रों का जमावड़ा लगने लगेगा, गुणवत्ता का स्थान निजी स्वार्थ लेने लगेंगे और नौकरशाही तथा भ्रष्टाचार का बोलबाला होने लगेगा। चूँकि ऐसा चैनल खर्चीला होगा इसलिए फंड की नोच-खसोट शुरू होगी और एक माफ़िया यहाँ भी आकार ले लेगा। कहने को कहा जा सकता है कि एक स्वायत्त संस्था बनाकर ऐसा चैनल शुरू किया जा सकता है जो सरकार के नहीं संसद के प्रति जवाबदेह हो, मगर ऐसी स्वायत्त संस्थाओं का हश्र भी हम देख चुके हैं। आशंका है कि ये एक और प्रसारभारती बनकर न रह जाए। फिर आर्थिक और प्रशासनिक सवालों से परे सामग्री का प्रश्न भी है जो बेहद जटिल भी है। इसे बोझिलपन और गरिष्ठता से बचाने की आवश्यकता होगी, साथ ही अभिजात्यता से भी। इसे एक ऐसा चैनल होना चाहिए जो केवल कला के लिए न हो। उसे आम अवाम और उसके सवालों से भी जुड़ा होना चाहिए। उसे जड़ता, पुरातनपंथी विचारों, अतीत के गौरव गान और आत्ममुग्धता से मुक्त होना चाहिए। चैनल के माध्यम से अगर आज के सवालों और समस्याओं पर साहित्यिक-सांस्कृतिक हस्तक्षेप न किया गया तो वह अपनी प्रासंगिकता खुद ही खो देगा। उसे देखने वाला वही एक छोटा सा वर्ग होगा जो बैठा-बैठा कुढ़ता रहता है कि न्यूज़ चैनल उन्हें जगह नहीं देते।

वैसे अगर अच्छे से योजना बनाकर काम किया जाए और टेलीविज़न को जानने समझने वाले अनुभवी लोग कमान सँभालें तो धीरे-धीरे ये चैनल काफी हद तक आत्मनिर्भर भी हो सकता है। भूमंडलीकरण की वजह से ऐसे बहुत से उपाय उपलब्ध हो गए हैं जिनसे आय के नए स्त्रोत भी प्राप्त हो जाते हैं। इसका एक प्रयोग तमाम अकादमी और साहित्यिक-सांस्कृतिक प्रतिष्ठान ये कर सकते हैं कि वे टेलीविज़न के लिए कार्यक्रम बनाना शुरू करें। इनमें नियत अवधि की पत्रिकाओं से लेकर वृत्त चित्रों का निर्माण तक बहुत कुछ हो सकता है। इससे कार्यक्रम निर्माताओं की एक टीम भी तैयार होगी और नए चैनल के विकास का मार्ग भी प्रशस्त होने लगेगा।

(जुलाई, 2009)

अंग्रेज़ी और हिंदी चैनलों का फ़र्क़

हिंदी न्यूज़ चैनल देखने वाले दर्शकों का एक वर्ग फिर से अंग्रेज़ी चैनलों की तरफ रुख़ कर रहा है। हिंदी चैनलों के महापतन से दुखी ये दर्शक वर्ग उनके लिए तालियाँ भी बजा रहा है। अंग्रेज़ी चैनलों की वाहवाही हो रही है और उनमें से कुछ तो दूसरे चैनलों के लिए रोल मॉडल भी बनते जा रहे हैं। बहुत सारे चैनल जिनमें हिंदी के चैनल भी शामिल हैं अब टाइम्स नाऊ बनना चाहते हैं। उसकी तरह दिखना चाहते हैं और संपादकीय सामग्री को उसी अंदाज़ में बनाना और दिखाना चाहते हैं। मगर क्या करें.. तुरंत मुनाफ़े का मोह उनसे छूट नहीं रहा और वे अपनी जगह पर कदमताल कर रहे हैं। अलबत्ता ये ट्रेंड बताता है कि अंग्रेज़ी के चैनलों और उनमें भी टाइम्स नाऊ ने अपना डंका बजा दिया है। हिंदी के चैनल केवल नकल करने की सोच रहे हैं और वह भी उनसे हो नहीं पा रही है। कुछ साल पहले तक इसका उल्टा था। हिंदी न्यूज़ चैनलों का डंका बज रहा था। वे ख़बरों और सम-सामयिक कार्यक्रमों दोनों ही मामलों में अंग्रेज़ी चैनलों को पछाड़ने में लगे हुए थे। उनकी संपादकीय सामग्री का स्तर इतना अच्छा था कि अंग्रेज़ी के दर्शक भी हिंदी चैनलों को देखने लगे थे। उन्होंने इस मिथ को ध्वस्त कर दिया था कि अच्छा काम अंग्रेज़ी में ही हो सकता है और हिंदी के पत्रकार निकम्मे और नालायक हैं। लेकिन उस वक़्त टीआरपी का आतंक इतना हावी नहीं था और ख़बरों की मंडी में मुनाफ़ा कमाने की होड़ भी शुरूआती अवस्था में ही थी। जैसे-जैसे हिंदी चैनलों की संख्या बढ़ी, प्रतिस्पर्धा भी तेज़ होती चली गई और फिर आलम ये हो गया कि आगे निकलने के चक्कर में सबने ट्रैफिक नियमों का उल्लंघन करना शुरू कर दिया। सब रेड लाइट जंप करने लगे। उनकी इस लड़ाई से एक शून्य पैदा हुआ। गंभीर दर्शकों को जब हिंदी चैनलों में ख़बरें कम और तमाशेबाज़ी ज़्यादा दिखने लगी तो वे विकल्प तलाशने लगे और ऐसे में अंग्रेज़ी चैनलों को एक बार फिर से पैर जमाने का मौका मिल गया। यानी लोकप्रियता के लालच में हिंदी चैनलों ने न केवल अपनी प्रतिष्ठा और पहचान गँवाई बल्कि अपने गंभीर दर्शकों को भी खो दिया, उन्हें अंग्रेज़ी चैनलों के हवाले कर दिया। हिंदी चैनलों के ख़िलाफ़ सबसे ज़्यादा मुखर यही वर्ग है। वह दिल से चाहता है कि हिंदी चैनलों का स्तर बेहतर हो और वे उन्हीं को देखें मगर

जब ऐसा नहीं होता तो हताश होकर उनकी लानत-मलामत में जुट जाता है।

अंग्रेज़ी चैनलों की दर्शकों में हिस्सेदारी में उल्लेखनीय इज़ाफ़ा हुआ है। दर्शक संख्या के हिसाब से हिंदी चैनलों को भी फ़ायदा हुआ है लेकिन उससे जुड़ने वाला दर्शक ख़बरों का नहीं मनोरंजन का है (बहुत से आलोचक तो मानते हैं कि हिंदी के कई चैनलों को न्यूज़ चैनल कहलाने का भी हक़ नहीं है, उन्हें मनोरंजन की श्रेणी में रखा जाना चाहिए)। बल्कि ये कहा जाए कि घटिया मनोरंजन का है तो ग़लत नहीं होगा क्योंकि हिंदी चैनलों ने मनोरंजन का आस्वाद भी गिरा दिया है। ये बात ध्यान में रखने की है कि अश्लील सामग्री दिखाने, अंधविश्वास फैलाने या फर्ज़ी स्टिंग ऑपरेशन दिखाने के लिए सरकार की तरफ से जितने भी नोटिस मिले हैं हिंदी के चैनलों को ही मिले हैं। एक हेडलाइंस टुडे ही इसका अपवाद है। अदालतों की तरफ से भी जिन चैनलों को फटकार मिली है या मीडिया ट्रायल के लिए जिनको सवालों के घेरे में खड़ा किया गया है उनमें हिंदी के चैनल ज़्यादा हैं। हालाँकि सरकारी नोटिस कोई सही पैमाना नहीं हैं मगर इन्हें एक संकेत के तौर पर तो लिया ही जा सकता है।

अगर हिंदी और अंग्रेज़ी न्यूज़ चैनलों की संपादकीय सामग्री का तुलनात्मक अध्ययन करें तो पहला निष्कर्ष यही निकल कर आता है कि अंग्रेज़ी चैनल समाज का प्रबुद्ध वर्ग देखता है और हिंदी चैनलों के दर्शक प्रमुख रूप से अनपढ़, अंध विश्वासी और विकृत मानसिकता के लोग हैं। अंग्रेज़ी के चैनलों में सनसनी और वारदात जैसे कार्यक्रम नहीं मिलेंगे न ही अजब-ग़ज़ब के नाम पर दिखाए जा रहे अंधविश्वास वहाँ दिखाई देंगे। हालाँकि टीआरपी से जुड़े आँकड़े संदिग्ध माने जाते हैं मगर यदि उन पर ग़ौर किया जाए तो वे इस निष्कर्ष की पुष्टि करते हैं। मसलन, यदि हिंदी न्यूज़ चैनलों के सर्वाधिक देखे जाने वाले बीस कार्यक्रमों की सूची देखी जाए तो उसमें समाचार और समाचार आधारित कार्यक्रमों की संख्या एक चौथाई भी नहीं रहती। कोई बड़ी घटना न घटे तो उसमें हमेशा भविष्यवाणियों, चमत्कार और अंधविश्वासों, अपराधों,क्रिकेट और हल्के-फुल्के मनोरंजन कार्यक्रम (फिल्मी या टीवी सीरियल्स पर आधारित शो) हावी होते हैं। वास्तव में हिंदी और अंग्रेज़ी चैनल दो अलग ध्रुवों पर खड़े नज़र आते हैं। हिंदी चैनलों में जहाँ न ख़बरें होती हैं और न ही उनसे जुड़ी गंभीर चर्चाएँ या सामग्री होती है, वहीं अंग्रेज़ी चैनलों में यही सब कुछ मिलता है और उसकी प्रस्तुति भी प्रभावशाली होती है। हालाँकि अंग्रेज़ी चैनलों का ये दावा सही नहीं है कि वे दूध के धुले हुए हैं। वे भी वही क्राइम, सिनेमा, क्रिकेट, कंट्रोवर्सी और सेक्स के फेरे में पड़े हुए हैं। अलबत्ता उनमें राजनीति, अर्थव्यवस्था और अंतरराष्ट्रीय ख़बरों को भी अहमियत दी जाती है क्योंकि उनके दर्शक वर्ग की ज़रूरतों में ये भी शामिल हैं।

मगर अंग्रेज़ी चैनलों में दूसरी तरह के विकार देखे जा सकते हैं। उनकी ख़बरों

में मध्य-उच्च वर्गीय और आर्थिक उदारवादी झुकाव साफ़ पढ़ा जा सकता है। आर्थिक नीतियों में तो वे सरकारी प्रवक्ता से भी ज़्यादा स्वामिभक्त नज़र आते हैं। वास्तविकता तो ये है कि अंग्रेज़ी चैनलों में हिंदुस्तान और आम हिंदुस्तानियों के सरोकार आप देख ही नहीं सकते। हिंदी चैनलों के बारे में ये कहा जाता है कि टीआरपी के गणित ने उन्हें बड़े शहरों तक सीमित कर दिया है। मगर उनमें फिर भी गाँव दिख जाते हैं, कभी अंधविश्वास, अपराध या मेले-ठेले के बहाने तो कभी बीमारियों और प्राकृतिक आपदाओं के बहाने। ग़रीबी, भुखमरी, बेरोज़गारी आदि भी कभी-कभार उनमें दिख ही जाती है। पर अंग्रेज़ी चैनलों में तो ग्रामीण भारत सिरे से गायब है। वे कुपोषित, काली-कलूटी, विकृत कायाओं तथा असुंदर चेहरों से परहेज़ करते हैं और ऐसे दृश्यों को सेंसर कर देते हैं, क्योंकि ये उनके दर्शकों को विचलित कर सकते हैं। अंग्रेज़ी चैनलों का बौद्धिक विमर्श भी प्राइम टाइम में घंटे-आधे घंटे तक सीमित होता है, बाक़ी समय उनमें वही सब चलता है जो हिंदी चैनलों में (भूत-प्रेत, चमत्कार आदि विषयों को छोड़कर) मगर बहुत ही चालाकी के साथ।

अगर प्रस्तुति के लिहाज़ से देखें तो ठीक है कि वे हिंदी चैनलों की तरह लाउड और नाटकीय नहीं हैं और एक तरह की शालीनता उनमें देखी जा सकती है। मगर इसका ये मतलब कतई नहीं है कि वे दर्शकों को लुभाने के लिए ग़ैर पत्रकारीय लटके-झटके नहीं अपना रहे। ख़बरों की वीडियो एडिटिंग को अगर आप ग़ौर से देखें तो वह सनसनी से भी ज़्यादा नाटकीय नज़र आएगी। हर ख़बर में वे बहुत ही तेज़ संगीत का इस्तेमाल करते हैं जबकि घटनाएँ संगीत के साथ नहीं घटतीं। ये विधा मनोरंजन के कार्यक्रमों में अब तक इस्तेमाल होती रही है और छोटे पैमाने पर ख़बरों में भी। मगर सबसे कामयाब चैनल टाइम्स नाऊ ने इसे अपनी यूएसपी बना लिया है। यही नहीं, एकता कपूर के धारावाहिकों में जिस तरह से दृश्यों को संपादित किया जाता है और जिसे मद्रास कट के नाम से जाना जाता है वह भी ड्रामा पैदा करने के लिए अंग्रेज़ी चैनलों में भरपूर इस्तेमाल हो रहा है। दरअसल, अंग्रेज़ी चैनलों में वह सब कुछ होता है जो कि हिंदी चैनलों में होता है मगर अंदाज़ शालीन होता है। फिर भाषा का चोला पहनकर वे और भी समझदार होने का भ्रम पैदा करने में कामयाब हो जाते हैं। अंग्रेज़ी अपने आप उन्हें श्रेष्ठता से भर देती है क्योंकि हम मानसिक ग़ुलामों को उस भाषा में परोसा गया सड़ा-गला माल भी छप्पनभोग दिखाई पड़ने लगता है। तो भाषा और वर्ग की महिमा अंग्रेज़ी चैनलों को भी महिमामंडित कर देती है। ये सही है कि हिंदी चैनलों में गंभीर मुद्दों को बहुत ही छिछले ढंग से उठाया जाता है। न तो विषय की जानकारी इकट्ठी की जाती है न उन्हें सही ढंग से पेश किया जाता है। अंग्रेज़ी चैनल इतना होम वर्क तो करते ही हैं मगर बाक़ी का काम भाषा कर देती है।

फिर मैन पॉवर का सवाल तो है ही। ऊपर के कुछ लोगों को छोड़ दें तो हिंदी चैनल सस्ते पत्रकारों की तलाश में होते हैं। कुछ ने तो अपने प्रशिक्षण संस्थान भी खोल लिए हैं। ये संस्थान साल-छह महीने में उन्हें पत्रकार बना देते हैं। इनमें से अधिकांश को न तो भाषा आती है और न ही इनकी रुचि पढ़ाई-लिखाई में होती है। हाँ, इन्हें तकनीकी ज्ञान में पारंगत ज़रूर कर दिया जाता है और इसी को ब्रम्हास्त्र मानकर वे सफलता की सीढ़ियाँ चढ़ते चले जाते हैं। ज़ाहिर है यही लोग कुछ समय बाद चैनल में महत्त्वपूर्ण ज़िम्मेदारियाँ निभाने लगते हैं। अब अगर इनसे ये उम्मीद की जाए कि वे मँजे हुए अनुभवी पत्रकारों की तरह ख़बरों और कार्यक्रमों को आकार देंगे तो ये उनके साथ ज़्यादती ही होगी। दूसरे, हिंदी का पत्रकार असुरक्षाबोध से इस क़दर पीड़ित है कि वह किसी ऐसे को पनपने नहीं देता जो कल को उसके लिए ख़तरा बन जाए। दरअसल, ये पत्रकार आम तौर पर छोटे-मझोले शहरों के मध्यवर्गीय परिवारों के होते हैं। वे रगड़े खा-खाकर कहीं पहुँचते हैं और तब वे इसी जद्दोजहद में लग जाते हैं कि जो हासिल किया है वह हाथ से निकल न जाए। इस क्रम में पत्रकारीय सरोकारों के लिए या बाज़ार के दबावों से लड़ना उनके एजेंडे से बाहर चला जाता है और प्रयोगशीलता, रचनाशीलता वगैरा चली जाती है तेल लेने। वह फार्मूलाबाज़ी में उलझ जाता है और समझौतावादी बन जाता है। नतीजतन, हिंदी चैनल बौनों की दुनिया में तब्दील होते जा रहे हैं।

क्वालिटी ऑफ मैन पॉवर का सवाल तो है ही मगर हिंदी चैनल चलाने वालों का रवैया भी देखने लायक है। ज़्यादातर कंपनियाँ कंटेंट पर खर्च करने के लिए तैयार ही नहीं होतीं। वे चाहती हैं बल्कि यही वे कर भी रही हैं कि सस्ते में ख़बरें मँगाओ और उन्हें तानकर चलाओ। अधिकांश चैनल अंशकालिक संवाददाताओं के बल पर चल रहे हैं। नब्बे फ़ीसदी अंशकालिक संवाददाता अप्रशिक्षित हैं और आर्थिक मजबूरियों के चलते बहुत प्रतिबद्धता के साथ काम भी नहीं कर पाते। राष्ट्रीय-अंतरराष्ट्रीय घटनाओं को कवर करने के मामले में भी हिंदी चैनल कंजूसी बरतते हैं। जिन समूहों से हिंदी और अंग्रेज़ी दोनों भाषाओं में चैनल चलते हैं, वहाँ बड़े असाइनमेंट अंग्रेज़ी के पत्रकारों को दिए जाते हैं। हिंदी के पत्रकारों को इस तरह के मौके ही नहीं दिए जाते और इसीलिए उनका विकास भी नहीं हो पाता।

हिंदी और अंग्रेज़ी चैनलों में फ़र्क़ के लिए कहा जाता है कि ये मास और क्लास का फ़र्क़ है। यानी हिंदी चैनलों की मजबूरी ये है कि उन्हें बड़े दर्शक वर्ग तक पहुँचना है। ये बड़ा दर्शक वर्ग शैक्षिक, आय और रुचियों के हिसाब से बहुत सारी विविधताओं से मिलकर बना है और हिंदी चैनलों की मजबूरी ये है कि उन्हें ऐसे कंटेंट का निर्माण करना है जो सबको पसंद आए। इस फेरे में वे लोकप्रियता के सस्ते लटके-झटके अपनाने लगते हैं और यही उनके कंटेंट के पतन का कारण बनता है। अंग्रेज़ी चैनलों के साथ ये मजबूरी नहीं है। फिर विज्ञापन जगत की मान्यता

है और धीरे–धीरे हिंदी के पत्रकारों ने भी ये मान लिया है कि अंग्रेज़ी की तरह हिंदी में ऐसा दर्शक वर्ग है ही नहीं है जो गंभीर चीज़ें पसंद करता हो और जिसकी क्रय शक्ति भी इतनी हो कि संख्या कम होने के बावजूद उसे महंगी दरों पर विज्ञापन मिलें ताकि हिंदी चैनल इस मॉडल पर काम कर सकें। इस मिथ को एक ज़माने में आज तक ने ध्वस्त कर दिया था। उसने विज्ञापन की दुनिया के ढेर सारे पूर्वाग्रहों को ढेर कर दिया था। आज भी ये सब स्वीकार करते हैं कि बाज़ार तो हिंदी चैनलों का ही है, मगर इस बाज़ार को भी नए ढंग से परिभाषित कर दिया गया है। अब हिंदी टेलीविज़न बाज़ार का मतलब कंगाल, अंधविश्वासी, सनसनी–प्रेमी, सेक्स का भूखा, फिल्मों की दुनिया में जीने वाला, सांप्रदायिक और क्रिकेट उन्मादी दर्शकों की भीड़ है। हिंदी चैनलों ने इसी बाज़ार को चुना है या फिर बाज़ार के नियामकों ने उन्हें इसमें ढकेल दिया है जो कि उनके पतन का कारण भी बना है। अंग्रेज़ी चैनलों के लिए थोड़ा समझदारों और पैसे वालों का बाज़ार गढ़ा गया है और वे उसके हिसाब से कंटेट बना रहे हैं, लिहाज़ा इसमें उनका कोई महात्म्य नहीं है। हाँ ये ताज्जुब की बात ज़रूर है कि किसी ने भी हिंदी और अंग्रेज़ी के क्लास को मिलाकर एक हिंदी चैनल गढ़ने की कोशिश नहीं की। या शायद कोई भी जोखिम उठाने को तैयार नहीं था इसलिए सबने सफलता का शार्ट कट पकड़ लिया। एक एनडीटीवी इंडिया है जो इस दिशा में कोशिश करता नज़र आता था मगर उसमें न धार है न रफ़्तार है और इसीलिए धीरे–धीरे वह हाशिए पर चला गया। अब तो उसने भी अपनी राह बदल ली है।

लेकिन फिर भी ये तय है कि हिंदी का दर्शक वर्ग वैसा है नहीं जैसा बाज़ार ने तय कर दिया है और पत्रकारों ने मान लिया है...उसमें बाकायदा एक अच्छे चैनल की गुंजाइश निकाली जा सकती है। बगैर अंग्रेज़ी चैनलों की नकल किए बेहतर कंटेंट दिया जा सकता है। ज़रूरत है तो समझदारी भरी एक सुनियोजित, साहसिक पहल की।

(अगस्त, 2009)

कंटेंट कोड और आत्म-नियमन तो यहाँ भी चाहिए

इंटरनेट की दुनिया में हलचलें लगातार बढ़ती जा रही हैं। नए-नए ब्लॉग और वेबसाइट शुरू हो रही हैं, जिनमें तरह-तरह की सामग्री प्रस्तुत की जा रही है। वे विषय जिन्हें टेलीविज़न और प्रिंट माध्यम या तो अछूत समझते हैं या फिर पूरी शिद्दत से उठाते नहीं, इंटरनेट पर उठाए जा रहे हैं। मीडिया के अंदरखाने की हलचलें, जातिवाद, अवसरवाद, सिद्धांतहीनता, सांप्रदायिकता जैसे मसलों पर ज़ोरदार बहसें ही नहीं हो रहीं बाकायदा व्यक्तियों की कथनी-करनी की तमाम परतें भी उधाड़ी जा रही हैं। कहीं वरिष्ठ पत्रकार प्रभाष जोशी ब्राम्हणवाद संबंधी अपने बयानों की वजह से लेखकों, पत्रकारों और पाठकों के कोपभाजन बने हुए हैं और उनके समर्थक विरोधियों पर बरस रहे हैं, कहीं राजेंद्र यादव अपने स्टैंड को रिवाइज करने की बात कर रहे हैं, कहीं नामवर सिंह की इसलिए निंदा हो रही है कि उन्होंने हंस की वार्षिक गोष्ठी में 'लौंडे' शब्द का प्रयोग क्यों किया और कहीं उदयप्रकाश कुख्यात सांप्रदायिक नेता स्वामी आदित्यनाथ के हाथों सम्मानित होने की वजह से निंदा के पात्र बना दिए गए हैं। ये नेट विमर्श कई बार सीमाओं को लाँघता हुआ भी लगता है मगर है ये जीवंत। यहाँ मचे हंगामे को देखने से लगता है कि एक माध्यम के तौर पर इंटरनेट का आगमन हिंदी समाज में हो गया है। अब समय आ गया है जब हिंदी के लेखक और पाठक वर्ग को इस माध्यम से अपनी अजनबियत ख़त्म करके जुड़ना होगा और इसका लाभ उठाना होगा।

ये तो सब जानते हैं कि जब भी कोई नई चीज़ आती है तो सबसे पहले उसकी उपेक्षा की जाती है, फिर उसका मज़ाक उड़ाया जाता है, इसके बाद उसका विरोध शुरू होता है और फिर उसे मजबूरी बताकर बेमन से स्वीकार किया जाता है। कुछ समय बाद नौबत ये आती है कि वह हमारी बुनियादी ज़रूरतों में शामिल हो जाती है। इंटरनेट इस प्रक्रिया का अपवाद नहीं है। वह इस समय विरोध और स्वीकार्यता के मिले-जुले दौर से गुज़र रहा है। उसके विरोधी उसमें तरह-तरह की खामियाँ देख रहे हैं। जिनके लिए ये दुनिया अजनबी है वे या तो चमत्कार की तरह इसे देख रहे हैं या फिर इससे ख़ौफ़ खाए हुए हैं। उन्हें समझ में नहीं आ रहा है कि कंप्यूटर के ज़रिए दुनिया भर से जुड़ने और बहुत सारे मनचाहे काम करने का ये नया-नवेला

माध्यम पता नहीं क्या-क्या ग़ुल खिलाएगा। मगर जो इससे जुड़ गए हैं वे एक नई दुनिया की सैर कर रहे हैं। एक ऐसी दुनिया की सैर जो दिनोंदिन बड़ी होती जा रही है। इस दुनिया में ज्ञान और सूचनाओं का भंडार है। दुनिया भर के बुद्धिजीवी इसके हिस्से हैं या हिस्सा बनने की प्रक्रिया में हैं। बहुत से मुल्कों में घटी घटनाओं ने बता दिया है कि ये संघर्ष का भी हथियार है।

हिंदुस्तान में इंटरनेट जगत अभी बहुत बड़ा नहीं है। केवल छह करोड़ लोग ही इससे जुड़े हैं लेकिन देखा जाए तो ये संख्या अच्छी ख़ासी है। यूरोप के कई देशों की तो आबादी भी इतनी नहीं होगी। हाँ, भारत के हिसाब से ये तादाद कम है। उस तक लोगों की पहुँच भी कम है और वह आदत में शुमार भी नहीं हुआ है, मगर अपनी संभावनाओं और शक्ति से उसने उपस्थिति का एहसास कराना शुरू कर दिया है। कुछ समय पहले तक तो हिंदी का बौद्धिक वर्ग नेट को लेकर उपेक्षा का भाव रखता था। अब जबकि वहाँ गरमागरम बहसें होने लगी हैं और वे चीज़ें भी सामने आने लगी हैं जिन्हें आम तौर पर छिपाकर रखने का चलन था या लिहाज़ के चलते उनकी सार्वजनिक चर्चा नहीं की जाती थी,तो मजबूरन उसे भी इंटरनेट की तरफ मुख़ातिब होना पड़ रहा है। इसकी शुरूआत मीडिया की ख़बरों से हुई थी। ये ख़बरें बड़े मीडिया घरानों द्वारा चलाई जाने वाली वेबसाइट के ज़रिए नहीं मिलना शुरू हुईं। वे तो आम तौर पर फिल्मी मसाले और नरम पोर्न को ही बेचने में लगी हुई थीं। छोटे-छोटे ब्लॉग और वेबसाइट ने ये काम किया। जैसे ही उन्होंने बड़े-बड़े मीडिया संस्थानों के अंदरखाने की ख़बरें इंटरनेट पर देनी शुरू कीं और वे मीडिया हस्तियों के कार्य-कलापों की चीर-फाड़ करने लगीं, एकदम से स्थिति बदल गई। इसके पहले तक मीडिया में कार्यरत लोगों में मीडिया की ख़बरों की भूख ज़बर्दस्त थी, मगर इसके बावजूद कोई भी ऐसा ज़रिया नहीं था जहाँ से उन्हें ताज़ातरीन जानकारियाँ मिलतीं। यही वर्ग इंटरनेट का सूचनाओं के लिए इस्तेमाल सबसे ज़्यादा कर रहा था, इसलिए ऐसे ब्लॉग और वेबसाइट उनमें तुरंत लोकप्रिय हो गए। आज आलम ये है कि ज़्यादातर पत्रकार नियमित रूप से ऐसी वेबसाइट देखते हैं जो मीडिया जगत की ख़बरें देते हैं। लेकिन मीडिया के बाद अब साहित्य से जुड़े लोग भी इंटरनेट पर अपनी उपस्थिति दर्ज़ करवाने लगे हैं। बहुत सारे लेखकों ने अपने ब्लॉग बना लिए हैं और वे सक्रिय रूप से उसमें सामग्री भी डालते रहते हैं। बहुत से साहित्यानुरागियों और साहित्यकारों ने विभिन्न वेबसाइट पर चल रही बहसों में सक्रियता के साथ हिस्सा लेना शुरू कर दिया है।

दरअसल, एक माध्यम के तौर पर इंटरनेट अभी भी सस्ता और सर्वसुलभ न होने के बावजूद अगर लोगों को आकर्षित कर रहा है तो इसकी कई वजहें हैं। इंटरनेट ऐसी कई खूबियाँ लिए हुए है जो दूसरे माध्यमों में नहीं हैं। ये खूबियाँ इसे शक्तिशाली तो बनाती ही हैं, बहुउपयोगी भी बनाती हैं। सायबर-स्पेस लोगों को

ऐसा मंच मुहैया कराता है जहाँ लोग स्वतंत्रतापूर्वक विचर सकते हैं। यहाँ न तो सीमाएँ हैं और न ही विशेष बंधन। सबसे बड़ी बात तो ये है कि यहाँ पूँजी का वैसा आतंक नहीं है जैसा कि टीवी और प्रिंट में है। दोनों माध्यमों में कुछ शुरू करने के लिए एक बड़ी पूँजी का निवेश करना होता है। मगर यहाँ बहुत ही कम खर्च में कोई भी अपनी वेबसाइट शुरू कर सकता है। ब्लॉग तो ख़ैर बिना एक दमड़ी खर्च किए ही शुरू किया जा सकता है। समस्या सामग्री की ही होती है। मगर यदि संपादक या मॉडरेटर थोड़ा अनुभवी और समझदार हो तो ये भी कोई बड़ी समस्या नहीं है।

इंटरनेट की दूसरी ताक़त है इंटरक्टिविटी। इसमें दर्शक या पाठक तुरंत प्रतिक्रिया दे सकता है और उसे फौरन प्रकाशित भी किया जा सकता है। ये काम पत्र-पत्रिकाओं में संभव नहीं है। पाठक पत्र लिखेंगे, उनमें से कुछ पहुँचेंगे और फिर कुछ छपेंगे, क्योंकि जगह सीमित होती है। टेलीविज़न में कुछेक मुद्दों पर प्रतिक्रिया ली जाती है, मगर यहाँ भी समय का दबाव होता है और प्रतिक्रियाएँ भी प्रसारण के बाद मौत की नींद सो जाती हैं। मगर इंटरनेट पर जगह भी खूब होती है और उसे अनंतकाल तक पाठकों के लिए सुरक्षित रखा जा सकता है। इसके अलावा छद्म नामों से लिखने का चलन भी यहाँ खूब है। इससे लिखने वाले की पहचान भी सुरक्षित रहती है और वह जो कहना चाहता है बेधड़क कह भी देता है। कुछ ब्लॉग और वेबसाइट इन्हीं वजहों से कम समय में बेहद लोकप्रिय हो गए। उन्होंने विचारोत्तेजक मुद्दे उठाए और उस पर आने वाली तीखी प्रतिक्रियाओं को भी उसी तत्परता के साथ प्रकाशित कर दिया। लेखों के साथ-साथ इन प्रतिक्रियाओं पर भी प्रतिक्रियाएँ हुईं और इस तरह बहस कई कोनों से आगे बढ़ने लगी। यानी बहस का कोई एक बिंदु या एक व्यक्ति ही सूत्रधार नहीं बनकर रह जाता है, बल्कि उसके अलग-अलग पहलू खुलते चले जाते हैं। ऐसा हम किसी भी और माध्यम में नहीं कर पाते।

लेकिन ये खुलापन कई बार लक्ष्मणरेखाएँ भी लाँघता नज़र आता है। ख़ास तौर पर तब जबकि लोग विषय पर गंभीरता से टिप्पणियाँ करने के बजाय अपनी कुंठाएँ परोसने लगते हैं या फिर पुरानी दुश्मनियाँ भंजाना शुरू कर देते हैं। ऐसे में बहस को एक निंदा अभियान में तब्दील होते देर नहीं लगती। फिर तो निंदा रस में संवाद का स्तर भी सड़क-छाप होने लगता है और उसमें गाली-गलौच तक शामिल हो जाता है। चरित्र को बेनकाब करने का इरादा चरित्र हनन तक पहुँचने लगता है। किसी भी अच्छी बहस का तकाज़ा होता है अच्छे, नए, तीखे तर्कों की संतुलित एवं संयमित भाषा के साथ प्रस्तुति। मगर ऐसा होता नहीं है और बहस पटरी से उतर जाती है। गुस्सा उतारने के लिए एक व्यक्ति निशाने पर होता है और उसकी तब तक धुनाई की जाती है जब तक कि मन का गुबार न निकाल लिया जाए। ये सही है कि अगर

प्रभाषजी ब्राम्हणों की धारणशक्ति का गुणगान करेंगे या नामवरजी सार्वजनिक रूप से असंसदीय शब्द का उच्चारण करेंगे तो वे स्वयं गोलाबारी से कैसे बचेंगे या उन्हें क्यों बख्शा जाना चाहिए। मगर इन पर हमले करते वक़्त भाषा का संयम तो बरता ही जा सकता है।

दरअसल, मुश्किल ये है कि रेटिंग की बीमारी से ये माध्यम भी पीड़ित है। यहाँ भी नंबर वन वेबसाइट बनने की होड़ है। इसलिए कंटेंट को ज़्यादा से ज़्यादा चटखारेदार एवं पठनीय बनाने के लिए ऐसा मसाला पेश किया जाता है जो पाठकों को उत्तेजित करे, उन्हें प्रतिक्रया देने या बहस में हिस्सा लेने के लिए उकसाए। भाषा एवं शैली के ज़रिए उसमें सनसनी भी घोली जाती है। इस तरह संपादक और पाठक मिलकर सामग्री को एक अलग ही रंग दे देते हैं। कहा जा सकता है कि उसे बिकाऊ बना डालते हैं। एक-दो वेबसाइट की व्यावसायिक सफलता ने इस होड़ को और तेज़ कर दिया है। आने वाले दिनों में इस माध्यम पर भी बाज़ार का प्रभाव बढ़ता जाएगा। प्रतिस्पर्धा बढ़ेगी तो पाठकों को आकर्षित करने वाले फार्मूले बनेंगे और उन्हें आज़माने का लोभ भी बढ़ता चला जाएगा। तब देखना होगा कि वह कौन सी शक्ल अख़्तियार करता है। उम्मीद करनी चाहिए कि जैसे-जैसे गंभीर लोग इस माध्यम से संबंध जोड़ने लगेंगे, स्थितियाँ बदलेंगी। इसके बावजूद वेबसाइट चलाने वालों को आत्मनियमन की दिशा में क़दम उठाने चाहिए। उनका अपना संगठन बनना चाहिए और उन्हें अपनी ओर से कंटेंट कोड बनाकर अपने लिए मर्यादाएँ निर्धारित करनी चाहिए। इससे एक ज़िम्मेदारी का भाव तो बढ़ेगा ही, नेट को लेकर जो ग़लत-सही धारणाएँ बन रही हैं वे भी दुरुस्त होंगी। इंटरनेट के असीमित संसार में इस तरह की तज़वीज़ बचकानी लग सकती है(हालाँकि कुछ समय पहले तक टेलीविज़न के संदर्भ में भी ऐसा लगता था।) मगर देर अबेर यही एक रास्ता है जिस पर सभी को चलना पड़ेगा।

और अंत में

केवल भारत में ही मीडिया से दर्शकों-पाठकों का विश्वास कम नहीं हुआ है, बल्कि ये विश्वव्यापी परिघटना है। एक अमेरिकी सर्वेक्षण बताता है कि 66 फीसदी अमरीकी मानते हैं कि मीडिया की ख़बरें निष्पक्ष नहीं होतीं। ये प्रतिशत पिछले साल 56 था और 1985 में केवल 34। हालाँकि भारत में इस तरह के सर्वेक्षण नहीं होते लेकिन कल्पना कीजिए कि अगर कराए जाएँ तो क्या नतीजे निकलेंगे। शर्तिया वे या तो अमेरिका की तर्ज़ पर होंगे या मुमकिन है कि उससे भी बदतर निष्कर्ष निकलें। ग़ौर करने वाली बात ये है कि जिस अवधि में ये गिरावट आई है वह आर्थिक उदारवाद, भूमंडलीकरण और बाज़ार के वर्चस्व के विस्तार की भी अवधि

रही है। इसी दौरान मीडिया की भूमिका और चरित्र बदला है और ज़ाहिर है कि यह बदलाव बहुत सकारात्मक नहीं रहा है। सामाजिक विषयों पर सर्वेक्षण(मार्केट सर्वे करने वाली एजंसियाँ नहीं) करने वालों के लिए ये अध्ययन दिलचस्प हो सकता है और उसके नतीजों में हर आम-ओ-ख़ास की रुचि भी।

(अक्टूबर, 2009)

क्षेत्रीय चैनलों का दिशाहीन विस्तार

क्षेत्रीय चैनलों की बढ़ती संख्या के आधार पर ये यकीन के साथ कहा जा सकता है कि टेलीविज़न अब क्षेत्रीय हो रहा है। पिछले पाँच वर्षों के अंदर लगभग हर प्रदेश में एक नहीं कई-कई क्षेत्रीय चैनल शुरू हुए हैं और वे अपनी उपस्थिति का एहसास भी करवा रहे हैं। क्षेत्रीय चैनलों की वजह से राष्ट्रीय कहे जाने वाले न्यूज़ चैनलों का मार्केट शेयर आंकड़ों में भले ही बहुत न सिकुड़ रहा हो, मगर उनका प्रभाव क्षेत्र और आभामंडल दोनों कमज़ोर हुए हैं। ज़ाहिर है कि आगे चलकर इसका प्रभाव दर्शक संख्या पर भी पडना ही पड़ना है। इस बदलाव को अगर देखना-समझना है तो राज्यों में जाना होगा। वहाँ जाकर ही आपको पता चलेगा कि किस तेज़ी से क्षेत्रीय चैनलों ने दर्शकों को अपनी गिरफ़्त में ले लिया है। उन्होंने राष्ट्रीय कहे जाने वाले चैनलों के वर्चस्व को न केवल चुनौती दी है बल्कि उसे तोड़ा भी है। दक्षिण के राज्यों में क्षेत्रीय चैनलों ने पहले ही अपना परचम लहरा दिया था। इसके बाद पश्चिम बंगाल में भी बांग्ला चैनलों का ही राज स्थापित हो गया। मगर अब उत्तर के हिंदी भाषी राज्यों का हाल भी कुछ इसी तरह का हो रहा है। मध्यप्रदेश, छत्तीसगढ़, उत्तरप्रदेश, झारखंड, बिहार, दिल्ली, राजस्थान और पंजाब आदि राज्यों में तो ये चैनल स्थानीय दर्शकों की पहली पसंद बनते जा रहे हैं। पूर्वोत्तर में गुवाहाटी से कई चैनल शुरू हो चुके हैं और कई कतार में हैं। पंजाब में तो चैनलों की भरमार हो गई है। ऐसा होना भी था क्योंकि पंजाब सबसे संपन्न राज्यों में से है और टीवी न्यूज़ को वहाँ राजनीतिक हथियार के रूप में इस्तेमाल करने की प्रवृत्ति खूब जलवा दिखा रही है। सत्तारूढ़ दल के नेताओं का केबल इंडस्ट्री पर कब्ज़ा है और उनसे नाराज़गी मोल लेकर कोई चल नहीं सकता। बहरहाल, हम ये न भूलें कि ये तो अभी शुरूआत भर है। साफ़ नज़र आ रहा है कि आने वाले वक़्त में क्षेत्रीय चैनलों की संख्या और ताक़त दोनों में ही इज़ाफ़ा होगा।

क्षेत्रीय चैनलों का बाज़ार खुलने की वजहें कोई छिपी हुई नहीं हैं। महानगरों के बाज़ार से अधिकतम निचोड़ लेने के बाद आर्थिक उदारवादी निज़ाम ने मझौले और छोटे शहरों को अपना निशाना बनाया है। इसी रणनीति के तहत इन शहरों में आर्थिक गतिविधियाँ तेज़ की गईं और विज्ञापनदाताओं का ध्यान भी इनकी तरफ

गया है। इससे उत्साहित होकर छोटी पूँजी वाले उद्योगपतियों ने भी टीवी चैनलों के कारोबार की तरफ अपना ध्यान लगाया है। चूँकि क्षेत्रीय चैनलों का मॉडल कम खर्चे पर टिका हुआ है और डिस्ट्रीब्यूशन अपेक्षाकृत सस्ता है इसलिए वे इसके लिए और भी हिम्मत जुटा पा रहे हैं। मगर बड़ी संख्या में क्षेत्रीय चैनलों की आमद की एकमात्र वजह यही नहीं है। इसके पीछे टीवी चैनलों की ताक़त को अपने स्वार्थों के लिए इस्तेमाल करने की नीयत बड़े पैमाने पर काम कर रही है। इसीलिए क्षेत्रीय चैनल शुरू करने वालों में अधिकांश लोग या तो राजनीति से जुड़े लोग हैं या फिर ऐसे कारोबारी हैं, जिन्हें अपना धंधा चलाने के लिए एक ऐसे अस्त्र की ज़रूरत है जो नेता और नौकरशाही दोनों में ख़ौफ़ पैदा कर सके। यानी टीवी चैनल उनके लिए कवच भी हैं और एक हथियार भी। जो चैनल मालिक इन दोनों वर्गों से नहीं हैं उनकी भी पत्रकारिता में कोई निष्ठा नहीं है। वे किसी भी प्रकार से मुनाफ़ा कमाने के लिए मैदान में हैं। इसी वजह से ज़्यादातर क्षेत्रीय चैनलों का चरित्र विश्वसनीय नहीं है। हालाँकि इससे राष्ट्रीय चैनल बचे हों ऐसा नहीं है। बल्कि राष्ट्रीय कहे जाने वाले प्रतिष्ठानों द्वारा शुरू किए गए क्षेत्रीय चैनलों का चरित्र भी घटिया रहा है और वे इस मामले में ट्रेंड सेटर भी बन गए हैं। मगर क्षेत्रीय चैनल तो मानो इसी बिना पर लाए और चलाए जा रहे हैं।

पहली नज़र में क्षेत्रीय चैनलों का बढ़ता प्रभाव सुखद लग सकता है, क्योंकि इससे क्षेत्रीय भावनाओं और आकांक्षाओं को अभिव्यक्त होने का मौका मिल रहा है, इलाकाई पत्रकारिता को फलने-फूलने का अवसर मिला है और पत्रकारों के लिए रोज़गार के अवसर बढ़ रहे हैं। क्षेत्रीय चैनल स्थानीय जन समुदाय के लिए एक मंच भी बन रहे हैं जो कि राष्ट्रीय चैनल नहीं करते या नहीं कर सकते। इन क्षेत्रीय चैनलों की वजह से स्थानीय संस्कृति और प्रतिभाओं को महत्त्व मिलने लगा है। मगर क्षेत्रीय चैनल यही कर रहे हों ऐसा नहीं है। कई बार तो लगता है कि ये तो इनका मुखौटा है। असल में तो वे उसी अपसंस्कृति का प्रचार-विस्तार कर रहे हैं जो सर्वग्रासी संकट बनकर पूरी धरती पर पैर पसार रही है। वास्तव में उनकी दुविधा ये है कि एक तरफ बाज़ार है जो उससे ख़ास तरह के कंटेंट की उम्मीद करता है और दूसरी ओर वह अवाम, जो इस प्रदूषण से मुक्ति चाहती है। चैनल दोनों के बीच संतुलन बैठाने की कोशिश कर रहे हैं यानी दोनों को खुश करने की कोशिश में लगे हुए हैं। मगर ज़ाहिर है कि अंततः जीत उसी पूँजी की होनी है जो बुल्डोजर चलाकर अपने लिए ज़मीन को समतल बनाती आ रही है। चैनल चलाने के लिए धन चाहिए और वह बाज़ार की शर्तों पर मिलेगा। इसलिए उनका बाज़ार के पक्ष में झुकना लाज़िमी हो जाता है। इसके अलावा चैनल मालिकों के निहित स्वार्थ भी हैं और कंटेंट को जन विरोधी बनाने वाले वे नाजायज़ तौर-तरीके भी जिनकी चर्चा हम ऊपर कर चुके हैं। पत्रकार यहाँ आकर पत्रकार नहीं रहा जाता, वह एक दलाल की

भूमिका में ढल जाता है।

चैनल चलाने के लिए इस्तेमाल किए जा रहे इन भ्रष्ट तरीकों को अगर हम एक तरफ़ रखकर ये देखने की कोशिश करें कि वे राष्ट्रीय चैनलों से किन मायनों में भिन्न हैं तो हमें निराशा ही हाथ लगती है। एकबारगी तो वे राष्ट्रीय चैनलों की ख़राब कार्बन क़ॉपी या उनका लघु संस्करण ही नज़र आते हैं। ख़बरों के कवरेज से लेकर उनकी प्रस्तुति तक वे राष्ट्रीय चैनलों का अनुसरण करते हैं। उनका अपना कोई मुहावरा नहीं है। ग़ैर हिंदी भाषाओं के चैनलों ने तो फिर भी अपनी अलग पहचान गढ़ने की कोशिश की है और वे भिन्न हैं भी, मगर क्षेत्रीय हिंदी चैनल राष्ट्रीय चैनलों के क्लोन या बोंसाई जैसे लगते हैं। जाने क्यों वे स्थानीय भाषा और संस्कृति को नहीं अपना पा रहे हैं या फिर राष्ट्रीय एवं अंतरराष्ट्रीय होने की ललक इसमें बाधा बन रही है। लोकप्रियता हासिल करने के वही लटके-झटके वे भी अपना रहे हैं और ऐसा क्यों न हो जब टीआरपी का खेल यहाँ भी वैसे ही चल रहा हो। क्षेत्रीय स्तर पर वे भी उसी होड़ में शामिल हैं जो कि राष्ट्रीय चैनलों के बीच हमें दिखलाई पड़ती है। अच्छी पत्रकारिता किसी के एजेंडे में नहीं है और अगर है भी तो बस नाम के लिए। यही कारण है कि कई चैनल सनसनी, अंध विश्वासों, घटिया मनोरंजन और सेमीपोर्न कंटेंट तक का सहारा ले रहे हैं। राष्ट्रीय चैनलों की तर्ज़ पर ही उन्होंने शहरों और कस्बों में रहने वाले संपन्न वर्गों को अपना टारगेट बना रखा है। ग़रीब, किसान, मज़दूर, आदिवासी, दलित, महिलाएँ, अल्पसंख्यक उनके एजेंडे से बाहर हैं, जबकि ये बहुसंख्यक हैं। आलम ये है कि अधिकांश जगहों पर मामला उलटा है। चैनल इन वर्गों के ख़िलाफ़ सरकार और उद्योगपतियों के साथ मिलकर साज़िशों तक में मुब्तला हैं। छत्तीसगढ़ और झारखंड इसके ताज़ा उदाहरण हैं। हर तरह के संघर्षों और आंदोलनों के प्रति उनका रवैया नकारात्मक है। उनका समर्थन करना तो दूर वे सीधे-सीधे उनके विरोध में उतर आते हैं। सेल्वा जुड़म या ग्रीन हंट ऑपरेशन पर उनकी रिपोर्टिंग आँखें खोलने वाली हैं। इसी तरह लोकप्रियता के लालच में ये क्षेत्रीय चैनल सांप्रदायिक और संकुचित क्षेत्रीयतावादी भी हो रहे हैं। ये प्रवृत्ति आगे चलकर बेहद ख़तरनाक शक्ल अख़्तियार कर सकती है।

कुल मिलाकर ये कि क्षेत्रीय स्तर पर टीवी चैनलों का आगमन और विस्तार दिशाहीन सा है या इसे ये भी कहा जा सकता है कि उनकी भी दिशा राष्ट्रीय चैनलों की तरह प्रतिगामी है। हालाँकि यहाँ प्रयोगों और परिवर्तन की गुँज़ाइश ज़्यादा है और अगर ढंग से कोशिश हो तो वहाँ पत्रकारिता की नई ज़मीन तैयार हो सकती है।

और अंत में

न्यूज़ चैनलों में काम करने की शर्तें और हालात कितने बदतर हैं इसका अंदाज़ा

वॉयस ऑफ इंडिया के अशोक उपाध्याय की दफ़्तर के कैंपस में ही हो गई मौत से लगाया जा सकता है। अशोक शांत मिजाज़ के अच्छा काम करने वाले पत्रकार थे। मगर एक तो वीओआई के कुप्रबंधन से उपजी अनिश्चितता और दूसरे ज़्यादा और अच्छा काम करने का लगातार दबाव उनके लिए जानलेवा साबित हुआ। वास्तव में देखा जाए तो अशोक उपाध्याय की मौत स्वाभाविक मौत नहीं थी, उनकी हत्या की गई थी। चूँकि ये हत्या किसी व्यक्ति विशेष ने नहीं की थी इसलिए इसे हत्या के रूप में दर्ज़ नहीं किया जाएगा। मगर सचाई यही है और सच ये भी है कि टीवी बाज़ार बहुत सारे लोगों को इस तरह से रोगी बना रहा है जो आने वाले समय में बेमौत मारे जाएँगे और उनकी मौत को भी स्वाभाविक मौत के रूप में दर्ज़ किया जाएगा।

अरसे पहले जब एस पी सिंह और अप्पन मेनन का निधन हुआ था तो कहा गया था कि वे पेशे के दबावों के शिकार हो गए हैं। उस समय टेलीविज़न इंडस्ट्री का इतना विकास नहीं हुआ था और न ही बाज़ार तथा टीआरपी की होड़ इतनी हावी हुई थी। ज़रा सोचिए कि आज के टीवी पत्रकार को किन परिस्थितियों से गुज़रना पड़ रहा होगा, जबकि प्रदर्शन का दबाव सौ गुना बढ़ गया है और नौकरी की अनिश्चितताएँ हज़ार गुना बढ़ गई हैं। मेरे एक मित्र हैं नीलेंदु सेन। पैंतालीस की उम्र में उनका बाईपास हो गया। एक पैंतीस साल के नौजवान पत्रकार को पेस मेकर लग गया है। ऐसे लोगों की संख्या तो बहुत ज़्यादा है जो ब्लड प्रेशर, डायबिटीज़ और हायपर टेंशन के मरीज़ हो गए हैं। बहुतों को अनिद्रा की बीमारी है तो बहुत से लोग अवसाद के शिकार हो गए हैं।

दरअसल, टीवी चैनलों में काम करने की स्थितियाँ इतनी विकट हैं कि कोई भी आसानी से बीमारियों का शिकार हो सकता है। बारह से पंद्रह घंटे काम करना तो आम बात है, मगर इसके बाद भी किसी को चैन नहीं है। एक तो व्यावसायिक प्रतिद्वंदिता उन्हें चैन से नहीं रहने देती दूसरे चैनल उनसे हमेशा कुछ नया और ज़्यादा डिमांड करता रहता है। न्यूज़ चैनलों में मोबाइल फोन ऑफ न करने की सख़्त हिदायत होती है,जिसका मतलब है कि आप हर वक़्त कॉल पर उपलब्ध होंगे। रात-बिरात कभी भी आपका फोन घनघना सकता है और आपसे अपेक्षा की जाती है कि आप जागृत अवस्था में जो माँगा जाता है उसे देने के लिए तत्पर रहेंगे। इसके बावजूद हमेशा सिर पर तलवार लटकी रहती है। एक चूक आपकी नौकरी ले सकती है। हैरत होती है कि पता नहीं क्यों अभी तक टीवी इंडस्ट्री में काम करने वालों की सेहत पर कोई शोध नहीं हुआ। अगर हो तो ऐसे बहुत से तथ्य सामने आएँगे जो हमें हिलाकर रख देंगे। शायद टीवी चैनल-मालिक भी इससे थोड़ा शर्मिंदा हों और अपने कर्मचारियों पर रहम खाएँ। इस उम्मीद के बावजूद आशंका यही है कि आने वाले वक़्त में न्यूज़ चैनल पत्रकारों के बूचड़खाना बनकर रह जाएँगे।

(नवंबर, 2009)

सरकार और बाज़ार की लड़ाई लड़ता मीडिया

आने वाले समय में मीडिया का नया चेहरा कुछ और साफ़ होगा। अभी तक बहुत कुछ परेददारी में चल रहा है और लोगों को पता नहीं चल पाता कि मीडिया किस तरह से कार्पोरेट जगत का औज़ार और हथियार बन चुका है। मगर अब परदा उठता दिख रहा है। केंद्र सरकार ने नक्सलवादियों के ख़िलाफ़ जंग का ऐलान कर दिया है। सैन्य कार्रवाई शुरू करने की तैयारियाँ अंतिम चरणों में है और कहा जा रहा है कि इसमें वायुसेना का इस्तेमाल करने से भी वह नहीं हिचकेगी। खनिज संपदा का कारोबार करने वाली कई बहुराष्ट्रीय कंपनियों की सेवा कर चुके गृहमंत्री पी चिंदंबरम लगातार ताल ठोंकने में लगे हुए हैं। उनकी मंशा को समझते हुए मीडिया ने भी अपना काम शुरू कर दिया है। इस लड़ाई में वह कतई पीछे नहीं रहना चाहता, बल्कि सरकार से भी ज़्यादा प्रतिबद्धता और तत्परता वह दिखा रहा है। ये स्वाभाविक भी है क्योंकि बदले हुए परिप्रेक्ष्य में उसकी भूमिका भी बदल गई है। सरकार और बाज़ार मीडिया से प्रोपेगंडा मशीनरी की तरह काम करने की अपेक्षा रखते हैं और ऐसा करने से मीडिया को कोई ऐतराज़ नहीं है। वैसे ऐतराज़ की गुंज़ाइश भी नहीं है, क्योंकि कार्पोरेट मीडिया, कार्पोरेट जगत के ख़िलाफ़ जाने की जुर्रत वह भला कैसे कर सकता है? सांस्थानिक नियंत्रण के समक्ष नतमस्तक होने के अलावा उसके पास और कोई चारा नहीं बचा है। अब अगर बकौल अरुंधती रॉय, नक्सलवादियों के ख़िलाफ़ सरकार द्वारा जंग का ऐलान वास्तव में उद्योग-धंधों के लिए जंगलों को साफ़ करना और वहाँ मौजूद खनिज संपदा का दोहन करना है तो फिर मीडिया का एजेंडा इससे अलग कैसे हो सकता है? उसे भी इसमें सहयोग देना है और वह इसके लिए सहर्ष प्रस्तुत है। यही वजह है कि मीडिया का और ख़ास तौर पर न्यूज़ चैनलों का उत्साह तो देखने लायक है। टीवी पत्रकारिता के वर्तमान चरित्र के हिसाब से बगैर तथ्यों-कथ्यों को जुटाए-जाँचे, केवल और केवल गाल बजाई के बल पर वे इस मुहिम में जुट गए है कि कैसे नक्सलवादियों को देश-विरोधी साबित करके सरकार की युद्ध घोषणा को जायज़ ठहराया जाए। चैनलों का ये उत्साह इसलिए भी है कि ये टीआरपी बटोरने का भी अच्छा फार्मूला हो सकता है, क्योंकि हिंसा और टकराव टेलीविज़न पर सबसे

ज़्यादा बिकाऊ चीज़ है। लेकिन इससे भी ज़्यादा इसका मक़सद अपने आकाओं को खुश करना है।

ये सब अचानक हुआ हो ऐसा भी नहीं है। नक्सलवाद के फैलाव से जुड़े आर्थिक-राजनीतिक कारणों को पीछे धकेलकर नक्सलवादियों को निशाने पर लाने की कवायद काफी दिनों से चल रही है। एनडीए सरकार के दौरान और बीजेपी शासित राज्यों में इसके लिए स्थानीय मीडिया का जमकर इस्तेमाल किया गया। इसे समझने के लिए छत्तीसगढ़ को मिसाल के तौर पर लिया जा सकता है। सलवा जुड़म के सरकार प्रायोजित अभियान को सही ठहराने में वहाँ के मीडिया की महत्त्वपूर्ण भूमिका रही। अगर वामपंथी दलों और मानवाधिकार संगठनों ने पोल न खोली होती तो लोग जान ही न पाते कि इसकी आड़ में किस तरह से उद्योगपतियों के खेल सरकार खेल रही है (वैसे बीजेपी के लिए तो ये राजनैतिक लड़ाई भी थी, क्योंकि नक्सलियों की वजह से वह इन इलाकों में घुसपैठ नहीं कर पा रही थी)। ये सब जानते है कि इस तथाकथित नक्सल विरोधी आंदोलन को टाटा और एस्सार जैसी कंपनियों ने फंड किया था। राजनीतिक एवं मानवाधिकार कार्यकर्ताओं की सल्वा जुड़म विरोधी भूमिका की वजह से राज्य सरकार ने उनके ख़िलाफ़ दुष्प्रचार अभियान छेड़ दिया और डॉ.विनायक सेन जैसे लोग नक्सलियों से संबंध रखने के झूठे आरोपों में जेल में डाल दिए गए। मानवाधिकार कार्यकर्ताओं को बदनाम करने के मामले में स्थानीय मीडिया का बड़ा हिस्सा पूरी तरह से सरकार के साथ रहा। ये सिलसिला आज भी जारी है और अब तो केंद्र सरकार तक इस रणनीति पर अमल करती दिख रही है।

वास्तव में मीडिया ने इस सरकारी युद्ध के लिए वातावरण बनाने के लिए एकपक्षीय और अधकचरी जानकारी परोसना काफी पहले से शुरू कर दिया था। यूपीए सरकार के मंत्रियों से पहले न्यूज़ चैनलों ने नक्सलवादियों को आतंकवादी कहना शुरू कर दिया था, जबकि दोनों के बीच कोई समानता ही नहीं है। अपवादों को छोड़ दें तो नक्सलवादियों ने आम जनता में दहशत फैलाने वाली एक भी हिंसक वारदात नहीं की है। उनके निशाने पर पुलिस और सैन्य बल ही रहे हैं। मगर सत्ता उन्हें शत्रु के रूप में खड़ा करना चाहती थी ताकि अपने सैन्य अभियान के लिए औचित्य तैयार किया जा सके। इसलिए ज़रूरी था कि नक्सलवादियों को आतंकवादियों के रूप में प्रचारित किया जाए और मीडिया ने यही किया। इस मामले में अंग्रेज़ी चैनलों का रुख़ और भी कार्पोरेटपरस्त था। एक अंग्रेजी चैनल ने तो नक्सलवाद को युद्ध की शब्दावली में ही प्रस्तुत करना शुरू कर दिया है। उसके लिए नक्सली एनेमी हैं और जंगल एनेमी-लैंड। इस चैनल ने झारखंड के पुलिस अफसर इंदुवार के सर कलम करने की घटना को कई दिनों तक इतना बढ़ा-चढ़ाकर प्रस्तुत किया मानो नक्सली केवल यही कर रहे हों। उसका ये अंदाज़

बताता है कि सत्ता के साथ रहने वाला उच्च वर्ग पूरी तरह से इस 'युद्ध' में सरकार का साथ दे रहा है और मीडिया उसकी अगुआई कर रहा है। सब जानते हैं कि अधिकांश नक्सली मूल रूप से वे आदिवासी और ग्रामीण हैं, जिन्होंने शोषण और दमन से तंग आकर आत्मरक्षा में हथियार उठाए हैं। ये कगार तक धकेल दिए गए लोग हैं जिनके पास संघर्ष के अलावा कोई रास्ता रह ही नहीं गया है। ये लोग जंगलों में अय्याशी का जीवन नहीं जी रहे। इनकी संख्या भी आठ-दस हज़ार से ज़्यादा नहीं है और सैनिक साज़-ओ-सामान के मामले में तो वे भारतीय सैन्य बलों के सामने कहीं ठहरते ही नहीं हैं। मगर ये तुलनाएँ मीडिया प्रस्तुत नहीं करता। वह चंद हथियारबंद नक्सलियों के दृश्य बारंबार दिखाकर दर्शकों के दिमाग़ में खौफ़ भरता है और उनको मानसिक रूप से तैयार करता है कि नक्सलियों को कुचलना कितना ज़रूरी है। डर पैदा करने के लिए विशेष कार्यक्रमों में रेड कॉरीडोर का नक्शा खींचकर दिखाया जाता है कि कैसे नक्सली पूरे हिंदुस्तान में फैल गए हैं और इससे देश को कितना बड़ा ख़तरा पैदा हो गया है। इसके उलट उन्हें ये नहीं बताया जाता कि अगर भारत सरकार उनके ख़िलाफ़ युद्ध छेड़ती है तो ये युद्ध नहीं नरसंहार होगा, क्योंकि प्रतिरोध की कोई ताक़त नक्सलियों के पास है ही नहीं। अगर मानवाधिकार कार्यकर्ता या कोई राजनीतिक दल नक्सलियों के विरुद्ध सेना के इस्तेमाल का विरोध करते हैं तो उन्हें नक्सली या नक्सलवाद-समर्थक घोषित करके बदनाम करने की कोशिश की जाती है।

जहाँ तक हिंदी चैनलों का मामला है तो उन्हें देखकर लगता है कि वहाँ नक्सलवाद की ग़लत या सही कोई भी समझ सिरे से नदारद है। इक्का-दुक्का एंकर-रिपोर्टर को छोड़ दें तो किसी ने न तो नक्सलवाद का व्यवस्थित अध्ययन किया है और न तथ्यात्मक जानकारी ही उनके पास होती है। इसीलिए कोई एंकर इसे आज़ादी के पहले की समस्या बताने लगता है तो कोई माओ को इसका जनक। ज़्यादातर की नज़र में तो ये गुमराह आदिवासी हैं जिन्हें चीन और पाकिस्तान से हथियार मिलते हैं और जिनका मक़सद भारत में अस्थिरता पैदा करना है। इसीलिए वे इन्हें आतंकवादी मानने में देरी भी नहीं करते।

मीडिया में ऐसे पत्रकारों की भी अच्छी तादाद है जो नक्सलवादियों से हमदर्दी रखते हैं। ख़ास तौर पर हिंदी मीडिया में। शायद इसलिए कि अभी भी पत्रकारों की एक बड़ी संख्या कमज़ोर तबकों से ही आती है। ये पत्रकार नक्सलियों को नफरत से या शत्रु भाव से नहीं देखते। लेकिन पूरा वातावरण इस तरह से तैयार कर दिया गया है कि उन्हें सरकार और बाज़ार को ध्यान में रखकर चलना पड़ता है। ये दबाव और स्वार्थ उन्हें भी नक्सलियों को आतंकवादी और देशद्रोही साबित करने के लिए प्रेरित करते हैं।

और अन्त में

वरिष्ठ पत्रकार एवं जनसत्ता के पूर्व संपादक प्रभाष जोशी का जाना इस दौर की पत्रकारिता के लिए एक बड़ी घटना है। उन्होंने हिंदी पत्रकारिता को नई भाषा, मुहावरा, सरोकार और नए तेवर दिए। उनकी प्रतिबद्धताएँ चाहे जो रही हों और अपने सती समर्थक एवं ब्राम्हणवादी विचारों की वजह से वे कठघरे में भी खड़े किए गए हों, मगर इसमें संदेह नहीं कि वे सांप्रदायिक राजनीति, उदारवाद और बाज़ार के ख़िलाफ़ खुलकर खड़े थे। संघ परिवार के कुत्सित इरादों का जितना तीखा विरोध और तर्कसंगत विश्लेषण अख़बारों में उन्होंने निरंतर किया, वैसा किसी ने नहीं किया। संघ परिवार के लिए तो वे एक तरह से वैचारिक शत्रु ही बन गए थे। भाजपाईयों की उनसे चिढ़ की मिसाल ये है कि दूरदर्शन पर आने वाले कार्यक्रम सुबह सवेरे के दिनों में तत्कालीन सूचना एवं प्रसारण मंत्री अरुण जेटली ने इस लेखक से प्रभाषजी को कार्यक्रम में न बुलाने या कम बुलाने के लिए भी कहा था। हालाँकि हमने ऐसा किया नहीं।

प्रभाषजी ने व्यावसायिक पत्रकारिता की अवधारणा को सिरे से नकारा था। वे इसे जनविरोधी मानते थे। उनके हिसाब से पत्रकारिता राजनीतिक–सामाजिक परिवर्तन का औज़ार है। इन अर्थों में वे मिशनरी पत्रकारिता का प्रतिनिधित्व ही नहीं नेतृत्व करते थे और इसीलिए वे हर आंदोलन तथा संघर्ष में खड़े दिखते थे। पत्रकारिता में पैदा हो रही धंधेबाज़ी के विरुद्ध तो उन्होंने बाकायदा मुहिम छेड़ रखी थी। इस मुद्दे पर लेखक की उनसे कई बार बात हुई और उसने उन्हें न्यूज़ चैनलों में चल रही धंधेबाज़ी से अवगत कराया था। लेकिन जब पिछले लोकसभा चुनाव में ख़बरों के काले धंधे की जानकारी उन्हें मिली तब वे एकदम से सक्रिय हो गए। उन्होंने खुलकर लिखा और पत्रकारों को एकजुट करके वे राष्ट्रपति से लेकर चुनाव आयोग तक गए। अब जबकि बाज़ार के हमले लगातार तेज़ हो रहे हैं तो उनकी धारदार कलम की कमी और भी ज़्यादा खलेगी।

(दिसम्बर, 2009)

●●●